法律硕士专业学位研究生案例教程系列丛书

主　编◎苗连营

副主编◎王玉辉　李建新

商法学

案例教程

主　编◎王艳华

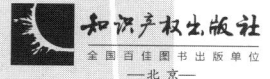

知识产权出版社

全国百佳图书出版单位

—北京—

图书在版编目（CIP）数据

商法学案例教程/王艳华主编. —北京：知识产权出版社，2024.8. —（法律硕士专业学位研究生案例教程系列丛书/苗连营主编）. —ISBN 978-7-5130-9476-4

Ⅰ. D923.995

中国国家版本馆 CIP 数据核字第 20245ZB888 号

内容提要

商法学以商法原理和商事部门法为研究对象，不仅内容丰富、体系庞大，而且随着商业实践的发展而不断调整变化。层出不穷的商事案例为商法学理论学习提供了丰富素材。本书以商法学中比较典型的六个部门法为基础，搜集整理公司法、破产法、证券法、保险法、商业银行法、信托法的典型案例，结合案例中的焦点问题，阐释商法学理论，以期通过对商事案例的研习，达到商法学理论和实践的统一。

读者对象：法律硕士专业学位研究生、相关专业师生。

策划编辑：崔　玲　　　　　　　　　　责任校对：王　岩
责任编辑：李芸杰　　　　　　　　　　责任印制：刘译文
封面设计：杨杨工作室·张　冀

法律硕士专业学位研究生案例教程系列丛书

商法学案例教程

主　编◎王艳华

出版发行：知识产权出版社有限责任公司　　网　　址：http://www.ipph.cn
社　　址：北京市海淀区气象路 50 号院　　邮　　编：100081
责编电话：010-82000860 转 8739　　　　　责编邮箱：liyunjie2015@126.com
发行电话：010-82000860 转 8101/8102　　发行传真：010-82000893/82005070/82000270
印　　刷：天津嘉恒印务有限公司　　　　经　　销：新华书店、各大网上书店及相关专业书店
开　　本：787mm×1092mm　1/16　　　印　　张：17.5
版　　次：2024 年 8 月第 1 版　　　　　　印　　次：2024 年 8 月第 1 次印刷
字　　数：382 千字　　　　　　　　　　定　　价：76.00 元
ISBN 978-7-5130-9476-4

编　委　会

总　序

　　高等院校是培养法治人才的第一阵地，高校法学教育在法治人才的培养中发挥着基础性作用。中共中央印发的《法治中国建设规划（2020—2025 年）》明确提出：深化高等法学教育改革，优化法学课程体系，强化法学实践教学，培养信念坚定、德法兼修、明法笃行的高素质法治人才。法学学科是实践性极强的学科，法学实践教学改革是促进法学理论与法学实践有机融合、推动法学高等教育改革的重要路径和抓手。

　　案例教学是法学实践教学的重要组成部分，以学生为中心，通过典型案例的情境呈现、深度评析，将理论与实践紧密结合，引导学生发现问题、分析问题、解决问题，进而掌握理论、形成观点、提高能力。强化案例教学是培养法律硕士专业学位研究生实践能力的重要方式，也是促进教学与实践有机融合、推动高等院校法学实践教学模式改革、提高法治人才培养质量的重要突破点。《教育部关于加强专业学位研究生案例教学和联合培养基地建设的意见》（教研〔2015〕1 号）明确指出，重视案例编写，提高案例质量。通过撰写案例教程，开发和形成一大批基于真实情境、符合案例教学要求、与国际接轨的高质量教学案例，是推进案例教学的重要基础，对法学理论及各部门法的学习与知识创新具有重要意义。

　　作为国内较早招收法律硕士专业学位研究生的高等院校之一，郑州大学法学院始终致力于培养复合型、应用型专门法律人才，高度重视法律硕士实践教学与案例教学改革，先后组织编写了"卓越法治人才教育培养系列教材""高等法学教育案例教学系列教材"等系列高水平教材。为进一步深化新时代法律硕士专业学位研究生培养模式改革，培养德法兼修、明法笃行的高素质法治人才，我院组织相关学科骨干教师编写了这套"法律硕士专业学位研究生案例教程系列丛书"。

　　本套丛书内容全面、体系完备，涵盖了《法理学案例教程》《行政法学案例教程》《刑法学案例教程》《民法学案例教程》《商法学案例教程》《经济法学案例教程》《诉讼法学案例教程》《环境法学案例教程》《国际法学案例教程》《知识产权法学案例教程》《法律职业伦理案例教程》《卫生法学案例教程》等法律硕士专业学位教育教学基础课程教学用书。

丛书具有四个特点：其一，坚持思想引领。各学科团队始终以习近平法治思想为指导，努力推动习近平法治思想进教材、进课堂、进头脑，充分保证系列教材坚持正确的政治方向、学术导向、价值取向。其二，理论与实践紧密结合。各教程所涉案例的编写立足真实案情，关注社会热点、知识重点和理论难点，引导学生运用法学理论，分析现实问题，着力培养和训练学生的法学思维能力。其三，知识讲授与案例评析有机统一。各教程既整体反映了各学科知识体系，又重点解读了相关案例所涉及的理论问题，真正做到以案释法、以案说理，着力实现理论知识与典型案例的有机互动。其四，多元结合的编写团队。案例教程的编写广泛吸纳实务部门专家参与，真正实现高等院校与法律实务部门的深度合作，保证了案例的时效性、针对性、专业性。

衷心希望本套丛书能够切实推进法律硕士专业学位研究生教学模式、培养方式的改革，为培养具有坚定的中国特色社会主义法治理念，以及坚持中国特色社会主义法治道路的复合型、应用型高素质法治人才发挥积极作用。

本套丛书的出版得到了知识产权出版社总编及相关编辑的鼎力支持，在此深表感谢！

郑州大学法学院编委会
2022 年 3 月 9 日

前　言

随着市场经济的快速发展，中国商法规范体系逐步形成和发展。然而，从商法文本到商法生活，从商法应然到商法实然，应是一种质的飞跃，而不是简单地照搬。中国商法规范的实施与完善，需要中国商法学知识体系、学术体系、话语体系的科学建构。学习商法原理，研讨商事实践，离不开典型商事案件。案例是观察中国商法现代化的重要窗口，是评判中国商法理论与中国商法实践契合程度的重要标尺。从典型商事案例中发现问题，对商法规范进行妥当的解释，可以形成相对正义的裁判路径，以及相对科学的商法学基本理论。

本书共分八章，第一章是公司设立，第二章是公司资本，第三章是公司治理，第四章是破产法，第五章是证券法，第六章是保险法，第七章是商业银行法，第八章是信托法。本书是"法律硕士专业学位研究生案例教程系列丛书"的重要组成部分，是法学本科生高年级学习的必要参考，是商事法官、商事仲裁员、商事律师办理案件的重要参考。

本书各章的具体分工如下：

第一章：孔小霞，河南财经政法大学法学院副教授、硕士生导师；

第二章：徐英军，河南大学法学院教授、硕士生导师；

第三章：杜麒麟，郑州大学法学院讲师、硕士生导师；

第四章：王艳华，郑州大学法学院副教授、硕士生导师；

第五章：申惠文，郑州大学法学院教授、硕士生导师；

第六章：金东辉，郑州大学法学院讲师；

第七章：吴子熙，郑州大学法学院副教授、硕士生导师；

第八章：张永，河南财经政法大学民商经济法学院讲师、硕士生导师。

由于编写组能力之所限，可能存在诸多不足，欢迎广大读者批评指正。

郑州大学商法学案例教程编委会

2023 年 4 月 9 日

公司设立

 **本章知识要点**

　　公司的设立，是指发起人为创建公司，使其取得商事主体和营利法人资格所进行的相关活动。通过本章的学习，读者可掌握以下内容：（1）设立公司的目的及条件。设立公司的目的是使公司成为具有法人地位的商事主体，享有独立的民事权利能力和民事行为能力，并通过公司的营业活动去实现经济利益。我国《公司法》对设立公司规定了一系列的实体规范和程序规则，包括人的要件（发起人资格及股东数量）、资本要件（出资要求）、行为要件（公司章程）、人格要件（名称、住所与必要的组织机构）等。（2）设立登记的程序与效力。完成设立登记是公司取得法律人格和经营资格的必经程序。公司设立登记具有双重目标，既要保障相关投资者设立公司的私权，又要实现市场监管与经济调控。设立登记的内容可分为设权性的登记事项和宣示性的备案事项，登记机关对登记事项往往进行实质审查，对备案事项仅进行形式审查，登记和备案事项中的主要内容应当按照规定通过国家企业信用信息公示系统进行公示。公司章程系备案事项，其内容并非完全由股东自主协定。一方面，法律规定了公司章程的绝对必要记载事项；另一方面，章程中股东约定的具体内容不得违反公司法的强制性规范。（3）股份公司发起人和有限公司设立股东在公司设立中的法律责任。股份公司发起人和有限公司初始股东为设立公司而签署公司章程、向公司认缴出资或者认购股份并履行公司设立职责，他们是公司设立最直接的责任人，需要忠实勤勉地承担筹办公司事务的义务，不得损害设立中公司和其他发起人（初始股东）利益，否则应承担损失赔偿责任。除侵权责任外，股份公司发起人和有限公司设立股东为设立公司对外签订合同的责任承担，需要区分不同情形分别处理。若存在股权代持关系，代持股权协议仅在实际投资人与名义股东之间产生效力，名义股东需按照"内外有别"的规则承担股东的法律责任。

第一节　设立公司的出资制度

公司作为一种社会组织体，以股东、高管和员工等成员的结合和一定财产的集合为基础，以营利为目的，以团体意志的形式运作，属于社团法人、营利法人。公司法是规范公司组织的设立、变更与终止、内部治理与对外行为的法律部门，我国《公司法》与其他国家的公司法一样，对公司设立规定了一系列的实体规范和程序规则，旨在建构并维护公司这一组织体的稳定发展和相关主体的利益平衡，以此优化成员、财产的组合，提高运营效率和经济效益。

我国《公司法》规定的公司设立条件包括人的要件（发起人资格及股东数量）、资本要件（出资要求）、行为要件（公司章程）、人格要件（名称、住所与必要的组织机构）等。其中，依法对公司履行出资义务不仅是股东取得股权的条件，也是公司正常运营和清偿债务的保障，有限责任公司的股东以其认缴的出资额为限对公司承担责任，股份有限公司的股东以其认购的股份为限对公司承担责任。关于设立公司的出资，我国2023年修订的《公司法》规定，有限责任公司的股东和股份公司的发起人对公司的出资方式，除了货币外，还可以实物、知识产权、土地使用权、股权和债权等可以用货币估价并可以依法转让的非货币财产作价出资；但是，法律、行政法规规定不得作为出资的财产除外。按照2022年3月1日起施行的《市场主体登记管理条例》的规定，公司股东不得以劳务、信用、自然人姓名、商誉、特许经营权或者设定担保的财产等作价出资。《最高人民法院关于适用〈中华人民共和国公司法〉若干问题的规定（三）》（以下简称《公司法司法解释三》）对设立公司的出资问题的法律适用作出诸多详细规定，涉及以不享有处分权的财产出资、以贪污、受贿、侵占、挪用等违法犯罪所得的货币出资、以划拨土地使用权出资，或者以设定权利负担的土地使用权出资等问题，成为人民法院处理相关诉讼纠纷的主要法律依据。

关于设立公司的出资程序，2023年修订的《公司法》规定，对作为出资的非货币财产应当评估作价、核实财产，不得高估或者低估作价。有限公司股东应当按期足额缴纳公司章程中规定的各自所认缴的出资额，以货币出资的应当将货币出资足额存入有限责任公司在银行开设的账户；以非货币财产出资的应当依法办理其财产权的转移手续。股份有限公司是以发起设立方式设立的，发起人应当书面认足公司章程规定其认购的股份，并在公司设立前按照公司章程规定缴纳出资；以募集设立方式设立的，发起人认购的股份不得少于公司股份总数的35%，且在公司成立前按照其认购的股份全额缴纳股款。《公司法司法解释三》针对司法实践，对出资人以非货币财产出资却未依法评估作价，以房屋、土地使用权或者需要办理权属登记的知识产权等财产出资却未交付给公司使用，或者已经交付公司使用但未办理权属变更手续等纠纷的处理作出了规定。

关于未依法出资的责任，我国《公司法》规定，股东不依法缴纳出资的，除应当向公司补足出资外，还应当赔偿给公司造成的损失；有限公司的初始股东和股份公司的发起人，需要对公司成立时其他出资不实的初始股东或发起人的出资义务承担连带责任。2023年修订的《公司法》删除了未足额出资的有限公司股东需向已按期足额缴纳出资的股东承担违约责任的规定，而是交由股东自治。

本节主要围绕设立公司的出资制度分析几个典型案例。

 案例一　赖某铭诉南京金大公司房屋出资纠纷案❶

【基本案情】

1994 年 2 月，金大公司与联邦公司签订《合资经营合同》，共同投资设立联金公司。该合同约定：合营公司投资总额为 50 万美元，注册资本为 35 万美元，其中金大公司认缴 3.5 万美元占 10%，联邦公司认缴 31.5 万美元占 90%；金大公司以金陵村的两幢厂房约 1000 平方米及 900 平方米场地使用权出资，联邦公司以机械设备零部件、办公设备、技术和美元现汇出资。该合同和公司章程亦按照 1990 年修正的《中外合营企业法》之规定，报经当地外经贸主管部门后予以批准。之后，当地外经贸主管机关作出的立项申请报告批复、可行性研究报告的批复和外商投资企业合同章程批准通知单均载明：金大公司以厂房、场地使用费出资。

其后，双方又在 2001 年、2004 年、2014 年分别重新签订合营合同、补充协议及联金公司的章程，对金大公司出资方式的表述均为"以两栋厂房约 1000 平方米及 900 平方米场地出资"，但均未明确这两栋厂房出资系以所有权出资还是使用权出资。双方还约定：（1）双方任何一方未按本合同第五章的规定按期如数提交出资额时，从过期第一个月算起，应按投资额的 1% 向守约方交违约金，如违约期达到三个月，守约方有权按本合同第四十二条规定终止合同，并要求违约方赔偿损失。（2）合营期满或提前终止合营，合营企业应依法对财产进行清算，金大公司作为出资提供的厂房、场地归金大公司所有，其他归联邦公司所有。

后联邦公司将其股权转让给赖某铭，赖某铭成为股东后，认为法定的出资方式应为房屋所有权和场地使用权，厂房作为非货币出资形式，应依照《公司法》（2018）❷规定办理财产权转移手续，故要求金大公司将两栋厂房的所有权过户到联金公司名下，但金大公司认为己方系以厂房使用权出资，无须办理房产过户。赖某铭遂将金大公司诉至法院，要求判令金大公司将两栋厂房过户给联金公司，并支付逾期出资的违约金。

一审法院认为赖某铭关于金大公司应以案涉厂房所有权出资和承担逾期出资违约责任的主张不能成立，判决驳回其相关诉讼请求。赖某铭不服提起上诉，二审驳回了上诉请求，维持原判。

---

❶ 参见江苏省高级人民法院（2019）苏民终 1229 号民事判决书。

❷ 鉴于本书编写于 2023 年修订的《公司法》生效（2024 年 7 月 1 日）之前，且多数案例的分析均是依照 2018 年修正的《公司法》，因此本书在进行法律依据分析时，仍以 2018 年修正的《公司法》为主，同时引入 2023 年修订《公司法》的相关法条。本书中所引用的《公司法》，除写明法律版本外，未写明的均为 2018 年修正版本。

【主要法律问题】

（1）在未明确是以实物使用权还是所有权出资的情况下，如何认定出资方式？

（2）本案中赖某铭的主张能否成立？

【主要法律依据】

《中华人民共和国公司法》（2018）

第 27 条　股东可以用货币出资，也可以用实物、知识产权、土地使用权等可以用货币估价并可以依法转让的非货币财产作价出资；但是，法律、行政法规规定不得作为出资的财产除外。

对作为出资的非货币财产应当评估作价，核实财产，不得高估或者低估作价。法律、行政法规对评估作价有规定的，从其规定。

第 28 条　股东应当按期足额缴纳公司章程中规定的各自所认缴的出资额。股东以货币出资的，应当将货币出资足额存入有限责任公司在银行开设的账户；以非货币财产出资的，应当依法办理其财产权的转移手续。

股东不按照前款规定缴纳出资的，除应当向公司足额缴纳外，还应当向已按期足额缴纳出资的股东承担违约责任。

【理论分析】

一、股东出资义务的约定性与法定性

一方面，在投资自由、经营自由原则下，股东的出资义务具有约定性和自主性。股东的出资义务源于股东之间的约定，合法有效的约定当然受到法律保护，这些约定既包括出资方式、出资金额、出资时间及股权占比等。另一方面，股东出资义务具有法定性和强制性，一旦股东作出有效出资承诺（如签署出资协议或公司章程并予以公示），则该承诺不得随意变更和免除，也不因股东对公司享有债权而抵消。在注册资本认缴制下，股东在公司章程中可以商定出资期限，股东基于期限利益可以暂时少出资甚至在一定期限内不出资，这在一方面使得股东享有期限利益，增加了市场自由度和活跃性，另一方面为债权人的权益保障和正常商事股权流转带来了问题，实践中出现任意约定过长的实缴期，甚至肆意修改章程延长实缴期等很多有悖诚信的情形。股东的出资影响公司财产权的获得和法人人格的取得，也影响与公司交易的第三人等利害关系人。因此，需要法律从外部给予必要的干预，股东应在法定范围内约定出资义务。譬如：出资形式要在法定范围内选定，符合公司法的要求；非货币出资的金额应当依法评估确定；缴纳出资的时间应有所限制，并按时足额交付，特定情形之下会被要求出资义务加速到期而提前履行出资义务等。

《公司法》第 28 条规定，股东应当按期足额缴纳公司章程中规定的各自所认缴的出资额。股东以货币出资的，应当将货币出资足额存入有限责任公司在银行开设的账户；以非货币财产出资的，应当依法办理其财产权的转移手续。股东出资义务的履行既是股东取得股东资格的必要条件，也是公司形成独立财产权进而取得法人人格和对外承担偿债责任的物质基础。只有当股东出资义务具有强制性作为基本法律保障，公司才得以发挥法人的独立人格魅力。

二、对出资时间及催缴责任的规定

公司设立是源自发起人的设立行为，从《公司法》的法条文本分析，"发起人"这一概念是与"认股人"相对应，规定于股份有限公司制度之中，在有限责任公司制度中并无发起人的规定。但由于有限公司设立时的股东所负担的法律责任与《公司法》明确规定的股份有限公司发起人责任具有高度相似性，可以将"有限责任公司设立时的股东"解释成"有限责任公司的发起人"。因此，《公司法司法解释三》第 1 条规定："为设立公司而签署公司章程、向公司认购出资或者股份并履行公司设立职责的人，应当认定为公司的发起人，包括有限责任公司设立时的股东。"事实上，发起人只是一个临时性的身份，在公司设立之后，发起人一般会成为公司股东。

毋庸置疑，股东是出资义务的基本主体，未履行出资义务的股东应承担相应的法律责任。《公司法司法解释三》区分了出资义务究竟发生在"公司设立时"还是"公司增资时"，对于公司设立时未履行或者未全面履行出资义务的，已按章程规定规范出资的股东、公司、公司的债权人均可以提起相应的诉讼，要求发起人与被告股东连带承担规范出资或者在出资瑕疵内对公司债务承担补充赔偿责任；而对于股东在增资时未履行或者未全面履行出资义务的情形，相关权利人有权请求对此未尽到勤勉义务的董事、高级管理人员承担损失赔偿责任。但这种区分的法理依据不足，因为在公司成立之后，董事、高级管理人员均需要负担勤勉、忠实义务，向未履行出资义务的股东催收出资是这一信义义务的核心内容之一。将设立时的督促履行资本充实义务分配给发起人，将增资时督促履行资本充实义务分配给董事、高级管理人员，则可能造成公司设立至第一次增资这一时间区间内董事、高级管理人员无须负担督促履行资本充实责任的现象。● 对此，2023 年修订的《公司法》第 51 条和第 52 条作出了补正，增设了较为详细可行的出资催缴规则，即有限公司成立后，董事会应当对股东的出资情况进行核查，发现股东未按期足额缴纳公司章程规定的出资的，应当由公司向该股东发出书面催缴书，催缴出资；催缴出资的宽限期自发出催缴书之日起不得少于六十日，这样的规定更有助于回归"所有权与经营权相分离"，以及董事、高管"集中管理"的现代公司本质，促进公司、股东和债权人合法权益的平衡保护。

三、股东完成出资义务的标志

《公司法》第 28 条规定，有限责任公司股东以货币出资的，应当将货币出资足额

● 云闯. 回归发起人的本质，准确认定发起人责任［EB/OL］.（2022－10－12）［2022－12－15］. https://zhuanlan.Zhihu.com/p/572827766.

存入公司在银行开设的账户；以非货币财产出资的，应当依法办理其财产权的转移手续。那么，本案中金大公司与联邦公司签订《合资经营合同》共同出资设立合资公司时，仅载明金大公司是以房屋出资，并未明确是以房屋的使用权还是以房屋的所有权出资，是否意味着金大公司的厂房出资必须办理所有权转移即过户手续呢？

首先，从法条文义看，"财产权的转移手续"并非仅指所有权的转移手续，因为根据《公司法》第 27 条，"非货币出资"的形式包括实物、知识产权、土地使用权等可以用货币估价并可以依法转让的非货币财产，不仅包括所有权，还应包含使用权，譬如专利实施权、商标使用权、实物资产的使用权等，只要"可以用货币估价并可以依法转让"即可。本案中，不能机械搬用《公司法》有关"以非货币财产出资的，应当依法办理其财产权的转移手续"的规定，而应当首先界定股东出资的意思表示内容究竟是使用权还是所有权，这就需要结合合同文本、出资价值和审批机关的备案情况等综合判断。

其次，从合同文义看，金大公司始终未在《合资经营合同》明确承诺以厂房所有权出资，相反，还约定当合营企业因合营期满或提前终止合营依法对财产进行清算时，金大公司作为出资提供的厂房、场地仍归金大公司所有。

最后，从权益平衡看，金大公司出资额为 3.5 万美元，占股比为 10%，除了两幢约 1000 平方米的厂房，还有 900 平方米场地使用权，而其厂房的价值远高于 3.5 万美元。如果系以厂房所有权出资入股，那么两股东之间的实际出资价值与现有的股权比例结构和公司注册资本额均不吻合。所以，赖某铭主张的金大公司系以厂房所有权出资的合理性值得怀疑。从证据盖然性上来看，金大公司以厂房和土地的使用权出资的可能性更高。经查，联金公司已实际利用案涉的厂房、场地进行生产经营活动，故应当认定金大公司已经履行了出资义务。至于赖某铭主张金大公司支付违约金的问题，因金大公司不存在未履行出资义务的问题，亦不存在违约的情形，故其主张不能成立，因此先后被两级法院驳回。

从本案得到启示，股东约定出资方式应明确且具体，以实物出资的要明确是以实物使用权还是所有权出资。否则，类似本案当中的情形就是因为约定不明，从而为后期的股东之间的矛盾埋下祸根。符合公司法规定的可估价、可转让特性的非货币财产权被允许作为出资方式，但也有一些出资方式不符合上述特性而不被法律所认可。例如，技术出资即为法律所禁止，因为技术出资存在强烈的人身依附性，可以理解为一种劳务出资，并不符合可依法转让的特性而不被允许。再如，个别明星拟以个人网络流量出资，因为此类出资单纯系属于个人影响力，不具有可转让性也不被法律认可。当然，上述出资在实务中确实存在，只是此类出资大多是以"干股"的形式出现，由另外的股东承担认缴出资的价款支付义务，即以自身代为缴纳出资款"购买"相应的技术或者流量作为合作前提。

【思考题】

以实物出资的估价是否必须委托第三方中介机构进行？

案例二 文化公司诉刘某、陈某、朱某等股东出资纠纷案❶

【基本案情】

2015年9月9日，朱某、季某、马某、许某作为发起人设立文化公司，注册资本500万元，每人认缴出资125万元，出资时间约定为2045年8月28日。2016年12月23日，经股权转让，原股东退出，文化公司的股东变更为刘某、朱某，刘某持股95%，朱某持股5%，出资时间仍为2045年8月28日。后经多次转让后的持股情况为：刘某持股76.5%，惠某持股10%，陈某、王某、黄某分别持股4.5%，出资时间仍为2045年8月28日。上述股权转让协议中均约定股权转让款为0元。2019年9月18日，文化公司进入破产程序，经核查，股东刘某、陈某、王某未履行出资义务，破产管理人遂起诉，主张刘某、陈某、王某出资义务加速到期，向文化公司缴纳出资款，朱某、季某、马某、许某作为发起人对上述债务承担连带责任。

一审法院认为，股东未履行或未全面履行出资义务，公司的发起人应与股东承担连带责任，遂判决支持文化公司诉讼请求，四位发起人对上述判决不服，提起上诉。

二审法院认为，《公司法司法解释三》（2020修正）第13条第3款规定公司发起人与被告股东承担连带责任的条款，是指公司设立时，股东如果没有按照章程规定按期足额缴纳出资的，发起人股东与该股东承担连带责任。在公司注册资本认缴制度下，股东享有出资的期限利益，公司设立时出资期限未届满的股东尚未完全缴纳其出资份额的，不应认定为设立时未履行或未全面履行出资义务，公司及债权人亦无权据此要求发起人股东承担连带责任。本案中，文化公司四名发起人，出资期限为2045年8月28日，刘某于2016年12月23日受让四位发起人股权时，出资期限亦未届满，不属于股东未履行或者未全面履行出资义务的情形，而法律、行政法规并未禁止股东在出资期限届满前转让股权，故文化公司要求朱某等四位发起人对刘某、陈某、王某未出资部分承担连带责任的主张不应支持，并作出相应改判。

【主要法律问题】

（1）股东能否在未实缴出资情况下转让股权？

（2）你支持哪个法院的判决结论，为什么？

---

❶ 摘自2020—2021年江苏法院公司审判典型案例之六"文化公司诉刘某、陈某、朱某等股东出资纠纷案"，由南京市中级人民法院审结。

【主要法律依据】

《最高人民法院关于适用〈中华人民共和国公司法〉若干问题的规定（三）》（2020）

第 1 条　为设立公司而签署公司章程、向公司认购出资或者股份并履行公司设立职责的人，应当认定为公司的发起人，包括有限责任公司设立时的股东。

第 13 条第 3 款　股东在公司设立时未履行或者未全面履行出资义务，依照本条第 1 款或者第 2 款提起诉讼的原告，请求公司的发起人与被告股东承担连带责任的，人民法院应予以支持；公司的发起人承担责任后，可以向被告股东追偿。

第 18 条　有限责任公司的股东未履行或者未全面履行出资义务即转让股权，受让人对此知道或者应当知道，公司请求该股东履行出资义务、受让人对此承担连带责任的，人民法院应予支持；公司债权人依照本规定第 13 条第 2 款向该股东提起诉讼，同时请求前述受让人对此承担连带责任的，人民法院应予支持。

受让人根据前款规定承担责任后，向该未履行或者未全面履行出资义务的股东追偿的，人民法院应予支持。但是，当事人另有约定的除外。

【理论分析】

一、股东转让股权的自由

经营自由原则是公司法的基本原则，内容包括投资自由、交易自由、公司自治、行业自律等，体现为公司法中的诸多授权性规范。其中，保护股权转让的自由也是公司法秉持的价值取向，即便有限责任公司股东对外转让股权，其程序性限制也在降低和优化。2023 年修订的《公司法》删除了须经其他股东同意的规则，只要求转让股东应当将股权转让的数量、价格、支付方式和期限等事项书面通知其他股东，以便其他股东决定是否行使优先购买权。注册资本认缴制下，公司法及其他法律均不禁止股东在未实缴出资情况下转让股权，股东（包括发起人股东）仍享有依法转让股权的权利，除有证据证明股东转让股权旨在恶意逃避债务外，股权转让行为均合法有效。股东的出资义务源于股东之间的约定，这些约定既包括出资金额及股权占比等，也包括尚未实缴出资义务在转让方和受让方之间的分配。

对股东转让股权后的出资责任问题，需要区分转让时出资期限是否届满。

二、股权转让时出资期限尚未届满的出资责任承担

认缴制下，股东按照章程约定的实缴期限缴纳出资，在实缴期限届满前无须承担实缴出资的义务，这种根据章程约定而获得的延缓实缴出资的权益，被称为期限利益，即股东在公司章程中约定的出资期限到期前，享有期限利益，无须承担实际出资义务。对于未届出资期限的股权转让后，应当由转让方还是受让方承担出资实缴义务，学术界主要存在两种观点，分别是"单独承担模式"和"共同承担模式"。

"单独承担模式"认为，面对出资期限未届满的股权转让情形，受让人需要承担出资义务，即出资义务随着双方合意的股权转让行为发生权责一并转移。❶ 该模式认为，出资未届期的股权中没有完成实缴的认缴部分，是期限利益规定下的合法行为，不能要求出让人与受让人因此承担共同责任甚至连带责任，这更符合认缴制追求的市场自治和灵活投资，会使得商事中多方的责任退出机制更加自由。

"共同承担模式"认为，出资期限未届满的股权转让中，出资义务并不因股转行为而当然发生权责一致的债务转移，转让人依然负有出资义务。❷ 这一模式的法教义学依据是《公司法》的第3条的股东出资义务具有法定性，不仅是普通的合同之债；出资认缴和股权责任的约定还具有涉他性，即产生了原股东对公司是法定债务，不仅涉及股权转让协议双方，还涉及作为债权人和股权转让协议第三人的公司，根据合同相对性，不能当然推定股权转让发生后原股东对于公司的出资责任被转移到了受让股东身上，公司作为债权人和股权转让协议第三人，其债权不因该股权转让协议发生移转。这一模式是一种对公司债权人的叠加保护，对于原股东施以更严格的实缴出资责任和责任退出机制。

可见，股权转让后出资义务的履行问题，不仅涉及股东出资义务问题，也涉及公司设立时股东之间约定的其他方面。股权转让后出资义务的履行问题也涉及公司法与合同法两个方面，不同领域、不同性质的法律对其作出了不同程度上的调整。公司法中的出资义务主要是通过对公司设立时股东出资义务的规定体现出来的，而《民法典》中的相关规定，主要是通过合同债权转让与合同履行债务对应方面体现出来的。因此，在处理相关法律纠纷时，应当从两个方面进行法理分析以便协调解决。股权转让行为中，出资义务的定性是法理分析和利益平衡解决问题的关键。出资义务法定性的确立，使未届期股权转让情形这一争议中的出资责任并不当然因为股转行为而发生移转，否则公司基本独立人格和资本都得不到保障。采用"共同承担模式"更有利于确保股权转让后出资义务的履行，更有利于保障债权人的权益、公司的资本安全以及公司的地位。

三、股权转让时出资期限已届满的出资责任承担

《公司法司法解释三》第18条规定，有限责任公司的股东未履行或者未全面履行出资义务即转让股权，受让人对此知道或者应当知道，公司可请求该股东履行出资义务、受让人对此承担连带责任；公司债权人要求该股东在出资不足（欠缴出资）本息范围内补充偿还公司债务，并可同时请求受让人对此承担连带责任。该规定的适用对象是"未履行或未全面履行出资义务的股东"，应当理解为出资期限已经届满，出资义务应当履行而未履行或未全面履行的情况；而未届满出资期限的股东，一般并不属于未履行或未全面履行出资义务的股东。

在公司章程规定的股东出资期限已经届满但未实际缴纳出资的情况下转让股权的，

---

❶ 刘敏. 论未实缴出资股权转让后的出资责任［J］. 法商研究，2019（6）：97.
❷ 朱慈蕴. 股东出资义务的性质与公司资本制度完善［J］. 清华法学，2022（2）：77.

由转让方还是受让方负责缴纳出资要先看双方在股权转让协议中是否有约定,有约定的一般从其约定;无约定的一般由受让方与转让方对此出资的缴纳负连带责任。依据《公司法司法解释三》第 18 条,尽管该连带责任的前提是股权受让人知道或应当知道股权转让方未履行或者未全面履行出资义务,但就股权转让常理而言,转让方是否已经履行了章程规定的出资缴纳义务是受让方应当关注的事项。若其未尽到这一基本注意义务,就是存在过失。因此,受让方在受让股权前,应当及时对受让股权进行尽调,调查股权是否已完成出资义务,如未完成或未全部完成,则可在股权转让协议当中明确约定,要求转让方先行履行相应的出资义务,否则该协议不应生效或转让款应当予以返还。同时,未出资的情况应作为评估股权转让价格的考量因素。此外,协议当中对未届出资期限的出资义务如何承担进行了约定,则即使期限届满后受让人承担了出资义务,仍可依据股权转让协议的约定向出让人追偿。❶ 2021 年《公司法修订草案》进一步对此予以完善,规定如原股东出资已到期但未足额缴纳出资,或者原股东出资的非货币自然价值低于认缴出资额,且股权受让方对此知道或应当知道的,则应在出资不足范围内,与该股东承担连带责任。

综上可见,按照当时的法律规则,本案二审改判是正确的。本案股权转让行为发生在公司设立时章程约定的实缴期限届满之前,在四位发起股东退出公司的特定时点,他们对公司尚不负有资本充实责任;该四人退出公司后,相关资本充实责任应由受让股东承担。转让股东未实缴出资也是股权转让价款较低甚至为零的主要原因。从文义解释出发,确实不能适用《公司法司法解释三》第 13 条第 3 款的规定,二审裁判有其现实合理性,是在认缴制不够完善的背景下较为合理的法律适用。2023 年修订的《公司法》基本吸纳《公司法司法解释三》的精神,在第 88 条规定,股东转让已认缴出资但未届出资期限的股权的,由受让人承担缴纳该出资的义务;受让人未按期足额缴纳出资的,转让人对受让人未按期缴纳的出资承担补充责任。未按照公司章程规定的出资日期缴纳出资或者作为出资的非货币财产的实际价额显著低于所认缴的出资额的股东转让股权的,转让人与受让人在出资不足的范围内承担连带责任;受让人不知道且不应当知道存在上述情形的,由转让人承担责任。

【思考题】

(1) 未约定股转后出资义务承担情形下,公司协助股权转让双方办理股权变更登记的行为,能否视为认可出资义务由受让方承担?

(2) 股权转让时出资期已经届满但未实缴的出资应由谁负责缴纳?

---

❶ 参见最高人民法院 (2020) 最高法民申 6668 号民事裁定书。

第二节 设立公司的登记制度

设立公司必须到相应的市场监督管理机关办理公司设立登记，领取营业执照。公司登记分为设立登记、变更登记和注销登记，其中，设立登记是公司成立的必经程序。公司设立登记的意义在于：（1）公司的经营活动涉及社会生活的各个领域，通过登记审查，便于国家掌握设立的公司是否符合法律规定的实体要件和程序要件；（2）通过登记与备案，将公司各项情况记载于公司登记簿和公示信息系统上，供社会公众查阅、复制，使交易相对人对交易方有一个判断基础，保障交易安全，提高交易效率。可见，公司设立登记具有双重目标，既要确认私权，又要实现公法监管。由此产生公司登记的双重法律效力：一是创设效力，即登记机关实施准入监管，赋予公司营业资格；二是对抗效力，即确认公司的基本信息和相关方的权利义务关系，以向社会公示、保护交易安全。公司设立实行实名登记，登记申请人应当对提交材料的真实性、合法性和有效性负责。营业执照签发日期为市场主体的成立日期。

就公司设立登记事项的目的和功能而言，可分为设权性的登记事项（主要创设公司的商法人主体资格及权利能力、行为能力）和宣示性的备案事项（主要涉及公司股权结构、资本情况、股东权益、治理机制等）。一般认为，登记机关对登记事项可进行实质审查（具有行政监管属性），对备案事项仅进行形式审查（具有行政确认属性）。按照国务院《市场主体登记管理条例》和国家市场监督管理总局《市场主体登记管理条例实施细则》的相关规定，公司设立时需要登记的事项包括：名称、类型、经营范围、住所、注册资本、法定代表人姓名、有限责任公司股东或者股份有限公司发起人姓名或者名称；需要备案的事项包括：章程、经营期限、有限责任公司股东或者股份有限公司发起人认缴的出资数额、董事、监事、高级管理人员、登记联络员、外商投资公司法律文件送达接受人，以及有关公司歇业的信息。2023年修订的《公司法》第32条，进一步明确，公司设立登记的事项包括：（1）名称；（2）住所；（3）注册资本；（4）经营范围；（5）法定代表人的姓名；（6）有限责任公司股东、股份有限公司发起人的姓名或者名称。其中，法定登记事项中的前五个需记载于营业执照。

公司只能登记一个名称，经登记的市场主体名称受法律保护。公司只能登记一个住所或者主要经营场所。公司的经营范围包括一般经营项目和许可经营项目。经营范围中属于在登记前依法须经批准的许可经营项目，市场主体应当在申请登记时提交有关批准文件。

公司章程虽然仅是备案事项，但其地位和作用非常重要，设立公司必须依法制定公司章程。公司章程是规定公司股东的权利义务、公司治理规则等内容的自治性文件，是公司组织及其行为的基本规则，对公司、股东、董事、监事、高级管理人员具有约束力。有限责任公司章程由全体股东共同制定和签署，对公司、股东、董事、监事、经理具有约束力；股份有限公司章程由发起人共同制定，经成立大会表决通过。章程具有法定性、真实性、自治性和公开性的基本特征，对公司的成立及运营具有十分重要的意义，它是公司成立时必不可少的法律文件，是登记主管机关审核公司是否符合《公司法》所要求的设立条件的重要依据。

公司章程的内容并非当事人自主协定的，法律不仅规定了公司章程必要记载事项，而且章程中股东约定的具体内容也不得违反公司法的强行性规范。依据 2023 年修订的《公司法》，有限责任公司章程应当载明下列事项：（1）公司名称和住所；（2）公司经营范围；（3）公司注册资本；（4）股东的姓名或者名称；（5）股东的出资方式、出资额和出资日期；（6）公司的机构及其产生办法、职权、议事规则；（7）公司法定代表人的产生、变更办法；（8）股东会认为需要规定的其他事项。股东应当在公司章程上签名、盖章。股份有限公司章程应当载明下列事项：（1）公司名称和住所；（2）公司经营范围；（3）公司设立方式；（4）公司注册资本、已发行的股份数和设立时发行的股份数，面额股的每股金额；（5）发行类别股的，每一类别股的股份数及其权利和义务；（6）发起人的姓名或者名称、认购的股份数、出资方式；（7）董事会的组成、职权和议事规则；（8）公司法定代表人的产生、变更办法；（9）监事会的组成、职权和议事规则；（10）公司利润分配办法；（11）公司的解散事由与清算办法；（12）公司的通知和公告办法；（13）股东会认为需要规定的其他事项。

我们可通过以下实际案例，进一步掌握公司设立的登记制度。

 ## 案例一　杭州张小泉剪刀厂诉南京张小泉剪刀厂侵犯商号权案❶

【基本案情】

1987 年，杭州张小泉剪刀厂和南京剪刀厂建立了松散型的联营协作关系。杭州张小泉剪刀厂提供技术帮助，收购南京剪刀厂质量合格的产品，并规定所有检验合格后的具有"张小泉"商标的剪刀由杭州张小泉剪刀厂全部收购，南京剪刀厂不得自销。1988 年，南京剪刀厂未经杭州张小泉剪刀厂同意，将其厂名由南京剪刀厂改为南京张小泉剪刀厂，并在包装上使用该名称。1988 年至 1989 年，南京张小泉剪刀厂生产的剪刀因质量问题多被杭州张小泉剪刀厂返工。1990 年，南京张小泉剪刀厂送交的样品不符合合同约定的质量。之后，南京张小泉剪刀厂再无送交剪刀给杭州张小泉剪刀厂，但仍自行销售具有"南京张小泉"字样的相关产品。

1993 年 2 月，原告杭州张小泉剪刀厂向南京市中级人民法院起诉，要求判令被告立即停止侵犯原告企业名称权和注册商标专用权的行为，并赔偿相应经济损失。法院判决驳回原告关于侵犯其企业名称权的诉讼请求，判令被告立即停止在其产品菜刀及

---

❶ 范健. 商法［M］. 4 版. 北京：高等教育出版社、北京大学出版社，2011：87.

外包装上刻印"张小泉"和"南京张小泉"标识的侵权行为，并赔偿原告相应经济损失。

【主要法律问题】

（1）南京张小泉剪刀厂是否侵犯了杭州张小泉剪刀厂的商号权？是否侵犯了杭州张小泉剪刀厂的注册商标权？

（2）如何处理企业名称权与商标权产生冲突时的法律保护问题？

【主要法律依据】

《中华人民共和国企业法人登记管理条例》（2019）（已失效）

第10条第1款　企业法人只准使用一个名称。企业法人申请登记注册的名称由登记主管机关核定，经核准登记注册后在规定的范围内享有专用权。

《中华人民共和国企业法人登记管理条例施行细则》（2017）

第20条　企业名称应当符合国家有关法律法规及登记主管机关的规定。

《中华人民共和国商标法》（1982）

第38条　有下列行为之一的，均属侵犯注册商标专用权：

（1）未经注册商标所有人的许可，在同一种商品或者类似商品上使用与其注册商标相同或者近似的商标的；

（2）擅自制造或者销售他人注册商标；

（3）给他人的注册商标专用权造成其他损害的。

《中华人民共和国商标法实施细则》（1988）（已失效）

第41条　有下列行为之一的，属于《商标法》第38条第（3）项所指的侵犯注册商标专用权的行为：

（1）经销侵犯他人注册商标专用权商品的；

（2）在同一种或者类似商品上，将与他人注册商标相同或者近似的文字、图形作为商品名称或者商品装潢使用，并足以造成误认的；

（3）故意为侵犯他人注册商标专用权行为提供仓储、运输、邮寄、隐匿等便利条件的。

【理论分析】

本案的争议焦点是被告侵害了原告何种权利。在讨论这一问题时，需区别商号与注册商标的异同，以及商号的保护和注册商标的保护的不同。

一、商号与注册商标的异同

商号，又称商事名称，它是指商主体在从事商行为时所使用的名称，即商主体在商事交易中用以署名以区别于其他商主体的称号，也是商主体人格特定化的标志。商号的内容由地域区划名称、字号、所属行业和组织形式四部分组成，核心内容是字号。

商业名称登记是商主体成立的必要条件，是商事登记的法定事项。商号权是指商主体依法享有的对商号的设定权、专有使用权、许可使用权、变更权和转让权等权利，是集人格权与财产权于一体的混合权利。在我国，商号权以登记为取得要件。规定商号制度的法律法规，之前主要是《民法通则》和《企业名称登记管理条例》，现在为《民法典》和《市场主体登记管理条例》。与此相衔接，2023 年修订的《公司法》第 6 条第 2 款新增了"公司的名称权受法律保护"的规定。注册商标是指属于一定的经营企业的特种商品或产品的标记，主要由《商标法》和《反不正当竞争法》调整。

在商业实践中，为使同样作为商事企业人格标识的商号与商标相统一，从而达到更好地宣传企业的目的，不少公司将其商号作为商标予以申请注册。对此，若该商号符合注册商标的要求，也是可以注册的。例如，中国北京同仁堂有限责任公司的"同仁堂"既是商号，也是企业的注册商标。本案原告也是将"杭州张小泉剪刀厂"作为商号的同时，又将"张小泉"注册为商标，从而使其商号与注册商标统一起来。这样，商号就与商标具有重叠性了。

商号与商标，两者既有区别又有联系，具体来说两者之间的区别表现为以下五点：其一，商号权作为商事企业的姓名权，从性质上讲，属于商事人格权的范畴；商标权作为商事企业产品的标识，属于知识产权的范畴。其二，商号权依存于商事主体，从理论上讲可以永久存在，因而没有存续期限限制；商标权则在理论上有一个存续期限，尽管该期限可以通过注册商标的延展得到无限期的延长。其三，商号的专有权的效力仅限于获准注册的特定行政区域；商标权的法律效力则以一定的法域为限，及于特定国家全域范围。其四，商号只能使用符合国家规范的汉字，不得使用汉语拼音、字母、阿拉伯数字；商标则可以用文字、图形或文字与图形的结合来表示。其五，商号实行强制登记，一个商事企业只能有一个商号；商标注册则既有强制性又有自愿性，并且同一个商事企业可以拥有多个注册商标。商号与商标之间的联系，主要表现在两者都属于绝对权，都有财产属性，都可以有偿转让。

二、如何处理商号权与商标权冲突的问题

我国现行有关企业名称登记的工商行政管理规章和法规，所禁止的是在同一行政区划内同行业企业名称混同，而对于不同行政区域的同行业企业名称，其"字号"能否相同的问题，没有予以明文禁止。本案中杭州张小泉剪刀厂和南京张小泉剪刀厂分别在当地的工商行政管理机关注册登记了企业名称，各自的名称专用权在注册登记行政区划内享有。因此，法院认定被告南京张小泉剪刀厂所用企业名称不构成对原告企业名称权的侵犯。

法院认为：原告杭州张小泉剪刀厂和被告南京张小泉剪刀厂分别在当地工商行政管理机关核准登记注册，其企业名称在各自冠用的行政区划范围内享有专用权，被告南京张小泉剪刀厂所用企业名称，不构成对原告杭州张小泉剪刀厂企业名称权的侵犯。但是，原告杭州张小泉剪刀厂依法享有"张小泉"注册商标专用权，被告南京张小泉剪刀厂自成立后在同类产品及其外包装上刻印"张小泉"和"南京张小泉"标识，足

以造成消费者误认，这种行为已构成对"张小泉"注册商标专用权的侵犯。

《商标法》（2019）第9条规定："申请注册的商标，应当有显著特征，便于识别，并不得与他人在先取得的合法权利相冲突。"同时，其第32条进一步明确规定："申请商标注册不得损害他人现有的在先权利，也不得以不正当手段抢先注册他人已经使用并有一定影响的商标。"这里的"在先取得的合法权利""在先权利"，当然包括企业名称权。

企业名称权与商标权冲突，是司法实践中最常见、最突出的问题，主要体现在将他人的在先企业名称注册为商标从而构成冲突，以及将他人的在先商标登记为企业名称从而构成冲突。我国商标由商标局受理和审核，企业名称则采用分级登记管理的体制，由各地市场监督管理部门核准登记，两者分属不同的主管部门，由不同的法律进行规范调整，但都是合法权利，所以两个不同领域的权利发生交叉冲突成为可能。从最初的含义看，企业名称是用来区别不同经营主体的，而商标是用来区分不同商品或服务来源的，但实际生活中两者往往紧密相连，在普通消费者的眼里，两者都是一种商业标识，都具有标识商品或服务来源的作用，而中国语言中具有显著性的文字组合是有限的，这就使商标权和企业名称权冲突的问题日益凸显出来，又因为字号是企业名称中最具有显著性的部分，所以两者的冲突主要表现在商标与字号的相同或近似。

三、如何处理商标权与企业名称权冲突的问题

当商标权与企业名称权产生冲突时，势必有一方的合法权利受到侵害，而将纠纷诉诸法律，法院依据现有法律进行侵权判定时一般遵循以下两项原则：（1）保护在先合法权利原则。既然产生冲突的双方都是合法权利，而冲突的解决又必须建立在对两者进行取舍的基础上，那么司法必须对一方利益进行倾斜和保护，保护在先合法权利，在后权利的创设、行使均不得侵犯已存在的在先合法权利。（2）禁止混淆和误认原则。这项原则是指如果两项权利内容相同或近似足以使相关公众产生混淆和误认，则在后权利构成对在先权利的侵犯，这种混淆和误认既包括对商品或服务的主体或来源产生混淆和误认，也包括对冲突双方产生某种不正确的联想。

可见，在先企业名称权要获得保护，必须满足较为严格的如下条件：（1）企业名称登记应当早于侵权商标的申请注册日。（2）侵权商标使用了与企业名称相同的文字。实践中，企业名称的构成要素往往不会成为对抗商标权的理由；但对于具有一定市场知名度、为相关公众所熟知、已实际具有商号作用的企业名称的简称，视为企业名称并给予保护。（3）侵权商标指定使用的商品或者服务与在先企业名称权人的经营内容相同或者类似。（4）在先企业名称在相关公众中具有一定的知名度，且侵权商标的注册或使用容易导致相关公众产生混淆。

本案中，被告南京张小泉剪刀厂的企业名称权相对于原告杭州张小泉剪刀厂的商标权来说是在后权利，两家企业属同类企业，企业名称与商标文字上的相同足以造成相关公众的混淆和误认，所以被告不规范使用其企业名称的行为侵犯了原告的商标权，法院的判决是正确的。

关于注册商标与在先的企业名称权冲突的救济渠道，主要有以下两种：（1）根据《商标法》（2019）第 33 条、第 35 条之规定，初审公告后的商标侵犯他人企业名称权的，在先权利人和利害关系人可以向商标局提起异议；异议被驳回的，异议人还可以向商标评审委员会请求宣告该注册商标无效。（2）根据《商标法》（2019）第 45 条之规定，已注册的商标侵犯他人企业名称权的，在先权利人和利害关系人可以在商标注册之日起五年内向商标评审委员会请求宣告注册商标无效，权利人对商标评审委员会裁定不服的，可以向人民法院起诉。

【思考题】

现行《商标法》对注册商标侵犯他人在先权利是如何规定的？注册商标与在先的企业名称权冲突的救济渠道有哪些？

 **案例二　某客车制造有限公司诉某新动力科技公司等设立公司纠纷案**❶

【基本案情】

2010 年 11 月 12 日，某新动力发展科技公司（以下简称科技公司）与某客车制造有限公司（以下简称客车公司）签订《合作意向书》，约定设立一家新的合资公司，用于新项目的研发，并对设立新公司的生产能力、双方入股及持股份额、后续厂房建设交付、公司迁址等均作出明确约定。2011 年 2 月 8 日，双方委托贾某、张某等五人以个人名义签订《首次股东会会议决议》《公司章程》，内容中对目标公司名称的表述与《合作意向书》中目标公司名称不同。新公司也未取得名称核准，且注册资本金额、出资期限、出资承担、评估等问题未予约定。

之后，因科技公司未在约定的时间内取得全部土地使用权及完成所有新建厂房建设，客车公司主张解除合同，不再设立新公司。因客车公司在双方发生矛盾和纠纷后未积极配合办理新公司的注册登记，科技公司遂起诉客车公司承担违约责任。本案一二审法院均认为本案合同不应解除，合同未得到履行双方均有过错，判决客车公司承担科技公司损失的 30%。

客车公司不服，向最高人民法院申请再审。申请再审的主要理由是：《首次股东会会议决议》《公司章程》并非客车公司的真实意思表示，科技公司、客车公司两个公司作为拟成立的新公司股东，应由此两公司签署公司章程，而由贾某、张某等五个自然人签字不符合法律要求。且《公司章程》中对注册资本、公司股份总数、每股金额、

---

❶ 参见河南省高级人民法院（2018）豫民终 1058 号民事判决书和最高人民法院（2021）最高法民申 4983 号民事裁定书。

出资时间等均未作明确具体约定，不符合《公司法》第 82 条的规定；全称、内容中涉及的多个公司名称与《合作意向书》中新公司名称均不相同，故该章程并未生效。公司名称也没有经过工商部门预先核准，也不符合《公司登记管理条例》第 18 条的规定。因此，不应判令客车公司承担违约责任。再审法院驳回了客车公司的再审申请，未予启动再审程序。

【主要法律问题】

（1）如何判断公司设立合同的成立？
（2）客车公司是否有权解除《合作意向书》？

【主要法律依据】

《中华人民共和国公司法》（2018）

第 27 条第 2 款　对作为出资的非货币财产应当评估作价，核实财产，不得高估或者低估作价。法律、行政法规对评估作价有规定的，从其规定。

第 28 条　股东应当按期足额缴纳公司章程中规定的各自所认缴的出资额。股东以货币出资的，应当将货币出资足额存入有限责任公司在银行开设的账户；以非货币财产出资的，应当依法办理其财产权的转移手续。

股东不按照前款规定缴纳出资的，除应当向公司足额缴纳外，还应当向已按期足额缴纳出资的股东承担违约责任。

第 82 条　发起人的出资方式，适用本法第 27 条的规定。

第 83 条　以发起设立方式设立股份有限公司的，发起人应当书面认足公司章程规定其认购的股份，并按照公司章程规定缴纳出资。以非货币财产出资的，应当依法办理其财产权的转移手续。

发起人不依照前款规定缴纳出资的，应当按照发起人协议承担违约责任。

《最高人民法院关于适用〈中华人民共和国公司法〉若干问题的规定（三）》（2020）

第 1 条　为设立公司而签署公司章程、向公司认购出资或者股份并履行公司设立职责的人，应当认定为公司的发起人，包括有限责任公司设立时的股东。

第 4 条第 3 款　因部分发起人的过错导致公司未成立，其他发起人主张其承担设立行为所产生的费用和债务的，人民法院应当根据过错情况，确定过错一方的责任范围。

《中华人民共和国民法典》（2020）

第 563 条　有下列情形之一的，当事人可以解除合同：

（一）因不可抗力致使不能实现合同目的；

（二）在履行期限届满前，当事人一方明确表示或者以自己的行为表明不履行主要债务；

（三）当事人一方迟延履行主要债务，经催告后在合理期限内仍未履行；

（四）当事人一方迟延履行债务或者有其他违约行为致使不能实现合同目的；

（五）法律规定的其他情形。

以持续履行的债务为内容的不定期合同，当事人可以随时解除合同，但是应当在合理期限之前通知对方。

第 566 条第 2 款　合同因违约解除的，解除权人可以请求违约方承担违约责任，但是当事人另有约定的除外。

第 584 条　当事人一方不履行合同义务或者履行合同义务不符合约定，造成对方损失的，损失赔偿额应当相当于因违约所造成的损失，包括合同履行后可以获得的利益；但是，不得超过违约一方订立合同时预见到或者应当预见到的因违约可能造成的损失。

【理论分析】

一、发起人协议与公司章程的区别

依据我国《公司法》规定，设立公司必须依法制定公司章程，出资状况是章程的法定必要记载事项。有限责任公司的章程必须载明股东的出资方式、出资额和出资期限；股份有限公司的章程必须载明发起人的姓名或者名称、认购的股份数、出资方式。发起人协议并非公司设立必备文件，其主要目的是厘清各方在公司设立期间的权利义务。实践中，发起人协议也会提前预置公司章程中的相应条款，例如注册资本、出资比例、出资时间，违约责任等。

发起人协议与公司章程的区别主要体现在以下几个方面：（1）制定目的不同。发起人协议主要目的系约定公司成立前各方权利义务，主旨为公司成立而服务；公司章程是对公司成立后对于公司内部治理事项作出的约定。（2）效力范围不同。发起人协议约束的是各准股东，但是公司章程除约束股东外，还对公司董事、监事、高级管理人员等人员有约束力。（3）法律性质不同。发起人协议本身系合同性质，对于各方权利义务争议更多系从合同规则角度进行处理，强调合意的一致性；而公司章程则依据公司类规定进行处理，适用资本多数决规则。（4）公示要求不同。发起人协议作为内部协议本身不需要登记备案，对第三人无约束力，不具有涉他性；但公司章程需要登记备案对外公示，具有涉他性。

二、发起人协议与公司章程冲突时的适用规则

公司发起人协议与公司章程约定不一致时的适用规则，要区分对内、对外两种情形，实行"内外有别"的适用规则。涉及第三人时，优先遵循已公示的公司章程。如上所述，公司章程作为登记备案必备文件需要对外公示，而发起人协议无须登记备案，所以客观上涉及对外法律关系处理时，第三人很难知晓公司设立阶段的协议内容。故而在涉及第三人时，应当优先以公司章程为准。不涉及第三人仅仅处理股东之间的纠纷时，则需要看股东在发起人协议和章程中有无优先适用的约定，有约定的从其约定；

无约定的一般应以在后订立的章程为准，视为各股东通过事后章程的约定对于发起人协议约定部分作出变更。❶

多数情况下，股东投资协议与公司章程系由投资人形成的两种本质不同的协议安排，两者之间应为相互平行而非前后承接的法律关系。在投资人订立的股东投资协议中，既有调整公司设立完成之前的事项，又有调整公司成立后股东之间、公司与股东之间的权利义务关系等内容，股东投资协议实际承担了公司章程之外的规则性协议之功能。

三、本案《合作意向书》的性质及解除权

设立公司过程中，发起人对于设立公司的共同意思表示是设立公司的基础，发起人之间往往会签订设立公司协议，并以此成为公司设立行为的时间起点。法律对设立公司协议的形式没有强制性的要求，判断一个合同是否构成公司设立协议，主要就合同内容是否达成设立公司的合意而进行实质性判断。

再审法院认为，本案双方虽未明确《合作意向书》为设立新公司的合同，但合同主要条款约定明确，目的是设立新公司，且《合作意向书》已经由双方派出代表签字并加盖印章，形式完备，应认定已成立出资人的设立公司合同。贾某、张某等五人系受两公司的委派，代表双方签订《首次股东会会议决议》《公司章程》，内容中对目标公司名称的表述与《合作意向书》中目标公司名称虽有不同，但并不影响双方对成立新公司表意的一致性。双方均以实际行为履行了意向书的部分内容。至于客车公司提出的《合作意向书》与《公司章程》中目标公司的名称不一致的问题，应视为双方在履行合同过程中以实际行动变更了合同内容。对于新公司尚未取得名称核准以及设立公司合同中未对注册资本金额、出资期限等事项进行约定的问题，可以在合同履行过程中完善，并未违反法律、行政法规的强制性规定，不会因此导致合同无效。这体现了法院维护交易安全、不轻易否定合同效力的价值取向。

合同成立后，客车公司是否有权解除合同呢？新公司尚未取得名称核准，且注册资本金额、出资期限、出资承担、评估等问题未予约定不属于原《合同法》、现《民法典》规定的合同法定解除事由。而且，由于这些事项可以在合同履行过程中完善，因此也并不违反《公司法》的有关规定，只是暂时不能完成新公司设立登记，不会必然导致合同目的不能实现。未在约定的时间内取得全部土地所有权及完成所有新建厂房建设，亦不是造成双方设立公司的合同解除之必然理由。因此客车公司无权解除合同。由于双方发生矛盾纠纷后，客车公司未积极配合办理新公司的注册登记，亦是导致双方的合作目的不能实现的原因，因而二审判决综合双方对合同解除的过错，认定客车公司承担30%责任，具有事实和合同依据，判决是妥当的。

从本案得到启示，如果发起人对于公司设立存在顾虑，尤其是拟以设立中的公司

---

❶ 麋鹿说法. 公司设立协议与章程不一致的该如何处理［EB/OL］.（2021-07-08）［2022-12-15］. https://baijiahao.baidu.com/s?id=17047124882 18566032.

作为合作项目载体的情况下，各方要在合同中予以详细约定，并明确约定就合同解除的条件、违约责任的承担等事项，合同解除不影响合同违约责任条款的适用。若依照《民法典》，该《合作意向书》属于预约合同，其内容是预约继续磋商或未来缔约（本约），预约也是约，是当事人之间的合意，该合意对各方具有约束力，各方当事人应予遵循。《民法典》第 495 条规定，当事人约定在将来一定期限内订立合同的认购书、订购书、预订书等，构成预约合同。当事人一方不履行预约合同约定的订立合同义务的，对方可以请求其承担预约合同的违约责任。

【思考题】

（1）股东投资协议是否必然随着公司设立成功而终止效力？

（2）合资合同解除后如何确定违约方的赔偿范围？

 **案例三　深圳某文体公司诉黄某涛返还公司证照纠纷案❶**

【基本案情】

深圳某文体公司（以下简称文体公司）属于某理念公司单独投资设立的一人有限公司，公司章程规定：执行董事由股东委任，任期三年；公司法定代表人由执行董事担任，任期三年，由股东委任决定产生等。在公司登记机关登记的法定代表人、执行董事为黄某涛。后理念公司作出了免去黄某涛职务，变更文体公司董事及法定代表人为龙某平的任免决议，但文体公司董事会未执行股东决议，造成了工商登记的法定代表人与股东任命的法定代表人不一致，文体公司营业执照正副本及公司行政章一直由黄某涛持有。

龙某平被任命为新法定代表人后，决定撤回之前文体公司提起的一起诉讼，但因文体公司实际控制人黄某涛拒不交出公章，导致无法在撤诉申请上盖章。龙某平遂以文体公司名义起诉黄某涛，要求其返还文体公司的营业执照正副本原件、公司行政章、财务专用章和所有合同、财务账册、会议记录等公司文件。黄某涛答辩称，其虽承认文体公司的公司营业执照正副本及公司行政章在其处，但认为龙某平并非文体公司登记的法定代表人，依法不能履职，其无权代表文体公司起诉要求返还文体公司营业执照、公章。黄某涛认为，公司法定代表人法律标准：法定代表人 = 任命（变更）+ 登记，缺一不可，经登记的法定代表人，行使职权才具有法律效力，同时具有公示力。

一审法院认为，不当持有公司财产的民事主体，无论是公司内部的高管、股东还是公司以外的第三人，均应承担相应的返还之责。本案中，文体公司的股东即理念公司已作出临时董事会决议及临时股东会决议，免去了黄某涛的执行董事及法定代表人

---

❶ 参见广东省高级人民法院（2019）粤 03 民终 31467 号民事裁定书。

职务，故黄某涛无权再占有文体公司的公司印章、营业执照等财物，应当向文体公司返还。因此，判决黄某涛于判决生效之日起十日内返还文体公司营业执照正副本原件及行政章、财务专用章。对于文体公司提出黄某涛还应向其返还公司发票专用章、公司合同、财务账册、公司章程、会议记录、公司文件等其他诉讼请求，因文体公司提交的证据不足以证明黄某涛持有上述资料，故一审法院对此不予支持。黄某涛不服一审判决提起上诉，二审判决驳回上诉，维持原判。

【主要法律问题】

（1）公司设立时的法定登记事项有哪些？

（2）若商事登记的法定代表人与股东更换的法定代表人不一致，谁能代表公司意志？

【主要法律依据】

《中华人民共和国民法典》（2020）

第61条 依照法律或者法人章程的规定，代表法人从事民事活动的负责人，为法人的法定代表人。

法定代表人以法人名义从事的民事活动，其法律后果由法人承受。

法人章程或者法人权力机构对法定代表人代表权的限制，不得对抗善意相对人。

《中华人民共和国公司法》（2018）

第13条 公司法定代表人依照公司章程的规定，由董事长、执行董事或者经理担任，并依法登记。公司法定代表人变更，应当办理变更登记。

第46条 董事会对股东会负责，行使下列职权：

（一）召集股东会会议，并向股东会报告工作；

（二）执行股东会的决议；

（三）决定公司的经营计划和投资方案；

（四）制订公司的年度财务预算方案、决算方案；

（五）制订公司的利润分配方案和弥补亏损方案；

（六）制订公司增加或者减少注册资本以及发行公司债券的方案；

（七）制订公司合并、分立、解散或者变更公司形式的方案；

（八）决定公司内部管理机构的设置；

（九）决定聘任或者解聘公司经理及其报酬事项，并根据经理的提名决定聘任或者解聘公司副经理、财务负责人及其报酬事项；

（十）制定公司的基本管理制度；

（十一）公司章程规定的其他职权。

《中华人民共和国民事诉讼法》（2017）

第48条 公民、法人和其他组织可以作为民事诉讼的当事人。

法人由其法定代表人进行诉讼。其他组织由其主要负责人进行诉讼。

《中华人民共和国市场主体登记管理条例》（2022）

第30条第3款　市场主体应当在歇业前向登记机关办理备案。登记机关通过国家企业信用信息公示系统向社会公示歇业期限、法律文书送达地址等信息。

《中华人民共和国市场主体登记管理条例实施细则》（2022）

第6条　市场主体应当按照类型依法登记下列事项：

（一）公司：名称、类型、经营范围、住所、注册资本、法定代表人姓名、有限责任公司股东或者股份有限公司发起人姓名或者名称。

（二）非公司企业法人：名称、类型、经营范围、住所、出资额、法定代表人姓名、出资人（主管部门）名称。

（三）个人独资企业：名称、类型、经营范围、住所、出资额、投资人姓名及居所。

（四）合伙企业：名称、类型、经营范围、主要经营场所、出资额、执行事务合伙人名称或者姓名，合伙人名称或者姓名、住所、承担责任方式。执行事务合伙人是法人或者其他组织的，登记事项还应当包括其委派的代表姓名。

（五）农民专业合作社（联合社）：名称、类型、经营范围、住所、出资额、法定代表人姓名。

（六）分支机构：名称、类型、经营范围、经营场所、负责人姓名。

（七）个体工商户：组成形式、经营范围、经营场所、经营者姓名、住所。个体工商户使用名称的，登记事项还应当包括名称。

（八）法律、行政法规规定的其他事项。

第7条　市场主体应当按照类型依法备案下列事项：

（一）公司：章程、经营期限、有限责任公司股东或者股份有限公司发起人认缴的出资数额、董事、监事、高级管理人员、登记联络员、外商投资公司法律文件送达接受人。

（二）非公司企业法人：章程、经营期限、登记联络员。

（三）个人独资企业：登记联络员。

（四）合伙企业：合伙协议、合伙期限、合伙人认缴或者实际缴付的出资数额、缴付期限和出资方式、登记联络员、外商投资合伙企业法律文件送达接受人。

（五）农民专业合作社（联合社）：章程、成员、登记联络员。

（六）分支机构：登记联络员。

（七）个体工商户：家庭参加经营的家庭成员姓名、登记联络员。

（八）公司、合伙企业等市场主体受益所有人相关信息。

（九）法律、行政法规规定的其他事项。

【理论分析】

一、法定代表人的法定地位

法定代表人是依照法律或者法人章程的规定，代表法人从事民事活动的负责人。

依照《公司法》第 13 条，公司法定代表人的产生方式由章程规定，由董事长、执行董事或者经理担任，并依法登记。按 2023 年修订的《公司法》第 10 条，法定代表人的任职范围有所扩张，可由代表公司执行公司事务的董事或者经理担任。2023 年修订的《公司法》法还增加了法定代表人的辞任及补任规则，即担任法定代表人的董事或者经理辞任的，视为同时辞去法定代表人；法定代表人辞任的，公司应当在三十日内确定新的法定代表人。

就公司内部而言，公司与法定代表人之间为委托法律关系，法定代表人代表权的基础是公司的授权，自公司任命时取得至免除任命时终止。公司权力机关依公司章程规定免去法定代表人的职务后，法定代表人的代表权即为终止。有限责任公司股东会依据章程规定免除公司法定代表人职务的，公司执行机关应当执行公司决议，依法办理公司法定代表人工商变更登记。公司法定代表人变更，应当办理变更登记。就公司外部而言，《民法典》第 61 条规定，法定代表人以法人名义从事的民事活动，其法律后果由法人承受；法人章程或者法人权力机构对法定代表人代表权的限制，不得对抗善意相对人。这一规定被 2023 年修订的《公司法》第 11 条沿用，还增加了法定代表人职务侵权行为的民事责任规则，即法定代表人因执行职务造成他人损害的，由公司承担民事责任。公司承担民事责任后，依照法律或者公司章程的规定，可以向有过错的法定代表人追偿。

二、法定代表人作为商事登记事项的法律意义

按照《市场主体登记管理条例》，公司设立时需要登记的事项包括：名称、类型、经营范围、住所、注册资本、法定代表人姓名、有限责任公司股东或者股份有限公司发起人姓名或者名称；需要备案的事项包括：章程、经营期限、有限责任公司股东或者股份有限公司发起人认缴的出资数额、董事、监事、高级管理人员、登记联络员、外商投资公司法律文件送达接收人，以及有关公司歇业的信息。备案事项由登记机关在设立登记时一并进行信息采集。

商事登记产生双重法律效力，一是创设效力，即登记机关实施准入监管，赋予商事主体营业资格；二是对抗效力，即确认商事主体的基本信息和相关方的权利义务关系，以公示社会、保护交易安全。其中，对法定代表人的登记意义在于向社会公示公司意志代表权的基本状态。工商登记的法定代表人对外具有公示效力，如果涉及公司以外的第三人因公司代表权而产生的外部争议，应以工商登记为准。而对于公司与股东之间因法定代表人任免产生的内部争议，则应以有效的股东会任免决议为准，并在公司内部产生法定代表人变更的法律效果，不得以股东内部约定对抗善意的外部第三人，此即"内外有别"规则。申言之，公司法为了保护交易安全，强调保护因合理信赖权利外观或意思表示外观的交易行为。

公司法定代表人变更属于公司内部的民事关系的变化，应遵从公司内部自治原则，只要是公司内部形成的有效变更决议，就应在公司内部产生法律效力，新选任法定代表人可以代表公司的意志。虽然公司作为商事主体，受到商事登记制度的规范，但法

定代表人变更事项进行登记目的是向社会公示公司代表权的基本状态，属于宣示性登记，而非设权性登记，因此，公司内部决议变更法定代表人的，即使工商登记未变更，不影响公司内部变更法定代表人意志的确定。最高人民法院已有相关判决，最高法（2014）民四终字第 20 号裁定书认为，对于公司与股东之间因法定代表人任免产生的内部争议，则应以有效的股东会任免决议为准，并在公司内部产生法定代表人变更的法律效果。

本案中，文体公司与黄某涛之间的证照返还纠纷属于内部争议，应当以文体公司有效的决议为准。法院认为，某理念公司作为文体公司的唯一股东，其作出的任命文体公司法定代表人的决议对文体公司具有拘束力。根据《公司法》第 46 条第 2 项的规定，公司董事会作为股东会的执行机关，有义务执行股东会的决议，即文体公司董事会应当根据其唯一股东某理念公司的决议，办理董事及法定代表人的变更登记。由于文体公司董事会未执行股东决议，造成了工商登记的法定代表人与股东任命的法定代表人不一致的情形，进而引发了争议。依照《民事诉讼法》（2017）第 48 条第 2 款规定，法人由其法定代表人进行诉讼。因此，新法定代表人龙某平明确表示反对文体公司提起某案诉讼，其可以代表公司作出撤诉请求。

【思考题】

（1）本案中，如果新法定代表人龙某平以文体公司名义对外签署合同，是否产生对文体公司的约束力？如果原法定代表人黄某涛仍以文体公司名义对外签署合同，是否产生对文体公司的约束力？

（2）若原法定代表人已与公司解除劳动（聘用）关系，公司是否有义务办理法定代表人变更登记？若公司怠于办理，导致原法定代表人因公司被执行案而被限制高消费，该法定代表人该如何维权？

第三节　公司设立的法律后果

公司设立是指发起人依照公司法的规定在公司成立之前为组建公司进行的、目的在于取得公司法律主体资格的活动。为设立公司而签署公司章程、向公司认购出资或者股份并履行公司设立职责的人，是公司的发起人，包括股份有限公司的设立发起人和有限责任公司设立时的初始股东。发起人可视为设立中公司的代表人，其行为对公司能否顺利成立起到关键作用，也衔接起设立中公司和成立后的公司。设立中公司从时间上来讲，一般始于公司章程或设立协议签订之日，终于公司营业执照签发之日。

发起人作为公司创始人、筹办者，主要享有以下权利：（1）起草公司章程（这也是发起人的一项职责）；（2）有权推选或被推选为公司执行机关或者监督机关的组成人员，比如董事、监事；（3）按约定获得设立公司的劳务报酬，没有约定则视为无偿；

（4）要求返还所垫付的设立费用。公司成立的，由公司承担；公司未能成立的，按发起人之间的约定处理。发起人承担以下义务：（1）忠实勤勉地办理公司筹办事务，不得损害设立中公司和其他发起人利益，否则应承担损失赔偿责任；（2）及时足额缴纳所认缴的出资或认购的股份对价，并相互监督，对其他未履行或者未全面、足额履行出资义务的发起人的出资义务承担连带责任。

公司设立过程可以从时间节点上分为：从合意设立公司、签订发起人协议、履行设立职责、设立结果终结到设立费用清算。在各方签订发起人协议前，基于各方拟设立公司的共同意愿所从事相应的准备工作也可以认定为公司设立期间。发起人设立公司的行为不仅是指为设立公司办理登记本身，也包括预先为拟设立公司的利益而进行的行为，譬如租赁场地、委托装修、招聘员工等。那么，发起人为设立公司对外签订合同的责任由谁承担呢？是发起人还是成立后的公司？按照最高人民法院的相关司法解释，需要区分为以下几种情形分别处理：

（1）如果发起人为设立公司以自己名义对外签订合同，合同相对人可以请求该发起人承担合同责任，也可以请求成立后的公司承担合同责任。该合同不需要其他发起人共同明示或默示认可，因为设立中的发起人之间视为合伙关系，每个合伙人均可代表合伙从事民事法律行为。至于该合同是否需要成立后的公司以明示方式同意，或以实际享有合同权利或承担合同义务的默示方式成为合同当事人，最初的司法解释有此要求，修订后的司法解释则取消了这一要求。根据2020修正的《公司法司法解释三》第2条，公司因故未成立，债权人请求全体或者部分发起人对设立公司行为所产生的费用和债务承担连带清偿责任的，人民法院应予支持。部分发起人依照前款规定承担责任后，请求其他发起人分担的，人民法院应当判令其他发起人按照约定的责任承担比例分担责任；没有约定责任承担比例的，按照约定的出资比例分担责任；没有约定出资比例的，按照均等份额分担责任。

（2）如果发起人为设立公司以设立中公司名义对外签订合同，公司顺利成立后，由公司承担合同责任；公司未成立或者设立失败的，由各个发起人对设立公司行为所产生的费用和债务承担连带清偿责任；如果合同相对人仅向部分发起人主张清偿，部分发起人承担责任后可请求其他发起人按照约定的责任比例分担；没有约定责任承担比例的，按照约定的出资比例分担责任；没有约定出资比例的，按照均等份额分担责任。

（3）为防止发起人在公司设立过程中滥用权利损害公司和其他发起人的利益，如果有证据证明发起人利用设立中公司的名义为自己的利益与相对人签订合同的，成立后的公司可以此为由主张不承担合同责任，但相对人为善意的除外；如果公司未成立系因部分发起人的过错所致，其他发起人主张由过错方承担设立行为所产生的费用和债务的，人民法院应当根据过错情况确定过错一方的责任范围。

除合同义务与责任外，发起人设立公司过程中还可能发生侵权责任。若其因履行公司设立职责造成第三人损害的，受害人可要求成立后的公司承担侵权赔偿责任；若公司未成立，受害人可要求全体发起人承担连带赔偿责任。公司或者无过错的发起人承担赔偿责任后，可以向有过错的发起人追偿。对于发起人在设立公司过程中因过错导致公司损失的责任，我国之前的《公司法》仅规定，股份有限公司因发起人的过失致使公司利益受到损害的，发起人应当对公司承担赔偿责任，而未规定有限公司发起人损害公司利益的对公司的赔偿责任。2023 年修订的《公司法》完善了发起人设立公司中的侵权赔偿规则，其第 44 条规定，有限责任公司设立时的股东因履行公司设立职责造成他人损害的，公司或者无过错的股东承担赔偿责任后，可以向有过错的股东追偿。根据第 107 条，该规定同样适用于股份有限公司。

关于公司设立责任，还有名义股东与冒名股东的法律责任问题。在经济生活中，存在公司设立登记信息中的股东与实际不符的情况，包括股权代持下的名义股东和被他人冒名登记的股东，主要是发生在有限责任公司。按照合同相对性原则，股权代持协议仅对签约双方实际出资人与名义股东产生约束力，不能对抗不知情的第三人。公司债权人等公司外的第三人往往不可能知道股权代持情况，按照商法外观主义原则，善意第三人完全可以信赖公司登记中的股东信息，这样将会对实际投资人和名义股东带来法律风险。一方面，名义股东以股东名义与善意第三人之间的交易受到法律保护，其名下股权或将因名义股东负债而成为被强制执行的对象，这将损及实际投资人利益，实际投资人只能在事后向名义股东主张违约损失赔偿；另一方面，名义股东需依照形式外观对公司债务人承担全部股东义务和责任，名义股东也只能事后向实际投资人追偿损失。唯一例外的是，若名义股东能证明其所持股权系让与担保所致，并不享有股东权利，则可免于承担股东义务。按照《最高人民法院关于适用〈中华人民共和国民法典〉有关担保制度的解释》第 69 条，股东以将其股权转移至债权人名下的方式为债务履行提供担保，公司或者公司的债权人以股东未履行或者未全面履行出资义务、抽逃出资等为由，请求作为名义股东的债权人与股东承担连带责任的，人民法院不予支持。

如果是被他人擅自登记为公司股东（冒名股东），因被冒名人没有投资于公司的意思表示，也未授权他人代为向公司投资，更不会参与公司经营管理和实际享受股东权利，因而不符合股东实质特征，也就不能享有股东权利、不必承担股东义务，而由冒名人承担相应责任。

下面为几个真实案例。

 **案例一　山西御花园有限公司等与山煤有限公司等侵害企业出资人权益纠纷案❶**

【基本案情】

2003 年 6 月，山西御花园有限公司（以下简称御花园公司）与五阳集运站拟共同

---

❶　参见最高人民法院（2015）民二终字第 56 号民事判决书。

出资成立山西大平公司，注册资本 300 万元，御花园公司出资 270 万元、占 90%，五阳集运站出资 30 万元、占 10%。但御花园公司与五阳集运站申请企业名称预先核准登记获批后，未在预先核准通知书有效期内办理公司设立登记。2004 年 3 月，省国土资源厅为山西大平公司颁发了《采矿许可证》。

2004 年 4 月，李某水与张某波等人伪造御花园公司法定代表人的签字，将该采矿权作价 5000 万元成立了襄垣大平公司。2005 年 12 月，五阳集运站使用盖有御花园公司公章的空白《山西大平公司股东会决议》，将御花园公司在山西大平公司中的 90% 股权分别转让给襄垣大平公司 80%、远东公司 10%。后经过多次变更，山西大平公司的注册资本为 1 亿元，股东为山煤有限公司、李某水、张某波、郭某中、赵某中、李某琴。以上各股东向工商部门申请成立山西大平公司，经省工商行政管理局批准，山西大平公司于 2006 年 8 月正式成立。

御花园公司得知后，向法院提起诉讼，要求判令山煤有限公司、李某水、张某波、郭某中、赵某中、李某琴分别将其持有的山西大平公司股权返还御花园公司；或判令涉案相关公司及自然人股东连带赔偿侵害御花园公司投资权益所造成的全部损失。

一审法院以侵害企业出资人权益纠纷为由，认定御花园公司被侵害的投资权益主要体现在《采矿许可证》所表彰的资产上，以 90% 计算御花园公司投资比例，判决襄垣大平公司等过错方赔偿御花园公司享有的采矿权益损失 14882.049 万元及利息。御花园公司及部分被告不服一审判决，上诉至最高人民法院。

二审法院重新定义投资权益损失数额的计算依据及标准，以御花园公司实际出资占采矿权价款的比例，认定出资权益损失包括直接损失和间接损失两部分，结合御花园公司实际出资占采矿权价款的比例，判决襄垣大平公司、远东公司、李某水等五方赔偿御花园公司出资权益损失 7279.4736 万元（直接损失 3639.7368 万元，间接损失 3639.7368 万元）。

御花园公司提出再审申请，被最高人民法院裁定驳回。

【主要法律问题】

（1）发起人出资权益被侵害后能否要求返还股权？
（2）发起人出资权益被侵害的损失数额如何确定？

【主要法律依据】

《最高人民法院关于适用〈中华人民共和国公司法〉若干问题的规定（三）》（2020）

第 1 条　为设立公司而签署公司章程、向公司认购出资或者股份并履行公司设立职责的人，应当认定为公司的发起人，包括有限责任公司设立时的股东。

《中华人民共和国民法典》（2020）

第 83 条第 1 款　营利法人的出资人不得滥用出资人权利损害法人或者其他出资人的利益；滥用出资人权利造成法人或者其他出资人损失的，应当依法承担民事责任。

第 120 条　民事权益受到侵害的，被侵权人有权请求侵权人承担侵权责任。

第 178 条　二人以上依法承担连带责任的，权利人有权请求部分或者全部连带责任人承担责任。

连带责任人的责任份额根据各自责任大小确定；难以确定责任大小的，平均承担责任。实际承担责任超过自己责任份额的连带责任人，有权向其他连带责任人追偿。

连带责任，由法律规定或者当事人约定。

第 186 条　因当事人一方的违约行为，损害对方人身权益、财产权益的，受损害方有权选择请求其承担违约责任或者侵权责任。

第 311 条　无处分权人将不动产或者动产转让给受让人的，所有权人有权追回；除法律另有规定外，符合下列情形的，受让人取得该不动产或者动产的所有权：

（一）受让人受让该不动产或者动产时是善意；

（二）以合理的价格转让；

（三）转让的不动产或者动产依照法律规定应当登记的已经登记，不需要登记的已经交付给受让人。

受让人依据前款规定取得不动产或者动产的所有权的，原所有权人有权向无处分权人请求损害赔偿。

当事人善意取得其他物权的，参照适用前两款规定。

第 584 条第 1 款　当事人一方不履行合同义务或者履行合同义务不符合约定，造成对方损失的，损失赔偿额应当相当于因违约所造成的损失，包括合同履行后可以获得的利益。

【理论分析】

一、股东对设立中的公司享有什么出资权益

设立中的公司与设立成功的公司之间虽然具有延续性，但二者又不完全等同。前者只是拟设立中的公司，出资人之间具备合伙性质，按合伙关系享有合伙份额权益和承担设立风险；后者是已经成立的公司，股东享有的是股东权利；当投资人没有成为设立后的公司股东时，原出资权益并不必然转化为设立后的公司股权。公司设立过程中，当发起人出资份额被恶意转移或侵占时，受侵害的法益为设立中公司发起人的出资权益，而非成立后公司的股权，故返还股权的诉请不能得到支持。而且，因公司已成立，注册资本、股东投资有重大变化，原出资份额代表的权利已经行使完毕而难以返还，也无法恢复原状，故只能折价赔偿。赔偿的出资权益损失范围包括直接损失和间接损失两部分，直接损失是公司设立过程中应取得财产的损失，而取得财产可能产生的投资收益应作为间接损失。

具体到本案当中，虽然御花园公司前期与五阳集运站拟共同投资设立山西大平公司，也进行了企业名称预先核准登记，但是因为预先核准通知书到期后未能及时申请延期而失效。后李某水等人先是伪造御花园公司法定代表人的签字，将采矿权作价

5000万元成立了襄垣大平公司，后又利用盖有御花园公司公章的空白《山西大平公司股东会决议》将御花园公司在设立中山西大平公司的90%出资人权益分别转让给襄垣大平公司和远东公司，最终导致在后期正式成立的山西大平公司股东中并没有御花园公司。此案中，御花园公司并不享有股东权益，其享有的仅是作为发起人对未来成立的公司的出资权益，该出资权益在公司成立后并不必然转化为股权，故不能支持其返还股权的请求。

二、御花园公司的权益损失如何认定

御花园公司所有的出资份额因被擅自转让他人而丧失，御花园公司的利益受到损害，有权要求侵权人承担侵权责任。五阳集运站等侵占御花园公司对山西大平公司的出资份额，因山西大平公司已成立，注册资本、股东投资有重大变化，原出资份额代表的权利已经行使完毕，不能返还，也无法恢复原状，应折价赔偿。御花园公司出资权益损失包括直接损失和间接损失两部分，其直接损失是其明确表示与五阳集运站终止合作设立山西大平公司前，在设立山西大平公司过程中应取得财产的损失。鉴于在公司正式成立前，拟设立过程中的财产其实质是属于各出资人的合伙财产，因此，在计算被侵权人的直接损失时，应以被侵权人在公司设立过程中的实际出资比例而不是约定出资比例作为直接损失计算的相关基准数。因御花园公司向设立中的山西大平公司投资的目的是获取投资收益，其应取得财产可能产生的投资收益应作为其间接损失，此项损失数额的判定与裁量，法官一般会基于目标公司市场效益等因素综合考量确定。

【思考题】

该类案件的案由应为"公司设立纠纷"还是"侵害企业出资人权益纠纷"？二者有何区别？

 **案例二　深圳市维业装饰公司山东分公司诉路通公司、恒生酒店公司等偿付建设工程设计费纠纷案**[1]

【基本案情】

2007年10月16日，路通公司与恒生公司签订协议书，约定双方共同出资成立海天大厦，注册资金4500万元。恒生公司现金出资2680万元，占总投资额的25%；路通公司以现有资产出资，占总投资额的75%。注册后十日内，恒生公司将现金注入海天大厦账户。2007年11月3日，瀚海公司出具《委托设计书》一份，以其自己的名义委托深圳市维业装饰公司山东分公司（以下简称维业山东分公司）承担海天大厦的厂房设计及施工，恒生公司也在该份《委托设计书》上盖了章。四个月后，工商行政管

---

[1]　参见最高人民法院（2013）民提字第212号民事判决书。

理局向海天大厦颁发了企业法人营业执照（后更名为恒生酒店公司）。营业执照颁发后，路通公司与恒生公司均未按认缴出资额实际出资，海天大厦无实收资本，也没有进行实际经营。

2008 年 11 月维业山东分公司起诉称：维业山东分公司按要求于 2007 年 12 月 25 日向路通公司、恒生公司分别交付了设计成果，但委托方未依约支付设计费。据此，请求判令瀚海公司、恒生酒店公司、路通公司、恒生公司共同支付设计费及其他损失人民币 600 万元。

一审法院认为，恒生公司以自己名义进行的装修设计事宜，系恒生公司的行为，并非公司发起人为设立公司而必须进行的行为，与设立公司行为无关。故判决恒生公司于判决生效之日起十日内向维业山东分公司支付设计费 600 万元，驳回维业山东分公司对瀚海公司、恒生酒店公司、路通公司的诉讼请求。维业山东分公司不服一审判决，提起上诉，要求改判路通公司、恒生酒店公司、瀚海公司与恒生公司承担连带付款责任。

二审法院认为，由于两股东均未实际出资，海天大厦对外不具备承担民事责任的能力。从实质上讲，海天大厦并未实际成立。依照《公司法司法解释三》（2010）第 4 条的规定，公司因故未成立，债权人请求全体或者部分发起人对设立公司行为所产生的费用和债务承担连带清偿责任的，人民法院应予支持。路通公司和恒生公司应对设计费承担连带责任。因此，撤销一审判决的部分内容，改判路通公司对恒生公司的 600 万元债务承担连带责任。路通公司不服二审判决，向最高人民法院申请再审。

再审法院撤销了二审法院判决，维持了一审判决。

【主要法律问题】

发起人为设立公司以自己名义对外签订合同的，该合同义务应由谁承担？

【主要法律依据】

《最高人民法院关于适用〈中华人民共和国公司法〉若干问题的规定（三）》（2020）

第 2 条　发起人为设立公司以自己名义对外签订合同，合同相对人请求该发起人承担合同责任的，人民法院应予支持；公司成立后合同相对人请求公司承担合同责任的，人民法院应予支持。

第 3 条　发起人以设立中公司名义对外签订合同，公司成立后合同相对人请求公司承担合同责任的，人民法院应予支持。

公司成立后有证据证明发起人利用设立中公司的名义为自己的利益与相对人签订合同，公司以此为由主张不承担合同责任的，人民法院应予支持，但相对人为善意的除外。

第 4 条　公司因故未成立，债权人请求全体或者部分发起人对设立公司行为所产生的费用和债务承担连带清偿责任的，人民法院应予支持。

部分发起人依照前款规定承担责任后，请求其他发起人分担的，人民法院应当判令其他发起人按照约定的责任承担比例分担责任；没有约定责任承担比例的，按照约定的出资比例分担责任；没有约定出资比例的，按照均等份额分担责任。

因部分发起人的过错导致公司未成立，其他发起人主张其承担设立行为所产生的费用和债务的，人民法院应当根据过错情况，确定过错一方的责任范围。

《中华人民共和国民法典》（2020）

第 926 条　受托人以自己的名义与第三人订立合同时，第三人不知道受托人与委托人之间的代理关系的，受托人因第三人的原因对委托人不履行义务，受托人应当向委托人披露第三人，委托人因此可以行使受托人对第三人的权利。但是，第三人与受托人订立合同时如果知道该委托人就不会订立合同的除外。

受托人因委托人的原因对第三人不履行义务，受托人应当向第三人披露委托人，第三人因此可以选择受托人或者委托人作为相对人主张其权利，但是第三人不得变更选定的相对人。

委托人行使受托人对第三人的权利的，第三人可以向委托人主张其对受托人的抗辩。第三人选定委托人作为其相对人的，委托人可以向第三人主张其对受托人的抗辩以及受托人对第三人的抗辩。

【理论分析】

一、发起人为设立公司所签合同的性质及效力

本案中《委托设计书》系公司发起人为设立公司所签合同，理论上称为先公司合同。❶ 先公司合同与一般合同相比有其特殊性，尤其是担责主体具有多样性和可选择性。一般民事合同当中，权利义务的主体都是确定的，因而担责主体也是确定的；在先公司合同担责主体的认定上，由于发起人个人、设立中公司，以及拟成立公司均有可能成为先公司合同利益的享有者，而根据权利义务的对等性，他们自然也存在履行合同义务、承担合同责任的可能性。❷ 若设立行为失败，则视同发起人之间的合伙债务，对外连带偿还债务、对内按份分担。

本案再审法院认为，根据《公司法司法解释三》（2010）第 2 条，发起人为设立公司以自己名义对外签订合同，合同相对人请求该发起人承担合同责任的，人民法院应予支持。公司成立后对前款规定的合同予以确认，或者已经实际享有合同权利或者履行合同义务，合同相对人请求公司承担合同责任的，人民法院应予支持。海天大厦于2008 年 2 月 28 日取得企业法人营业执照，已合法成立，故本案应当适用该规定确定恒生公司行为的法律后果。根据上述规定，发起人为设立公司以自己名义对外签订合同的，只有在设立后的公司通过明示方式或以实际享有合同权利或承担合同义务的默示方式同意成为合同当事人时，才会产生设立后的公司代替发起人成为合同当事人的法

---

❶　朱羿锟. 商法学：原理·图解·实例 [M]. 3 版. 北京：北京大学出版社，2012：33.
❷　韩世远. 合同法总论 [M]. 4 版. 北京：法律出版社，2018：12-13.

律后果。因此，本案的核心问题是海天大厦是否明示或默示同意受案涉建设工程设计合同的约束。仅在确定海天大厦同意受合同约束的前提下，才需要分析路通公司作为海天大厦的股东因出资不足对债权人的赔偿责任问题。

而根据双方提供证据，没有明确证据表明海天大厦同意受合同约束。恒生公司的行为后果不能归于恒生酒店公司承担，依据《公司法司法解释三》（2010）第2条的规定，应当由恒生公司承担合同责任，维业山东分公司和维业公司无权请求合同以外的当事人恒生酒店公司和路通公司承担合同责任。在恒生酒店公司无须承担合同责任的前提下，亦不存在路通公司出资不到位的赔偿责任问题。此外，《公司法司法解释三》（2010）第4条第1款规定仅调整公司因故未成立，且费用和债务系以设立中公司名义产生并且数额合理的情形，该款并不调整公司已经成立但注册资本未到位的情形。二审判决驳回维业山东分公司对恒生酒店公司的诉请是正确的，但二审判决认定路通公司应对恒生酒店公司债务承担出资不足的赔偿责任，适用法律错误，应当予以纠正，因此作出了改判。

二、发起人在公司设立过程中以自己名义所订立合同对公司是否具有约束力

在发起人拟设立的公司已经实际成立情况下，对于发起人在公司设立过程中以自己名义所订立的合同，应立足保障合同相对人合法权益角度，从以下两方面予以分析：

一方面，发起人作为在合同上签章的一方当事人，应当承担合同义务。此种情形下，相对人主要基于发起人而非未来公司的信用才订立合同，未来设立的公司也可能没有履约能力。为维护交易安全，保护相对人的合法权益，相对人有权要求订立合同的发起人承担责任。该发起人承担责任后，可依据发起人协议要求其他发起人分担责任，或者向实际受益的成立后公司主张损失补偿。

另一方面，设立中公司作为合同受益人，也应当承担合同义务。设立中公司尚未取得独立的法律主体资格，自身无法从事法律行为，需借助发起人之行为。发起人作为一个整体，可视为设立中公司的机关，其在设立阶段所从事民事行为产生的权利义务关系，在公司成立后当然应由公司承继。因此，相对人也可要求公司承担合同义务与责任。

此外，发起人以自己的名义为公司利益对外签订合同可视为隐名代理行为。已失效的《合同法》第403条规定，受托人以自己的名义与第三人订立合同时，第三人不知道受托人与委托人之间的代理关系的，受托人因委托人原因对第三人不履行义务，受托人应当向第三人披露委托人，但是，第三人与受托人订立合同时如果知道该委托人就不会订立合同的除外。第三人因此可以选择受托人或者委托人作为相对人主张其权利，但第三人不得变更选定的相对人。《民法典》第926条延续了这一规定。正因如此，最高人民法院于2020年修正了《公司法司法解释三》（2010）第2条，❶ 对发起人

---

❶ 《公司法司法解释三》（2010）第2条："发起人为设立公司以自己名义对外签订合同，合同相对人请求该发起人承担合同责任的，人民法院应予支持。公司成立后对前款规定的合同予以确认，或者已经实际享有合同权利或者履行合同义务，合同相对人请求公司承担合同责任的，人民法院应予支持。"

为设立公司以自己名义对外签订合同，合同相对人请求成立后的公司承担合同责任，需符合"公司成立后对前款规定的合同予以确认，或者已经实际享有合同权利或者履行合同义务"的条件要求，赋予合同相对人选择权。也就是说，发起人为设立公司以自己名义对外签订合同，即使公司成立后明确表示愿意承担合同责任，但选择权仍在合同的相对人，其既可选择由公司承担合同义务与责任，也可选择由签订合同的发起人承担合同义务与责任。

【思考题】

（1）本案中，如果海天大厦没有成立，路通公司是否需要向维业山东分公司支付设计费？

（2）如何界定公司设立失败费用的起止时间？

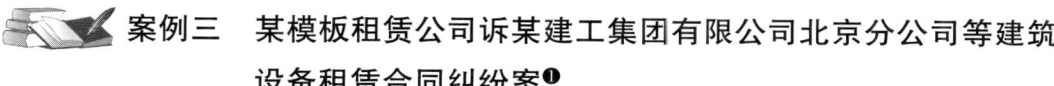

案例三　某模板租赁公司诉某建工集团有限公司北京分公司等建筑设备租赁合同纠纷案[1]

【基本案情】

2011年10月10日，某模板租赁公司与某建工集团有限公司北京分公司签订《模板租赁合同》，建兴北京公司在合同上加盖"建兴北京公司合同专用章"，唐某柱作为受委托人在合同上签字。合同签订后，唐某柱分三次支付租赁费250000元，尚余845093.33元未支付。

2012年1月某建工集团有限公司向北京市工商局举报，该建工集团有限公司北京分公司系刘某岭以欺骗手段于2008年10月14日取得的行政许可批准设立，北京市工商行政管理局门头沟分局于2012年4月2日出具《撤销行政许可决定书》，撤销该建工集团有限公司北京分公司的公司设立登记行政许可，并在《中国工商报》公告该决定书，该决定书于2012年9月7日生效。

之后，某模板租赁公司索要租赁费无果，遂诉至法院，要求某建工集团有限公司、唐某柱和刘某岭共同连带给付某模板租赁公司设备租赁费等费用。一审法院支持了某模板租赁公司的诉请，某建工集团有限公司不服一审判决，提起上诉。二审法院判决驳回上诉，维持原判。

【主要法律问题】

（1）公司被撤销后，原签合同的效力如何？

（2）有限责任公司被撤销后，谁负有清算责任？

---

[1]　参见北京市第二中级人民法院（2019）京02民终8726号民事判决书。

【主要法律依据】

《中华人民共和国公司法》（2018）

第 180 条　公司因下列原因解散：

（一）公司章程规定的营业期限届满或者公司章程规定的其他解散事由出现；

（二）股东会或者股东大会决议解散；

（三）因公司合并或者分立需要解散；

（四）依法被吊销营业执照、责令关闭或者被撤销；

（五）人民法院依照本法第 182 条的规定予以解散。

第 183 条　公司因本法第 180 条第（一）项、第（二）项、第（四）项、第（五）项规定而解散的，应当在解散事由出现之日起十五日内成立清算组，开始清算。有限责任公司的清算组由股东组成，股份有限公司的清算组由董事或者股东大会确定的人员组成。逾期不成立清算组进行清算的，债权人可以申请人民法院指定有关人员组成清算组进行清算。人民法院应当受理该申请，并及时组织清算组进行清算。

第 198 条　违反本法规定，虚报注册资本、提交虚假材料或者采取其他欺诈手段隐瞒重要事实取得公司登记的，由公司登记机关责令改正，对虚报注册资本的公司，处以虚报注册资本金额百分之五以上百分之十五以下的罚款；对提交虚假材料或者采取其他欺诈手段隐瞒重要事实的公司，处以五万元以上五十万元以下的罚款；情节严重的，撤销公司登记或者吊销营业执照。

《中华人民共和国公司登记管理条例》（2016）（已失效）

第 64 条　提交虚假材料或者采取其他欺诈手段隐瞒重要事实，取得公司登记的，由公司登记机关责令改正，处以 5 万元以上 50 万元以下的罚款；情节严重的，撤销公司登记或者吊销营业执照。

《最高人民法院关于适用〈中华人民共和国公司法〉若干问题的规定（二）》（2020）

第 18 条　有限责任公司的股东、股份有限公司的董事和控股股东未在法定期限内成立清算组开始清算，导致公司财产贬值、流失、毁损或者灭失，债权人主张其在造成损失范围内对公司债务承担赔偿责任的，人民法院应依法予以支持。

有限责任公司的股东、股份有限公司的董事和控股股东因怠于履行义务，导致公司主要财产、账册、重要文件等灭失，无法进行清算，债权人主张其对公司债务承担连带清偿责任的，人民法院应依法予以支持。

上述情形系实际控制人原因造成，债权人主张实际控制人对公司债务承担相应民事责任的，人民法院应依法予以支持。

【理论分析】

一、关于公司被撤销对原签合同效力的影响

撤销公司登记是有关行政机关对当事主体实施违法行为依法进行的一种处罚和纠错

行为，导致公司丧失经营资格。《公司法》第 198 条、《公司登记管理条例》第 64 条规定了提交虚假材料骗取公司设立登记的，可以撤销；《企业登记程序规定》（已失效）第 17 条规定，被许可人以欺骗、贿赂等不正当手段取得登记的，应当予以撤销。依照前款规定撤销登记，可能对公共利益造成重大损害的，不予撤销，应当责令改正或者予以纠正。《公司登记管理若干问题的规定》（已失效）第 34 条规定，被撤销登记、吊销营业执照的，该公司自始即无法人资格。2022 年 3 月施行的《市场主体登记管理条例》及《市场主体登记管理条例实施细则》都对撤销登记作出较为详细的规定，❶ 但是，均未涉及登记撤销之后的法律后果。

首先应当明确，公司登记被撤销是公司法规定的导致公司解散的一种事由，但其只是使公司丧失了经营资格，并不直接导致公司人格和民事主体资格的消灭。只有依法进行清算和注销，公司人格和民事主体资格才归于消灭。对于公司登记被撤销有无溯及力的问题，主流观点是无溯及力，以维护交易安全。正如本案中原审法院的观点一样："公司登记是一种行政确权行为，是对公司企业法人资格和一般营业能力的确认和认定，其所产生法律效力主要有两方面：一是证明力，二是公信效力。根据上述分析，公司登记的撤销不具有溯及力，其被撤销前与善意第三人实施的行为具有法律约束力。"既然公司被撤销并无溯及力，本案中《模板租赁合同》也不存在法定合同无效的情形，应为有效。但是，如果因为公司丧失经营能力而无法继续履行合同，则按违约处理。

二、关于公司被撤销后的清算责任

按照《民法典》和《公司法》规定，公司登记被撤销是导致公司法人解散的法定事由之一，应当在解散事由出现之日起十五日内成立清算组，开始进行清算。❷ 清算结束并完成法人注销登记时，公司法人的民事主体资格终止。尽管《民法典》规定法人的董事、理事等执行机构或者决策机构的成员为清算义务人，但同时又言明法律、行政法规另有规定的依照其规定（《民法典》颁行在后，对本案不适用）。依据《公司法》第 183 条，有限责任公司的清算组由股东组成，股份有限公司的清算组由董事或者股东大会确定的人员组成。笔者认为，有限公司的清算义务人涵括股东更有利于高效率地清算工作，更利于保护公司债权人的权益。

---

❶ 《市场主体登记管理条例实施细则》第八章专章规定了"撤销登记"，内容包括撤销登记的申请主体、调查程序、准予或不予撤销登记的事由等。

❷ 《民法典》第 69 条 有下列情形之一的，法人解散：（一）法人章程规定的存续期间届满或者法人章程规定的其他解散事由出现；（二）法人的权力机构决议解散；（三）因法人合并或者分立需要解散；（四）法人依法被吊销营业执照、登记证书，被责令关闭或者被撤销；（五）法律规定的其他情形。第 70 条 法人解散的，除合并或者分立的情形外，清算义务人应当及时组成清算组进行清算。法人的董事、理事等执行机构或者决策机构的成员为清算义务人。法律、行政法规另有规定的，依照其规定。清算义务人未及时履行清算义务，造成损害的，应当承担民事责任；主管机关或者利害关系可以申请人民法院指定有关人员组成清算组进行清算。第 71 条 法人的清算程序和清算组职权，依照有关法律的规定；没有规定的，参照适用公司法律的有关规定。

若清算义务人怠于履行清算职责怎么办？一方面，可依据《民法典》第 70 条规定，申请人民法院指定有关人员组成清算组进行清算；另一方面，如果已经造成损失，可根据具体情况要求清算义务人承担损害赔偿责任，此系侵权性质的民事赔偿责任。最高人民法院在《最高人民法院关于适用〈中华人民共和国公司法〉若干问题的规定（二）》第 18 条还扩张出连带偿债责任，具体规定为：若清算义务人未在法定期限内成立清算组开始清算，导致公司财产贬值、流失、毁损或者灭失的，应在造成损失范围内对公司债务承担赔偿责任；若清算义务人怠于履行义务，导致公司主要财产、账册、重要文件等灭失，而无法进行清算的，则应对公司债务承担连带清偿责任。

但在司法实践中，也出现了因机械适用该规定导致小股东承担了与其出资比例完全不相称的清算责任的情形，让小股东的有限责任变成了"无限责任"，在社会上引起不良影响。基于此，《全国法院民商事审判工作会议纪要》（以下简称《九民会议纪要》）进一步明确，在判断股东是否"怠于履行义务"时，应当对小股东予以适当保护，赋予小股东以合理的抗辩权，以体现权利义务相一致的原则。同时还明确，处理此类纠纷时，需要判断股东"怠于履行义务"的消极不作为与公司无法清算的结果之间是否存在因果关系，这对指导司法实践中合理认定有限责任公司股东的清算义务、防止出现利益失衡，具有十分重要的意义。股东，尤其是小股东，如果能够举证证明其既不是董事会或监事会成员，也没有选派人员担任该机关成员，且从未参与公司经营管理，应当认定未怠于履行清算义务。

【思考题】

公司被吊销后的清算责任如何承担？

 **案例四　凯城公司诉泛铠公司、泛华建设公司追缴未出资款案**❶

【基本案情】

姜某与泛铠公司共同出资设立凯城公司，注册资本 4.5 亿元，姜某出资 2.7 亿元，持股比例为 60%，首期出资 6000 万元；泛铠公司出资 1.8 亿元，持股比例为 40%，首期出资 4000 万元；泛铠公司法定代表人姜某兼任凯城公司的法定代表人、董事及总经理。同时，姜某与泛华建设公司签订《股权代持协议》，约定由泛华建设公司代姜某出资和持股，姜某应向泛华建设公司支付股权代持费。

泛铠公司对凯城公司出资 4000 万元，5 天后该 4000 万元被转至常熟市凯迪装饰材料有限公司；泛华建设公司名下对凯城公司的 6000 万元出资款实际是由姜某及其关联的爱而康公司转给泛华建设公司；不久，凯城公司以投资款的方式支出了 8000 万元至泛华投

---

❶ 参见江苏省高级人民法院（2020）苏民终 228 号民事判决书。

资公司，之后从泛华投资公司分别转给上海骧东自动化科技有限公司 2000 万元、常熟凯迪装饰材料有限公司 1000 万元、姜某 371.15 万元、泛铠公司 363.42 万元。其后，凯城公司认为泛铠公司及泛华建设公司构成抽逃出资，起诉要求两公司承担返还出资本金及相应利息的责任。经查，泛华投资公司的最大股东为泛铠公司，由姜某实际控制。

一审法院判决认定泛铠公司构成抽逃出资，应在抽逃出资本息范围内对凯城公司返还出资款及利息损失。判决后，凯城公司不服，提起上诉。二审法院驳回上诉，维持原判。

【主要法律问题】

（1）公司能否向名义股东追缴抽逃出资款项？

（2）本案中泛华建设公司是否需要承担返还出资的责任？

【主要法律依据】

《最高人民法院关于适用〈中华人民共和国公司法〉若干问题的规定（三）》（2020）

第 14 条　股东抽逃出资，公司或者其他股东请求其向公司返还出资本息、协助抽逃出资的其他股东、董事、高级管理人员或者实际控制人对此承担连带责任的，人民法院应予支持。

公司债权人请求抽逃出资的股东在抽逃出资本息范围内对公司债务不能清偿的部分承担补充赔偿责任、协助抽逃出资的其他股东、董事、高级管理人员或者实际控制人对此承担连带责任的，人民法院应予支持；抽逃出资的股东已经承担上述责任，其他债权人提出相同请求的，人民法院不予支持。

第 26 条　公司债权人以登记于公司登记机关的股东未履行出资义务为由，请求其对公司债务不能清偿的部分在未出资本息范围内承担补充赔偿责任，股东以其仅为名义股东而非实际出资人为由进行抗辩的，人民法院不予支持。

名义股东根据前款规定承担赔偿责任后，向实际出资人追偿的，人民法院应予支持。

【理论分析】

一、股权代持下名义股东的义务与责任

我国形成股权代持现象的原因比较复杂，包括为了符合原公司法中股东不得少于二人的规定、实际出资人不符合股东资格（如公务员）、特别的财产和身份安排等。多数情况下，实际出资人会与名义股东订立股权代持协议，约定由实际出资人履行出资义务、享有投资权益，而名义股东享有的权利仅限于形式上的署名权，各项股东权益的行使需征得实际投资人同意，有的还约定了名义股东的代持酬金。

按照合同相对性原则，股权代持协议仅对签约双方实际出资人与名义股东产生约束力，不能对抗不知情的第三人。一般来说，若公司和其他股东知情，则在公司内部具有对抗性，实际投资人可实际享有股东权利；若公司和其他股东不知情，则实际投资人的股权就存在重大风险，名义股东也需对公司承担各项股东义务，包括及时足额出资义务，若发生欠缴出资或抽逃出资的，则需要向公司承担补足出资的责任。以本案为例，股东抽逃出资属于侵权行为，凯城公司明知泛华建设公司仅为名义股东，并未参与公司经营，登记在泛华建设公司名下的注册资金在抽逃后的最终流向是姜某、凯迪公司、泛铠公司，并无证据证实泛华建设公司作为名义股东参与实施抽逃出资行为或者因此获得任何利益，故泛华建设公司并不符合侵权行为的构成要件，凯城公司应向实际出资人姜某主张返还出资。尽管《股权代持协议》对于双方的权利义务等进行了约定，但凯城公司上诉所称的股权代持费用等条款与本案争议焦点的审查认定并无关联性，股权代持费用的约定不是本案责任承担的评判依据。因此，法院驳回了凯城公司要求泛华建设公司补缴出资的诉讼请求。

但是，公司债权人等公司外的第三人往往不可能知道股权代持情况，按照商法外观主义原则，善意第三人完全可以信赖公司登记中的股东信息，这样将会对实际投资人和名义股东均带来法律风险。一方面，名义股东以股东名义与善意第三人之间的交易受到法律保护，其名下股权或将因名义股东负债而成为被强制执行的对象，这将损及实际投资人利益，实际投资人只能在事后向名义股东主张违约损失赔偿；另一方面，名义股东需依照形式外观对公司债务人承担全部股东义务和责任，尽管名义股东可以通过诉讼方式向实际投资人进行追偿，但毕竟属于事后救济，并不能阻却名义股东现行承担责任。就本案而言，如果本案是公司债权人主张泛华建设公司承担相应抽逃出资的责任，那么泛华建设公司就需要先行承担相应的给付义务。根据《公司法司法解释三》第 26 条的规定，公司债权人以登记于公司登记机关的股东未履行出资义务为由，请求其对公司债务不能清偿的部分在未出资本息范围内承担补充赔偿责任，股东以其仅为名义股东而非实际出资人为由进行抗辩的，人民法院不予支持。名义股东根据前款规定承担赔偿责任后，向实际出资人追偿的，人民法院应予支持。

可见股权代持对公司登记和公示造成负面影响，实际出资人的股东身份往往不被承认，名义股东也需依法承担对内、对外不同的法律责任。对外，因公司被抽逃出资，名义股东应向债权人承担补充赔偿责任；对内，向公司补足出资的责任并不当然由名义股东承担，而应根据实际出资情况及抽逃情形判定。因此股权代持应谨慎为之。鉴于公司登记信息具有公示效力和对抗效力，如果公司登记的股东及认缴出资额与实际不符的，也是"内外有别"，即对外应尊重工商登记的对外公示效力，对内则应当尊重各方股东的真实意思表示。

二、冒名股东是否需要承担出资义务和责任

因工商登记机关对于公司登记一般采取形式审查标准，且行为人违法成本不高，加之诚信经营理念缺失等原因，冒名行为在公司登记过程中屡见不鲜。实践中，被冒

名的形式也多种多样，既有被冒名登记为公司法定代表人的，也有被冒名登记为公司股东、监事等高级管理人员的；既有持他人遗失身份证开设公司的，也有伪造他人签字，制作虚假股权转让协议、股东会决议等形式的。此类案件中既有普通的民事冒名侵权行为，还牵涉工商登记等行政行为，部分案件还存在私刻印章、非法买卖身份证件等可能涉及刑事犯罪的行为，目的主要是以此规避、转嫁公司设立发起人、股东和公司其他成员的法律责任。被冒名者不但不能从"股东身份"中获益，反而面临着承担债务、民事纠纷及行政处罚的后果。

此类案件本质上属于姓名权侵权案件，区别于"股权代持"现象中的名义股东与实际投资人的情况。此类案件关键在于查证被冒名者有没有投资公司或管理公司事务的真实意思表示和实际行为。被冒名股东在发现自己被冒名登记后，自当有权要求撤销或更正错误登记。实践中认定受害人对被冒名行为毫不知情通常从两方面着手，一方面，被冒名一方可以提供证据证明自己的身份信息（如身份证）有遗失或借给他人使用的情形，包括报警挂失记录、公安局出具的证明等，证明身份证确实遗失或者被非法使用；另一方面，被冒名一方还可以从成为股东的动机、经济能力，是否实际出资、是否参与公司经营管理、是否行使股东权利、是否参与分红等，综合多方面因素证明其对身份被冒用的不知情。

但是，公司一经成立就具有商事主体资格，公司的独立人格使其与先前的发起人、出资人以及公司成立后的股东、公司经营者在身份、财产、意思、责任上独立、区分开来，公司人格应得到法律上的尊重和维护，不能轻易予以否定。❶ 而且，公司一经成立，会开展一系列营业活动，就必然要与交易相对人、营业合作者等建立各种不同的交易关系，形成各种债权债务关系。若判决撤销公司设立登记行为，对公司设立登记行为予以根本性否定，不仅导致公司民事主体资格的消灭，也必然影响公司债权人、公司其他股东的利益，甚至可能诱发连锁性的债务危机，广泛危及交易安全和法律秩序的安定性，可谓一损俱损。

因此，在诉请撤销公司设立登记的案件中，人民法院应当严格审慎裁判，综合考量违法行为对现实利益的侵害程度、社会危害程度等因素，在评判被诉登记行为合法性与维护各方利益之间取得平衡。能采取补正措施的，就不要判决从整体上撤销公司设立登记。具体而言，可区分处理如下：（1）因申请人隐瞒有关情况或者提供虚假材料导致登记错误的，登记机关可以在诉讼中依法予以更正。登记机关依法予以更正且在登记时已尽到审慎审查义务，原告不申请撤诉的，人民法院应当驳回其诉讼请求。（2）登记机关拒不更正的，人民法院可以根据具体情况判决撤销登记行为、确认登记行为违法或者判决登记机关履行更正职责。（3）公司法定代表人、股东等以申请材料不是其本人签字或者盖章为由，请求确认登记行为违法或者撤销登记行为的，人民法院原则上应按照前述第（1）种情形处理，但能够证明原告此前已明知该情况

---

❶ 肖海军. 论公司设立登记撤销制度——以公司法第199条的适用展开［J］. 中国法学，2011（2）：89.

却未提出异议，并在此基础上从事过相关管理和经营活动的，对原告的诉讼请求一般不予支持。

【思考题】

（1）若名义股东未经实际投资人同意，与第三人签订股权转让协议，该协议效力如何？

（2）被冒名股东除了提起行政诉讼要求公司登记机关撤销或更正外，还有哪些法律救济途径？

CHAPTER 2　第二章

公司资本

本章知识要点

公司资本是公司得以成立、持续经营和发展壮大的物质基础，公司资本制度是关于公司资本的形成、维持和退出等方面的制度安排。通过本章学习，应当深入理解以下知识：（1）公司资本制度的类型。各国公司资本制度大致可分为法定资本制、折中资本制和授权资本制，反映着国家对股东出资、资本增减与资本退出的干预程度。（2）公司资本制度主要原则的内涵和意义。资本确定、资本维持和资本不变形成"资本三原则"，对应着公司法中诸多具体的规则，旨在实现国家对公司组织和行为的干预，以及对公司、债权人和股东权益的平衡保护。（3）我国公司资本制度的现状与变动。我国当前的公司资本制度仍基本属于法定资本制，多次修法已对法定资本制的标准与要求作了大幅度调整与放宽，2023年修订的《公司法》增加了股份有限公司可选用授权资本制的规定。

第一节　公司资本制度的功能

公司是最重要的市场主体，公司法是社会主义市场经济制度的基础性法律，其中的公司资本制度又是公司法的基础性制度。

公司资本制度有狭义和广义两种理解，狭义上的公司资本制度是指公司资本的形成、维持、退出等方面的制度安排；广义上的公司资本制度是指围绕股东缴纳出资而创设的一系列实体规则和程序要件的总和。前者侧重于出资、资本的增减与资本的退出三个方面所涉及的问题；而后者是指围绕股东的股权投资而形成的关于公司资本运作的一系列制度，除了包括狭义上的公司资本制度，还涉及资本的使用、管理、转化及利润分配、资本清算等方面的规则。在公司资本制度的学理研究中，学者一般在狭义上使用"公司资本制度"这一词语。规范的资本制度是股东有限责任制度的应有之义，是公司赖以设立的物质基础，也是公司正常运营、彰显法人独立性的前提条件。而公司资本制度涵盖资本形成、资本运行和资本退出的全过程，既关乎公司法人人格的获取，又关乎公司及其债权人、股东等多方利益，资本制度的设计及形成更多由核心利益衡量所决定。确立以效益为中心的公司资本制度，是释放公司活力、杜绝资源闲置、追求利润最大化，进而实现市场整体资源优化配置的必然要求。❶

公司资本指由公司章程记载，由股东出资形成、供公司经营使用的资产，是公司成立、持续经营和发展壮大的物质基础。❷ 从来源看，公司资本源自股东对公司的永久性投资，既包括公司设立时的初始出资，也包括公司存续期间股东分期缴纳的出资和增加的出资（含资本公积金转增的资本）。股东的资金或其他财产一旦投资于公司成为公司资本，就不能退股抽回股本。公司资本的筹集可以通过在资本市场发行股票的方式进行，因此，公司与资本市场有着紧密关联，公司资本制度的完善有利于健全资本市场基础性制度，促进资本市场的健康发展。就范围看，公司资本不同于公司资产，公司资本概念的外延要小于公司资产，公司资本只是公司资产中的一部分。公司资产主要来自三个方面，即股东的出资及资本收益（公司资本）、公司对外负债、公司的经营收益等。

公司资本既包括注册资本，还包括未登记注册的资本。注册资本指股东在公司章程中对外宣示并在商事登记机关登记公示的公司资本数额。其法律意义首先是股东的出资承诺，对于已认缴尚未实缴的资本，认缴股东负有按时、足额缴纳之法定义务，以实现资本确定。注册资本的法律意义还在于其决定了股东有限责任的范围，也是公司经营的物质基础、信用基础和偿债担保。按照2023年修订的《公司法》的规定，有限责任公司的注册资本为在公司登记机关依法登记的全体股东认缴的出资额；股份有限公司的注册资本为在公司登记机关登记的已发行股份的股本总额。

我国《公司法》于1993年制定；1999年、2004年对个别条款进行了修改；2005年进行了全面修订；2013年、2018年又对公司资本制度相关问题作了两次重要修改；2023年12月29日，再度大修的《公司法》颁布，并将于2024年7月1日起施行。此次修订的亮点之一就是公司资本制度变化较多，包括将股份公司的出资方式调整为实缴制，引入授权资本制、设立类别股、增加简易减资制度、调整注册资本的含义等❸；增加了有限责任公司股东欠缴出资的催缴和失权制度、股东认缴出资的加速到期制度，将之前的全面认缴制修改为"限期认缴制"，规定有限责任公司全体股东认缴的出资额由股东按照公司章程的规定自公司成立之日起五年内缴足；新增股权债权作为非货币财产的出资形式，还明确了瑕疵股权转让时转让方、受让方的出资责任等。

---

❶ 赵万一. 资本三原则的功能更新与价值定位［J］. 法学评论，2017（1）：92.

❷ 公司资本有狭义和广义两种理解，狭义的公司资本仅指股东出资形成的股本，广义的公司资本包括股本资本、债权资本等。公司法上的公司资本一般指的是狭义的公司资本，为股东向公司缴纳的财产出资之和。李建伟. 公司法学［M］. 3版. 北京：中国人民大学出版社，2014：149-150.

❸ 2023年修订的《公司法》将股份有限公司的注册资本修改为"在公司登记机关登记的已发行股份的股本总额"。规定发起人应当在公司成立前按其认购的股份全额缴纳股款，将发起人的出资义务确认为实缴义务。此外，发起人的出资适用有限责任公司股东未按期足额缴纳出资对公司赔偿责任的规定。发起人不按照认购的股份缴纳股款，或者存在出资瑕疵的，其他发起人与该发起人在出资不足的范围内承担连带责任。

 **案例一　某资产管理公司诉某装饰工程公司、某房屋开发公司、某娱乐公司借款担保合同纠纷案❶**

【基本案情】

某房屋开发公司（以下简称房屋公司）设立于 1991 年，股东原为沈氏公司独资，后变更为某装饰工程公司和沈氏公司；某装饰工程公司（以下简称装饰公司）成立于 1992 年，股东原为某娱乐公司独资，后变更为房屋公司和某娱乐公司；某娱乐公司成立于 1995 年，股东为沈氏公司与沈某个人。房屋公司、装饰公司、娱乐公司三公司的法定代表人均为沈某，三公司的地址、电话号码相同，财务管理人员亦有公司间兼职的情况。装饰公司欠房屋公司款 7392 万元、欠娱乐公司款 1086 万元，后该款项被转为房屋公司、娱乐公司对装饰公司的投资款。房屋公司曾从某银行贷款 2000 万元，投入装饰公司的中国酒城项目，贷款利息曾由房屋公司、装饰公司、娱乐公司三公司共同偿还。后因该笔贷款逾期未能归还被作为不良资产债权转让给某资产管理公司。

某资产管理公司将房屋公司、装饰公司、娱乐公司三公司诉至法院，要求装饰公司履行还款义务；并以三个公司的人格混同为由，要求房屋公司、娱乐公司连带偿还此笔借款本息。装饰公司和娱乐公司辩称，它们和房屋公司虽然都由沈氏公司投资成立，但各自有各自的经营范围和各自的财务核算，始终以各自的独立法人从事各自经营范围项下的合法业务；三公司财务制度健全、独立，各公司之间的债权、债务是明确的，三公司每年的独立审计也可以说明各个公司之间是清晰独立的财务核算，各公司之间财务独立，彼此有明确的产权界限；因此，三公司之间不存在人格混同的情形。

一审法院经审理认为，本案当事人签订的《借款合同》等借款关系的法律文书是各方真实意思表示，且当事人主体资格具备，合同内容不违反法律法规禁止性规定，故均应认定有效；装饰公司负有偿还到期债务的义务，资产管理公司要求装饰公司还本付息的诉讼请求应予支持；装饰公司、房屋公司、娱乐公司人格和财产混同，娱乐公司和房屋公司应当对装饰公司债务承担连带清偿责任。装饰公司、房屋公司、娱乐公司均不服判决提起上诉，认为一审法院认定三公司主体人格混同属错判；后被二审法院驳回上诉，维持原判。

【主要法律问题】

（1）什么是公司法人人格否认？
（2）本案中，房屋公司、装饰公司和娱乐公司是否存在人格混同？
（3）该笔银行贷款本息应由谁偿还？

---

❶　参见最高人民法院（2008）民二终字第 55 号民事判决书。

【主要法律依据】

《中华人民共和国民法典》（2020）

第 83 条第 2 款　营利法人的出资人不得滥用法人独立地位和出资人有限责任损害法人债权人的利益；滥用法人独立地位和出资人有限责任，逃避债务，严重损害法人债权人的利益的，应当对法人债务承担连带责任。

《中华人民共和国公司法》（2018）

第 3 条　公司是企业法人，有独立的法人财产，享有法人财产权。公司以其全部财产对公司的债务承担责任。

有限责任公司的股东以其认缴的出资额为限对公司承担责任；股份有限公司的股东以其认购的股份为限对公司承担责任。

第 20 条　公司股东应当遵守法律、行政法规和公司章程，依法行使股东权利，不得滥用股东权利损害公司或者其他股东的利益；不得滥用公司法人独立地位和股东有限责任损害公司债权人的利益。

公司股东滥用股东权利给公司或者其他股东造成损失的，应当依法承担赔偿责任。

公司股东滥用公司法人独立地位和股东有限责任，逃避债务，严重损害公司债权人利益的，应当对公司债务承担连带责任。

【理论分析】

一、公司法人人格否认制度的概念

公司资本是公司取得法人财产权的基础。公司作为一种法人商事组织，无论公司所在行业或经营范围有何不同，都要从事经营活动，并在该活动中享有权利和承担义务。在一般意义上，公司的活动是财产性的活动，或者说是市场交换活动，这种活动只有拥有财产者才有资格参加，因此，公司必须有自己的财产和独立的财产权，才能真正成为市场经济的竞争主体和法人实体，才能使股东与公司之间的产权关系明晰化。换言之，公司作为由多数人和资本组成的营利性社团，是一种资本集合的形式，拥有确定的资本和独立的财产权，是公司独立主体资格和股东责任有限的外观要件之一，是经营活动的物质基础和信誉的实质担保。❶ 因此，公司资本和其他资产属于公司自有独立财产，是建立公司法人财产权的基础。

公司法人财产权的独立性和股东责任的有限性是现代公司法的基石。公司法人财产权的独立性往往取决于公司人格独立性，如果公司人格不独立，则其难以获得独立财产权。反过来，公司财产权不独立，可能成为否认公司法人人格的理由。为此，为了防止股东滥用股东有限责任和公司法人独立地位逃避债务，2018 年《公司法》第 20 条第 3 款设置了"公司法人人格否认"制度，要求侵犯公司财产独立性的股东，承担

---

❶ 施天涛. 公司法论［M］. 2 版. 北京：法律出版社，2006：160-161.

连带清偿公司债务的法律责任。除了这种股东"纵向"连带承担公司债务外，2023 年修订的《公司法》新增"横向"法人人格否认规则，其第 23 条规定，若股东利用其控制的两个以上公司实施"滥用公司法人独立地位和股东有限责任，逃避债务，严重损害公司债权人利益的"行为，各公司应当对任一公司的债务承担连带责任，以此惩治股东利用控制的多个公司逃避债务的行为。"公司法人人格否认"在英美法系称为"揭开公司法人面纱"，其法理是民事权利不得滥用，其目标旨在衡平利益，保护公司和公司债权人利益。

"公司法人人格否认"是在特定法律关系中否认公司的法人资格，追究责任股东对特定债务的连带偿还责任，而不是对公司法人人格的全面、彻底、永久的否认。正像英美学者所描绘的那样，公司人格被否认只是在特定情况下，在"由公司形式所树立起来的有限责任之墙上钻一个孔，但对被钻孔以外的所有目的而言，这堵墙依然矗立着"。❶ 所以，这种制度并非通过解散命令、设立无效的诉讼、设立取消的诉讼等去全面否定法人人格，而是在特定的法律关系中，将其形式上存在的法人人格视为实际上不存在。❷

二、公司法人人格否认制度的适用

由于该制度是对公司法人人格独立和股东有限责任这两个公司法一般制度的法定突破，故在司法裁判时要谨慎适用。通说认为，公司法人人格否认制度的适用要件包括：（1）要有滥用公司法人人格或股东有限责任的行为发生，包括滥用控制权（掏空公司、随意支配财产等）、人格混同（财务混同、业务混同、人员混同）、资本显著不足等；（2）要有对公司债权人利益造成损害的结果；（3）滥用行为与损害结果之间要有因果关系。财产混同是其中较为常见的情形，结果是导致财产归属难以厘清，一方主体的财产减少流失，主要表现为公司财产的内部流失，比如公司财产转移到股东个人账户上，这样公司的独立财产就会减少，最终使公司对外清偿能力严重受损，严重侵害债权人的利益。

我国《公司法》规定的公司法人人格否认制度是对公司股东有限责任的一种修正，旨在捍卫公司人格及财产的独立性。其实质是通过个案的审查和判断，防止股东滥用公司的独立人格和股东有限责任，保障公司清偿能力和债权人的合法利益。司法实践中，对存在财务混同、业务混同、人员混同等情形的，往往认定该公司不具有独立人格，进而在特定法律关系中否定其法人独立性。譬如，股东与公司之间存在频繁、巨额资金往来，股东对此未能举证说明或作出合理解释，就可以认定股东与公司之间财产混同，进而否定公司法人人格，由股东对公司债务承担连带责任。

本案中，法院认为，房屋公司、装饰公司和娱乐公司三个公司表面上彼此独立，但存在股权关系交叉，系同一法人出资设立、由同一自然人担任各个公司法定代表人

---

❶ 朱慈蕴. 公司法人人格否认法理研究［M］. 北京：法律出版社，1998：99.
❷ 末永敏和. 现代日本公司法［M］. 金洪玉，译. 北京：人民法院出版社，2000：15.

的关联公司，法定代表人利用其对于上述多家公司的控制权，无视各公司的独立人格，随意处置、混淆各个公司的财产及债权债务关系，造成各个公司的人员、财产等无法区分，实质上构成人格混同。各公司财产不独立和资金任意调配等行为，违背了营利法人制度设立的宗旨，违反了诚实信用和公平原则，损害了债权人利益。故此，依据《公司法》❶（2005）第20条，判决三公司对涉案债权承担连带清偿责任。

三、公司法人人格否认与股东抽逃出资的区别

公司法人人格否认与股东抽逃出资都会引发股东对公司债务的代偿责任，但二者存在显著区别。首先，抽逃出资往往有一个合法的外在形式（假利、假债、关联交易等），抽逃对象是已缴纳的出资，一般发生在公司刚成立不久；人格否认中滥用股东权利则没有外在的合法形式，直接侵害公司的财产，一般发生在公司成立后，经营发展的过程中。其次，公司法人人格否认仅限于特定法律关系中的个案认定，抽逃出资一旦认定，则适用于其他债务责任。最后，公司法人人格否认引发股东对公司债务的连带清偿没有数额限制，而抽逃出资的代偿责任仅限于所抽逃出资本金及利息。

【思考题】

若两个公司在决策、人事、营业、资产负债等方面持续高度混同，其中某一个公司不能清偿到期债务，是否会导致合并破产？

 **案例二　千兴投资公司请求确认其股东资格案**❷

【基本案情】

2015年12月，梦兰星河股份有限公司（非上市公司）修改公司章程，将之前的"股东持有的股份可以依法转让"的内容予以细化，规定"股东持有的股份可以依法转让。股东向股东之外第三方转让股份的，应事先取得其他股东一致同意。各股东一致同意，任何涉及以公司股份为标的之股东（一位股东或几位股东）与第三方之间的交易中，其他股东对交易标的股份在同等条件下享有优先受让权。各股东一致同意，任何涉及以公司股份为标的之股东（一位股东或几位股东）与第三方之间的交易中，若不行使前款优先受让权的其他股东（一方或几方）有权但无义务将其持有的公司股份优先共同出售给第三方"。该章程修改稿经各股东签字或盖章，但未进行工商变更备案。

2018年4月28日，股东梦兰集团公司向梦兰星河股份有限公司的其他三个股东发出《股权转让通知》，内容均为："梦兰集团公司拟以每股人民币3元的价格转让我司

---

❶　该案源自最高人民法院（2008）民二终字第55号民事判决书，适用的是《公司法》（2005）。

❷　参见最高人民法院（2020）最高法民终1224号民事判决书。

持有的 3000 万股梦兰星河股份有限公司股份，支付方式为银行转账支付。请贵方知悉并同意。如果贵方有意向受让并拟行使优先受让权等梦兰星河股份有限公司《章程》第 24 条规定权利的，贵方应于收到本通知之日起 5 个工作日之内（最晚不迟于 2018 年 5 月 6 日）书面通知我司。贵方逾期反馈的，视为贵方同意本次转让并放弃《章程》第 24 条项下的全部权利。"5 月 7 日，梦兰集团公司与千兴投资公司签订《股权转让协议》，转让其所持梦兰星河股份有限公司的全部股份，协议中将取得梦兰星河股份有限公司股东会同意股权转让的决议或者其他股东放弃优先受让权作为《股权转让协议》生效条件之一。同日，千兴投资公司通过银行转账付清了股份转让款 9000 万元。

2018 年 5 月 24 日，梦兰星河股份有限公司的其他三个股东复函给梦兰集团公司，认为经多次催要，梦兰集团公司未能及时偿还梦兰星河股份有限公司借款；故在未清偿上述借款前，不应进行股份转让，并在偿还借款本息后，再行研究是否行使优先受让权（此意见并不代表本公司已放弃优先受让权）和同售权。这样，因其他股东不同意股份转让，梦兰星河股份有限公司无法形成股东会决议，造成无法办理工商变更手续。

千兴投资公司因此将梦兰集团公司和梦兰星河股份有限公司起诉至法院，要求确认其是梦兰星河股份有限公司的股东，并办理股东变更登记手续。一审法院认为，梦兰星河股份有限公司修订后的公司章程对股东向第三方转让股份作出限制性规定，即应事先取得其他股东一致同意及其他条件。虽然梦兰集团公司已将案涉股份转让事宜通知至梦兰星河股份有限公司及各股东，但这些股东均未表示同意转让，亦未明确表示放弃优先受让权，故案涉《股份转让协议》对梦兰星河股份有限公司并未发生法律效力。千兴投资公司不服，提起上诉，并和梦兰集团公司在一审宣判后达成补充协议，将案涉《股权转让协议》生效条件变更为双方签字盖章后即生效，企图规避一审法院的裁判意见。二审法院认为，《股权转让协议》虽已对梦兰星河股份有限公司以及公司其他股东发生法律效力，但在现有情况下，其履行情况尚不符合公司章程第 24 条的规定，可待充分履行章程规定后再行主张权利。

【主要法律问题】

（1）本案公司章程对股权转让的条件限制是否有效？

（2）如果未取得其他股东一致同意，还能转让吗？

（3）本案《股权转让协议》的效力如何？

【主要法律依据】

《中华人民共和国公司法》（2018）

第 11 条　设立公司必须依法制定公司章程。公司章程对公司、股东、董事、监事、高级管理人员具有约束力。

第 71 条　有限责任公司的股东之间可以相互转让其全部或者部分股权。

股东向股东以外的人转让股权，应当经其他股东过半数同意。股东应就其股权转让事项书面通知其他股东征求同意，其他股东自接到书面通知之日起满三十日未答复的，视为同意转让。其他股东半数以上不同意转让的，不同意的股东应当购买该转让的股权；不购买的，视为同意转让。

经股东同意转让的股权，在同等条件下，其他股东有优先购买权。两个以上股东主张行使优先购买权的，协商确定各自的购买比例；协商不成的，按照转让时各自的出资比例行使优先购买权。

公司章程对股权转让另有规定的，从其规定。

第 137 条　股东持有的股份可以依法转让。

【理论分析】

一、股份有限公司章程可以对股东的股份转让予以限制

2018 年《公司法》第 71 条规定，有限责任公司股东之间可以相互转让股权；股东对外转让股权须经其他股东过半数同意，并对保障其他股东的优先购买权作出程序性规定；● 同时，该条第 4 款允许公司章程对股权转让另有规定。《公司法》第 137 条仅规定，股份有限公司股东持有的股份可以依法转让。那么，是否允许股份有限公司股东在公司章程中对股份转让条件另作约定呢？

就法理而言，公司的资合性决定了股权的自由转让，而人合性则要求对股权转让作出适当限制。非上市股份有限公司，一般股东人数较少，组织形式虽不同于有限责任公司，亦兼具资合性和人合性。在向股东以外的人转让股份时，需要充分考虑其他股东对受让方是否接受，否则，强行无限制地对外转让，会严重破坏股东之间的信任关系，进而影响公司治理，甚至停摆。允许公司章程对股份转让进行限制，正是保护这种人合性的需要。此外，公司章程是关于公司组织和行为的自治规则，是公司的行为准则，对公司具有约束力。公司章程又具有契约的性质，体现了股东的共同意志，对公司股东也具有约束力，公司及股东应当遵守和执行公司章程。因此，《公司法》规定，设立公司必须依法制定公司章程，公司章程对公司、股东、董事、监事、高级管理人员具有约束力。该规定适用于各类公司。2023 年修订的《公司法》第 157 条明确了股份有限公司章程可对股份转让作出限制，股东转让股份应按照公司章程的规定进行。

本案中，梦兰星河股份有限公司的公司章程对股权转让的限制，是股东之间协商一致的结果，是各股东的真实意思表示，也体现了股东维持相互之间信赖关系的意愿与努力。虽然涉案章程未能进行工商登记备案，但是备案的目的在于产生公示效力，并非章程的生效要件，故而在股东均一致签字、盖章予以认可的情况下，对外可能因

● 2023 年修订的《公司法》已取消了征得其他股东过半数同意的要求，只保留了通知其他股东转让条件以便他们决定是否行使优先购买权的规则，详阅该法第 84 条。

未能及时变更登记而影响其效力，但是对内是合法有效的，各股东均需受其约束。梦兰集团公司作为股东之一，应当遵守公司章程对于股东转让股权的限制。

二、如果未能取得其他股东一致同意，梦兰集团公司仍可以转让股权

公司章程限制股权转让应有合理边界。《公司法》允许股东在公司章程中对股权转让条件另作规定，并不意味公司章程对于股权转让的条款可以随意限制。股权兼具财产权与身份权双重属性，股东通过股权交易退出或加入公司，是公司治理机制正常运转、避免陷入僵局的需要，同时股权或股份的流转也是股东财产权益实现的重要保障。投资自由是民商法保护的更高层次的法益，自由转让股权也是投资自由的固有内涵。因此，即便是有限责任公司，顾及股东人合性而对股东对外转让股权作出了限制，也仅仅是程序性限制，不同意对外转让的其他股东需要将这些股权收购，即股东享有自由转让股权的实体权利。也就是说，尽管公司章程对股权转让作出一定的约束属于公司内部自治的范畴，但该约束的程度应限于不得禁止或变相禁止股权流通和自主合理定价等财产自主权。否则，就会因为侵犯到股东的个人财产权而被归于无效，同时也将破坏公司内部的制衡机制与自治秩序。试想，没有转让股权的"退路"，又有多少人敢于投资呢，投资自由又何从立足呢？

实践中，公司章程对股权转让的限制一般有如下三种：（1）为了确保现有股东的控制权可以在章程中约定：公司股东对内转让股权的，各方一致同意优先由股东 A 受让，对于 A 不予受让的部分，其他股东有权按照认缴出资比例受让，如无人受让的则转让人有权对外转让，在此期间其他股东依然享有同等条件下优先受让的权利；（2）为了确保前期公司股权结构的稳定可以在章程中约定：考虑到公司正处在初创阶段，各股东一致同意对于某股东意欲转让股权的，则公司可以在同等条件下优先回购并在进行减资以后，向转让人支付该部分股权价款；（3）为了确保各方优先受让权能够实现，可以在章程中约定：任何一方欲转让其名下股权的，应当书面通知所有股东且经股东大会一致同意之后方可对外转让，对于在股东大会投反对票的股东应当按照同等条件向转让人支付该部分股权价款，如转让人未经股东会同意单方对外转让股权的，公司有权不予办理相应变更登记。❶

三、本案《股权转让协议》的效力分析

本案《股权转让协议》属于尚未生效的合同。一方面，《股权转让协议》将取得目标公司（梦兰星河股份有限公司）股东会同意股权转让的决议或者其他股东放弃优先受让权作为合同生效条件之一，说明合同双方在签订《股权转让协议》时知晓案涉股份转让并非合同双方达成合意即可发生法律效力，还需征得相关方同意等方可完成股权转让行为。另一方面，受让方千兴投资公司虽称转让方梦兰集团公司已将案涉股

---

❶ 麋鹿说法. 公司章程对股权转让的限制合理边界 ［EB/OL］.（2021-06-20）［2022-12-10］. https://baijiahao. baidu. com/s?id=1703066666954105095.

权转让事宜通知了梦兰星河股份有限公司其他股东，但其他股东均未表示同意转让，亦未明确表示放弃优先受让权等相关权利。通知给予的答复期低于有限责任公司的三十日有失公允，因此，未答复的不能视为同意转让。也就是说，三十天法定答复期尚未届满，其他股东仍有权行使优先受让权。故案涉《股权转让协议》目前对梦兰星河股份有限公司和其他股东并未发生法律效力。

事实上，即便该《股权转让协议》已经对梦兰星河股份有限公司和其他股东生效，也不能履行。因为该协议的履行情况不符合公司章程的规定。换言之，无论《股权转让协议》如何约定，只要目标公司的章程对股份转让有限制性规定，都应被遵守，即目标公司章程的约束力溯及于股份受让方。

那么，倘若《股权转让协议》未将取得目标公司股东会同意股权转让的决议或者其他股东放弃优先受让权作为合同生效条件，本案《股权转让协议》则应属于对特定主体无效的合同，只产生对转让方和受让方的约束力。如果《股权转让协议》有效并且股权已归于受让方，股权归属在公司内部以公司内部股东名册记载为准，外部以公司登记备案内容为准。如果在未尽通知义务情况下进行了公司内部名册变更，则这种行为显然是侵犯了其他股东的优先购买权，此时其他股东有权向法院请求股权转让行为无效。

【思考题】

能否在有限责任公司章程中约定，公司股东资格不得继承，如股东发生离职、死亡情形时，公司有权按照净资产对应其股权比例的价格回购股权或由大股东按照上述价格进行收购？

第二节 "资本三原则" 及具体规则

公司资本原则是公司资本制度的集中体现，其中最主要的就是"资本三原则"，即资本确定原则、资本维持原则和资本不变原则。其中，资本确定原则是基础，资本维持原则是核心，资本不变原则是补充。"资本三原则"最初由大陆法系学者归纳提炼而成，旨在维护交易安全并集中关注债权人利益保护，但其立法意旨和规则要义在两大法系的法律制度中均得到了不同程度的体现，成为各国通用的调整公司资本形成、运行的"基本法律准则"或"立法原则"。我国公司法基本采纳和体现了"资本三原则"，规定了相应的具体法律规则，以保护善意第三人的利益和交易安全，增强公司信用。"资本三原则"也可视为法定资本制度的梗概要义与核心精神。当然，随着社会经济的发展，"资本三原则"的价值定位与制度功能也发生了调整与变迁，引起制度内容的相应调试与再释，需要在全面准确理解的基础上正确适用。本节将结合真实案例来阐释"资本三原则"及其在我国《公司法》中体现的主要法律规则。

一、资本确定原则

《公司法》中的资本确定原则已不再要求公司资本达到法定最低限额，其实质含义在于"章定资本"，即注册资本金额和股东出资承诺金额需确定并予以公示，股东出资应当真实、及时与足额。在我国广泛实施的认缴制下，注册资本既包括实缴资本也包括认缴资本，二者加起来就形成了确定的公司资本，股东对于已认缴尚未实缴的资本负有按时、足额缴纳之法定义务。《公司法》的历次修改都未废除资本确定原则，只是资本确定的方式在信用体系完备的情况下发生了转变——信用公示制度逐渐取代实缴制以达确定资本之目的。❶

2023 年修订的《公司法》中体现资本确定原则的规则主要有：（1）股东必须全面履行出资义务。（2）股东用于出资的财产应符合法定要求，包括可估价、可转让等。（3）非货币出资应合理评估价格。（4）股东应办理出资的所有权转移手续给公司，譬如，股东以动产实物出资的，应当将作为出资的动产按期实际交付给公司；以房产所有权、土地使用权出资的，应将房地产过户给公司等。（5）公司设立时股东出资不足的（包括未按照公司章程规定实际缴纳出资或者实际出资的非货币财产的实际价额显著低于所认缴的出资额），应承担补足出资的义务，设立时的其他股东与该股东在出资不足的范围内承担连带责任。（6）董事会对股东出资情况负有核查和催缴责任，怠于履责给公司造成损失的还应予以赔偿。（7）股东已认缴出资但未实缴就转让股权的，受让人需承担继续出资义务，原股东对受让人履行出资义务承担连带或补充责任。（8）追究出资责任不受诉讼时效的限制等。这些规则的核心要义就是股东要真实、及时和足额缴纳公示的注册资本，不得出资不实。

二、资本维持原则

资本维持原则又称资本充实原则，是指公司在其存续期间，应当经常保持与其注册资本额价值相当的资产，不得以不当行为（主要指非法分配利润、股东抽逃出资等，正常经营亏损除外）降低资产数量与价值。该原则主要通过规范股东与公司之间的利益流动，保护公司财产利益和公司债权人权益。公司资本不仅是公司开展营业和股东分取利润的基础，也是公司对外信用担保的重要指标之一，所以，经常性地保持一定数量的资产非常必要。但是，公司注册资本数额毕竟只是一个静态不变的数字，不能代表公司的实际资产。在公司成立后的经营活动中，经营不善、市场变化以及财产损耗等正常商业风险难以回避。公司由于盈利或亏损，以及财产的无形损耗，都将使公司实有财产的价值高于或低于公司的注册资本，使公司的实际资本量成为一个变数。因此，尽管注册资本在认缴制下的担保功能有所减弱，但抽逃出资等非法降低公司偿债能力的行为则被法律所禁止，资本维持原则更需侧重公司资产价值的维持。公司运营中的资产信用成为公司资本制度构建的核心内容，也更能准确反映市场经济的复杂

---

❶ 李建伟. 公司资本的核心概念疏证［J］. 北方法学，2016（1）：72.

性、专业性，当然也最符合市场经济条件下的信息依赖性。❶

2023 年修订的《公司法》中体现资本维持原则的规则主要有：（1）公司成立后，股东不得抽逃出资，否则，不仅该股东负有返还义务，还要承担对公司的损失赔偿责任，负有责任的董事、监事、高级管理人员对此赔偿承担连带责任。（2）面额股股票发行价格不得低于票面金额，即不得折价发行股票。（3）公司应按规定提取和使用法定（盈余）公积金以应对临时性亏损；法定公积金转增为注册资本的，所留存的该项公积金不少于转增前公司注册资本的 25%。（4）公积金弥补公司亏损，应当先使用任意公积金和法定公积金，仍不能弥补的，可以按照规定使用资本公积金弥补亏损。（5）公司亏损或无利润时不得分配股利。（6）公司违反规定向股东分配利润的，股东应当将违反规定分配的利润退还公司，给公司造成损失的，股东及负有责任的董事、监事、高级管理人员应当承担赔偿责任。（7）除法定特殊情形外，股份公司不得收购自己的股份，也不得接受以本公司的股份作为质权标的。（8）股份公司不得为他人取得本公司股份或控股公司股份而提供财务资助，包括贷款、担保、债务减免等，因为这种行为可能使公司资产向股东或潜在股东流出。其中，股东抽逃出资和违法分配是最常见的违反资本维持原则的行为。

三、资本不变原则

资本不变原则指公司注册资本一经公司章程确定和登记注册，即不得随意改变，增减注册资本必须经由法定程序（主要是作出股东会特别决议和办理商事变更登记），以保障注册资本的严肃性和公司信用的稳定性。资本不变原则和资本维持原则虽有区别，立法意图却高度一致，即防止公司资本（资产）减少导致公司责任能力的降低，旨在保护债权人利益和公共安全。资本维持原则要求公司资本非经法定程序不得改变，而资本不变原则给资本维持的落实提供了具体形式。如果没有资本不变原则形式的限制，公司实有资产一旦减少，公司即可相应减少其资本额，那么资本维持原则也就失去了实际的意义。所以，从某种意义看，资本维持原则维持的是公司资本的实质，而资本不变原则维持的则是资本的形式。❷

在当前公司法制度体系之中，与资本不变原则牵涉最多的是减资制度。2023 年修订的《公司法》对增加和减少注册资本，尤其是减少注册资本的条件、程序和违法减资的法律责任等作出了严格规定，具体分为两种情形。

1. 一般减资程序

一般减资程序包括：（1）减少注册资本须经股东会作出特别决议，即由代表三分之二以上表决权股东同意。（2）公司需编制资产负债表和财产清单。（3）需自股东会作出减少注册资本决议之日起十日内通知债权人，并于三十日内在报纸上或者国家企业信用信息公示系统公告，并满足债权人的清偿债务要求或者提供相应的担保。

---

❶ 赵万一. 资本三原则的功能更新与价值定位［J］. 法学评论，2017（1）：88.

❷ 宁金成. 公司法学［M］. 2 版. 郑州：郑州大学出版社，2009：138.

（4）公司减资应当按照股东出资或者持有股份的比例相应减少出资额或者股份进行同比例减资，法律另有规定、有限责任公司全体股东另有约定或者股份有限公司章程另有规定的除外。（5）进行减资和变更登记。

2. 以弥补亏损为目的的减资

以弥补亏损为目的的减资应遵循以下规定：（1）公司不得向股东分配，也不得免除股东缴纳出资或者股款的义务；（2）无须通知债权人，但应当自股东会作出减少注册资本决议之日起三十日内在报纸上或者国家企业信用信息公示系统公告。

无论哪种减资，公司在法定公积金和任意公积金累计额达到公司注册资本50%前，不得分配利润。违反规定减少注册资本的，收到资金的股东应当退还，减免股东出资的应当恢复原状；给公司造成损失的，股东及负有责任的董事、监事、高级管理人员应当承担赔偿责任。

下面，我们结合几个典型案例展开具体分析。

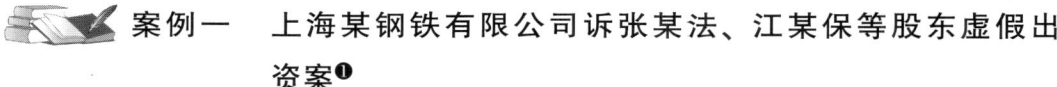

案例一　上海某钢铁有限公司诉张某法、江某保等股东虚假出资案❶

【基本案情】

2008年，江某保、张某法出资设立上海某钢铁有限公司（以下简称钢铁公司），约定2009年1月各缴纳第一期出资义务，但实际上均以公司"小金库"内废钢收入作为各自出资。2009年10月，张某法将股权转让给江某保并收取了股权转让款，但未到工商机关办理股权变更登记。随后不久，张某法又将等额款项转回自己的账户，未说明事由。2011年，钢铁公司以江某保、张某法虚假出资、抽逃出资为由，起诉张某法、江某保二人，要求其履行第一期出资义务。法院判决张某法、江某保分别向钢铁公司履行补足出资义务。

【主要法律问题】

（1）股东以公司资金作为个人出资款是否构成虚假出资，应承担什么责任？
（2）股权转让后，抽逃出资的股东是否还负有补足出资义务？

【主要法律依据】

《中华人民共和国公司法》（2018）

第27条　股东可以用货币出资，也可以用实物、知识产权、土地使用权等可以用货币估价并可以依法转让的非货币财产作价出资；但是，法律、行政法规规定不得作

---

❶　参见上海市第二中级人民法院（2012）沪二中民四（商）终字第25号民事判决书。

为出资的财产除外。

对作为出资的非货币财产应当评估作价，核实财产，不得高估或者低估作价。法律、行政法规对评估作价有规定的，从其规定。

第28条　股东应当按期足额缴纳公司章程中规定的各自所认缴的出资额。股东以货币出资的，应当将货币出资足额存入有限责任公司在银行开设的账户；以非货币财产出资的，应当依法办理其财产权的转移手续。

股东不按照前款规定缴纳出资的，除应当向公司足额缴纳外，还应当向已按期足额缴纳出资的股东承担违约责任。

第83条　以发起设立方式设立股份有限公司的，发起人应当书面认足公司章程规定其认购的股份，并按照公司章程规定缴纳出资。以非货币财产出资的，应当依法办理其财产权的转移手续。

发起人不依照前款规定缴纳出资的，应当按照发起人协议承担违约责任。

发起人认足公司章程规定的出资后，应当选举董事会和监事会，由董事会向公司登记机关报送公司章程以及法律、行政法规规定的其他文件，申请设立登记。

最高人民法院《关于适用〈公司法〉若干问题的规定（三）》（2020）

第13条　股东未履行或者未全面履行出资义务，公司或者其他股东请求其向公司依法全面履行出资义务的，人民法院应予支持。

公司债权人请求未履行或者未全面履行出资义务的股东在未出资本息范围内对公司债务不能清偿的部分承担补充赔偿责任的，人民法院应予支持；未履行或者未全面履行出资义务的股东已经承担上述责任，其他债权人提出相同请求的，人民法院不予支持。

股东在公司设立时未履行或者未全面履行出资义务，依照本条第1款或者第2款提起诉讼的原告，请求公司的发起人与被告股东承担连带责任的，人民法院应予支持；公司的发起人承担责任后，可以向被告股东追偿。

股东在公司增资时未履行或者未全面履行出资义务，依照本条第1款或者第2款提起诉讼的原告，请求未尽公司法第147条第1款规定的义务而使出资未缴足的董事、高级管理人员承担相应责任的，人民法院应予支持；董事、高级管理人员承担责任后，可以向被告股东追偿。

【理论分析】

一、虚假出资的司法认定

注册资本是公司最基本的资产，确定和维持公司一定数额的资本，对于奠定公司基本的债务清偿能力，保障债权人利益和交易安全具有重要价值。股东出资是公司资本确定原则的基本要求，以自有财产向公司出资是股东最基本、最重要的义务，股东应当根据公司法按期、足额缴纳公司章程中认缴的出资额，不能欠缴或虚假出资。股东的出资方式包括货币、实物、知识产权、土地使用权、其他可以用货币估价并可以依法转让的非货币财产，但法律、行政法规规定不得作为出资的财产除外。也就是说，对于非货币出资，应当是可估价、可转让的财产，且出资人需享有处分权。这样，劳务、信用、自然人姓名权、公司商誉、特许经营权等均不能作为出资，但股权、债权和用益物权（土地承包经营权、水面养殖权、探矿权、采矿权、路桥收费权等）一般可以作为出资。以其他公司股权出资，应符合下列条件：（1）出资的股权由出资人合法持有并依法可以转让；（2）出资的股权无权利瑕疵或者权利负担；（3）出资人已履行关于股权转让的法定手续；（4）出资的股权已依法进行了价值评估。

在司法实务中，虚假出资（包括欠缴出资和虚假增资，二者在性质上并无本质区别）通常表现为以下行为：（1）以公司资金作为股东个人出资款的；（2）将公司的资产作为股东自有资产进行出资，但股东并未实际履行出资义务，如最高人民法院（2018）最高法民终390号民事判决书，贾某富、旌德县新义莹石有限公司股东出资纠纷案；（3）股东采用过桥资金出资短暂入账并出账，使得公司未能利用股东出资进行经营，如广东省高级人民法院（2017）粤民终2805号民事判决书，张某元、吴某波追收未缴出资纠纷、股东出资纠纷案；（4）来源于第三方的出资款流向形成闭环且股东不能就此事实作出合理解释的，如重庆市第五中级人民法院（2020）渝05民终2861号民事判决书，罗某芬与陈某、何某等股东出资纠纷案；（5）发起人股东在公司设立期间利用短期走账形式完成注册资本缴纳的，如上海市第一中级人民法院（2020）沪01民终10715号民事判决书，高某成等与徐某志等损害公司债权人利益责任纠纷案；（6）股东将出资款项短期转入公司账户后在公司成立之前又转出的，如广东省深圳市中级人民法院（2020）粤03民初4633号民事判决书，深圳市永邦包装材料有限公司、沈某娟等股东出资纠纷案；（7）股东将公司的往来款项作为自己对公司的增资；（8）股东的增资款来源于他人账户，且该款项注入验资账户后次日又全部转回他人名下账户，并未用于公司实际经营，如山东省高级人民法院（2018）鲁民申2383号再审裁定书，李某道、莱芜市城建鑫科建安工程有限公司股东出资纠纷案；（9）非货币出资的估价虚高；（10）非货币出资应当转移所有权或使用权的未依法转移给公司；（11）以不享有处分权的财产出资等。

二、虚假出资的法律责任

虚假出资的民事责任可分为对内和对外两部分。在对内责任方面，首先是由虚假出资的股东对公司承担补足出资责任，具体包括：（1）以货币出资的，补足该缴未缴的出资款，并赔偿延期缴纳股款给公司造成的损失；（2）作为设立公司出资的非货币财产的实际价额显著低于公司章程所定价额的，应当由交付该出资的股东补足其差额；（3）以划拨土地使用权出资，或者以设定权利负担的土地使用权出资，应当在合理期间内办理土地变更手续或者解除权利负担；（4）以房屋、土地使用权或者需要办理权属登记的知识产权等财产出资，已经交付公司使用但未办理权属变更手续的，应当在合理期间内办理权属变更手续；（5）以房屋、土地使用权或者需要办理权属登记的知识产权等财产出资，已经办理权属变更手续但未交付给公司使用的，应在合理期限内实际交付；（6）以其他公司股权出资，但不符合《公司法》规定条件的，应当在合理期间内采取补正措施。需要指出的是，承担该补足出资责任的主体除了责任股东外，还可能有其他主体，譬如：若发起股东出资不实，则其他发起股东承担连带补足本息责任；若增资股东出资不实，则负有责任的董事和高管承担相应责任；董事和高管承担相应责任后可向责任股东追偿。对内责任上，责任股东还需对已足额缴纳出资的股东承担违约责任（仅限有限责任公司）。在对外责任方面，责任股东对公司债权人承担不实出资本息范围内的补充偿债责任。❶

依法缴纳出资不仅是资本确定原则的要求，也是取得股东身份的一般条件。那么，出资不实是否影响股东资格呢？《公司法司法解释三》第10条第2款规定，不实出资的股东权利可以受到限制，即出资人以房屋、土地使用权或者需要办理权属登记的知识产权等财产出资，已经办理权属变更手续但未交付给公司使用，公司或者其他股东主张其向公司交付，并在实际交付之前不享有相应股东权利的，人民法院应予支持。该司法解释第17条还规定了有限责任公司可对未履行出资义务或者抽逃全部出资的股东予以"除名"的规则，即有限责任公司的股东未履行出资义务或者抽逃全部出资，经公司催告缴纳或者返还，其在合理期间内仍未缴纳或者返还出资，公司以股东会决议解除该股东的股东资格，该股东请求确认该解除行为无效的，人民法院不予支持。当然，基于资本确定和资本维持原则，在前款规定的情形下，人民法院在判决时应当释明，公司应当及时办理法定减资程序或者由其他股东或者第三人缴纳相应的出资。

三、本案中张某法、江某保应向钢铁公司履行补足出资义务

本案中，钢铁公司的章程约定了股东的第一期出资义务，张某法与江某保作为钢铁公司股东，对公司第一期注册资本负有以自有财产向公司出资的义务。但张某法、江某保却以公司"小金库"内废钢收入作为其个人出资，未实际履行股东出资义务，明显违反法律规定，构成虚假出资，应依法向公司补充缴纳出资。

另外，张某法虽曾在形式上履行了第一期出资义务，但在股权转让后就从公司抽回了资金，在其没有证据证明除注册资金外，另有其他形式资金投入公司的情况下，应当认定出资人收回的资金系公司资产的组成部分，出资人的行为属于抽逃出资。张某法在案件审理中尚系钢铁公司工商登记的备案股东，即便张某法对内已转让了全部股权，由于其撤回出资行为发生在股权转让后，系在无双方约定或受让股东同意情况下擅自撤回出资，既是对公司财产权侵害，亦损害了受让股东的权利。其行为违反了《公司法》规定，侵害了公司财产权，故此，法院判决张某法、江某保分别向钢铁公司履行补足出资义务。

---

❶ 参见《公司法》（2018）第30条、第93条第2款以及《公司法司法解释三》第6条、第8条、第10条、第11条。

【思考题】

（1）股东的非货币出资是否必须为公司所用才算出资有效？

（2）若股东之间对已缴纳的出资发生争议，谁承担举证责任？

 ## 案例二　某矿业公司诉原股东通过第三人抽逃出资案❶

【基本案情】

某矿业公司（以下简称矿业公司）注册资本 2000 万元，其中贾某富出资 1800 万元、占股 90%，陈某玲出资 200 万元、占股 10%。2015 年 8 月 2 日，贾某富、陈某玲召开股东会决定将矿业公司的注册资本增加为 3000 万元。同日，贾某富的朋友张某芳将 900 万元转至贾某富账户，将 100 万元转至陈某玲账户，贾某富、陈某玲随后将 1000 万元转入矿业公司的银行账户。2015 年 8 月 3 日，某会计师事务所为矿业公司出具收到股东本次增资款 1000 万元的《验资报告》，矿业公司随即办理了注册资本变更登记手续。随后，矿业公司以"预付货款"的名义将 1000 万元转给张某芳。2015 年 12 月 7 日，贾某富将其持有的矿业公司 90% 股权转让给星振公司。股权变更之后，矿业公司之前的财务账簿和资料未进行移交，仍存放于贾某富之前的办公室内，但矿业公司调取财务资料时发现财务账簿和资料丢失，据此怀疑贾某富、陈某玲抽逃出资，遂将二人诉至法院。

矿业公司认为：（1）相关的验资报告、银行转账流水、现金支票、张某富的答辩意见和其提供的银行凭证等足以证明贾某富、陈某玲抽逃出资 1000 万元的事实，且由其保存的相关财务账簿和资料已经丢失、无法找回，贾某富应当承担由此造成的不利后果。（2）《公司法司法解释三》第 20 条规定："当事人之间对是否已履行出资义务发生争议，原告提供对股东履行出资义务产生合理怀疑证据的，被告股东应当就其已履行出资义务承担举证责任。"本案中矿业公司所举出的证据已足以使其对贾某富履行出资义务产生合理怀疑。

贾某富、陈某玲辩称：转出的款项在此后公司经营中已通过包括现金、实物等多种方式回收。股权转让前，贾某富与陈某玲长期大量地把个人资产用于公司经营和建设，甚至把有的个人财产记入公司名下管理，存在很大程度的财产混同。因此，贾某富、陈某玲称其在公司设立后陆续实际投入了资金运营公司或代公司承担了经营中的债务，实质上满足了公司资本充足的要求，再次补缴出资等于重复出资。

一审法院认定贾某富、陈某玲构成抽逃出资、虚假出资，判令二人向矿业公司返还出资款 1000 万元，并支付相应的利息。贾某富、陈某玲不服提起上诉，二审驳回上

---

❶　参见最高人民法院（2018）最高法民终 390 号民事判决书。

诉，维持原判。

【主要法律问题】

（1）抽逃出资有哪些表现形式？

（2）公司成立后将出资款项转出给第三人的行为是否属于抽逃出资？

【主要法律依据】

《中华人民共和国公司法》（2018）

第 28 条第 1 款　股东应当按期足额缴纳公司章程中规定的各自所认缴的出资额。股东以货币出资的，应当将货币出资足额存入有限责任公司在银行开设的账户；以非货币财产出资的，应当依法办理其财产权的转移手续。

第 35 条　公司成立后，股东不得抽逃出资。

《最高人民法院关于适用〈中华人民共和国公司法〉若干问题的规定（三）》（2020）

第 12 条　公司成立后，公司、股东或者公司债权人以相关股东的行为符合下列情形之一且损害公司权益为由，请求认定该股东抽逃出资的，人民法院应予以支持：

（一）制作虚假财务会计报表虚增利润进行分配；

（二）通过虚构债权债务关系将其出资转出；

（三）利用关联交易将出资转出；

（四）其他未经法定程序将出资抽回的行为。

【理论分析】

本案涉及的争议焦点是：矿业公司将 1000 万元转给张某芳的行为是否构成股东贾某富、陈某玲抽逃出资。

抽逃出资是指在公司成立且股东缴付出资后，公司违反法律规定向股东返还出资，或者股东违反法律规定从公司无偿取得或超出合理对价取得利益并导致公司资本（或股本）减少的行为或交易。[1] 按照最高人民法院的司法解释，抽逃出资主要有如下表现形式：（1）通过虚构债权债务关系将其出资转出；（2）制作虚假财务会计报表虚增利润进行分配；（3）利用关联交易将出资转出；（4）其他未经法定程序将出资抽回的行为。抽逃出资的法律责任主要是：（1）责任股东对公司承担返还所抽逃出资本息责任；（2）协助抽逃出资的其他股东、董事、高级管理人员或者实际控制人对此承担连带责任；[2]（3）若公司债权人提起诉讼，责任股东应在抽逃本息范围内，代公司对外偿还债务。

---

[1]　刘燕. 重构"禁止抽逃出资"规则的公司法理基础 [J]. 中国法学，2015（4）：199.

[2]　董事对股东的资本充实义务需要承担勤勉义务，其作为公司机关和受托执行人，不仅不能协助股东抽逃出资，还需积极向未尽出资义务的股东进行催缴。董事违反积极勤勉的法定义务导致公司利益受到损害时，公司可以请求董事承担赔偿责任。公司机关怠于行使诉权的，股东可以依法提起派生诉讼，要求董事承担损失赔偿责任。

一般认为，出资不实包括虚假出资和抽逃出资两种情形，二者主要有三方面的不同：（1）责任依据不同。虚假出资违反了资本确定原则，而抽逃出资违反了资本维持原则。（2）行为方式不同。虚假出资时股东自始至终没有履行或足额履行出资义务，而抽逃出资股东先履行了出资义务，而后又将出资抽回。（3）法律后果有异。虚假出资可能导致公司不成立，公司自始没有独立的人格，债权人主要依据发起人的设立协议要求发起人承担责任；而抽逃出资严重侵害公司财产权时，债权人依据法人人格否认追究公司责任，但公司仍有独立的人格。

法院经审理认为，公司是独立的企业法人，享有独立的法人财产权。抽逃出资是指公司成立后，公司股东未经法定程序将认缴的出资或增资取回，侵害公司合法权益的行为，贾某富、陈某玲的行为已构成抽逃出资，其已经补缴抽回出资的证据不足。理由如下：

（1）被告股东应提供证据证明其已履行出资义务。矿业公司成为新股东后，作为贾某富、陈某玲的债权人对公司之前的财务往来信息不完全掌握，其利益应该受到保护。根据股东抽逃出资类案件汇总，公司以外的人（如债权人）按照一般规定应当承担举证证明股东抽逃出资的责任。但在这类案件中，债权人处于公司外部，对公司的财务账册及相关凭证、董事会或股东会会议记录等公司内部信息客观上是不可能掌握的，即使掌握也只是只言片语的，如果按照一般案件中举证的责任让债权人提供证据证明股东抽逃出资，其实是不公平的——债权人一方败诉的风险大，容易造成不公平的结果。因此《公司法司法解释三》规定：原告对股东履行出资只需提供产生合理怀疑的证据，由被告股东举证证明其已履行出资义务的事实。如果被告股东不能提供充分证据证明其已履行出资义务，应当承担不利后果。本案中相关财务资料在贾某富保管期间丢失，矿业公司已经有合理证据产生怀疑，且贾某富因资料丢失也无法证明其已经履行出资义务，贾某富、陈某玲的行为构成抽逃出资。

（2）确认股东后续投入为补缴此前抽回的出资，需要明确、充分的证据支持。在实践中，许多股东称其在公司设立后陆续实际投入了资金运营公司或代公司承担了经营中的债务，实质上满足了公司资本充足的要求，再次补缴出资等于重复出资。但该观点的成立对股东的举证要求比较高，不仅要全面提供往来银行账户明细核对差额，还要求提供与账户往来有关的基础交易文件证明交易的真实性，以及程序上是否通过了股东会确认。本案中，贾某富、陈某玲也无法证明在经营过程中单方面向公司投入了相应的资金或单方面为公司承担了相应的债务，并通过公司股东会决议形式确认上述审计结果，因此贾某富、陈某玲主张的投入视为补缴此前抽回的出资的观点未被法院采纳。

【思考题】

张某芳对贾某富、陈某玲抽逃出资的补足责任是否承担连带责任？

 **案例三　某房地产开发有限公司诉某投资公司及其实控人张某男连带偿还债务案❶**

【基本案情】

某投资公司（以下简称投资公司）注册资本为 2000 万元，其中张某男出资 1500 万元、占股 75%，梁某出资 500 万元、占股 25%。2017 年 7 月 5 日，该投资公司与某房地产开发有限公司（以下简称房地产开发公司）签订《资产转让合同》，约定投资公司将某块综合用地变更为二类住宅用地后，将该宗土地使用权转让给房地产开发公司，转让价款为 7 亿元；房地产开发公司先行支付 3.2 亿元"诚意金"，但投资公司应将该款专项用于归还股东借款及日常经营周转，并以投资公司名下的一宗土地使用权设立抵押担保。2017 年 8 月 8 日，房地产开发公司向投资公司支付了 3.2 亿元，投资公司随即将其中的 2951.8384 万元转给股东张某男。最后履行期限 2017 年 10 月 30 日届满后，投资公司仍未履行土地变更用途和转让土地使用权给房地产开发公司的合同义务，房地产开发公司遂起诉了投资公司和张某男，要求解除合同，返还 3.2 亿元本金并支付利息损失，同时主张否认投资公司人格，由张某男对投资公司在本案中的债务承担连带责任。

房地产开发公司认为，张某男存在利用其控股股东和实际控制人身份，实施了虚构债务、转移投资公司钱款、严重损害债权人房地产开发公司权利的行为，应当对投资公司所负债务承担连带清偿责任。投资公司辩称，其收到 3.2 亿元后向张某男转账 2951.8384 万元系归还借款，符合《资产转让合同》第 2 条约定的借款款项用途中有用于归还股东借款及公司的日常经营周转的要求。张某男辩称，其并未虚构 2000 万元借款，不存在披露虚假信息和虚假出资的行为，没有滥用公司法人独立地位和股东有限责任逃避债务、实施严重损害公司债权人利益的行为。

一审法院认为张某男虽向法庭提交了《借款协议》《还款协议书》，但未能提交其向投资公司支付《借款协议》约定的 2000 万元的银行转账凭证，不能证明已实际支付了协议约定的借款和实际发生了借款关系，故依据《公司法》第 20 条第 3 款的规定，判令张某男对投资公司的债务承担连带清偿责任。张某男不服提起上诉。二审法院改判张某男在接收投资公司款项范围内承担代偿公司债务的责任。

【主要法律问题】

（1）股东从公司单笔转移资金的行为是否足以否认公司法人独立人格？

（2）张某男是否需要在接收公司款项范围内承担代偿公司债务的责任？

---

❶　参见最高人民法院（2019）最高法民终 960 号民事判决书。

【主要法律依据】

《中华人民共和国公司法》（2018）

第 3 条　公司是企业法人，有独立的法人财产，享有法人财产权。公司以其全部财产对公司的债务承担责任。

有限责任公司的股东以其认缴的出资额为限对公司承担责任；股份有限公司的股东以其认购的股份为限对公司承担责任。

第 20 条第 3 款　公司股东滥用公司法人独立地位和股东有限责任，逃避债务，严重损害公司债权人利益的，应当对公司债务承担连带责任。

《最高人民法院关于适用〈中华人民共和国公司法〉若干问题的规定（三）》（2020）

第 14 条　股东抽逃出资，公司或者其他股东请求其向公司返还出资本息、协助抽逃出资的其他股东、董事、高级管理人员或者实际控制人对此承担连带责任的，人民法院应予支持。

公司债权人请求抽逃出资的股东在抽逃出资本息范围内对公司债务不能清偿的部分承担补充赔偿责任、协助抽逃出资的其他股东、董事、高级管理人员或者实际控制人对此承担连带责任的，人民法院应予支持；抽逃出资的股东已经承担上述责任，其他债权人提出相同请求的，人民法院不予支持。

【理论分析】

本案涉及的争议焦点是公司股东单笔转移资金的行为是否足以否定公司法人独立人格，这决定着张某男是否需要对公司债务承担连带清偿责任。

二审法院经审理认为，公司法人人格独立和股东有限责任是公司法的基本准则。否认公司独立人格，由滥用公司法人独立地位和股东有限责任的股东对公司债务承担连带责任，是股东有限责任的例外情形。本案单笔转移资金给股东的行为尚不足以否定公司法人独立人格，理由如下：

（1）不宜轻易否认公司法人独立人格。公司法人独立人格主要体现在公司拥有独立的财产、公司设有独立的组织机构、公司独立承担财产责任，也就意味着公司财产是公司债权人的债权得以清偿的唯一保障；意味着公司是一个与其股东相区别的法律实体，具有独立于其股东的权利能力和行为能力及责任能力。公司法人人格独立制度能有效减少股东投资的商业风险、鼓励股东投资、保护股东利益。公司法人人格独立与股东有限责任是以公司财产与股东财产相分离为前提的，如果仅以单笔转移资金的行为就认定股东财产与法人财产混同会限制股东投资的积极性。

（2）否认公司法人独立人格须存在股东实施滥用公司法人独立地位及股东有限责任的行为。张某男提交了《借款协议》《还款协议书》，未能提交其向投资公司支付《借款协议》约定的 2000 万元借款的银行转账凭证，不能证明张某男已实际向投资公司支付了协议约定的借款，不能证明张某男与投资公司实际发生了借款关系。故张某男提交的证据不能证明投资公司于 2017 年 8 月 8 日向其转账支付的 2951.8384 万元是投资公司向其归还的借款。但是，认定公司与股东人格混同，需要综合多方面因素判断公司是否具有独立意思、公司与股东的财产是否混同且无法区分、是否存在其他混同情形等。本案中，投资公司单笔转账行为达不到滥用的程度，尚不足以证明投资公司和张某男构成人格混同。

（3）否认公司法人独立人格还要求该行为严重损害公司债权人利益。本案中投资公司以《资产转让合同》目标地块为案涉债务设立了抵押，房地产开发公司亦未能举证证明投资公司该笔转账行为严重损害了其作为债权人的利益。因此，投资公司向张某男转账 2951.8384 万元的行为，尚未达到否认投资公司的独立人格的程度。

本案当事人张某男无合法理由接收公司钱款，应在本息范围内代公司偿还债务。公司存续期间应注意维持与公司资本总额相当的财产，保证公司的偿债能力。作为投资公司股东的张某男在未能证明其与投资公司之间存在交易关系或者借贷关系等合法依据的情况下，接收投资公司向其转账 2951.8384 万元，虽然不足以否定投资公司的独立人格，但该行为在客观上转移并减少了投资公司资产，降低了投资公司的偿债能力，张某男应当承担相应的责任。该笔借款 2951.8384 万元超出了张某男向公司认缴的出资数额，根据举重以明轻的原则并参照《公司法司法解释三》第 14 条关于股东抽逃出资情况下的责任形态的规定，张某男应对投资公司的 3.2 亿元及其违约金债务不能清偿的部分在 2951.8384 万元及其利息范围内承担补充赔偿责任。

故此，二审法院改判张某男对投资公司所负的 3.2 亿元及其违约金债务不能清偿的部分，在 2951.8384 万元及其利息范围内承担补充赔偿责任。

【思考题】

本案中，若《资产转让合同》中明确约定不可将借款用于归还股东借款，是否会影响案例裁判结果？

 **案例四　新江南公司接受股东以所持本公司股份抵偿债务案❶**

【基本案情】

恒通公司、南长公司、浦东公司系新江南公司的股东，其中恒通公司为控股股东。1999 年 8 月，恒通公司与新江南公司签订《债权债务处理协议书》，约定恒通公司以其一处厂房和其他三套房产作价 4035.2784 万元冲抵其欠新江南公司的 3971 万元债务，余额用于房产过户费用。但由于签订协议后恒通公司的一套厂房被法院查封，恒通公

---

❶ 根据"强制收购广东恒通集团股份有限公司持有的股份以抵顶其债务执行案"编撰，承办法院为无锡市中级人民法院，案例来源是《最高人民法院公报》2001 年第 6 期。

司只将其他房产和厂房过户给了新江南公司。

1999 年 5 月，新江南公司董事会作出决议，决定对恒通公司的房产价值重新评估。经评估，价值为 2516.88 万元。其他股东认为恒通公司利用其大股东的优势地位，损害了公司和其他股东的合法权益，遂委托南长公司和浦东公司提起对恒通公司的侵权诉讼。恒通公司对上述评估报告提出异议，经法院委托其他公司重新评估，评估价为 1119.74 万元，因此一审判决恒通公司给付新江南公司 2851.26 万元及利息，房产评估费、案件受理费、财产保全费，合计 29.7373 万元由恒通公司负担。

该判决生效后，恒通公司未履行判决确定的给付义务，被立案强制执行。在执行过程中发现，恒通公司仅有新江南公司的 4000 万股股份可供执行但经拍卖未成交，也无法变卖。人民法院经研究同意由新江南公司收回恒通公司持有的 4000 万股股份以抵恒通公司欠其的债务。

【主要法律问题】

（1）股份有限公司是否可以接受股东以本公司的股份冲抵债务？为什么？

（2）如果股份有限公司接受股东以本公司的股份冲抵债务，是否应当办理减资手续？

【主要法律依据】

《中华人民共和国公司法》（2018）

第 43 条第 2 款　股东会会议作出修改公司章程、增加或者减少注册资本的决议，以及公司合并、分立、解散或者变更公司形式的决议，必须经代表三分之二以上表决权的股东通过。

第 142 条　公司不得收购本公司股份。但是，有下列情形之一的除外：

（一）减少公司注册资本；

（二）与持有本公司股份的其他公司合并；

（三）将股份用于员工持股计划或者股权激励；

（四）股东因对股东大会作出的公司合并、分立决议持异议，要求公司收购其股份；

（五）将股份用于转换上市公司发行的可转换为股票的公司债券；

（六）上市公司为维护公司价值及股东权益所必需。

【理论分析】

本案涉及的争议焦点是公司是否可以强制收购本公司的股份。一方面，股份有限公司是公司法人，与股东是两个不同的主体。公司如收购本公司股份，会导致公司具有双重身份，不仅会给公司治理带来一系列的问题，使公司和其他股东的利益平衡受到破坏，非常容易产生公司的董事或者经理等人员利用负责公司运营的权利，通过其所实际掌握的公司拥有的本公司股份影响公司决策，导致侵犯其他股东的权益。同时，允许公司收购自己的股份，就必然降低公司净资产额而违反资本维持原则。此外，还可能发生上市公司利用其所掌握的内部消息进行股票操作、操纵公司股票价格、扰乱证券市场秩序、损害其他投资者特别是公众投资者利益情况。因此，《公司法》（2018）第 142 条禁止公司收购本公司股份。

同时，第 142 条以但书方式规定了以下例外情形：（1）减少公司注册资本；（2）与持有本公司股份的其他公司合并；（3）将股份用于员工持股计划或者股权激励；（4）股东因对股东大会作出的公司合并、分立决议持异议，要求公司收购其股份；（5）将股份用于转换上市公司发行的可转换为股票的公司债券；（6）上市公司为维护公司价值及股东权益所必需。最后一种法定情形，旨在支持鼓励上市公司依法实施股份回购，董事、监事、高级管理人员依法增持股份，积极维护公司投资价值和中小股东权益，更好顺应市场实际和公司需求。根据《深圳证券交易所上市公司回购股份实施细则》（已失效）的相关规定，上市公司回购股份应当符合以下条件之一：（1）公司股票收盘价低于其最近一期每股净资产；（2）连续二十个交易日内公司股票收盘价跌幅累计达到 30%。此外，上市公司应当在相关事实发生之日起十个交易日内或者收到该情形回购股份提议之日起十个交易日内，召开董事会审议回购方案。

本案中，恒通公司所持新江南公司的股份经多次拍卖流拍，在公司股东拖欠公司债务且该股东无其他可执行财产、股份也无法变卖的情况下，公司为实现债权，可以接受股东股份以冲抵其欠公司的债务，而后注销该股份，减少公司注册资本。但减资应经股东会以特别决议方式通过，因恒通公司系新江南公司的控股股东，其可能阻挠新江南公司股东会主动作出减资决议。因此，人民法院决定由新江南公司接收这些股份冲抵债务，是司法介入公司僵局的灵活处理方式，体现了司法的针对性和可操作性。后新江南公司股东会议需作出相关决议，并应依法在接收这些股份后十日内注销该部分股份，完成减少注册资本的法定程序。

【思考题】

为了避免公司陷入僵局而给股东以及公司利益相关者带来损失，除司法强制介入外还有哪些方法可以运用？

 **案例五　债权人起诉要求债务人股东在不当减资范围内对公司债务承担补充赔偿责任案❶**

【基本案情】

广力公司设立于 2009 年 1 月，注册资本 2500 万元，其中股东丁某认缴额 2000 万元，实际出资 400 万元，持股比例 80%；丁某焜认缴额 500 万元，实际出资 100 万元，

---

❶　参见江苏省高级人民法院（2015）苏商终字第 00140 号民事判决书。

持股比例20%。2010年2月1日，广力公司和万丰公司签订一份《买卖合同》，约定万丰公司供应某产品给广力公司，合计人民币500万元。2010年2月4日，广力公司支付万丰公司货款100万元后再未支付。

2010年11月19日，广力公司作出股东减资决议，注册资本由2500万元减少至500万元，股东丁某、丁某焜持股比例不变。2011年1月20日广力公司存于工商档案的《有关债务清偿及担保情况说明》载明，该公司在商报刊登了减资公告，广力公司及股东丁某、丁某焜承诺，未清偿债务及担保债权由公司继续负责清偿，并由全体股东在法律规定范围内提供相应担保。后广力公司办理了注册资本的工商变更登记手续。

万丰公司认为，广力公司在股东认缴出资的缴纳期限届满前作出减资决议，且未依法通知万丰公司，该减资行为无效，广力公司股东不应当仅以减资后的注册资本承担责任。遂于2013年7月向法院提起诉讼，请求人民法院判令广力公司支付剩余货款，判令广力公司、股东丁某和丁某焜对公司债务承担责任。广力公司与其股东丁某、丁某焜辩称，已将减资事宜告知万丰公司经理；没有事实和理由要求丁某、丁某焜对万丰公司的债务承担担保责任。

一审法院判令广力公司偿付万丰公司的货款及利息；股东丁某、丁某焜对广力公司不能给付部分，在其减资范围内承担补充赔偿责任；丁某、丁某焜在其他案件中已实际履行应承担补充赔偿责任的部分，不再承担。广力公司和丁某、丁某焜不服一审判决，提起上诉。二审经审理，判决驳回上诉，维持原判。

【主要法律问题】

（1）公司减资应遵循怎样的程序？对已知或应知的债权人能不能在未先行通知的情况下直接以登报公告形式代替通知义务？

（2）公司股东会在股东认缴出资的缴纳期限届满前作出减资决议，未依法履行通知已知或应知的债权人的义务，股东是否应在减资额度内承担补充赔偿责任？

【主要法律依据】

《中华人民共和国公司法》（2018）

第20条第1款 公司股东应当遵守法律、行政法规和公司章程，依法行使股东权利，不得滥用股东权利损害公司或者其他股东的利益；不得滥用公司法人独立地位和股东有限责任损害公司债权人的利益。

第28条 股东应当按期足额缴纳公司章程中规定的各自所认缴的出资额。股东以货币出资的，应当将货币出资足额存入有限责任公司在银行开设的账户；以非货币财产出资的，应当依法办理其财产权的转移手续。

股东不按照前款规定缴纳出资的，除应当向公司足额缴纳外，还应当向已按期足额缴纳出资的股东承担违约责任。

第177条 公司需要减少注册资本时，必须编制资产负债表及财产清单。

公司应当自作出减少注册资本决议之日起十日内通知债权人，并于三十日内在报纸上公告。债权人自接到通知书之日起三十日内，未接到通知书的自公告之日起四十五日内，有权要求公司清偿债务或者提供相应的担保。

第 179 条第 2 款　公司增加或者减少注册资本，应当依法向公司登记机关办理变更登记。

【理论分析】

一、公司减少注册资本的法定程序

注册资本的形成实质上是将股东个人资产转化为公司财产的过程，这是公司取得独立人格的重要根据，是公司经营的物质基础、信用基础。一定数量的注册资本既能够帮助股东实现投资增值而具有工具价值，也能够作为债权人利益保护的担保而具有担保价值。注册资本作为股东在公司章程中对外宣示并在商事登记机关登记公示的公司资本数额，产生公信效力，其法律意义主要是股东的出资承诺，也决定了股东有限责任的范围，减少注册资本将降低股东有限责任的范围和金额。特别是在注册资本认缴制的情况下，减少注册资本，看似是对公司内部事宜进行决策，实际影响债权人利益。违规减资，会使债权人的交易安全无法得到保障。

一方面，在经营自由原则下，《公司法》赋予公司股东选择增资或减资的权利，允许公司各股东商议注册资本的增减。另一方面，在资本不变原则下，《公司法》第 177 条规定了较为严格的减资程序：一是要作出股东会特别决议，由三分之二以上表决权股东同意减资；二是编制资产负债表和财产清单；三是通知债权人并公告，即自作出减少注册资本决议之日起十日内通知债权人，并于三十日内在报纸上公告；四是应债务人要求，提前清偿债务或提供偿债担保；五是进行减资和变更登记。公司应遵循这些法律规定依法减少注册资本。为了进一步规范减资时对债权人的通知行为，2022 年《公司法修订草案二》规定，公司应在作出减资的股东会特别决议后三十日内，在报纸上或者统一的企业信息公示系统公告；债权人自接到通知之日起三十日内，未接到通知的自公告之日起四十五日内，有权要求公司清偿债务或者提供相应的担保。

二、违法减资后股东承担有限责任的范围

如果公司减少注册资本前，没有应债务人要求清偿债务的，其股东应当承担责任吗？如果需要担责，应当承担什么责任？

认缴制下公司减资不能损害债权人合法权益，如允许公司股东在未清偿债务前随意减资，就会降低公司清偿债务的能力，从而侵犯其债权人的合法权益。如果违规减少注册资本造成债权人损失的，应当给予赔偿。公司未对已知债权人进行减资通知时，且公司股东不能证明其在减资过程中对怠于通知的行为无过错的，该情形与股东违法抽逃出资对债权人利益受损的影响，在本质上并无不同。因此，尽管我国法律未具体规定公司不履行减资法定程序导致债权人利益受损时股东的责任，但可比照公司法相关原则和规定来加以认定。如果公司减资行为存在瑕疵，致使减资前形成的公司债权

在减资之后清偿不能的，公司股东应在公司减资数额范围内对公司债务不能清偿部分承担补充赔偿责任。❶

三、本案广力公司违规减资对股东责任有何影响

本案争议焦点是广力公司在股东认缴的出资期限届满前，作出减资决议而未依法通知债权人，股东是否能够仅以减资后的注册资本承担责任。

法院经审理后认为，广力公司注册资本的减少，涉及其债权人万丰公司的利益，并非一般的修改公司章程事项，除要经股东会议决议，还需依法在债务未清偿时告知万丰公司。违规减资，股东应在违规减资范围内承担赔偿责任。理由如下：

（1）减少注册资本直接影响债权人的利益，应以合理、有效的方式通知债权人。《公司法》第 177 条规定，公司需要减少注册资本时，必须编制资产负债表及财产清单。公司应当自作出减少注册资本决议之日起十日内通知债权人，并于三十日内在报纸上公告。也就是说，减资时对已知或应知的债权人应履行通知义务，不能在未先行通知的情况下直接以登报公告形式代替通知义务，以避免因公司减资产生损害债权人债权的结果。债权人自接到通知书之日起三十日内，未接到通知书的自公告之日起四十五日内，有权要求公司清偿债务或者提供相应的担保。即使是在认缴的出资期限届满前修改章程减少注册资本也应当通知债权人，因为虽然章程修改是公司股东之间的事务，但修改内容是减少注册资本，则会影响公司债权人的利益。违规减资显然会降低公司的债务清偿能力，放大债权人的风险，致使债权人因信息不对等而在减资中受损。

本案中，广力公司在商报上刊登其减资事宜虽然符合《公司法》第 177 条部分规定，但并未直接告知已明知通信地址的万丰公司，可能导致万丰公司因未关注商报而难以知悉该减资信息，以直接通知的方式显然要比公告更有助于万丰公司及时知晓其减资情况，因此，不能在未先行通知的情况下直接以登报公告形式代替通知义务。另外，广力公司对自己提出的主张，有责任提供证据。广力公司、丁某、丁某焜主张其曾告知万丰公司时任总经理有关减资事宜，并主张万丰公司现任法定代表人对其减资也是知情的，但并未提供证据加以证明，故不能采信。

（2）不规范减少注册资本，股东应在减资范围内承担责任。有限公司以其全部财产对公司的债务承担责任，股东以其认缴的出资额为限对公司承担责任，公司法在明确股东有限责任制的同时，也明确要求保护公司债权人的合法权益。公司注册资本既是公司股东承担有限责任的基础，也是公司的交易相对方判断公司财产责任能力的重要依据。即便是对出资期限未届期的出资额进行减资，也会影响公司对外偿债能力，公司负有诚信出资、友善通知以保障公司债权人交易安全的责任，并负有根据债权人的要求进行清偿或提供担保的义务。

---

❶　相关案例可参见上海市第二中级人民法院（2016）沪 02 民终 10330 号民事判决书和广州市中级人民法院（2018）粤 01 民终 18453 号民事判决书。

本案中，在万丰公司与广力公司发生买卖关系时，广力公司的注册资本为 2500 万元，后广力公司注册资本减资为 500 万元，减少的 2000 万元是丁某、丁某焜认缴的出资额，如果广力公司在减资时依法通知其债权人万丰公司，则万丰公司依法有权要求广力公司清偿债务或提供相应的担保，万丰公司作为债权人的上述权利并不因广力公司前期出资已缴付到位、系针对出资期限未届期的出资额进行减资而受到限制。但广力公司、丁某、丁某焜在明知广力公司对万丰公司负有债务的情形下，在减资时既未依法通知万丰公司，亦未向万丰公司清偿债务或提供担保，不仅违反了上述《公司法》第 177 条的规定，也违反了上述《公司法》第 3 条"有限责任公司的股东以其认缴的出资额为限对公司承担责任"的规定，损害了万丰公司的合法权益。

综上，法院判定广力公司、股东丁某和丁某焜对广力公司债务承担赔偿责任；丁某、丁某焜在其他案件中已实际履行应承担补充赔偿责任的部分，不再承担。

【思考题】

（1）公司减少注册资本前是否应当对债务进行清偿？没有清偿的，其股东是否应当承担补充赔偿责任？

（2）本案中，若广力公司自作出减资决议之日起十日内通知万丰公司，并于三十日内在报纸上公告，万丰公司自接到通知书之日起三十日内并未要求广力公司清偿债务或者提供相应的担保。那么，三十日之后万丰公司可否主张广力公司及其股东承担广力公司减资范围内的赔偿责任？

第三节 我国的法定资本制

我国公司资本制度实行法定资本制，但多次修法已对法定资本制的要求作了大幅度调整与放宽。1993 年《公司法》确立并构建了最严苛的法定资本制，规定了不同类型公司的注册资本最低限额，且须在公司设立前全额实缴到位。2005 年《公司法》第三次修改时对资本形成制度进行了大幅修改，在大幅降低注册资本最低限额的同时，允许股东分次、分期缴纳出资（募集设立的股份有限公司除外）。2013 年《公司法》第四次修改，充分体现公司登记制度与资本制度改革成果，废除了最低注册资本制和设立验资制度，引入认缴制，即股东书面承诺出资金额、方式及时间后即可成立公司，之后再按承诺履行出资义务；但募集设立的股份有限公司和从事特殊行业的公司（譬如保险公司、商业银行等金融类公司），股东要在公司设立时足额缴纳出资。

但认缴制不等于授权资本制，最低注册资本要求的取消也并非法定资本制的终结。英美公司法规定的授权资本制度的核心在于由股东会授权董事会在公司成立后，根据经营需要决定发行新股增加资本，公司章程中必须注明公司的授权资本，否则不予登记；但公司设立时不必将资本全部发行，只需部分发行即可，剩余部分可授权由董事会根据需要分次发行。法定资本制与授权资本制的核心区别在于资本的发行次数和决定发行的公司机关，资本的分期缴纳模式并非二者的本质特征。如果由股东会决议发行资本，董事会依然无权发行股份，则仍然是法定资本制。❶

我国法定资本制的基本要求是"章定资本""一次发行或认缴""限期缴纳"，其核心要义是保障公司资本充实。公司设立时须在章程中载明注册资本数额，该注册资本数额既包括股东已经实缴的资本金，也包括股东已认缴未实缴的资本金。注册资本作为股东在公司章程中对外宣示并在商事登记机关登记公示的公司资本数额，其法律意义主要是股东的出资承诺，对于已认缴尚未实缴的资本，认缴股东负有按时、足额缴纳之法定义务，以实现资本确定。此外，法定资本制不仅仅指向资本的形成阶段，也适用于资本维持与不变的所有环节。公司存续期间，已实缴注册资本的股东不得以任何形式抽逃出资，此即资本维持；注册资本数额的变化需依法定条件和程序进行，并及时公示，此即资本不变。实行法定资本制不仅有利于保障公司经营所需要的物质基础，也有利于保障公司债权人、劳动者的合法权益，规范股东出资行为，保护公司资本。

2023年修订的《公司法》在现有的法定资本制外，又允许股份有限公司选用授权资本制，可仍然由股东会保留新股发行的决定权。授权资本制是指股份有限公司章程或者股东会可以作出授权，由董事会根据公司运营的实际需要决定发行剩余股份以筹集资本。这样，既方便股份有限公司设立，又给予公司发行新股筹集资本的灵活性，提高投融资效率，并且能够减少公司注册资本虚化等问题的发生。尚未发行的股份（库藏股）所对应的股本金额（储备资本）不属于注册资本。2023年修订的《公司法》第152条规定：（1）允许股份公司的章程或者股东会将股份发行权限授予董事会；（2）明确授权期限为三年，授权比例为不超过已发行股本50%的股份；（3）明确以非货币财产作价出资的，需要经股东会决议，维护股东利益；（4）明确董事会发行股份后导致公司注册资本、已发行股份数发生变化的，对公司章程中该记载事项的修改不需要股东会表决。2023年修订的《公司法》第153条规定了董事会决议发行新股的绝对多数决表决机制，即该董事会决议应当经全体董事三分之二以上通过。值得注意的是，有限责任公司不能选择适用授权资本制度，还需按照法定资本制执行。

此外，2023年修订的《公司法》为了实现法定资本制下的公司资本充实，新增如下四项规则：（1）在第51条增加公司对股东出资的催缴义务。公司成立后，董事会应当对股东的出资情况进行核查，发现股东未按期足额缴纳出资，或者作为出资的非货币财产的实际价额显著低于所认缴的出资额的，应当向该股东发出书面催缴书催缴出资；可以载明缴纳出资的宽限期，宽限期自公司发出出资催缴书之日起不得少于六十日。（2）在第52条第1款增加欠缴出资的失权制度。催缴出资的宽限期届满，股东仍未履行出资义务的，公司经董事会决议可以向该股东发出书面失权通知；自通知发出

---

❶ 李建伟. 公司资本的核心概念疏证［J］. 北方法学，2016（1）：64.

之日起，该股东丧失其未缴纳出资的股权；股东对失权有异议的，应当自接到失权通知之日起三十日内，向人民法院提起诉讼。（3）在第52条第2款增加股东的出资填补规则。依照本条第1款规定丧失的股权应当在6个月内依法转让，或者相应减少注册资本并注销该股权；6个月内未转让或者注销的，由公司其他股东按照其出资比例足额缴纳相应出资。（4）在第54条新增出资加速到期制度，即公司不能清偿到期债务的，公司或者已到期债权的债权人有权要求已认缴出资但未届缴资期限的股东提前缴纳出资。上述规则既适用于有限公司，也适用于股份公司。

可见，2023年修订的《公司法》结合司法解释、上市公司规则、交易实践等方面对出资和股权规则进行了补充，完善了公司法定资本制度，以协同发挥降低运营成本、提高资本运行效率、促进公司创富功能实现的价值效应。

下面，我们结合几个典型案例来进一步理解法定资本制。

 **案例一　金谷公司申请追加恶意修改公司章程延长股东出资期限的债务人股东为共同被执行人一案**[1]

【基本案情】

优选公司成立于2012年3月，注册资本5000万元，股东南某珏认缴和持股90%即4500万元，许某文认缴和持股10%即500万元，两股东各自先缴纳了40%的出资合计2000万元，剩余的60%出资合计3000万元在公司章程中约定于2014年10月15日前缴足。2012年12月，优选公司与金谷公司发生交易，因未能偿付金谷公司债务，于2014年9月被金谷公司诉至法院，法院于2015年7月判令优选公司在十日内偿付相关款项给金谷公司。该判决生效后，优选公司未按该判决履行，金谷公司申请强制执行，但只查封到一辆机动车，未发现其他可供执行的财产线索。

金谷公司了解到，优选公司在与金谷公司签订交易合同后，南某珏将所持90%股权中的80%转让给首志公司，约定由首志公司在2014年10月15日前出资到位。但在该出资期限到来前两个月时，优选公司的各个股东作出关于延迟缴纳注册资金的股东会决议，通过了公司章程修正案，将剩余3000万元的出资期限从2014年10月15日延迟至2032年10月15日。金谷公司认为，在优选公司无其他财产可供执行情况下，股东的出资义务应加速到期，南某珏出资义务到期未缴构成出资不实，向执行法院申请追加南某珏为被执行人。

执行法院裁定驳回金谷公司的追加请求，金谷公司不服，向上级人民法院申请复议。复议法院撤销执行法院的裁定，裁定追加南某珏为被执行人，在出资不实范围内向金谷公司承担清偿责任。

---

[1] 参见北京市高级人民法院（2016）京执复107号执行裁定书。

【主要法律问题】

（1）公司无财产用于偿债，股东出资义务是否加速到期？

（2）南某珏是否构成出资不实而应被追加为被执行人？

【主要法律依据】

《最高人民法院关于人民法院执行工作若干问题的规定（试行）》（2008）

80．被执行人无财产清偿债务，如果其开办单位对其开办时投入的注册资金不实或抽逃注册资金，可以裁定变更或追加其开办单位为被执行人，在注册资金不实或抽逃注册资金的范围内，对申请执行人承担责任。

《最高人民法院关于适用〈中华人民共和国公司法〉若干问题的规定（三）》（2020）

第13条　股东未履行或者未全面履行出资义务，公司或者其他股东请求其向公司依法全面履行出资义务的，人民法院应予以支持。

公司债权人请求未履行或者未全面履行出资义务的股东在未出资本息范围内对公司债务不能清偿的部分承担补充赔偿责任的，人民法院应予以支持；未履行或者未全面履行出资义务的股东已经承担上述责任，其他债权人提出相同请求的，人民法院不予支持。

股东在公司设立时未履行或者未全面履行出资义务，依照本条第1款或者第2款提起诉讼的原告，请求公司的发起人与被告股东承担连带责任的，人民法院应予以支持；公司的发起人承担责任后，可以向被告股东追偿。

股东在公司增资时未履行或者未全面履行出资义务，依照本条第1款或者第2款提起诉讼的原告，请求未尽公司法第148条第1款规定的义务而使出资未缴足的董事、高级管理人员承担相应责任的，人民法院应予以支持；董事、高级管理人员承担责任后，可以向被告股东追偿。

《最高人民法院关于民事执行中变更、追加当事人若干问题的规定》（2020）

第19条　作为被执行人的公司，财产不足以清偿生效法律文书确定的债务，其股东未依法履行出资义务即转让股权，申请执行人申请变更、追加该原股东或依公司法规定对该出资承担连带责任的发起人为被执行人，在未依法出资的范围内承担责任的，人民法院应予以支持。

【理论分析】

一、本案股东推迟出资期限的行为已构成出资不实

对于本案有人认为，股东通过公司章程修改出资期限的行为，并未违反相关法律规定，南某珏在公司设立后的股权转让行为亦未违反相关法律规定，故不能认定南某珏出资期限届满未足额缴纳出资，也就不能以股东出资不实为由追加其为被执行人。

这种观点是错误的。

《公司法》第28条规定，股东应当按期足额缴纳公司章程中规定的各自所认缴的出资额。因此，股东只有在出资期限届满时，才负有认缴出资义务。换言之，注册资本认缴制下，股东依法享有期限利益，即仅需按公司章程宣示的日期履行出资缴纳义务，公司债权人不能以公司不能清偿到期债务为由，请求未届出资期限的股东在未出资范围内对公司不能清偿的债务承担补充赔偿责任。但是，债权人享有信赖利益，即注册资本是公司对外公示的债务担保，债权人也是据此信赖后续出资承诺而作出交易判断，对公示的股东认缴后续出资享有期待利益。股东应承担的资本充实责任不仅是股东之间的约定，更是其对公司和公司债权人的法定义务和责任，股东的出资责任应与公司债权人基于公司的注册资金对其责任能力产生的判断相对应。

要综合考量股东会决议推迟缴纳出资及决议的公示、债权人与公司发生交易的时间先后来进行判断推迟出资期限是否存在恶意而构成出资不实，具体而言：交易发生前，股东会已决议推迟缴纳出资并经工商变更登记公示，且经过一个合理公示期间的，债权人往往对此有所了解并据此作出交易决定，一般不构成出资不实；股东会决议推迟缴纳出资但未经工商登记公示或虽经工商登记公示，但在交易发生后方经股东会决议推迟的，可视为影响了债权人基于公司公示的注册资金数额而产生的信赖利益，应当认定构成出资不实。

本案中，修改股东出资期限在客观上对优选公司资本充实造成了妨害，更损害了金谷公司基于南某珏公示的出资承诺和优选公司的注册资金数额而产生的信赖利益，有违诚实信用原则，已构成出资不实，南某珏仍应按原出资期限履行出资义务。金谷公司要求南某珏在未实缴出资额范围内承担代优选公司偿债责任的主张，符合相关司法解释的规定。故此，人民法院最终依法裁定追加南某珏为被执行人。

二、股东承担出资补足责任的主要情形

《公司法司法解释三》第13条规定，股东未履行或者未全面履行出资义务，公司或者其他股东请求其向公司依法全面履行出资义务的，人民法院应予以支持。这就是股东应承担的出资补足责任。下面分别予以细化讨论：

第一，未履行出资义务指的是股东应当缴纳出资但实际未缴纳，包括已届履行期未缴纳出资和出资义务加速到期后未实缴出资两种情况，这里着重谈谈后者。出资义务加速到期规则适用于采取认缴制的公司，指的是法律规定未届出资期限股东需提前承担出资责任的特殊情形。认缴制实行后，股东出资缴纳期限不再有二年、五年法定出资期限的限制，实践中出现不少承诺出资期限畸长或随意推迟出资期限的情形，容易因出资期限较长、股东实缴出资比例过低或者没有实缴出资等导致公司偿债能力不足，损害公司债权人利益。对于未届满出资期限的股东是否因公司不能清偿债务而负有加速到期补足出资的义务，就成为理论界和实务界关注和争议的一个焦点、热点问题。

我国关于出资义务加速到期的最早立法是在公司破产或解散清算时，管理人或债

权人有权主张股东出资加速到期，以避免股东因公司法人资格消灭而逃避其法定的出资义务。破产情形下，我国《企业破产法》第 35 条规定，人民法院受理破产申请后，债务人的出资人尚未完全履行出资义务的，管理人应当要求该出资人缴纳所认缴的出资，而不受出资期限的限制。清算情形下，《最高人民法院关于适用〈中华人民共和国公司法〉若干问题的规定（二）》第 22 条规定，公司解散时，股东尚未缴纳的出资均应作为清算财产。2019 年，《九民会议纪要》规定了两种发生出资期限加速到期结果的情形：（1）公司作为被执行人的案件，人民法院穷尽执行措施无财产可供执行，已具备破产原因，但不申请破产的；（2）在公司债务产生后，公司股东（大）会决议或以其他方式延长股东出资期限的。其中第（2）项情形就是指股东恶意延长出资期限的情形。2022 年《公司法修订草案二》第 53 条不仅吸收了《九民会议纪要》关于股东出资加速到期的规定，还扩大了加速到期范围，规定在公司不能清偿到期债务的情形下，公司或者已到期债权的债权人有权要求已认缴出资但未届缴资期限的股东提前缴纳出资，无须经过法院执行即可要求股东出资加速，且删除了《公司法修订草案一》中对不能清偿到期债务"且明显缺乏清偿能力的"的要求。能够主张股东出资义务加速到期的主体除公司、其他股东外，还有公司的债权人。

可见，在注册资本认缴制下，有限责任公司股东虽然对于认缴资本存在期限利益，但出资义务并未免除，公司股东仍负有充实资本以保证公司具备对外偿债能力的义务，公司认缴出资额越高，股东承担风险越大。因此，投资者应理性对待资本认缴制，在设立公司时，结合公司的经营范围、发展规划以及股东自身的经济状况和抗风险能力等，合理设置注册资本和认缴期限。

第二，未全面履行出资义务是指股东只履行了部分义务。根据《公司法司法解释三》第 8—10 条的规定，未全面履行出资义务包括：（1）以划拨土地使用权或设定权利负担土地使用权出资，未在合理期间办理土地变更或解除权利负担；（2）非货币出资未评估作价，法院委托评估确认价格显著低于公司章程价格；（3）以房屋、土地使用权、依法需登记的知识产权等出资，已交付公司使用但未办理权属变更登记的。

无论哪一种情况下，未履行或未全面履行出资义务的股东都应当向公司补缴出资，补缴金额为出资本金加逾期利息（一般以银行同期一年期贷款利率或同业拆借报价利率计算），以保障公司的注册资本及责任财产基础充实。此外，还应向已缴纳出资的股东承担违约责任。

三、债权人要求股东承担补足出资责任的主要途径

司法实践中，债权人要求股东承担出资不实责任的途径主要有两种：一是申请执行人在执行中申请变更、追加；二是债权人依据公司法司法解释的规定要求股东承担补充赔偿责任。

2016 年 11 月《最高人民法院关于民事执行中变更、追加当事人若干问题的规定》对变更、追加被执行人采取了区分事由分别对待的模式：根据变更、追加事由的难易繁简程度和是否涉及实体权利义务的判断区分不同事由，有选择性地赋予当事人程序

上或实体上的救济路径。对基于仅涉及程序性事项的认定及处理、法律事实较为简单的简易事由申请变更、追加的，通过执行异议复议程序处理；对基于涉及实体性事项的认定及处理、司法判断性较强的复杂事由申请变更、追加的，通过执行异议之诉的诉讼程序处理，即先由执行机构就异议进行前置裁决，最后由当事人向执行法院寻求诉讼救济。

【思考题】

（1）未出资的股东能否以超过诉讼时效为由对抗补足出资义务？

（2）本案中，若未在执行程序中直接申请追加出资不足的股东为被执行人，能否起诉这些股东对公司债务承担补足责任呢？

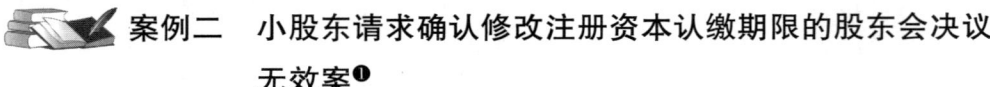

案例二　小股东请求确认修改注册资本认缴期限的股东会决议无效案❶

【基本案情】

鸿大公司成立于 2017 年 6 月，有四个股东，采取认缴制，其中章某持股 70%，姚某城持股 15%，蓝某球和何某松合计持股 15%，公司章程规定的出资时间是 2037 年 7 月 1 日。2018 年 10 月，公司按预留地址向各股东邮寄了拟于一个月后召开临时股东会的通知，但寄给姚某城的通知被退回。其他三个股东（合计持股 85%）按时参会，并于 2018 年 11 月 18 日通过了临时股东会议决议，内容之一是修改章程，将原章程规定的股东出资时间从 2037 年 7 月 1 日提前至 2018 年 12 月 1 日。姚某城事后提出异议，不同意出资期限提前，认为该事项不能通过多数决的方式决定而应由全体股东一致同意，为此提起诉讼，请求人民法院确认该决议内容无效。一审法院判决确认该修改章程中出资期限的决议无效。

鸿大公司不服提起上诉，认为本案临时股东会决议修改公司章程记载的出资期限应当适用资本多数决规则，具有正当性，并未损害姚某城的利益，且股东会召集、表决程序均合法，该股东会决议合法有效。二审法院经审理，驳回了上诉，维持原判。

【主要法律问题】

（1）股东修改章程中的出资期限与修改章程中的其他内容有无不同？

（2）股东修改章程中的出资期限是否适用资本多数决规则？

---

❶　参见上海市第二中级人民法院（2019）沪 02 民终 8024 号民事判决书。

【主要法律依据】

《中华人民共和国公司法》（2018）

第20条第1款　公司股东应当遵守法律、行政法规和公司章程，依法行使股东权利，不得滥用股东权利损害公司或者其他股东的利益；不得滥用公司法人独立地位和股东有限责任损害公司债权人的利益。

第22条第1款　公司股东会或者股东大会、董事会的决议内容违反法律、行政法规的无效。

第28条　股东应当按期足额缴纳公司章程中规定的各自所认缴的出资额。股东以货币出资的，应当将货币出资足额存入有限责任公司在银行开设的账户；以非货币财产出资的，应当依法办理其财产权的转移手续。

股东不按照前款规定缴纳出资的，除应当向公司足额缴纳外，还应当向已按期足额缴纳出资的股东承担违约责任。

第43条第2款　股东会会议作出修改公司章程、增加或者减少注册资本的决议，以及公司合并、分立、解散或者变更公司形式的决议，必须经代表三分之二以上表决权的股东通过。

【理论分析】

本案涉及的争议焦点是修改股东出资期限是需要全体股东形成一致合意还是可以适用资本多数决规则。

当事人姚某城认为，出资期限的提前或修改，须经全体股东一致同意。公司资本认缴制的核心是赋予公司自治及股东相应的出资期限利益。出资期限的修改决议不同于公司增资、减资、分立、合并及解散等情形，后者决议中股东固有权利均未改变。出资期限虽系公司章程记载的事项，但是涉及股东自身权利及出资期限利益，不能以多数决的方式进行修改而强迫不同意修改的股东接受。否则，对于其他小股东来说，认缴制度实际将不存在。公司及其他三股东利用资本多数决规则修改章程中关于出资期限的规定，是对资本多数决的滥用，侵害了小股东利益。

鸿大公司和章某、蓝某球、何某松三个股东辩称，出资期限是公司章程的内容之一，《公司法》规定修改公司章程、增加或减少注册资本等事项的决议经代表全体股东三分之二以上表决权的股东通过。而且，增资、减资及解散公司对股东利益更为密切，高于出资期限的重要性，达到三分之二多数就可以通过决议。如果解散公司也需经过全体股东一致同意，则公司可能永远无法解散；同理，股东出资期限如需经过全体股东一致同意方能修改，实际上赋予任何股东一票否决权，这样的要求并无法律和章程依据。因此，临时股东会决议并未违反任何法律、行政法规，公司其他三个股东也未滥用股东权利侵害公司或其他股东权利，该决议内容合法有效。

法院经审理后认为，修改股东出资期限涉及公司各股东的基本利益，并非一般公司章程事项的修改。除法律规定或存在其他合理性、紧迫性事由需要修改出资期限的情形外，不能适用资本多数决规则。理由如下：

（1）认缴制下股东的期限利益应受到尊重和保护。我国实行公司资本认缴制，除法律另有规定外，法律赋予公司股东出资期限利益，允许公司各股东按照章程规定的出资期限缴纳出资。股东的出资期限利益，是公司资本认缴制的核心要义，系公司各股东的法定权利，如允许公司股东会以多数决的方式决议修改出资期限，则占资本多数的股东可随时随意修改出资期限，从而剥夺其他中小股东的合法权益。

（2）修改股东出资期限直接影响各股东的根本权利。变更股东出资期限的性质不同于公司增资、减资、解散等决议事项，后者一般与公司直接相关，但并不直接影响公司股东之固有权利。譬如，增资过程中，不同意增资的股东，其已认缴或已实缴部分的权益并未改变，仅可能因增资而被稀释股权比例。而修改股东出资期限直接影响股东的切身利益，如允许适用资本多数决，不同意提前出资的股东将可能因未提前出资而被剥夺或限制股东权益。

（3）股东出资期限系各股东的原始合意，其修改也应形成一致意思表示。股东按期出资虽系各股东对公司的义务，但本质上属于各股东之间的一致约定。公司经营过程中，如有特殊情形需要各股东提前出资或加速到期，应源于法律规定，而不能以资本多数决的方式，以多数股东意志变更各股东之间形成的一致意思表示。公司自治需以不侵犯他人合法权益为前提，股东会议作出修改出资期限的决议应经全体股东一致通过。

（4）涉案临时股东会议决议内容将原章程中规定的股东出资时间从 2037 年 7 月 1 日提前至 2018 年 12 月 1 日，而该决议形成时间为 2018 年 11 月 18 日，即要求各个股东完成注册资本缴纳的期限从二十年左右缩减于半个月不到的时间，却未对要求提前缴纳出资的紧迫性等作出说明，不具有合理性。而且，要求自然人于短期内完成 100 余万元巨额资金的筹措，亦不符合常理。

故此，本案修改股东出资期限不应适用资本多数决规则。并且，本案各方股东对投资管理公司是否继续经营持不同意见，均确认章程修改之前签署《合作协议书》的合作目的已无法实现，也并无证据证明存在需要公司股东提前出资的必要性及正当理由。因此，法院判定涉案临时股东会决议中关于修改出资期限的内容无效是妥当的。

【思考题】

本案中，若该公司设立时的公司章程写明了出资期限变更经代表三分之二表决权股东同意即可，或者存在亟须股东提前出资的正当理由，是否会影响判决结果？

公司治理

 **本章知识要点**

　　公司治理，是适应公司的产权结构，以出资者与经营者分离、分立和整合为基础，连接并规范股东会、董事会和监事会、高级管理人员相互之间权力、利益、责任关系的制度安排。通过本章学习，应掌握以下知识：（1）公司治理的本质以及我国公司治理模式。随着股东所有权与公司经营权的分离，股东对公司经营管理必须通过"委托—代理"机制完成。公司治理结构实质上就是关于委托人与代理人权力分配和制衡的具体制度安排。在我国，股东会是权力机构，董事会是经营决策和业务执行机构，监事会是监督机构。公司可以按照公司章程的规定在董事会中设置由董事组成的审计委员会，行使监事会的职权。（2）董事、监事、高级管理人员对公司负有忠实义务和勤勉义务。董事、监事、高级管理人员违反忠实义务所得的收入应当归公司所有。董事、监事、高级管理人员执行公司职务时违反法律、行政法规或者公司章程的规定，给公司造成损失的，应当承担赔偿责任。（3）股东派生诉讼与公司治理的关系。股东派生诉讼是指公司合法权益受到侵害，但公司不能或怠于提起诉讼时，符合法定要件的股东以自己的名义代表公司提起诉讼，追究侵害人法律责任的诉讼制度。股东派生诉讼为股东监督公司管理层提供了制度保障，有助于促进公司治理功能的实现和中小股东利益的保护。除情况紧急、不立即提起诉讼将会使公司利益受到难以弥补的损害等特殊情形外，股东必须履行前置程序，在遭到拒绝或公司未及时回复时才能提起派生诉讼。

第一节　公司治理结构

　　在早期企业的经营中，企业的所有权和经营权是合二为一的，企业的所有者同时也是经营者。但随着企业规模扩张，经营管理开始需要大量的专业化人才，经营权和所有权逐渐发生分离，形成了现代公司制度。在这种制度下，股东以"委托人"的身份将公司的经营权委托给他的"代理人"董事和高级管理人员，由董事和高级管理人员专门负责经营管理，并设监督机构专门负责公司的监督，而股东则远离公司的日常生产经营活动。这就是伯利和米恩斯（Berle and Means）所提出的"所有权和经营权的分离"。公司治理结构实质上就是关于委托人与代理人权力分配和制衡的具体制度安排。

 **案例　国美公司治理纠纷案❶**

【基本案情】

国美公司是黄某裕创办的一家主营家电零售的私营企业，其通过直营连锁和加盟连锁的方式，门店逐渐遍布全国。国美公司于 2004 年 6 月在香港借壳上市，黄某裕任董事长，后黄某裕不断减持股份。2006 年 4 月，黄某裕向摩根斯坦利、摩根大通出售股份，持股比例下降至 68.26%。2006 年 7 月，国美公司通过换股方式收购永乐公司，黄某裕持股比例下降至 51.18%，同时永乐公司董事长陈某被任命为国美公司总裁。

2008 年 1 月 23 日，黄某裕因涉嫌经济犯罪被警方拘查，其妻子杜某也同时被捕。两人被迫辞去国美公司董事职务。陈某被委任为国美公司董事会代理主席兼总裁。受黄某裕被捕负面信息的影响，国美公司的现金流出现困难。为解决资金紧缺问题，国美公司董事会提出了一份增发 20% 普通股或可转换债券的计划，并与贝恩公司等多家机构投资者联系，最终于 2009 年 5 月选定贝恩公司。但是大股东黄某裕与董事会对此产生了分歧，经过谈判与互相让步，黄某裕同意贝恩公司任命三名非执行董事，贝恩公司则放弃控股的意图，同意黄某裕参加新股的配售购买。方案实施后，贝恩公司成为国美公司第二大股东，获得董事会十一个席位中的三个非执行董事席位和首席财务官、法律顾问的提名权。尽管贝恩公司的入股让投资者、供应商恢复了对国美公司的信心，但由于董事会事先并未通知大股东黄某裕，客观上又使黄某裕的持股比例被稀释，黄某裕与董事会发生矛盾。

2010 年 5 月 11 日，国美公司召开年度股东大会，占有 62.5% 股份的股东出席，黄某裕以其掌握的 31.6% 的股份对贝恩公司提名任命的三名董事投了反对票，致使股东大会没有通过对这三名董事的任命。根据国美公司章程，董事会有权在不经股东大会同意的情况下任命公司非执行董事。当天晚上，国美公司董事会紧急开会，决定重新任命贝恩公司提名的三名候选人为国美公司的非执行董事。这使大股东黄某裕与董事会的矛盾进一步加剧。

2010 年 8 月 4 日，黄某裕提请董事会召集临时股东大会，审议撤销 5 月 11 日年度股东大会上授予公司董事会配发股份的权力。次日，董事会代表国美公司宣布将对黄某裕在 2008 年 1 月及 2 月前后回购公司股份中的违法行为正式起诉，追回公司因此所

---

❶ 朱锦清. 公司法学（修订本）[M]. 北京：清华大学出版社，2019：304–307.

遭受的损失。后黄某裕要求临时股东大会于 9 月 28 日召开，董事会和大股东黄某裕的矛盾公开化。

2010 年 8 月 24 日，黄某裕开始买进国美公司股票，以便将来贝恩公司债转股后不被稀释。黄某裕则声称如果临时股东大会上其提议未经通过，将分拆国美公司非上市与上市部分。

2010 年 8 月 30 日，黄某裕二审维持十四年有期徒刑的原审判决，其妻子杜某则改判缓刑当庭释放，可以出席 9 月 28 日的国美公司临时股东大会。9 月 5 日，黄某裕在狱中发布公开信，重申罢免陈某、重组董事会的原因和依据。9 月 15 日，贝恩公司宣布行权，将所持可转换债券转换为股份，以示对董事会和管理层的支持。行权后，贝恩公司占国美公司已发行股份的 9.98%，黄某裕的股份被稀释至 32.47%。9 月 16 日，黄某裕改变策略，对贝恩公司债转股表示欢迎和尊重，并催促陈某辞职。

2010 年 9 月 28 日，国美公司召开临时股东会，撤销了 5 月 11 日年度股东大会上授予公司董事会配发股份的权力，从而使董事会无法威胁黄某裕的控股地位。2011 年，陈某主动辞去国美公司董事会主席的职务，黄某裕另行起用他人为执行总裁。

【主要法律问题】

（1）什么是公司治理？我国采取的是何种公司治理结构？

（2）公司权力是如何在公司机关之间进行分配的？

【主要法律依据】

《中华人民共和国公司法》（2023）

第 58 条　有限责任公司股东会由全体股东组成。股东会是公司的权力机构，依照本法行使职权。

第 59 条　股东会行使下列职权：

（一）选举和更换董事、监事，决定有关董事、监事的报酬事项；

（二）审议批准董事会的报告；

（三）审议批准监事会的报告；

（四）审议批准公司的利润分配方案和弥补亏损方案；

（五）对公司增加或者减少注册资本作出决议；

（六）对发行公司债券作出决议；

（七）对公司合并、分立、解散、清算或者变更公司形式作出决议；

（八）修改公司章程；

（九）公司章程规定的其他职权。

股东会可以授权董事会对发行公司债券作出决议。

对本条第一款所列事项股东以书面形式一致表示同意的，可以不召开股东会会议，直接作出决定，并由全体股东在决定文件上签名或者盖章。

第 66 条 股东会的议事方式和表决程序，除本法有规定的外，由公司章程规定。

股东会作出决议，应当经代表过半数表决权的股东通过。

股东会作出修改公司章程、增加或者减少注册资本的决议，以及公司合并、分立、解散或者变更公司形式的决议，应当经代表三分之二以上表决权的股东通过。

第 67 条 有限责任公司设董事会，本法第 75 条另有规定的除外。

董事会行使下列职权：

（一）召集股东会会议，并向股东会报告工作；

（二）执行股东会的决议；

（三）决定公司的经营计划和投资方案；

（四）制订公司的利润分配方案和弥补亏损方案；

（五）制订公司增加或者减少注册资本以及发行公司债券的方案；

（六）制订公司合并、分立、解散或者变更公司形式的方案；

（七）决定公司内部管理机构的设置；

（八）决定聘任或者解聘公司经理及其报酬事项，并根据经理的提名决定聘任或者解聘公司副经理、财务负责人及其报酬事项；

（九）制定公司的基本管理制度；

（十）公司章程规定或者股东会授予的其他职权。

公司章程对董事会职权的限制不得对抗善意相对人。

第 69 条 有限责任公司可以按照公司章程的规定在董事会中设置由董事组成的审计委员会，行使本法规定的监事会的职权，不设监事会或者监事。公司董事会成员中的职工代表可以成为审计委员会成员。

第 74 条 有限责任公司可以设经理，由董事会决定聘任或者解聘。

经理对董事会负责，根据公司章程的规定或者董事会的授权行使职权。经理列席董事会会议。

第 76 条 有限责任公司设监事会，本法第 69 条、第 83 条另有规定的除外。

监事会成员为三人以上。监事会成员应当包括股东代表和适当比例的公司职工代表，其中职工代表的比例不得低于三分之一，具体比例由公司章程规定。监事会中的职工代表由公司职工通过职工代表大会、职工大会或者其他形式民主选举产生。

监事会设主席一人，由全体监事过半数选举产生。监事会主席召集和主持监事会会议；监事会主席不能履行职务或者不履行职务的，由过半数的监事共同推举一名监事召集和主持监事会会议。

董事、高级管理人员不得兼任监事。

第 78 条 监事会行使下列职权：

（一）检查公司财务；

（二）对董事、高级管理人员执行职务的行为进行监督，对违反法律、行政法规、公司章程或者股东会决议的董事、高级管理人员提出解任的建议；

（三）当董事、高级管理人员的行为损害公司的利益时，要求董事、高级管理人员予以纠正；

（四）提议召开临时股东会会议，在董事会不履行本法规定的召集和主持股东会会议职责时召集和主持股东会会议；

（五）向股东会会议提出提案；

（六）依照本法第 189 条的规定，对董事、高级管理人员提起诉讼；

（七）公司章程规定的其他职权。

第 83 条　规模较小或者股东人数较少的有限责任公司，可以不设监事会，设一名监事，行使本法规定的监事会的职权；经全体股东一致同意，也可以不设监事会。

第 112 条　本法第 59 条第 1 款、第 2 款关于有限责任公司股东会职权的规定，适用于股份有限公司股东会。

第 120 条　股份有限公司设董事会，本法第 128 条另有规定的除外。

本法第 67 条、第 68 条第 1 款、第 70 条、第 71 条的规定，适用于股份有限公司。

第 121 条　股份有限公司可以按照公司章程的规定在董事会中设置由董事组成的审计委员会，行使本法规定的监事会的职权，不设监事会或者监事。

审计委员会成员为三名以上，过半数成员不得在公司担任除董事以外的其他职务，且不得与公司存在任何可能影响其独立客观判断的关系。公司董事会成员中的职工代表可以成为审计委员会成员。

审计委员会作出决议，应当经审计委员会成员的过半数通过。

审计委员会决议的表决，应当一人一票。

审计委员会的议事方式和表决程序，除本法有规定的外，由公司章程规定。

公司可以按照公司章程的规定在董事会中设置其他委员会。

第 128 条　规模较小或者股东人数较少的股份有限公司，可以不设董事会，设一名董事，行使本法规定的董事会的职权。该董事可以兼任公司经理。

第 130 条　股份有限公司设监事会，本法第 121 条第 1 款、第 133 条另有规定的除外。

监事会成员为三人以上。监事会成员应当包括股东代表和适当比例的公司职工代表，其中职工代表的比例不得低于三分之一，具体比例由公司章程规定。监事会中的职工代表由公司职工通过职工代表大会、职工大会或者其他形式民主选举产生。

监事会设主席一人，可以设副主席。监事会主席和副主席由全体监事过半数选举产生。监事会主席召集和主持监事会会议；监事会主席不能履行职务或者不履行职务的，由监事会副主席召集和主持监事会会议；监事会副主席不能履行职务或者不履行职务的，由过半数的监事共同推举一名监事召集和主持监事会会议。

董事、高级管理人员不得兼任监事。

本法第 77 条关于有限责任公司监事任期的规定，适用于股份有限公司监事。

第 131 条　本法第 78 条至第 80 条的规定，适用于股份有限公司监事会。

监事会行使职权所必需的费用，由公司承担。

第 136 条　上市公司设独立董事，具体管理办法由国务院证券监督管理机构规定。

上市公司的公司章程除载明本法第 95 条规定的事项外，还应当依照法律、行政法规的规定载明董事会专门委员会的组成、职权以及董事、监事、高级管理人员薪酬考核机制等事项。

《上市公司独立董事管理办法》（2023）

第 5 条　上市公司独立董事占董事会成员的比例不得低于三分之一，且至少包括一名会计专业人士。

上市公司应当在董事会中设置审计委员会。审计委员会成员应当为不在上市公司担任高级管理人员的董事，其中独立董事应当过半数，并由独立董事中会计专业人士担任召集人。

上市公司可以根据需要在董事会中设置提名、薪酬与考核、战略等专门委员会。提名委员会、薪酬与考核委员会中独立董事应当过半数并担任召集人。

第 9 条　上市公司董事会、监事会、单独或者合计持有上市公司已发行股份百分之一以上的股东可以提出独立董事候选人，并经股东大会选举决定。

依法设立的投资者保护机构可以公开请求股东委托其代为行使提名独立董事的权利。

第 1 款规定的提名人不得提名与其存在利害关系的人员或者有其他可能影响独立履职情形的关系密切人员作为独立董事候选人。

【理论分析】

一、公司治理结构概述

国美公司大股东黄某裕与董事会之间的矛盾折射出一个深层次的法律问题——基于所有权与经营权的分离而产生的公司治理问题。在现代公司中，公司资本是由股东提供的，经营者并不承担投资风险，由此产生了一个问题：既然经营者并非公司的所有者，如何保证经营者不以权谋私？例如，董事或高级管理人员的过度消费、盲目投资甚至侵占、转移公司财产等。在国美公司治理纠纷案中，尽管黄某裕是第一大股东，但公司经营权却是由董事会行使，黄某裕无法直接向董事会发出指令，只能通过重组董事会的方式实现对公司的控制。控股股东黄某裕与董事会主席陈某之间的矛盾实质上是一种委托人与代理人之间的利益冲突。如果这种利益冲突过于激烈，可能会影响公司的正常经营，甚至可能使公司陷入僵局。因此，公司治理的关键是如何设计一个合理的公司治理结构以解决经营管理中的代理问题。公司法是关乎公司治理公平与效率的基本法律规范，主要体现在两个层面：一是确立公司组织结构以及该结构动态运行的调整规则；二是调整公司内部人（包括股东、董事与经理等）之间以及公司内部人与外部人（利益相关者）之间的利益冲突。❶ 由于政治、经济、法律传统等方面的差异，公司治理结构在各国的表现形式并不相同，但基本目标却是一致的，即保证经营者能够实现公司和全体股东利益的最大化。具体而言，主要有以下两种公司治理结构：

1. 单轨制

在美国，公司机构由股东会和董事会构成，即所谓的单轨制。在这种结构中，股东会选任董事，由董事会负责公司业务经营和事务管理。美国公司法没有要求公司设置像监事会这样的专门监督机构，董事会同时负有监督公司经理层业务执行功能的职能，而对公司董事会业务执行与事务管理的监督则理所当然地属于股东会的职能。英国设置公司机关的理念基本上与美国相同。但不同的是，英国公司法要求公司设置专门的审计员负责对公司财务进行监管。❷

2. 双轨制

在德国，公司机构由股东会、监事会和董事会构成，即所谓的双轨制。股东会选任监事，由监事会选任董事，由董事会负责公司的经营管理。监事会除负责选任董事外，还负责对董事会的业务执行状况进行监督。在日本，股东会和董事会是公司必设机构。至于监督机构，则区分不同情况：大型股份公司设立监事会负责对公司董事会进行监督；其他公司只需要设立检查人即可，并只负责财务监督。日本的监事会与董事会地位平行，并同时隶属于股东会。❸

我国采取了双轨制的公司治理结构，即公司机构由股东会、董事会和监事会构成。股东会是公司的权力机构，其依法就职权范围内的事项作出决议，形成公司意思。董事会是公司的执行机构，它负责执行股东会作出的决议，并负责公司经营决策、内部管理、财务监督等事务。在国美公司治理纠纷案中，股东会于 2010 年 5 月 11 日授予了董事会配发股份的权力后，又于 2010 年 9 月 28 日撤销了 5 月 11 日对董事会的授权。这充分证明，董事会虽然负责公司的经营决策，但其仍受到股东会的制约。2023 年修订的《公司法》第 125 条第 2 款规定了董事会决议违反股东会决议的法律责任，这同样体现了一种以股东会制衡董事会的理念。董事会可以聘任经理，经理是公司的代理人，其负责执行董事会作出的决议。在上市公司中，公司的实际决策权大多掌握在首席执行官（Chief Executive Officer）手中。在国美公司治理纠纷案中，陈某既是国美公司的董事会主席，也是国美公司的首席执行官。尽管陈某的持股比例远不及第一大股东黄某裕，但国美公司的日常经营决策却是由其主导，这解释了为什么在控股股东黄某裕反对的情况下，贝恩公司仍能顺利入股国美公司。监事会是公司的监督机构，它对公司董事、高级管理人员的业务执行情况和公司的财务情况进行监督。在所有权与经营权分离的背景下，股东往往没有精力对董事、高级管理人员的经营管理进行事无

---

❶ 亨利·汉斯曼，等. 公司法剖析：比较与功能的视角 [M]. 刘俊海，徐海燕，等译. 北京：北京大学出版社，2007：24.

❷ 施天涛. 公司法论 [M]. 2 版. 北京：法律出版社，2006：280.

❸ 施天涛. 公司法论 [M]. 2 版. 北京：法律出版社，2006：280.

巨细的监督。在上市公司中，由于股权的分散，公众股东更是对公司业务表现出一种"理性的冷漠"。因此，监事会可以代替股东监督董事、高级管理人员的经营活动，并向股东会汇报工作。

二、公司权力的分配

1. 股东会的职权

股东会是根据股东的集体意见决定公司意思的权力机构。早期公司法理论往往将股东会设定为"万能的"机构，认为股东会有权决定公司一切事务。但随着公司经营规模的扩大，为确保公司的运营效率，推进所有权和经营权的制度性分离成为现代公司法的一项重要目标。一般认为，股东会在公司治理结构中的作用并非直接管理公司，而是决定公司的"重大事项"。何为公司的"重大事项"？依据 2023 年修订的《公司法》第 59 条、第 112 条，股东会的职权主要包括三大类：一是人事权，即选任董事会、监事会成员并决定其薪酬的权力；二是审议批准权，即审议批准董事会报告、监事会报告、公司利润分配或弥补亏损方案等；三是重大经营事项决定权，即决定增减资、发行债券、合并分立、解散清算、变更公司形式、修订章程等重大经营事项。从上述职权来看，与其说股东会是在对公司的重大事项作出决定，不如说股东会是在对董事会的提案予以赞同或否决。事实上，股东会权力的行使往往是消极和被动的，但这种消极和被动并不意味着股东会权力的消弭。从国美公司治理纠纷案可以看出，即使是在股权分散的上市公司中，控股股东仍然能够通过更换董事、否决董事会提案的方式控制公司。在一些规模较小的公司中，控股股东往往兼任董事、高级管理人员，并以董事、高级管理人员的身份参与经营管理。

除公司法已列举的"重大事项"外，是否还有其他专属于股东会职权的事项呢？域外有观点认为，如果董事会所开展的营业与企业的规模明显不成比例，而且能够认为企业的性质或者基本结构将因此而发生根本性变化时，应该认为董事会无权从事此类经营活动。[1] 因此，任何涉及公司基本结构变化的经营事项均是专属于股东会的职权范围。在国美公司治理纠纷案中，配发股份有可能会稀释股东黄某裕的持股比例，导致公司股权结构发生变化，故该事项应专属于股东会的职权范围。

2. 董事会的职权

董事会是负责公司经营决策、内部管理、财务监督等事务的执行机构。如果说股东会是就其职权范围内的重大事项形成公司意思，董事会则是就公司经营管理中的日常事务形成公司意思。在所有权与经营权分离的制度背景下，公司的重大商业决策权力往往被授予董事会行使，这使得董事会逐渐成了公司治理的核心。在董事会中心主义的改革诉求下，2021 年 12 月 20 日审议的《公司法修订草案（第一次审议稿）》曾

---

[1] 托马斯·莱塞尔，吕迪格·法伊尔. 德国资合公司法 [M]. 高旭军，单晓光，刘晓海，等，译. 北京：法律出版社，2005：140.

试图删除原条文对董事会职权的具体列举条款，将董事会职权概括规定为公司法和公司章程规定属于股东会职权之外的剩余权力。由于此种立法模式可能导致董事会的权力向股东会单向流动，并使董事会的专属权力失去专属性，《公司法修订草案（二次审议稿）》及 2023 年修订的《公司法》均恢复了对董事会职权的列举。依据《公司法》（2018）第 46 条、第 108 条，董事会职权主要包括四大类：一是经营决策权，即决定公司的经营计划和投资方案。为避免股东会与董事会发生权力竞争，2023 年修订的《公司法》第 59 条删除了原条文中股东会"决定公司的经营方针和投资计划"职权。这使除涉及公司基本结构变化的经营事项外，所有经营、投资事项的决策权都被调整至董事会。二是业务执行权，如制订公司利润分配或弥补亏损方案、制订增减资方案、制订债券发行方案、合并、分立、解散、变更公司形式的方案等。三是内部管理权，如决定内部管理机构的设置、经理、副经理、财务负责人的聘任及其报酬，制订公司基本管理制度。四是财务监督权，2023 年修订的《公司法》第 69 条和第 121 条借鉴了单轨制的立法经验，分别明确有限责任公司和股份有限公司可以设置审计委员会，行使监事会的职权。随着审计委员会制度的确立，我国董事会不再是传统意义上的执行机构，同时被赋予财务监督的功能。

董事会是一个集体性的决策机关，会议体的组织形式导致其无法随时随地处理公司事务。为了进一步适应公司日常经营管理的需要和提高管理效率，董事会通常会将一些经营决策权委托给董事、高级管理人员行使。在实践中，也有部分公司的董事会将其经营决策权授予下属的各种委员会行使，例如薪酬委员会、董事提名委员会等。当然，如果董事会决定将其权力授予其他人行使，就需要为其权力行使承担责任。

3. 监事会的职权

监事会是对董事、高级管理人员的日常经营和事务管理进行检查和督促的监督机构。在所有权与经营权分离的背景下，防止董事、高级管理人员滥用职权或消极怠工，降低乃至消除代理成本是公司治理的核心目标。在股权集中的公司中，控股股东亲自通过投票实现对董事、高级管理人员的约束。随着公司规模的扩大和股权的分散，投票约束的效率逐渐下降，股东无法亲力亲为地对董事、高级管理人员进行监督，而需要将对公司的监督权让渡给专门的监督机构。依据 2023 年修订的《公司法》第 69 条、第 76 条、第 83 条、第 121 条、第 130 条、第 133 条，监督机构的设置主要有以下四种模式：一是监事会模式，即设置监事会，由监事会监督董事、高级管理人员组成；二是审计委员会模式，即按照公司章程的规定设置由董事组成的审计委员会，行使监事会的职权；三是监事模式，即在规模较小或股东人数较少的公司中，设一名监事，行使监事会的职权；四是股东模式，即在规模较小或股东人数较少的有限责任公司中，经全体股东一致同意不设监事会或监事，由股东亲自监督。因此，监事会是一个可以被"选出"的监督机构，股东可以根据实际情况自行决定是否设置监事会。在我国，监事会与董事会的地位平等，监事会行使监督权不受董事会及其成员的干涉。依据2023 年修订的《公司法》第 78 条、第 131 条，监事会行使下列职权：财务检查权；对董事、高级管理人员的监督权、罢免建议权；对董事、高级管理人员违法行为的纠正权；股东会会议的召集和主持权；向股东会会议的提案权；代表诉讼权；公司章程规定的其他职权。同时，依据 2023 年修订的《公司法》第 79 条、第 131 条，监事可以列席董事会会议，并对董事会决议事项提出质询或者建议。监事会发现公司经营情况异常，可以进行调查；必要时，可以聘请会计师事务所等协助其工作，费用由公司承担。

从上述规定来看，我国 2023 年修订的《公司法》兼采了双轨制和单轨制的立法经验。一方面，2023 年修订的《公司法》借鉴双轨制的经验设置了监事会，并由监事会监督董事、高级管理人员。但我国的监事会没有德国监事会所拥有的聘任和解聘董事的权力，这在一定程度上导致其无法发挥应有的监督职能。另一方面，2023 年修订的《公司法》又借鉴单轨制的经验在董事会中设置了由董事组成的审计委员会，使董事会兼具了管理与监督两项职能。这就要求董事会采取各种手段实现两项职能的严格区分。为避免管理与监督职能的混淆，解决管理层"俘获"董事会的问题，美国建立了独立董事制度。在国美公司治理纠纷案中，贝恩公司所提名的三名"非执行董事"实际上就是独立董事。在美国的法律文献中，存在着"独立董事"（independent directors）或者"外部董事"（outside directors）这样的概念。但无论是独立董事还是外部董事，均非美国普通法上使用的术语。在美国的普通公司法上作为正式的法律术语则是"非利害关系董事"（disinterest directors），主要适用于公司中的"利益冲突交易"（conflict-of-interest transaction）情形。❶ 因为绝大多数普通法系国家的公司治理结构中没有监事会，所以独立董事成了公司监督权的实际行使者。我国公司法亦引入了独立董事制度。2023 年修订的《公司法》第 136 条第 1 款规定，上市公司设独立董事，具体管理办法由国务院证券监督管理机构规定。独立董事不参与公司的日常事务，其主要职能是监督董事、高级管理人员的行为，并在制定公司策略时提供客观的独立意见。《上市公司独立董事管理办法》第 5 条规定，上市公司董事会成员中应当至少包括三分之一独立董事。《上市公司独立董事管理办法》第 9 条第 1 款和第 2 款规定，上市公司董事会、监事会、单独或者合并持有上市公司已发行股份百分之一以上的股东可以提出独立董事候选人，并经股东大会选举决定。依法设立的投资者保护机构可以公开请求股东委托其代为行使提名独立董事的权利。在国美公司治理纠纷案中，由于控股股东黄某裕在 2010 年 5 月 11 日的股东大会中对贝恩公司提名的三名独立董事投了反对票，导致股东大会没有通过对这三名候选人的任命。我国引入独立董事制度的初衷是希望有人为中小股东利益发声，但独立董事须经股东会选举决定，这意味着只有得到控股股东认可的独立董事候选人方能当选。美国的独立董事制度发展已较为成熟，但独立董事亦未发挥应有的作用。在著名的"安然事件"中，安然公司董事会有十七名董事，其中十五名均为独立董事，但这并未阻止董事会的财务造假行为。因此，独立性受到质疑

---

❶ 施天涛. 商法学［M］. 北京：法律出版社，2010：215.

成为独立董事制度的一个重要问题。

【思考题】

（1）传统公司法理论认为，董事会是股东利益的代表，董事会行使职权必须为股东利益服务。有一种新的理论认为，董事会行使职权不仅要为股东利益服务，还要为职工、债权人、消费者等其他利益相关者服务。如何评价这种理论？

（2）2017年3月，美国互联网服务商 Snap 公司以全部向公众发行无表决权股票的方式在纽约交易所上市。试分析无表决权股票的发行将对 Snap 公司的治理结构产生哪些影响？

第二节　忠实勤勉义务

在"委托—代理"机制下，董事、监事、高级管理人员被类比为全体股东的代理人。但由于商事实践的复杂性，董事、监事、高级管理人员的权力范围远远超过了传统民法中代理人的权力。权力的行使必然要受到制约，不受约束的权力犹如决堤的洪水，必将趋向滥用。忠实义务和勤勉义务就是公司法为董事、监事、高级管理人员设置的制约机制。忠实义务要求董事、监事、高级管理人员在履行职责时不得存在任何利益冲突的情形。勤勉义务要求董事、监事、高级管理人员在履行职责时应尽到一个谨慎的管理者处理类似事务时应尽到的注意义务。

 **案例　美佳公司、华佗公司诉李某、第二人民医院损害公司利益责任纠纷案❶**

【基本案情】

美佳公司成立于2008年11月。2010年3月，李某成为美佳公司股东，持股51%；2011年12月，李某作为股东在美佳公司的持股比例下降至36.25%（其余63.75%由其他十八名自然人持有）。此后美佳公司股权结构历经多次变更，李某一直为该公司股东，最终持股比例为14.5%。2015年4月28日前，李某一直担任美佳公司法定代表人、董事长、总经理职务。

华佗公司设立于2013年6月，其初始登记股东为两名自然人。这两名自然人均为名义股东、股权代持人，美佳公司是华佗公司的实际出资者和实际控制人。2015年6

---

❶ 参见最高人民法院（2021）最高法民申1686号民事判决书、广东省高级人民法院（2019）粤民终1027号民事判决书、深圳市中级人民法院（2017）粤03民初2038号民事判决书。

月 17 日，华佗公司变更为美佳公司的全资子公司。

2014 年 1 月 10 日，第二人民医院和华佗公司签订了《合作框架协议》，约定：双方合作共建医学影像阅片中心平台、检验分析中心平台和互联网医院、应急无线医疗项目；协议自双方签字盖章之日起生效，有效期为十年；华佗公司在项目实施中投资巨大，如果在合作期限内，第二人民医院终止协议，需赔偿华佗公司的项目建设损失。2014 年 8 月 10 日，华佗公司首次发布"华佗公司网络医院平台软件"。

2014 年 8 月，李某在美佳公司与华佗公司体系外成立友医公司，并通过股权代持安排实际持有友医公司 72.25% 的股权。截至 2014 年 10 月 31 日，友医公司总资产仅 562 万元，净资产仅 492 万元。

2014 年 9 月 23 日，第二人民医院发出《通知函》，通知美佳公司：该院"决定中止与华佗公司所有合作项目"。

2014 年 9 月 25 日，美佳公司发出《通知函回复》，回复第二人民医院：该公司"同意第二人民医院通知函中提出的终止合作意见"。

2014 年 11 月，李某向美佳公司提出辞职。

2014 年 11 月 20 日，友医公司与第二人民医院签订《友医公司网络医院合作协议》，约定：双方视对方为省内唯一的合作方，双方共同合作组建友医公司网络医院，并对用户提供网上诊疗、双向转诊等医疗服务；第二人民医院将省卫计委同意建立网络医院批文授权给友医公司唯一使用。

2014 年 12 月 4 日，宜华公司对友医公司投资 1.2 亿元，其中 6000 万元对友医公司增资取得 10% 的股权，6000 万元受让谷糠公司（出让方）10% 的股权。宜华公司以增资与股权受让相结合的方式共取得友医公司 12% 的股权。

华佗公司和美佳公司作为共同原告向法院起诉，请求判令：（1）李某赔偿华佗公司 1.2 亿元；（2）第二人民医院承担连带赔偿责任。

一审法院认为，华佗公司实际系美佳公司全资子公司，故李某如有不当谋取华佗公司商业机会、损害华佗公司利益等行为，也必然对美佳公司的利益造成损害，李某作为美佳公司股东、法定代表人、董事长、总经理，其行为已违反对公司的忠实勤勉义务，美佳公司有权依法向李某主张权利，而李某则须以向华佗公司赔偿的方式弥补美佳公司因华佗公司利益直接受损而受到的股东损失。美佳公司、华佗公司并未提交较为充分的证据证明在李某不当谋取美佳公司网络医院商业机会的过程中，第二人民医院与李某存在共同故意，故美佳公司、华佗公司关于第二人民医院应当承担连带责任的主张缺乏事实和法律依据，一审法院不予支持。综上，一审法院判决：（1）李某于一审判决生效之日起十日内向华佗公司支付赔偿金 2916 万元；（2）驳回美佳公司、华佗公司的其他诉讼请求。后美佳公司、华佗公司、李某不服一审判决，均提起上诉。

二审法院认为，美佳公司是华佗公司的全资股东，子公司华佗公司的利益和母公司美佳公司的利益具有显见的一致性，因此，李某对母公司所负忠实义务和竞业禁止义务应自然延伸至子公司华佗公司，方能实现公司法为母公司董事、监事、高级管理人员设置忠实义务的立法目的，才能实现对母公司美佳公司及其股东合法权益的保护。华佗公司提交的证据不足以证明第二人民医院存在和李某抢夺华佗公司网络医院商业机会的共同故意，华佗公司诉请第二人民医院和李某承担共同侵权责任缺乏事实依据和法律依据，二审法院不予支持。综上，二审法院判决：驳回上诉，维持原判。后李某不服二审判决，向最高人民法院申请再审。

最高人民法院认为，李某在未向美佳公司股东会披露的情况下，另行操控友医公司，非法获取了本属美佳公司的商业机会，损害了华佗公司及其母公司美佳公司的利益。根据《公司法》第148条的规定，李某应当向华佗公司进行赔偿。但在华佗公司损失标的系商业机会难以准确认定数额且李某的个人获益和美佳公司及其股东的实际损失亦无法认定的情况下，原判决综合考虑友医公司的运营成本、网络医院项目的发展前景和技术团队、资本团队对网络医院项目的投入、贡献情况，酌定李某向华佗公司赔偿2916万元以弥补华佗公司和美佳公司及其背后投资人的实际损失及合理期待利益，亦无不当。综上，最高人民法院裁定：驳回李某的再审申请。

【主要法律问题】

（1）什么是董事、监事、高级管理人员的忠实义务和勤勉义务？

（2）董事、监事、高级管理人员违反忠实义务和勤勉义务时，公司应如何寻求法律救济？

【主要法律依据】

《中华人民共和国公司法》（2023）

第179条　董事、监事、高级管理人员应当遵守法律、行政法规和公司章程。

第180条　董事、监事、高级管理人员对公司负有忠实义务，应当采取措施避免自身利益与公司利益冲突，不得利用职权牟取不正当利益。

董事、监事、高级管理人员对公司负有勤勉义务，执行职务应当为公司的最大利益尽到管理者通常应有的合理注意。

公司的控股股东、实际控制人不担任公司董事但实际执行公司事务的，适用前两款规定。

第181条　董事、监事、高级管理人员不得有下列行为：

（一）侵占公司财产、挪用公司资金；

（二）将公司资金以其个人名义或者以其他个人名义开立账户存储；

（三）利用职权贿赂或者收受其他非法收入；

（四）接受他人与公司交易的佣金归为己有；

（五）擅自披露公司秘密；

（六）违反对公司忠实义务的其他行为。

第182条　董事、监事、高级管理人员，直接或者间接与本公司订立合同或者进行交易，应当就与订立合同或者进行交易有关的事项向董事会或者股东会报告，并按照公司章程的规定经董事会或者股东会决议通过。

董事、监事、高级管理人员的近亲属，董事、监事、高级管理人员或者其近亲属直接或者间接控制的企业，以及与董事、监事、高级管理人员有其他关联关系的关联人，与公司订立合同或者进行交易，适用前款规定。

第 183 条　董事、监事、高级管理人员，不得利用职务便利为自己或者他人谋取属于公司的商业机会。但是，有下列情形之一的除外：

（一）向董事会或者股东会报告，并按照公司章程的规定经董事会或者股东会决议通过；

（二）根据法律、行政法规或者公司章程的规定，公司不能利用该商业机会。

第 184 条　董事、监事、高级管理人员未向董事会或者股东会报告，并按照公司章程的规定经董事会或者股东会决议通过，不得自营或者为他人经营与其任职公司同类的业务。

第 185 条　董事会对本法第 182 条至第 184 条规定的事项决议时，关联董事不得参与表决，其表决权不计入表决权总数。出席董事会会议的无关联关系董事人数不足三人的，应当将该事项提交股东会审议。

第 186 条　董事、监事、高级管理人员违反本法第 181 条至第 184 条规定所得的收入应当归公司所有。

第 187 条　股东会要求董事、监事、高级管理人员列席会议的，董事、监事、高级管理人员应当列席并接受股东的质询。

第 188 条　董事、监事、高级管理人员执行职务违反法律、行政法规或者公司章程的规定，给公司造成损失的，应当承担赔偿责任。

【理论分析】

一、董事、监事、高级管理人员的忠实义务

忠实义务，又称为避免利益冲突义务，是指除非获得公司的同意，董事、监事、高级管理人员应避免自身利益与公司利益发生冲突。公司是法律拟制的产物，其需要通过公司机关形成公司意思并对外作出意思表示。为了确保公司能够实际享有权利并承担义务，法律认可董事、监事、高级管理人员执行职务的行为就是公司的行为。从利益的角度看，董事、监事、高级管理人员既是公司利益的代表者，也是自身利益的追求者。如果董事、监事、高级管理人员追求自身利益超过必要限度，利用职权为自己或他人牟取私利，势必会使公司利益陷入危险的境地之中。为了避免董事、监事、高级管理人员以牺牲公司利益为代价追求自身利益，2023 年修订的《公司法》第 180 条规定了董事、监事、高级管理人员对公司的忠实义务。在美佳公司、华佗公司诉李某、第二人民医院损害公司利益责任纠纷案中，李某作为美佳公司的董事长、总经理，未经美佳公司董事会或股东会同意，另行操控友医公司将华佗公司与第二人民医院合

作的网络医院项目交由友医公司经营，篡夺了本属华佗公司的商业机会，损害了华佗公司及其母公司美佳公司的利益。李某非法获取华佗公司的商业机会的行为所违反的法律义务就是董事、监事、高级管理人员的忠实义务。根据 2023 年修订的《公司法》第 181 条至 184 条的具体列举，董事、监事、高级管理人员违反忠实义务的情形主要有以下几种：

1. 侵占公司财产

公司设立后，股东的出资已属于公司财产，公司财产与股东个人财产应当相互隔离。当公司的董事、监事、高级管理人员由股东及其亲友担任时，他们往往会产生公司财产就是股东个人财产的错误认识，进而擅自占有、私分公司财产。侵占公司财产是指董事、监事、高级管理人员违反法律、法规、公司章程规定的权限或程序，擅自将公司财产占为己有的行为。在实践中，董事、监事、高级管理人员侵占公司财产的行为主要表现为虚构业务、虚报价款侵吞公司财产，利用职务便利报销个人费用，将公司经营所得占为己有，利用公司资金购置个人财产或偿还个人债务等。

2. 挪用公司资金

挪用公司资金是指董事、监事、高级管理人员违反法律、公司章程规定的权限或程序，擅自挪用公司资金给自己或他人使用的行为。在实践中，挪用公司资金的行为至少包括以下三种情况：一是董事、监事、高级管理人员挪用公司资金给自己使用。例如董事、监事、高级管理人员挪用公司资金进行高档消费或个人投资股票。二是董事、监事、高级管理人员违反法律、公司章程规定的程序，擅自将公司资金交给公司外部人使用。三是董事、监事、高级管理人员将特定用途的公司资金用于公司的其他业务。在第一种情况下，董事、监事、高级管理人员违反了忠实义务，应承担相应的法律责任。在第二种、第三种情况下，如果董事、监事、高级管理人员并未从中谋取私利，则不构成对忠实义务的违反，但构成对勤勉义务的违反。如果董事、监事、高级管理人员违反勤勉义务造成公司损失，也应承担相应的法律责任。

3. 以个人名义开户存储公司资金

《商业银行法》第 48 条规定，企业事业单位可以自主选择一家商业银行的营业场所开立一个办理日常转账结算和现金收付的基本账户，任何单位和个人不得将单位的资金以个人名义开立账户存储。但在实践中，以个人名义开户存储公司资金的现象并不鲜见。具体而言，至少包括以下三种情况：一是董事、监事、高级管理人员未经股东会或董事会授权，擅自以个人名义开户存储公司资金，以实现董事、监事、高级管理人员的个人利益。二是董事、监事、高级管理人员未经股东会或董事会授权，擅自以个人名义开户存储公司资金，但资金用于公司经营活动。三是董事、监事、高级管理人员经股东会或董事会授权，以个人名义开户存储公司资金。在第一种情况下，董事、监事、高级管理人员的行为违反了忠实义务。但在第二种、第三种情况下，则需要考察董事、监事、高级管理人员与公司之间是否存在利益冲突。如果董事、监事、高级管理人员的行为未损害公司利益，此时虽然不构成对忠实义务的违反，但却可能受到行政处罚，甚至被追究刑事责任。

4. 利用职权贿赂或者收受其他非法收入

2018 年修正的《公司法》第 147 条第 1 款规定，董事、监事、高级管理人员应当遵守法律行政法规和公司章程，对公司负有忠实义务和勤勉义务；第 2 款规定，董事、监事、高级管理人员不得利用职权收受贿赂或者其他非法收入，不得侵占公司的财产。该条第 1 款将董事、监事、高级管理人员的义务分为守法合规义务、忠实义务和勤勉义务，第 2 款是对忠实义务的进一步说明，因无法与第 1 款的三项义务相呼应，极易造成解释困境。2023 年修订的《公司法》将上述条文拆分为第 179 条、第 180 条两个条文，分别规定董事、监事、高级管理人员的守法合规义务和忠实义务、勤勉义务，在立法技术上更为科学。在体系上，遵守法律行政法规和公司章程是对董事、监事、高级管理人员的最低要求，也是忠实义务、勤勉义务的基础；忠实义务、勤勉义务是守法合规义务在公司法领域的延伸，同时又是董事、监事、高级管理人员义务的主干。我国《刑法》《反不正当竞争法》《企业国有资产法》等法律、行政法规对商业贿赂的刑事责任、行政责任和民事责任作出了明确规定。因此，董事、监事、高级管理人员利用职权贿赂或者收受其他非法收入的行为，既违反了守法合规义务，也违反了忠实义务。值得注意的是，2023 年修订的《公司法》第 181 条第 3 项将《公司法》（2018）第 147 条第 2 款中的"利用职权收受贿赂"改为了"利用职权贿赂"。如非编校错误，此处修改值得商榷。忠实义务的制度价值是避免董事、监事、高级管理人员自身利益与公司利益的冲突。"利用职权贿赂"一般被理解为行贿。尽管行贿行为违法甚至构成犯罪，但是并不必然导致董事、监事、高管与公司的利益冲突，故其并不完全符合忠实义务的立法意旨。立法者之所以这样修改，可能是因为 2023 年修订的《公司法》第 181 条第 4 项"接受他人与公司交易的佣金归为己有"是一种商业受贿行为，若不将第 3 项改为"利用职权贿赂"将有"叠床架屋"之感。尽管此处修改符合忠实义务为守法合规义务之延伸的立法意旨，但仍存在逻辑不自洽之处。

5. 自我交易

自我交易是指董事、监事、高级管理人员直接或间接地与其任职的公司之间发生的交易。大多数自我交易直接发生在董事、监事、高级管理人员与公司之间。例如，董事、监事、高级管理人员将财物出售给公司。自我交易也可以间接地发生在董事、监事、高级管理人员的关联人与公司之间。例如，董事、监事、高级管理人员的配偶、子女等亲属以及其他受托人与公司之间的交易。在自我交易中，董事、监事、高级管理人员与公司之间存在着严重的利益冲突，故早期法律的态度是禁止自我交易，或者使其无效或可撤销。但随着时代的发展，人们逐渐意识到这种绝对化的处理方式并不符合商事实践的需要。因为并非所有自我交易都会损害公司利益，甚至有一些自我交易是为了照顾公司利益而实施的。例如，当公司无法从外部获得融资时，往往需要董事、监事、高级管理人员以一般市场利率向公司提供借款。因此，缓和禁止自我交易规则，成为各国公司法的共同的选择。依据 2023 年修订的《公司法》第 182 条第 1

款，法律并不绝对禁止自我交易，而只是禁止未按照公司章程的规定报请董事会或股东会批准的自我交易。自我交易的特殊性主要表现在两个方面：一是董事、监事、高级管理人员应当及时向董事会或股东会报告与订立合同或进行交易有关的事项；二是必须按照公司章程的规定经董事会或者股东会决议通过。如果参与交易的董事、监事、高级管理人员同时又以董事、股东身份参与表决的话，通过董事会或股东会决议治愈利益冲突的目的将无法实现。针对自我交易这样的特殊决议事项，在解释论上将利害关系董事、股东的表决权排除在外是更为合理的选择。

6. 篡夺公司机会

与自我交易一样，篡夺公司机会也会导致董事、监事、高级管理人员与公司之间发生严重的利益冲突，故其也是忠实义务的一个重要规制对象。但自我交易与篡夺公司机会存在较大的不同。在自我交易中，董事、监事、高级管理人员与公司之间存在直接而实际的利益冲突。在篡夺公司机会的情况下，董事、监事、高级管理人员与公司之间的利益冲突较之自我交易更为隐蔽，其往往表现为利用职务便利谋取属于公司的商业机会，进而造成对公司的损害。在美佳公司、华佗公司诉李某、第二人民医院损害公司利益责任纠纷案中，华佗公司于 2014 年 1 月已经获得和第二人民医院合作网络医院项目的商业机会，李某将其任职高管的美佳公司全资子公司华佗公司的业务交由其实际控制的友医公司经营，谋取了属于华佗公司的商业机会，违反了其对美佳公司和华佗公司所负的忠实义务。忠实义务所规制的是董事、监事、高级管理人员利用职务便利篡夺属于公司的商业机会的行为，而非绝对禁止董事、监事、高级管理人员利用公司机会。如果根据法律、行政法规或者公司章程的规定，公司不能利用该商业机会，或者公司真实地放弃了某个商业机会，董事、监事、高级管理人员也可以利用它。董事、监事、高级管理人员要利用原属于公司的商业机会，应向董事会或股东会报告，并按公司章程的规定经董事会或股东会决议通过。在美佳公司、华佗公司诉李某、第二人民医院损害公司利益责任纠纷案中，第二人民医院向美佳公司发出的《通知函》载明"决定中止华佗公司所有合作项目"，该函件的用词为"中止"。而美佳公司发给第二人民医院的《通知函回复》却载明"同意第二人民医院通知函中提出的终止合作意见"，该回复的用词为"终止"。这意味着美佳公司不仅未追究第二人民医院拒绝履行合同造成的损失，而且主动提出解除合同。这一回复行为明显不合常理，并导致华佗公司轻易丧失了与第二人民医院的商业机会，这证明放弃与第二人民医院进行合作的商业机会并非美佳公司的真实意思，李某操控友医公司与第二人民医院合作的网络医院项目违反了其对美佳公司和华佗公司负有的忠实义务。

7. 同业竞争

同业竞争是指董事、监事、高级管理人员自营或者为他人经营与所任职公司同类的业务。同业竞争意味着董事、监事、高级管理人员与公司的利益冲突，而且大多还伴随着篡夺公司机会，故同业竞争构成对忠实义务的违反。2023 年修订的《公司法》第 184 条规定，未按照公司章程的规定经董事会或者股东会决议通过，董事、监事、高级管理人员不得自营或者为他人经营与其任职公司同类的业务。这意味着公司法并未绝对禁止同业竞争，而是为其设定了一定的限制条件。一方面，自由竞争是市场经济的基本法则，而竞争主要发生在同业之间，如果绝对禁止同业竞争可能导致垄断。另一方面，竞争亦需遵守基本的商业道德，不择手段的同业竞争最终将阻碍市场经济的健康发展。为兼顾自由竞争和商业道德，公司法最终采取了竞业限制的做法，即要求董事、监事、高级管理人员在从事同业竞争时须按照公司章程的规定取得董事会或股东会的同意。在美佳公司、华佗公司诉李某、第二人民医院损害公司利益责任纠纷案中，李某作为美佳公司的董事长、总经理，控制友医公司与华佗公司进行同业竞争，却始终未按照美佳公司章程的规定向董事会或股东会披露这一情况，亦未取得美佳公司董事会或股东会的同意，违反了其对美佳公司和华佗公司负有的忠实义务。

二、董事、监事、高级管理人员的勤勉义务

（一）勤勉义务的判断标准

勤勉义务，又称为注意义务或审慎义务，是指董事、监事、高级管理人员在履行职责时应当谨慎小心，勤勉尽责。如果说忠实义务是从利益冲突的角度对董事、监事、高级管理人员提出的要求，勤勉义务则是从工作态度和行为方式的角度对董事、监事、高级管理人员提出的要求。2023年修订的《公司法》第180条第2款将勤勉义务界定为"为公司的最大利益尽到管理者通常应有的合理注意"。此界定可从两个方面进行解读：一是董事、监事、高级管理人员是否履行勤勉义务应采取客观标准进行判断，即以一个严谨的管理者通常应有的合理注意作为判断标准，而避免以其知识、能力等主观因素作为判断标准；二是董事、监事、高级管理人员是否履行勤勉义务应采取严格标准进行判断，董事、监事、高级管理人员作为一个管理者，其注意义务应高于普通人。除此之外，公司法并未像忠实义务一样对违反勤勉义务的行为进行列举，这导致对勤勉义务的判断需要借鉴行政法规、部门规章甚至行业准则中的相关规定。《上市公司章程指引》（2023年）第98条规定，董事对公司负有下列勤勉义务："（一）应谨慎、认真、勤勉地行使公司赋予的权利，以保证公司的商业行为符合国家法律、行政法规以及国家各项经济政策的要求，商业活动不超过营业执照规定的业务范围；（二）应公平对待所有股东；（三）及时了解公司业务经营管理状况；（四）应当对公司定期报告签署书面确认意见。保证公司所披露的信息真实、准确、完整；（五）应当如实向监事会提供有关情况和资料，不得妨碍监事会或者监事行使职权；（六）法律、行政法规、部门规章及本章程规定的其他勤勉义务。"除此之外，我国的部分法院在裁判过程中参照了《美国示范商业公司法》（MCBA）所确立的勤勉义务判断标准❶：

1. 善意

董事、监事、高级管理人员的行为必须是善意的。善意，是针对行为人诚实状态

---

❶ 施天涛. 公司法论［M］. 2版. 北京：法律出版社，2006：400-403.

的一种心理或者道德评价。如果行为人在其内心对其行为及其后果尽到了适当的注意，即可满足"善意"要求。如果行为人明知其行为将会对他人产生不利后果而故意放任或者因为疏忽或者没有引起足够注意而使其后果发生，则为恶意。2023 年修订的《公司法》第 180 条第 2 款规定董事、监事、高级管理人员应尽到"合理注意"，该款中的"合理"就蕴含着对"善意"的要求。2023 年修订的《公司法》第 51 条规定，董事应当履行催缴出资义务，若未及时履行该义务，给公司造成损失的，负有责任的董事应当承担赔偿责任。该项赔偿责任可从勤勉义务的角度进行解释。董事明知股东认缴而未缴出资将损害公司利益，却怠于履行催缴义务，显然不满足"善意"要求。因此，董事未履行催缴义务的本质是违反勤勉义务，若给公司造成损失，应承担赔偿责任。以"善意"作为董事、监事、高级管理人员勤勉义务判断标准的做法在我国司法实践中亦不鲜见。例如，在龙岩市汇金发展集团有限公司诉吴某谦、石某及第三人福建帕特纳环境产品有限公司损害公司利益责任纠纷案中，福建省高级人民法院认为，吴某谦作为帕特纳公司的法定代表人，应当知晓公司章程关于交易事项审批流程的规定，在明知案涉 20 平方米催化剂模块作为研发项目列入研发费用同时生产发货的决议不符合公司章程的情况下，仍要求发货，根据《公司法》（2018）第 149 条规定，应承担赔偿责任。❶

2. 注意

董事、监事、高级管理人员应当尽处于相似位置的严谨的经营管理者在类似情况下所应尽到的注意。根据这一标准，只有董事、监事、高级管理人员履行了一个严谨的经营管理者在同样情况下处理同类事情所应尽的勤勉、注意和技能才能免责。2023年修订的《公司法》第 180 条第 2 款规定董事、监事、高级管理人员应"尽到管理者通常应有的合理注意"就体现了对"注意"的要求。如果一个董事、监事、高级管理人员具有或者应当具有相关问题方面的知识和能力而没有运用这种知识和能力，则不能认为他满足了注意要求。例如在辉隆贸易公司诉姚某损害公司利益责任纠纷中，吉林省高级人民法院认为，姚某并未尽到在类似的情形、处于类似地位的具有一般性谨慎的人在处理自己事务时的注意，致使公司遭受巨额损失。依据《公司法》（2018）第 147 条第 1 款、第 149 条规定，姚某违反了对公司的勤勉义务，给公司造成损失，应当承担赔偿责任。❷

3. 合理地相信其行为符合公司最佳利益

董事、监事、高级管理人员在进行商业决策时应合理地相信其行为符合公司最佳利益。由于董事、监事、高级管理人员管理的是他人财产和事务，他必须根据自己的判断以最符合公司利益的方式执行职务。2023 年修订的《公司法》第 180 条第 2 款规定董事、监事、高级管理人员"执行职务应当为公司的最大利益"就体现了"合理相

---

❶　参见福建省高级人民法院（2020）闽民申 4755 号民事裁定书。
❷　参见吉林省高级人民法院（2018）吉民终 645 号民事判决书。

信其行为符合公司最佳利益"的要求。当董事、监事、高级管理人员的行为受到质疑时，他需要证明其所作出的商业决策对公司是适当的。例如，在内蒙古中绒绒业有限公司与张某伦损害公司利益责任纠纷案中，内蒙古自治区兴安盟中级人民法院认为，董事义务的勤勉义务是指董事履行职责时，应当为公司的最佳利益，具有一个善良管理人的细心，尽一个普通谨慎之人的合理注意。❶

（二）商业判断规则

商业判断规则是美国法院所创立的一项裁判规则。它的核心思想是，对于董事、监事、高级管理人员没有个人利益冲突的商业决策行为，法院不应在事后以自己的判断去代替董事、监事、高级管理人员当时的判断。换言之，董事、监事、高级管理人员只要善意地进行商业决策即符合勤勉义务的要求。美国法院之所以要创立商业判断规则，是因为商业决策的事后审查已经超出了法官的经验和能力。如果让董事、监事、高级管理人员因为普通过失就承担责任，可能产生反向激励作用，导致董事、监事、高级管理人员在公司经营中过于谨慎，甚至出现无人愿意出任董事、监事、高级管理人员的局面。2023 年修订的《公司法》第 180 条第 2 款中"执行职务应当为公司的最大利益尽到管理者通常应有的合理注意"既是对勤勉义务的界定，也是对商业判断规则的规定。该条隐含的意旨是，在商业决策中，只要董事、监事、高级管理人员能够证明其为公司的最大利益尽到管理者应有的合理注意，即应认定其履行了勤勉义务，从而免于追责。在我国，部分法院在实践中也开始尝试引入商业判断规则进行裁判。例如在姜堰宾馆有限公司诉殷某损害公司利益责任纠纷一案中，江苏省泰州市中级人民法院认为，基于司法谦抑的理念，司法应当对属于公司内部经营决策领域的专业判断表示尊重。在董事损害公司权益纠纷中，首先应推定董事已经尽到勤勉义务，董事违反勤勉义务的举证责任由公司承担。对于董事勤勉义务的判断应当采取主观与客观相结合的标准或称为重大过失标准。❷ 公司法设置勤勉义务的目的是督促董事、监事、高级管理人员勤勉尽责，但如果对董事、监事、高级管理人员的要求过于严苛，反而会导致勤勉义务制度目的落空。商业判断规则的合理运用有利于调和董事、监事、高级管理人员和公司的关系，在赋权和问责之间寻找平衡点。

三、违反忠实义务和勤勉义务的法律救济

（一）损害赔偿

2023 年修订的《公司法》第 188 条规定，董事、监事、高级管理人员执行公司职务时违反法律、行政法规或者公司章程的规定，给公司造成损失的，应当承担赔偿责任。因此，董事、监事、高级管理人员违反忠实义务和勤勉义务的行为给公司造成损失的，公司可要求其承担损害赔偿责任。对公司利益的救济，存在两个可能的目标：

---

❶ 参见内蒙古自治区兴安盟中级人民法院（2017）内 22 民终 237 号民事判决书。
❷ 参见江苏省泰州市中级人民法院（2019）苏 12 民终 1011 号民事判决书。

一是使公司利益恢复至董事、监事、高级管理人员未违反忠实义务和勤勉义务时的状态；二是使公司利益恢复至董事、监事、高级管理人员妥善履行忠实义务和勤勉义务时的圆满状态。损害赔偿制度的救济目标是使公司恢复至董事、监事、高级管理人员未违反忠实义务和勤勉义务时的状态，故其以公司受有实际损失为前提。在美佳公司、华佗公司诉李某、第二人民医院损害公司利益责任纠纷案中，尽管李某存在篡夺公司机会的行为，但由于华佗公司的实际损失难以界定和举证，故美佳公司和华佗公司难以通过损害赔偿的方式获得救济。

（二）归入责任

2023 年修订的《公司法》第 186 条规定，董事、监事、高级管理人员违反本法第 181 条至第 184 条规定所得的收入应当归公司所有。这项规定旨在遏制董事、监事、高级管理人员从违反忠实义务的行为中获益，以阻却机会主义行为发生。通常情况下，董事、监事、高级管理人员违反忠实义务的行为被发现的概率较低，如果不令董事、监事、高级管理人员丧失所得收入，将因违法成本过低而丧失阻遏效果。因此，无论公司是否受有实际损失，董事、监事、高级管理人员均应交出所获利益，以惩戒其违反忠实义务的行为。站在公司利益救济的角度，归入责任旨在使公司利益恢复至董事、监事、高级管理人员妥善履行忠实义务时的圆满状态。在美佳公司、华佗公司诉李某、第二人民医院损害公司利益责任纠纷案中，华佗公司损失标的是商业机会，损失数额难以确定，故损害赔偿无法提供周延地救济。因此，法院采取了将李某违反忠实义务获得的收入归华佗公司所有，以弥补其实际损失的救济方式。在归入数额的计算上，法院综合考虑友医公司的运营成本、网络医院项目的发展前景和技术团队、资本团队对网络医院项目的投入、贡献情况，酌定李某向华佗公司赔偿 2916 万元，使华佗公司和美佳公司的利益得到了周延地救济。

【思考题】

（1）在美佳公司、华佗公司诉李某、第二人民医院损害公司利益责任纠纷案中，法院将李某对美佳公司的忠实义务延伸适用于美佳公司的子公司华佗公司。请问法院对董事、高级管理人员忠实义务的这种延伸适用是否具有合理性？为什么？

（2）在股东直接或间接控制公司事务时，股东是否应对公司承担忠实义务？如果股东应承担忠实义务，其法理基础是什么？

第三节　股东派生诉讼

公司是具有独立法律人格的组织体，故当公司利益受到侵害时，本应由公司自己提起诉讼。然而，当董事、监事、高级管理人员违反忠实义务和勤勉义务时，如果让他们决定公司是否对自己提起诉讼，无异于与虎谋皮，结果是不言自明的。当控股股东及其关联人侵害公司利益时，董事会迫于控股股东的压力，极有可能怠于提起诉讼，甚至作出放弃追究控股股东及其关联人责任的决议。为解决这一问题，公司法提供了一种替代性的救济手段，即股东派生诉讼。股东派生诉讼是指公司合法权益受到侵害，但公司不能或怠于提起诉讼时，符合法定要件的股东以自己的名义代表公司提起诉讼，追究侵害人法律责任的诉讼制度。

 **案例** **中航国际公司诉福汉木业公司、罗某、余某强及第三人中航林业公司损害公司利益责任纠纷案❶**

【基本案情】

中航林业公司成立于 2011 年 7 月 28 日，注册资本为 55000 万元，各股东持股比例为：中航国际公司出资 33000 万元，持股 60%；西北林业公司出资 20900 万元，持股 38%；开发区经销中心出资 1100 万元，持股 2%。2016 年 12 月，福汉木业公司与中航国际公司、西北林业公司、开发区经销中心签订《增资协议》，约定福汉木业公司以 63362 万元向中航林业公司增资，其中 57245 万元作为注册资本，余额 6117 万元计入资本公积金，增资方式为货币；增资完成后，中航林业公司注册资本为 112245 万元，福汉木业公司出资占公司注册资本总额的 51%；中航国际公司出资占公司注册资本总额的 29.4%；西北林业公司出资占公司注册资本总额的 18.62%；开发区经销中心出资占公司注册资本总额的 0.98%。增资款全部到位后，进行股权工商变更登记。《增资协议》签订后，福汉木业公司按照约定履行增资义务并于 2016 年 12 月 30 日完成中航林业公司的工商变更登记。

2016 年 12 月 27 日，中航林业公司召开股东会会议，同意罗某、余某强等七人为中航林业公司新任的董事会成员，同意推荐五名人选组成新一届监事会，同意其中三名监事为郭某东、王某、吴某俊，其他监事的产生后续依照章程确定。同意推荐郭某东为监事会主席，由监事会依照章程选举产生。后因另外两名职工监事未产生，中航林业公司的监事会没有成立。2017 年 1 月 4 日，中航林业公司召开股东会会议，任命罗某为公司总经理并担任公司法定代表人。

2017 年 4 月 11 日、4 月 12 日，中航林业公司先后向福汉木业公司账户转款 1 亿元、1.5 亿元、2 亿元，共计 4.5 亿元。2017 年 5 月 31 日，中航林业公司向福汉木业公司账户转款 0.3 亿元。中航林业公司给银行出具的上述共计 4.8 亿元的结算业务委托书上加盖了罗某和余某强的名章。

中航国际公司认为中航林业公司面临债务危机，而且中航林业公司在福汉木业公

---

❶ 参见最高人民法院（2019）最高法民终 8 号民事判决书、山东省高级人民法院（2017）鲁民初 51 号民事判决书。

司的控制之下，不可能主动维权救济。为避免福汉木业公司的转移资金行为造成中航林业公司的更大损失，中航国际公司直接向法院提起诉讼，请求判令：（1）福汉木业公司、罗某、余某强向中航林业公司返还4.8亿元及利息520.7672万元；（2）中航林业公司补偿中航国际公司律师费70万元。

一审法院认为，福汉木业公司从中航林业公司调拨出4.8亿元资金后，中航国际公司多次发函要求福汉木业公司返还，双方因股权增资协议的履行存在其他矛盾，未能达成一致意见。2017年5月3日，中航林业公司因无能力偿还2000万美元的借款，发函要求中航国际公司代偿借款本息。所以，在中航国际公司多次向福汉木业公司发函要求返还资金无果和中航林业公司存在债务危机的情况下，为了避免中航林业公司受到难以弥补的损失，中航国际公司直接提起股东代表诉讼，符合法律规定，并无不当。从本案查明的事实来看，中航林业公司向福汉木业公司转款4.8亿元后，截至2018年8月福汉木业公司已陆续向中航林业公司转款9.7亿余元。在中航国际公司未提交有效证据证明福汉木业公司与中航林业公司存在其他债权债务关系的情况下，福汉木业公司向中航林业公司的转款行为应视为前期转出资金4.8亿元的归位。所以，虽然福汉木业公司从中航林业公司调拨4.8亿元资金的行为不当，但其已在之后进行了资金回拨，未给中航林业公司造成实际损失。所以对中航国际公司要求福汉木业公司、罗某、余某强返还中航林业公司4.8亿元及利息、补偿中航国际公司律师费损失的诉讼请求，一审法院不予支持。综上，一审法院判决：驳回中航国际公司的诉讼请求。中航国际公司不服一审判决，提起上诉。

二审法院认为，关于福汉木业公司转回中航林业公司的资金9.7亿元的性质及用途，本案已查明，一是中航国际公司二审中自认其中1.6亿余元用于中航林业公司的经营活动，该部分可视为已返还；二是部分汇往俄罗斯园区，该事实从中航国际公司与福汉木业公司2017年11月13日签署的会议纪要中能够得到确认，即双方曾达成共识，福汉木业公司退回从中航林业公司调拨的4.8亿元资金，扣除已实际向园区支付的资金部分，也即双方确认有部分资金汇往俄罗斯园区；三是偿还了中航林业公司的银行贷款。中航国际公司作为提起本案诉讼的原告，在福汉木业公司转回中航林业公司资金数额大于转出资金数额的情况下，应当提供充分证据证实福汉木业公司转回的资金9.7亿元用于他用、转出的4.8亿元资金未全部返还的基本事实成立，但由于双方仲裁管辖的约定，导致人民法院无权对上述事实进行审理，这意味着中航国际公司主张的4.8亿元资金未全部返还的基本事实不能在本案中予以认定，该不利后果应由提起本案诉讼的中航国际公司承担。虽然本案目前的证据尚不足以支持中航国际公司的诉请，但并不意味着二审法院对福汉木业公司擅自将中航林业公司巨额资金转出的行为持认可态度。综上，二审法院判决：驳回上诉，维持原判。

【主要法律问题】

（1）什么是股东派生诉讼？股东派生诉讼具有哪些特征？

（2）股东派生诉讼的当事人有哪些？

（3）股东提起派生诉讼时应如何履行前置程序？股东派生诉讼前置程序的豁免事由有哪些？

【主要法律依据】

《中华人民共和国公司法》（2023）

第189条　董事、高级管理人员有前条规定的情形的，有限责任公司的股东、股份有限公司连续一百八十日以上单独或者合计持有公司百分之一以上股份的股东，可以书面请求监事会向人民法院提起诉讼；监事有前条规定的情形的，前述股东可以书面请求董事会向人民法院提起诉讼。

监事会或者董事会收到前款规定的股东书面请求后拒绝提起诉讼，或者自收到请求之日起三十日内未提起诉讼，或者情况紧急、不立即提起诉讼将会使公司利益受到难以弥补的损害的，前款规定的股东有权为公司利益以自己的名义直接向人民法院提起诉讼。

他人侵犯公司合法权益，给公司造成损失的，本条第1款规定的股东可以依照前两款的规定向人民法院提起诉讼。

公司全资子公司的董事、监事、高级管理人员有前条规定情形，或者他人侵犯公司全资子公司合法权益造成损失的，有限责任公司的股东、股份有限公司连续一百八十日以上单独或者合计持有公司百分之一以上股份的股东，可以依照前三款规定书面请求全资子公司的监事会、董事会向人民法院提起诉讼或者以自己的名义直接向人民法院提起诉讼。

【理论分析】

一、股东派生诉讼的概念和特征

股东派生诉讼，又称为股东代表诉讼，是指公司合法权益受到侵害，但公司不能或怠于提起诉讼时，符合法定要件的股东以自己的名义代表公司提起诉讼，追究侵害人法律责任的诉讼制度。股东派生诉讼最早源于英国衡平法，但很快就被美国的法院接受并发展。在 Foss v. Harbottle 案中，法院确立了两个规则：适格原告规则（proper plaintiff rule）和多数决规则（majority rule principle）。该判例是两个小股东认为公司的董事等管理人员滥用权力，造成公司财产减少，遂起诉公司董事等管理人员。衡平法院驳回了原告的起诉。该案确立的"适格原告规则"的基本含义是，如果过错行为人侵害了公司权益，那么只有公司才是起诉的适格原告，少数股东无权对侵害公司利益的行为人提起诉讼；该案确立的多数决规则的基本含义是，公司是否起诉，由公司多数股东的意愿决定，对于多数股东能够决定和追认的事项也不允许少数股东提起诉讼。❶ 但实践证明，这两项规则可能导致加害人逍遥法外，正义无法得到伸张。随后，英国法院通过判例发展了一系列适格原告规则和多数决规则的例外规则，以允许少数股东代表公司提起诉讼。这些例外情况包括：（1）制止公司进行违法或越权行为；（2）制止对少数股东进行欺诈；（3）必须获得大会特别多数批准方有效而没有得到这种批准等。❷ 由于股东派生诉讼为股东监督董事、监事、高级管理人员提供了一条有效路径，能够对机会主义行为形成有效威慑，我国公司法也引入了这一制度。股东派生诉讼主要具有以下特征：

1. 派生性

《民事诉讼法》第 122 条第（一）项要求"原告是与本案有直接利害关系的公民、法人和其他组织"。股东派生诉讼以公司的合法权益受到侵害为前提，此时享有诉权的本应是公司而非股东。尽管侵害公司合法权益的行为也会间接损害股东的利益，但股东并非"有直接利害关系的"当事人，其本身并不享有诉权。在股东派生诉讼中，股东所享有的诉权实际上是从公司的诉权中派生出来的，所以股东所行使的诉权不能大于公司本身所能行使的诉权。如果公司本身不享有诉权，股东也就没有提起派生诉讼的权利了。在中航国际公司诉福汉木业公司、罗某、余某强及第三人中航林业公司损害公司利益责任纠纷案中，福汉木业公司利用罗某、余某强担任中航林业公司董事、高级管理人员的便利，擅自将 4.8 亿元资金划转至福汉木业公司银行账户，违反了公司章程和《公司法》（2023）第 21 条"公司股东应当遵守法律、行政法规和公司章程，依法行使股东权利，不得滥用股东权利损害公司或者其他股东的利益"的规定。在正常情况下，本应由中航林业公司向福汉木业公司提起财产返还之诉。但中航林业公司在福汉木业公司的控制之下，如果等待中航林业公司提起诉讼，势必将使中航林业公司遭受难以弥补的损失。因此，中航国际公司有权以自己的名义代表中航林业公司提起诉讼。这也证明中航国际公司所享有的诉权是从中航林业公司的诉权中派生出来的。

2. 代表性

在股东派生诉讼中，股东并不是为了自己的利益行使诉权，而是代表公司行使诉权，其诉讼目的是维护公司利益。尽管股东派生诉讼在维护公司利益的同时也间接维护了股东自身的利益，但两者不能等量齐观。在股东派生诉讼中，由于股东是代表公司行使诉权，因而诉讼的胜诉利益应归属于公司，股东因为参加诉讼而支出的合理费用也由公司承担。在中航国际公司诉福汉木业公司、罗某、余某强及第三人中航林业公司损害公司利益责任纠纷案中，尽管该案的原告是中航国际公司，但其提出的诉讼请求却是由福汉木业公司、罗某、余某强向中航林业公司返还 4.8 亿元及利息，而非向中航国际公司赔偿损失。这证明中航国际公司是在代表中航林业公司行使诉权，而非为自己的利益行使诉权。

---

❶ 彭春莲. 股东权利救济机制研究——以司法救济为视角 [M]. 北京：法律出版社，2010：170-171.
❷ 滨田道代，顾功耘. 公司治理：国际借鉴与制度设计 [M]. 北京：北京大学出版社，2005：235.

3．程序性

公司具有独立的法人资格，当公司利益受到侵害时，首先应当由公司自行提起诉讼。只有当公司不能或怠于提起诉讼时，股东才能提起派生诉讼。在实践中，决定是否提起诉讼是一个复杂的商业决策行为，需要综合考虑各方面的因素，贸然提起诉讼并不总是符合公司的最佳利益。因此，股东在提起派生诉讼前，需要穷尽公司的内部救济程序，以化解可能存在的误解。如果公司主动提起诉讼，则股东无权再提起派生诉讼。因此股东提起派生诉讼前，原则上应履行相应的前置程序。在中航国际公司诉福汉木业公司、罗某、余某强及第三人中航林业公司损害公司利益责任纠纷案中，依据《公司法》（2023）第189条第1款的规定，中航国际公司本应书面请求中航林业公司监事会向法院提起诉讼，而不应直接提起诉讼。但由于中航林业公司监事会没有成立，且福汉木业公司所推荐的董事亦占据了董事会的多数席位，基本不存在中航林业公司直接对福汉木业公司提起诉讼的可能性。只有在这种特殊情况下，中航国际公司才有权豁免前置程序直接提起派生诉讼。

二、股东派生诉讼的当事人

1．股东派生诉讼的原告

股东派生诉讼的原告固然应该是股东，但并不是所有的股东都有资格提起派生诉讼。这是因为股东派生诉讼是一把"双刃剑"。一方面，它可以对董事、监事、高级管理人员的权力形成有效制约，改进公司治理效果；另一方面，它也会诱发骚扰性诉讼，干扰公司董事会对经营管理权的正常行使。因此，各国公司法都会对股东派生诉讼的原告资格作出必要限制，以阻却不当诉讼行为。在美国，对股东派生诉讼提起权的判断适用"当时拥有股份"规则。此规则要求原告股东在其所诉的过错行为发生的当时持有股份。在澳大利亚，股东派生诉讼的提起需要得到法院的特许，而且这个特许条件非常严格。在决定是否授予特许时，法院拥有很大的自由裁量权，不仅考虑程序问题，而且考虑实体问题。[1]

依据2023年修订的《公司法》第189条第1款的规定，派生诉讼的原告资格因公司形式而有所不同。对有限责任公司的股东而言，无论持股时间长短，均可以提起派生诉讼。对股份有限公司的股东而言，只有连续180日以上单独或者合计持有公司1%以上股份的股东才有资格提起派生诉讼。这是因为对股份有限公司（尤其是上市公司）而言，股份流转较为频繁，如果不加以限制，容易导致股东派生诉讼的滥用。

2．股东派生诉讼的被告

从2023年修订的《公司法》第189条第2款中"公司利益受到难以弥补的损害"及第3款中"他人侵犯公司合法利益"的表述来看，股东派生诉讼的被告应该是任何侵害公司利益的人。从股东派生诉讼制度的产生背景来看，股东派生诉讼的被告主要是可能阻碍公司提起诉讼的公司内部人，如董事、监事、高级管理人员。从股东与董

事协同的角度看，控股股东和实际控制人具有提名、推荐董事、监事的权力，董事、监事亦可能阻碍公司向控股股东和实际控制人提起诉讼。因此，控股股东和实际控制人也能成为股东派生诉讼的被告。2023 年修订的《公司法》第 192 条规定，控股股东、实际控制人指示董事、高级管理人员从事损害公司或者股东利益的行为的，与该董事、高级管理人员承担连带责任。该条从责任承担的角度印证了股东派生诉讼的被告可以是控股股东、实际控制人。在中航国际公司诉福汉木业公司、罗某、余某强及第三人中航林业公司损害公司利益责任纠纷案中，中航国际公司是将违反忠实义务的董事罗某、余某强和侵害公司利益的股东福汉木业公司作为股东派生诉讼的共同被告。这也证明股东派生诉讼不仅适用于董事、监事、高级管理人员违反忠实义务和勤勉义务损害公司利益的情形，也适用于控股股东、实际控制人利用关联关系损害公司利益的情形。

从股东派生诉讼的规范目的看，股东派生诉讼的被告主要是指侵权行为人。但在司法实践中，部分判例认为合同相对人和行政主体也可以成为股东派生诉讼的被告。例如，在陈某勇诉浙江万达建设公司及第三人怀化宏宇房地产开发有限公司损害公司利益责任纠纷案中，最高人民法院认为股东代表诉讼"并未排除合同之诉，不能当然认为股东代表诉讼的诉因仅限于侵权之诉"，并将股东代表诉讼的被告扩大至合同相对人。❶ 在张某强、施某国诉慈溪市人民政府、慈溪市掌起镇人民政府及第三人慈溪市自然资源和规划局不履行行政协议案中，最高人民法院认为《公司法》第 151 条第 3 款（现为新《公司法》第 189 条第 3 款）"并未将股东代表诉讼限制在民事诉讼范围内，公司股东亦有权提起行政诉讼"。❷ 从上述判例可以看出，股东派生诉讼的被告可以是以任何形式侵害公司利益的人，而不仅局限于侵权行为人。

3. 股东派生诉讼的第三人

2016 年 12 月 5 日通过的《最高人民法院关于适用〈中华人民共和国公司法〉若干问题的规定（四）》（以下简称原《公司法司法解释四》）第 24 条第 1 款规定，在股东代表诉讼中，应当列公司为第三人参加诉讼。这是公司在股东派生诉讼中的特殊地位所决定的。一方面，公司不宜被列为股东派生诉讼的原告。因为当股东提起的派生诉讼不符合公司的最佳利益甚至存在权利滥用时，将公司列为原告有悖股东派生诉讼制度的初衷。另一方面，公司也不宜被列为股东派生诉讼的被告。因为股东的诉权派生于公司的诉权，公司是派生诉讼中的真正原告，如果公司同时又作为被告参加诉讼，将难以自圆其说。

由于公司在股东派生诉讼中的诉讼地位难以被传统诉讼法中的角色涵盖，各国立法对此问题的规定存在明显差异。在美国的股东派生诉讼中，公司为必要的当事人，法院可以强制追加公司为被告。这是因为法律要求股东在提起派生诉讼之前须先向公

---

❶ 参见最高人民法院（2019）最高法民终 597 号民事裁定书。
❷ 参见最高人民法院（2016）最高法行再 91 号行政裁定书。

司提出请求，即请求公司首先对其所诉称的行为提起诉讼。如果公司拒绝了该种请求，股东当然可以向法院提起诉讼，但是在这种情况下，法院须对公司所作出的决定进行审查。由于这种审查的对象是公司，所以只能将公司列为被告。❶ 在我国的股东派生诉讼中，亦有将公司列为被告的判例。例如在陆某生、包某明诉上海众杰投资有限公司、于某明股权转让合同纠纷案中，最高人民法院认为："并无法律明文禁止股东代表诉讼中将涉案公司列为被告。同时于某明、众杰公司作为涉案股权转让合同的主体，也必然成为本案当事人。于某明、众杰公司关于自身并非本案适格被告的再审申请主张不能成立。"❷ 在日本的股东派生诉讼中，公司并非强制的诉讼参加人。日本公司法第849条规定："股东或股份有限公司可作为共同诉讼人，或为辅助一方当事人，参加到有关责任追究等之诉中。"❸ 因此，上述《公司法司法解释四》将公司列为第三人，是选择了一条独具中国特色的解决路径。

三、股东派生诉讼的前置程序

股东派生诉讼在为中小股东监督公司管理层提供了一条有效路径的同时，也带来了公司经营管理权受到过度干扰的风险。在实践中，当公司利益受到损害时，提起诉讼并不总是符合公司的最佳利益。对公司的经营管理而言，公司声誉、发展机会、管理层的稳定等非财产性利益有时候比财产利益更为重要，决定是否起诉实际上是一个非常复杂的商业决策。公司才是其自身利益的最佳评判者，莽撞的股东派生诉讼甚至可能将公司善意地"杀死"。因此，各国公司法均为股东派生诉讼设置了相应的前置程序，以防止股东滥用诉权影响公司的正常运作。

根据 2023 年修订的《公司法》第 189 条的规定，在可以提起股东诉讼的场合，股东必须首先书面请求监事会以公司的名义提起诉讼；如果监事是公司利益的侵害者，还必须继续书面请求董事会以公司的名义提起诉讼。只有在相应的公司机关拒绝起诉或收到请求之日起 30 日内未起诉，或者情况紧急、不立即提起诉讼将会使公司利益受到难以弥补的损害等三种情况下，股东才有权启动派生诉讼。可见，除了紧急情况下的前置程序豁免情形，股东必须穷尽公司内部救济程序，在遭到拒绝或公司未及时回复时才能提起派生诉讼。从设置前置程序的目的来看，2023 年修订的《公司法》第189 条将股东先诉请求的对象规定为监事会是值得商榷的。因为，监事会是公司的监督机构，而公司是否应提起诉讼是一个商业判断问题，由监事会决定是否起诉已超出了其职权范围，也不利于公司向股东陈述拒绝起诉的理由。在中航国际公司诉福汉木业公司、罗某、余某强及第三人中航林业公司损害公司利益责任纠纷案中，中航国际公司依法应首先向中航林业公司监事会书面提出先诉请求，但由于中航林业公司的监事会没有成立，这导致中航国际公司无法向监事会提出先诉请求。这也从另一个角度证

---

❶ 施天涛. 公司法论［M］. 2 版. 北京：法律出版社，2006：447.
❷ 参见最高人民法院（2019）最高法民申 607 号民事裁定书。
❸ 吴建斌. 日本公司法［M］. 北京：法律出版社，2017：451.

明，2023 年修订的《公司法》第 189 条将股东先诉请求的对象规定为监事会并不符合公司运营的实际情况。

四、股东派生诉讼前置程序的豁免事由

2023 年修订的《公司法》（新《公司法》）第 189 条亦规定了股东派生诉讼前置程序的豁免事由，即在情况紧急、不立即提起诉讼将会使公司利益受到难以弥补的损害的情形下，股东可以不履行前置程序，直接提起诉讼。该条仅将"情况紧急、不立即提起诉讼将会使公司利益受到难以弥补的损害"一种情况作为股东派生诉讼前置程序豁免的事由，过分限制了股东提起派生诉讼的权利。在司法实践中，我国法院在认定前置程序的豁免事由时，将一些特殊的非紧急情况也纳入了股东派生诉讼前置程序的豁免范围。在最高人民法院公报案例"周长春诉庄士中国公司等及第三人湖南汉业公司损害公司利益责任纠纷案"中，最高人民法院认为："《公司法》第 151 条（现为新《公司法》第 189 条）规定的股东提起代表诉讼的前置程序针对的是公司治理的一般情况，即存在公司有关机关提起诉讼的可能性，不存在这种可能性的，不应以原告未履行前置程序为由驳回起诉。"具体到该案中，主要有两点理由：第一，湖南汉业公司并未设立监事会或监事，故"周长春对公司董事提起股东代表诉讼的前置程序客观上无法完成"；第二，除周长春以外的四名董事会成员均为庄士中国公司董事或高管，与庄士中国公司具有利害关系，基本不存在湖南汉业公司董事会对庄士中国公司提起诉讼的可能性，要求周长春完成前置程序已无必要。❶ 由此可见，当公司的大部分董事、监事与诉讼存在严重的利益冲突，履行前置程序以尊重公司经营决策的目的已不可能实现时，即使并非紧急情况，也应豁免股东派生诉讼的前置程序。最高人民法院于 2019 年 9 月通过的《全国法院民商事审判工作会议纪要》第 25 条亦对此作出规定：《公司法》第 151 条（现为新《公司法》第 189 条）规定的前置程序针对的是公司治理的一般情况，即在股东向公司有关机关提出书面申请之时，存在公司有关机关提起诉讼的可能性。如果查明的相关事实表明，根本不存在该种可能性的，人民法院不应当以原告未履行前置程序为由驳回起诉。最高人民法院民二庭编著的《〈全国法院民商事审判工作会议纪要〉理解与适用》进一步将非紧急情况下前置程序的豁免事由类型化为五种情况：（1）公司相关机关不存在或者因公司陷入经营僵局当中，相应的公司机构或者有关人员已不在其位或不司其职，股东无从提起请求的情形。（2）股东准备起诉董事或者高级管理人员，按照前置程序要求应先书面请求公司监事会或者监事以公司名义起诉。假如该董事与监事受同一名股东或者实际控制人控制，则监事根本不可能起诉该董事。（3）应当向其进行先诉请求的董事或者监事本身即为被告。（4）董事会多数成员或者执行董事本身与他人损害公司利益的行为有利害关系。（5）虽然董事会成员或者执行董事本人与所诉称的损害公司利益行为不存在利害关系，但却可能

---

❶ 参见最高人民法院（2019）最高法民终 1679 号民事裁定书。

受到与行为有关的利害关系人控制而失去独立性，则可能免除先诉请求。❶ 在中航国际公司诉福汉木业公司、罗某、余某强及第三人中航林业公司损害公司利益责任纠纷案中，中航国际公司以其多次向福汉木业公司发函要求返还资金无果和中航林业公司存在债务危机为由，依据紧急情况下的前置程序豁免直接提起派生诉讼。按照前述最高人民法院公报案例的裁判精神，中航国际公司的起诉实际上也符合非紧急情况下前置程序豁免的条件：第一，中航林业公司未设立监事会，中航国际公司向监事会提出先诉请求的前置程序在客观上无法完成；第二，被告罗某、余某强本身就是中航林业公司的董事，而且罗某还兼任总经理和法定代表人。因此，基本不存在中航林业公司董事会对罗某、余某强、福汉木业公司提起诉讼的可能性，要求中航国际公司完成股东派生诉讼的前置程序并无必要。

【思考题】

（1）有一种观点认为，当股东缺乏提起派生诉讼的动力或者需要对债权人提供特别保护时，应当允许债权人提起派生诉讼。如何评价这种观点？

（2）公司进入清算程序后，股东是否有权提起派生诉讼？如果股东有权提起派生诉讼，应如何履行前置程序？

---

❶ 最高人民法院民事审判第二庭.《全国法院民商事审判工作会议纪要》理解与适用［M］. 北京：人民法院出版社，2019：211-213.

第四章

破产法

本章知识要点

　　破产法是解决债务清偿不能问题的法律方案的总称，包括破产清算和破产预防制度，是市场退出和债务拯救制度的结合。通过本章的学习，掌握以下知识要点：（1）破产程序启动的条件。破产是特殊情况下解决债务危机的法律制度，只有债务人具备了破产条件，才能启动破产程序。（2）破产实体制度。破产法中涉及的实体制度主要有四个部分，包括破产债权制度、破产财产制度、破产程序中的相关权利和破产程序中的组织机构。其中破产债权制度包括：债权申报、债权审查、债权确认和债权清偿。破产财产制度包括：破产财产的范围、破产财产的类型、破产财产的管理和分配等内容。破产程序中的相关权利包括：别除权、取回权、破产抵销权、破产撤销权和共益债权。破产程序中的组织机构包括：债权人会议、管理人、破产监督人。（3）破产程序。我国的破产程序包括受理、重整、和解、清算四个部分。其中，受理表明破产程序的开始；重整与和解是破产预防程序；清算是基本的破产程序；破产预防程序可以转换为破产清算程序。

第一节　破产条件

　　破产条件，又称破产要件，是指破产程序启动所应具备的条件。破产条件分为实质要件和形式要件，其中，实质要件包括破产原因和破产能力，形式要件包括破产申请和破产管辖。我国的破产程序包括受理、重整、和解、清算四个部分，不同的破产程序开始的要件也存在一定的差别。因此，破产要件可以具体分为重整要件、和解要件、破产清算要件。

 **案例　刘某辉、龚某英与亚细亚公司及第三人杨某友、周某男、张某莲申请破产清算再审案❶**

【基本案情】

2016 年 7 月 25 日，刘某辉、龚某英起诉至南昌中院，申请对亚细亚公司进行破产清算。事实与理由：（2015）赣民一终字第 238 号民事判决认定亚细亚公司欠刘某辉、龚某英款项 1152 万元，刘某辉、龚某英已申请南昌中院执行，南昌中院（2015）洪中执字第 536 号参与分配函认定亚细亚公司无力偿还刘某辉、龚某英到期债务。

一审法院认为：债权人申请债务人破产的，应当提交债务人不能清偿到期债务的有关证据，本案刘某辉、龚某英提交的证据不足以证明亚细亚公司不能清偿到期债务并且资产不足以清偿全部债务或者明显缺乏清偿能力。依照《企业破产法》第 12 条第1 款、《最高人民法院关于适用〈中华人民共和国企业破产法〉若干问题的规定（一）》（以下简称《企业破产法解释（一）》）第 6 条第 1 款之规定，裁定不予受理刘某辉、龚某英的破产申请。

二审法院认为：刘某辉、龚某英仅凭执行分配方案中关于无其他财产可供执行的事实主张债务人亚细亚公司不能清偿到期债务并且资产不足以清偿全部债务或者明显缺乏清偿能力的证据尚不充分，二审期间亦未补充提供相关证据，一审法院认定债权人提交的证据不足以证明达到了破产条件并无不当。依照《中华人民共和国民事诉讼法》第 170 条第 1 款第 1 项的规定，裁定驳回上诉，维持原裁定。

最高人民法院再审认为：本案争议的焦点问题是亚细亚公司是否具备破产原因。刘某辉、龚某英已经举证证明亚细亚公司存在不能清偿到期债务的情形，且亚细亚公司同意破产申请。因此，亚细亚公司已经具备破产原因，一、二审裁定以刘某辉、龚某英提交的证据不足以证明亚细亚公司不能清偿到期债务并且资产不足以清偿全部债务或者明显缺乏清偿能力为由裁定不予受理破产申请，不仅举证责任分配不当，亦缺乏事实和法律依据，应予撤销。

【主要法律问题】

（1）根据破产要件的法律规定，分析法院是否能够作出亚细亚公司破产的受理裁定？

（2）本案争议的焦点问题是亚细亚公司是否具备破产原因，破产原因如何认定？

---

❶　参见最高人民法院（2017）最高法民再 284 号民事裁定书。

【主要法律依据】

《中华人民共和国企业破产法》（2006）

第 2 条　企业法人不能清偿到期债务，并且资产不足以清偿全部债务或者明显缺乏清偿能力的，依照本法规定清理债务。

企业法人有前款规定情形，或者有明显丧失清偿能力可能的，可以依照本法规定进行重整。

第 7 条　债务人有本法第 2 条规定的情形，可以向人民法院提出重整、和解或者破产清算申请。

债务人不能清偿到期债务，债权人可以向人民法院提出对债务人进行重整或者破产清算的申请。

企业法人已解散但未清算或者未清算完毕，资产不足以清偿债务的，依法负有清算责任的人应当向人民法院申请破产清算。

第 8 条　向人民法院提出破产申请，应当提交破产申请书和有关证据。

破产申请书应当载明下列事项：

（一）申请人、被申请人的基本情况；

（二）申请目的；

（三）申请的事实和理由；

（四）人民法院认为应当载明的其他事项。

债务人提出申请的，还应当向人民法院提交财产状况说明、债务清册、债权清册、有关财务会计报告、职工安置预案以及职工工资的支付和社会保险费用的缴纳情况。

第 10 条　债权人提出破产申请的，人民法院应当自收到申请之日起五日内通知债务人。债务人对申请有异议的，应当自收到人民法院的通知之日起七日内向人民法院提出。人民法院应当自异议期满之日起十日内裁定是否受理。

除前款规定的情形外，人民法院应当自收到破产申请之日起十五日内裁定是否受理。

有特殊情况需要延长前两款规定的裁定受理期限的，经上一级人民法院批准，可以延长十五日。

《最高人民法院关于适用〈中华人民共和国企业破产法〉若干问题的规定（一）》（2011）

第 1 条　债务人不能清偿到期债务并且具有下列情形之一的，人民法院应当认定其具备破产原因：

（一）资产不足以清偿全部债务；

（二）明显缺乏清偿能力。

相关当事人以对债务人的债务负有连带责任的人未丧失清偿能力为由，主张债务人不具备破产原因的，人民法院应不予支持。

第2条 下列情形同时存在的，人民法院应当认定债务人不能清偿到期债务：

（一）债权债务关系依法成立；

（二）债务履行期限已经届满；

（三）债务人未完全清偿债务。

第3条 债务人的资产负债表，或者审计报告、资产评估报告等显示其全部资产不足以偿付全部负债的，人民法院应当认定债务人资产不足以清偿全部债务，但有相反证据足以证明债务人资产能够偿付全部负债的除外。

第4条 债务人账面资产虽大于负债，但存在下列情形之一的，人民法院应当认定其明显缺乏清偿能力：

（一）因资金严重不足或者财产不能变现等原因，无法清偿债务；

（二）法定代表人下落不明且无其他人员负责管理财产，无法清偿债务；

（三）经人民法院强制执行，无法清偿债务；

（四）长期亏损且经营扭亏困难，无法清偿债务；

（五）导致债务人丧失清偿能力的其他情形。

第6条 债权人申请债务人破产的，应当提交债务人不能清偿到期债务的有关证据。债务人对债权人的申请未在法定期限内向人民法院提出异议，或者异议不成立的，人民法院应当依法裁定受理破产申请。

受理破产申请后，人民法院应当责令债务人依法提交其财产状况说明、债务清册、债权清册、财务会计报告等有关材料，债务人拒不提交的，人民法院可以对债务人的直接责任人员采取罚款等强制措施。

【理论分析】

一、本案是否符合破产要件的理论分析

（一）破产实质要件

破产实质要件，又被称为实体要件，是破产程序启动不能缺少的本质条件。关于破产实体要件包含几个方面的内容，在理论上存在争议。二要件说认为，破产要件包括破产原因和破产能力；三要件说认为，破产要件包括破产原因、破产能力、不存在破产障碍；四要件说认为，破产要件包括破产原因、破产能力、不存在破产障碍、复数债权人的申请。不管采取何种说法，各学说都承认破产原因和破产能力是破产程序启动必不可少的实质条件。

（1）破产原因，是法院据以对债务人开始破产程序的依据。如果具备破产原因，就可以启动破产程序的大门，所以，破产原因又被称为破产界限。由于破产原因是客观的法律事实，具备破产原因这一法律事实，可能导致破产法律关系的开始，因此，破产原因又被称为破产事实。

（2）破产能力，是指债务人能够适用破产程序进行债务清理的资格。破产能力的实质是探讨破产法的适用范围。破产法的适用范围伴随破产法的发展而逐渐扩大，由

早期的仅仅适用于商人的商人破产主义，逐渐扩充到适用于所有主体的一般人破产主义。狭义的破产能力，仅指债务人能够被宣告破产的资格；而广义的破产能力，泛指债务人能够适用破产程序的资格，具体包括重整能力、和解能力、破产（清算）能力。

（二）破产形式要件

破产形式要件，又被称为程序要件，是指破产程序的进行所必须满足的形式上或程序上的条件。破产形式要件主要包括破产申请和破产管辖。

1. 破产申请

破产申请，是指破产申请权人向法院提出请求适用破产程序清理债务的意思表示。根据申请目的不同，破产申请可以分为：重整申请、和解申请、破产清算申请。其中，请求法院宣告债务人破产并适用破产清算程序的申请，被称为狭义的破产申请。

破产申请之所以成为破产程序启动的形式要件，与破产申请主义有密切联系。所谓破产申请主义，是指破产程序的启动依赖于当事人的破产申请。根据破产申请主义，虽然债务人具备了破产原因，但是，如果无人提出破产申请，司法机关也不得主动提出适用破产程序。破产申请主义，把破产程序的启动建立在私法自治的基础之上，体现了公力救助和私力救助的结合。

2. 破产管辖

（1）破产案件管辖的地域管辖。

根据我国《企业破产法》第3条的规定，破产案件由债务人住所地人民法院管辖。"债务人住所地"，是指债务人的主要办事机构所在地。主要办事机构所在地一般是企业的法人机关所在地；对于没有主要办事机构或主要办事机构无法确定的债务人，以其注册地为主要办事机构所在地。

（2）破产案件管辖的级别管辖。

我国破产法对破产案件的级别管辖并没有明确规定。根据1991年《最高人民法院关于贯彻执行〈中华人民共和国破产法（试行）〉若干问题的意见》（已失效）第2条，基层人民法院管辖县、县级市或区的工商管理机关核准登记的企业的破产案件；中级人民法院管辖地区、地级市以上的工商管理机关核准登记的企业的破产案件。

本案中，亚细亚公司被债权人刘某辉、龚某英提出破产申请，债务人亚细亚公司具备破产原因，债权人的破产申请符合法律规定，而且南昌中院具有破产管辖权，因此，亚细亚公司符合破产程序启动的实质要件和形式要件，法院应作出受理破产申请的裁定。

二、破产原因的认定标准

破产原因是破产条件中的核心要件。破产原因是破产要件中最本质的要素，如果没有破产原因，即使具备了其他条件，也不能导致破产程序的开始。

破产原因的认定标准，可以概括为一句话：不能清偿是根本原因，停止支付是推定原因，债务超过是辅助原因。

（一）不能清偿是根本原因

所谓不能清偿，是指债务人由于欠缺清偿能力，对于已经到期的全部或主要债务持续性无法清偿的客观状态。不能清偿，又被称为支付不能、无力偿债、不能偿债等，也被称为破产原因的现金流量标准。

不能清偿的构成要件是债务人已无力偿债，其判断的主要依据包括以下五个方面：

1. 债务人欠缺清偿能力

债务人的清偿能力由其财产状况、信用以及技能等各方面的因素决定。债务人清偿能力的判断，需要结合债务人各方面的情况综合判断。债务人如果缺乏可以变现的财产，可以从财产上断定其丧失了清偿能力；但是，如果债务人仍然有商业信用，可以借新债还旧债，就不能断定其破产；另外，即使债务人财产上和信用上都欠缺清偿能力，但是，债务人如果有技能等生产力要素的利用，具有获得金钱的机会，能够了结债务关系，也不能轻易断定债务人破产。

2. 债务人对已经到期而且经过债权人请求的债务不能清偿

债务人不能清偿的债务是到期债务。如果债务没有到期，债务人享有期限利益，对没有到期的债务不负有履行义务。对未到期的债务没有清偿，不能认定债务人破产。此外，债务人对已经到期且经过债权人请求的债务不能清偿，如果债务虽然到期，然而债权人并没有提出清偿请求，对这样的债务没有清偿，也不能认定债务人破产。

3. 债务人对全部的或主要的债务不能清偿

破产法是债务清理法，如果债务人对全部的或主要的债务不能清偿，可以适用破产程序解决债务问题；如果债务人仅仅是对一笔或少数的债务不能清偿，可以适用普通的民事程序加以解决，没有必要启动成本较高的破产程序。

4. 债务人持续性的不能清偿

债务人不能清偿债务的状态在时间上持续了很长时间，经过债务人努力，始终无法消除，才可以认定债务人破产；如果债务人一时资金周转不灵，偶尔地不能清偿债务，不能认定该债务人破产。

5. 债务人不能清偿债务是客观事实

债务人不能清偿债务，从性质上而言是一种客观状态，不以债务人的主观意志为转移，是导致破产法律关系产生的法律事实。

不能清偿债务的判断标准，是以上五个要件的综合。虽然这些要件有助于判断债务人是否具备了破产原因，但是，不能清偿标准的把握在实践中仍有一定的难度，为了便于破产原因的使用，增强破产原因适用的可操作性，在不能清偿标准之外，又派生出关于破产原因的其他标准。

（二）停止支付是推定原因

所谓停止支付，是指债务人表示不能支付一般债务的行为。停止支付的行为可以是明示的，也可以是默示的。明示停止支付，是债务人以书面或口头的形式表示不支付的行为；默示停止支付，是指虽然债务人没有以口头的或文字的形式表示停止支付，但是，可以从债务人的行为中推断出其停止支付的意思。无论是明示还是默示的停止支付的行为，都是债务人的主观意思表示。债务人之所以作出停止支付的意思表示，可能是由于主观故意，也可能是由于客观上丧失了清偿能力。仅仅从债务人停止支付的状态，不能认定债务人一定具备了破产原因。但是，如果债务人客观上丧失了清偿能力，必然表现为停止支付的主观状态。因此，可以把停止支付作为推定的破产原因，推定为债务人丧失了偿债能力。如果债务人能够举证证明之所以停止支付不是因为客观的清偿不能，而是主观故意，那么，不能认定债务人破产；相反，如果债务人不能举证证明推翻，则可以认定债务人破产。

停止支付作为推定的破产原因，也必须具备一定的构成要件。（1）债务人对已经到期而且经过债权人请求的债务停止支付。（2）债务人对全部的或主要的债务停止支付。（3）停止支付持续很长时间。（4）停止支付是债务人的主观行为。

停止支付作为推定的破产原因，增强了破产原因的可操作性，将举证责任分配给债务人，便于法官裁判；另外，停止支付作为推定的破产原因，也方便债权人提出破产申请，因为债权人和债务人之间仅仅是债权债务关系，债权人如果要证明债务人清偿能力的状况，需要花费较大成本，然而，把停止支付作为推定的破产原因，降低了债权人破产申请的成本，便于债权人破产申请。

（三）债务超过是辅助原因

债务超过，又被称为资不抵债，是指债务人的所有债务总额大于其财产总额，即债务人的消极财产大于其积极财产。债务超过仅仅是从财产方面表明债务人欠缺清偿能力，没有考虑债务人的信用、技能等其他因素。仅根据债务超过，不能断定债务人破产。然而，对于某些特殊的主体，如果其承担信用的基础只是其财产，而不考虑其他因素，可以把债务超过作为判断此类主体是否具备破产原因的标准。对资合公司而言，其承担信用的基础是公司的财产，而不涉及股东的信用和其他因素，所以，债务超过是资合公司的破产原因。

债务超过作为资合公司的破产原因，其究竟是独立且唯一的破产原因，还是一个辅助的破产原因？对于此问题，理论上存在争议。如果债务超过是资合公司唯一的破产原因，那么，资合公司资产负债比例超过百分之百，公司才可以破产；但是，实际上，资产负债比例60%~70%的公司进入破产程序的情形大量存在。债务超过，作为说明财产上丧失清偿能力的判断标准，侧重于财产的静态；而在实践中，财产上是否具备清偿能力，并非看重的是静态的财产总和，而是侧重于财产的变现能力。如果资产雄厚，但是，资产都是不能变现的财产，缺乏流动性，同样不能解决债权债务关系，不可避免地进入破产程序。因此，考察财产上是否丧失偿债能力的标准有两个，一是资产负债标准，二是现金流量标准。债务人陷入破产的原因，实质是流动性缺乏。因此，债务超过，是判断资合公司是否达到破产界限的辅助原因，而不是资合公司唯一的破产原因。

总之，不能清偿是根本的破产原因；停止支付作为推定的破产原因，推定为不能清偿；债务超过作为辅助的破产原因，适用于资合公司破产，辅助判断资合公司是否达到破产界限。

本案是由债权人提出破产申请，债务人亚细亚公司停止支付，推定破产原因成立；债务人不提出异议的情形下，可以认定债务人存在破产原因。

【思考题】

（1）债权人申请破产与债务人申请破产的举证责任有什么区别？

（2）资不抵债与破产原因的关系是什么？

第二节　破产债权

破产债权是指依法申报并获得确认，通过破产程序获得清偿的债权。破产程序分为重整、和解、破产清算，广义的破产债权可以分为重整债权、和解债权、破产债权。根据我国破产法，破产债权的概念应从广义的角度进行界定。理论上，也称破产债权为支付不能债权或清偿不能债权。

 **案例　梁某国、中广发汇成置业有限公司破产债权确认纠纷案**[❶]

【基本案情】

梁某国因与中广发汇成置业有限公司（以下简称中广发公司）房屋买卖合同纠纷向安阳市文峰区人民法院提起诉讼，诉请判令解除双方的房屋买卖合同，中广发公司返还购房款、购车位款共计 4233100 元，并赔付一倍定金 1200000 元，共计 5433100 元。安阳市文峰区人民法院于 2020 年 1 月 21 日作出（2019）豫 0502 民初 4538 号民事判决，判令解除双方的房屋买卖合同，中广发公司返还梁某国购买第 2-1-1-S101 号商铺、第 3-21 号车位款、第 C01 号车位款、第 C02 号车位款共计 4233100 元。中广发公司不服，向二审法院提起上诉，二审法院于 2020 年 5 月 7 日作出（2020）豫 05 民终 1745 号民事判决，驳回上诉，维持原判。

中广发公司于 2020 年 12 月 25 日以不能清偿到期债务为由向中级人民法院申请破产重整，该院于 2020 年 12 月 30 日作出（2020）豫 05 破申 10 号民事裁定书，受理了中广发公司的重整申请。该院于 2021 年 1 月 11 日作出（2021）豫 05 破 1 号决定书，指定上海市海华永泰（郑州）律师事务所担任中广发公司管理人，聂某尚为负责人。

---

❶ 参见河南省高级人民法院（2022）豫民终 330 号民事裁定书。

中级人民法院于 2021 年 10 月 28 日作出（2021）豫 05 破 1-1 号民事裁定书，载明：在债权申报期限内，共 989 位申报人向中广发公司管理人申报债权，管理人审查后编制了《债权表》，并于 2021 年 9 月 26 日提交中广发公司债权人会议核查，对有异议的债权进行复审并向异议人送达了《债权复审通知书》。截至 2021 年 10 月 25 日，除确认继续履行合同的购房申报人外，141 位债权人对其向管理人申报的 152 笔债权认定结果无异议，无异议债权金额 427950715.41 元，其中普通债权 376310590.14 元，优先性债权 51640125.27 元，另有提存金额 6585191.59 元。该民事裁定书确认了王某刚等 141 位债权人的 152 笔债权，裁定书所附的无异议债权表中，梁某国的债权在商铺类第一批的统计表之内，该表显示：梁某国申报债权 4578936.73 元，债权确认金额 4578936.73 元，债权性质为普通债权。2021 年 11 月 4 日，中广发公司在阿里破产管理平台发布通知，通知债权人：您申报的债权已经管理人审核，并提请中级人民法院予以确认，现中级人民法院已就管理人提交的无异议债权表进行确认并作出民事裁定书，请您在收到短信通知之日起七日内，前往管理人办公场所领取无异议债权民事裁定书。

梁某国向管理人提出重新确认其破产债权，并主张优先受偿。

一审法院认为：交付全部或者大部分购房款的房屋买受人，就该商品房而言，相较于承包人享有的工程价款具有优先性，但是，房屋买受人的优先权是与特定的商品房相对应的。本案中，梁某国与中广发公司之间的房屋买卖合同在中广发公司破产重整前就已经判决解除，梁某国基于合同解除享有的购房款返还请求权已无特定的商品房相对应，而是以中广发公司的一般责任财产予以清偿，因此，在中广发公司破产重整后，梁某国基于房屋买卖合同解除而享有的债权系普通债权，无权主张优先受偿。而且，就程序而言，一审法院对无异议债权予以确认的民事裁定已经发生法律效力，梁某国再行提起本案诉讼请求确认其债权，实际系请求对民事裁定确认的债权予以变更，其起诉属于对人民法院已经发生法律效力的裁定所认定的法律事实、法律关系提起诉讼，不符合诉讼程序。综上所述，梁某国的诉讼主张于法无据，理由不能成立，且不符合法律规定的受理条件。一审法院裁定：驳回梁某国的起诉。

二审法院认为：在中广发公司进入破产程序后，梁某国就其债权向中广发公司破产管理人进行申报，管理人对梁某国申报的债权确认为普通债权。中广发公司管理人辩称 2021 年 9 月 26 日第三次债权人会议上将包含梁某国在内的债权表予以公示，但未提交证据证明其向梁某国进行了送达或告知，因此中广发公司辩称梁某国的起诉已经超过《最高人民法院关于适用〈中华人民共和国企业破产法〉若干问题的规定（三）》第 8 条规定的十五日的起诉期限的理由不能成立。后一审法院对管理人制作的无异议债权表予以确认，并作出民事裁定。虽然该裁定已经发生法律效力，且确认的债权中包括梁某国申报的债权，但是该裁定系法院在破产程序中，对债务人、债权人对债权表记载的债权无异议的程序性事项，其性质仅属程序性裁定，不具有确认各项债权真实、合法的实体性法律效力，在债权人对债权表上的债权及债权性质存在异议的情况下，有权通过提起债权确认之诉寻求法律的救济。一审法院认为债权确认的民事裁定已经发生法律效力，梁某国再行提起本案诉讼属于对该裁定所认定的法律事实、法律关系提起诉讼，不符合诉讼程序，并裁定驳回其起诉显属不当，应予以纠正。二审法院裁定：（1）撤销中级人民法院裁定；（2）指令本案由中级人民法院审理。

【主要法律问题】

（1）破产债权人（梁某国）能否在债权确认裁定后，再提起债权异议的诉讼？

（2）商品房买卖合同在破产案件受理前已经解除，购房人是否在破产程序中享有优先受偿的权利？

【主要法律依据】

《中华人民共和国企业破产法》（2006）

第 44 条　人民法院受理破产申请时对债务人享有债权的债权人，依照本法规定的程序行使权利。

第 45 条　人民法院受理破产申请后，应当确定债权人申报债权的期限。债权申报期限自人民法院发布受理破产申请公告之日起计算，最短不得少于三十日，最长不得超过三个月。

第 57 条　管理人收到债权申报材料后，应当登记造册，对申报的债权进行审查，并编制债权表。

债权表和债权申报材料由管理人保存，供利害关系人查阅。

第 58 条　依照本法第 57 条规定编制的债权表，应当提交第一次债权人会议核查。

债务人、债权人对债权表记载的债权无异议的，由人民法院裁定确认。

债务人、债权人对债权表记载的债权有异议的，可以向受理破产申请的人民法院提起诉讼。

《最高人民法院关于适用〈中华人民共和国企业破产法〉若干问题的规定（三）》（2020）

第 6 条　管理人应当依照企业破产法第 57 条的规定对所申报的债权进行登记造册，详尽记载申报人的姓名、单位、代理人、申报债权额、担保情况、证据、联系方式等事项，形成债权申报登记册。

管理人应当依照企业破产法第 57 条的规定对债权的性质、数额、担保财产、是否超过诉讼时效期间、是否超过强制执行期间等情况进行审查、编制债权表并提交债权人会议核查。

债权表、债权申报登记册及债权申报材料在破产期间由管理人保管，债权人、债务人、债务人职工及其他利害关系人有权查阅。

第 7 条　已经生效法律文书确定的债权，管理人应当予以确认。

管理人认为债权人据以申报债权的生效法律文书确定的债权错误，或者有证据证明债权人与债务人恶意通过诉讼、仲裁或者公证机关赋予强制执行力公证文书的形式虚构债权债务的，应当依法通过审判监督程序向作出该判决、裁定、调解书的人民法院或者上一级人民法院申请撤销生效法律文书，或者向受理破产申请的人民法院申请撤销或者不予执行仲裁裁决、不予执行公证债权文书后，重新确定债权。

第8条　债务人、债权人对债权表记载的债权有异议的，应当说明理由和法律依据。经管理人解释或调整后，异议人仍然不服的，或者管理人不予解释或调整的，异议人应当在债权人会议核查结束后十五日内向人民法院提起债权确认的诉讼。当事人之间在破产申请受理前订立有仲裁条款或仲裁协议的，应当向选定的仲裁机构申请确认债权债务关系。

第9条　债务人对债权表记载的债权有异议向人民法院提起诉讼的，应将被异议债权人列为被告。债权人对债权表记载的他人债权有异议的，应将被异议债权人列为被告；债权人对债权表记载的本人债权有异议的，应将债务人列为被告。

对同一笔债权存在多个异议人，其他异议人申请参加诉讼的，应当列为共同原告。

《最高人民法院关于人民法院办理执行异议和复议案件若干问题的规定》（2020）

第28条　金钱债权执行中，买受人对登记在被执行人名下的不动产提出异议，符合下列情形且其权利能够排除执行的，人民法院应予支持：

（一）在人民法院查封之前已签订合法有效的书面买卖合同；

（二）在人民法院查封之前已合法占有该不动产；

（三）已支付全部价款，或者已按照合同约定支付部分价款且将剩余价款按照人民法院的要求交付执行；

（四）非因买受人自身原因未办理过户登记。

第29条　金钱债权执行中，买受人对登记在被执行的房地产开发企业名下的商品房提出异议，符合下列情形且其权利能够排除执行的，人民法院应予支持：

（一）在人民法院查封之前已签订合法有效的书面买卖合同；

（二）所购商品房系用于居住且买受人名下无其他用于居住的房屋；

（三）已支付的价款超过合同约定总价款的百分之五十。

《全国法院民商事审判工作会议纪要》（2019）

125.【案外人系商品房消费者】实践中，商品房消费者向房地产开发企业购买商品房，往往没有及时办理房地产过户手续。房地产开发企业因欠债而被强制执行，人民法院在对尚登记在房地产开发企业名下但已出卖给消费者的商品房采取执行措施时，商品房消费者往往会提出执行异议，以排除强制执行。对此，《最高人民法院关于人民法院办理执行异议和复议案件若干问题的规定》第29条规定，符合下列情形的，应当支持商品房消费者的诉讼请求：一是在人民法院查封之前已签订合法有效的书面买卖合同；二是所购商品房系用于居住且买受人名下无其他用于居住的房屋；三是已支付的价款超过合同约定总价款的百分之五十。人民法院在审理执行异议之诉案件时，可参照适用此条款。

问题是，对于其中"所购商品房系用于居住且买受人名下无其他用于居住的房屋"

如何理解，审判实践中掌握的标准不一。"买受人名下无其他用于居住的房屋"，可以理解为在案涉房屋同一设区的市或者县级市范围内商品房消费者名下没有用于居住的房屋。商品房消费者名下虽然已有1套房屋，但购买的房屋在面积上仍然属于满足基本居住需要的，可以理解为符合该规定的精神。

对于其中"已支付的价款超过合同约定总价款的百分之五十"如何理解，审判实践中掌握的标准也不一致。如果商品房消费者支付的价款接近于百分之五十，且已按照合同约定将剩余价款支付给申请执行人或者按照人民法院的要求交付执行的，可以理解为符合该规定的精神。

《最高人民法院关于商品房消费者权利保护问题的批复》（2023）

二、商品房消费者以居住为目的购买房屋并已支付全部价款，主张其房屋交付请求权优先于建设工程价款优先受偿权、抵押权以及其他债权的，人民法院应当予以支持。

只支付了部分价款的商品房消费者，在一审法庭辩论终结前已实际支付剩余价款的，可以适用前款规定。

【理论分析】

一、债权人在破产程序中的权利实现

破产法的主要目的是公平偿债，维护债权人利益是破产法的主要功能。破产制度为保障债权的实现提供了一系列规则。根据破产法的规定，破产债权的实现方式是包括债权申报、债权审查、债权确认、债权清偿。

1. 债权申报

债权申报，是指破产案件受理后，债权人向有关机关主张并证明债权的制度。由于我国采取受理开始主义，债权申报在受理后进行，并不是破产宣告后才进行，所以，我国将此制度称为债权申报，而非破产债权申报。

债权申报是债权人及其代理人所作出的参加破产程序的意思表示，通过债权申报，实质意义上的债权人转变为形式意义上的债权人，债权人获得破产程序当事人的资格，可以行使破产参与权和监督权等一系列权利。如果不进行债权申报，或债权申报不符合申报规则，债权人不能通过破产程序获得清偿，债权人将承担不利的法律后果。因此，债权申报对于债权人意义重大，为保护债权人利益，破产法设置了债权申报规则，包括债权申报的期间、债权申报的范围、接受债权申报的机关等内容。

债权申报期限是指法律或法院允许债权人在破产程序开始后向法院或法院指定的机构申报债权的有效期间。根据我国《企业破产法》（以下简称《企业破产法》）第45条的规定，人民法院受理破产申请后，应当确定债权人申报债权的期限。债权申报期限自人民法院发布受理破产申请公告之日起计算，最短不得少于三十日，最长不得超过三个月。由此可见，决定债权申报期限的主体是法院，法院根据破产案件的繁简程度，灵活决定债权申报期限；但是，法院确定具体债权申报期限时不能超过法定幅

度。法院酌定主义，一方面有利于维护债权人利益，另一方面有助于提高破产程序的效率。在法院酌定的债权申报期限内没有申报债权，债权人则丧失参加破产程序的权利；如果不对有正当理由没有在规定期限内申报债权的债权人进行救济，容易产生不公正的法律后果。我国破产法规定了补充债权申报期限，即在债权申报期限届满后，债权人可以在最后分配前补充申报债权；但是，补充申报债权的债权人应承担不利的法律后果。这些不利的法律后果表现在：一是不允许补充分配。此前已进行的分配，不再对其补充分配；二是承担有关费用。为审查和确认补充申报债权的费用，由补充申报人承担。立法规定的目的是督促当事人在规定期限内及时申报债权。

根据我国《企业破产法》第 57 条的规定，管理人接受债权申报。管理人是破产程序中负责债务人财产管理及破产程序中事务性工作的机构，由管理人作为接受债权申报的机关，符合管理人的职能。债权人向管理人申报债权时，应符合法定的形式和内容。债权申报，应采取书面形式；如果债权人向管理人口头申报债权，则申报无效。债权人申报债权时，应当书面说明债权的数额和有无财产担保，并提交有关证据。申报的债权是连带债权的，应当说明。

债权申报的范围可以分为一般债权和特殊债权，以及无须申报的债权。对于一般的债权，根据破产债权的构成要件来判断是否允许其申报债权。破产债权的构成要件是：（1）债权是相对权。债权是对人请求权；如果是物权性质的权利，不需要进行债权申报。（2）破产债权是财产性权利。由于破产程序是财产执行程序，要求能够通过破产程序进行清偿的债权也必须是财产性权利。债权内容如果是人身性质并且不能转化为财产损害赔偿请求权的，不是破产债权，不能进行债权申报。（3）破产债权原则上是在破产程序开始前的债权。破产程序是对已经发生的债权债务关系在具备破产原因情况下提供的偿债方法，因此要求破产债权是破产案件受理前存在的债权。如果在破产程序开始后而产生的债权，通常是共益债权，共益债权无须申报优先足额清偿。（4）破产债权是能够强制执行的债权。破产程序是特殊的强制执行程序，如果债权丧失了强制执行力，其也不能通过破产程序获得清偿。破产法是债务清理法，要对所有的债权进行清理，对于特殊性质的债权允许进行债权申报。但是，债务人所欠职工的工资和医疗、伤残补助、抚恤费用，应当划入职工个人账户的基本养老保险、基本医疗保险费用，以及法律、行政法规规定应当支付给职工的补偿金，不必申报，由管理人调查后列出清单并予以公示。

2. 债权审查

债权审查，是指审查权人对申报的债权是否符合申报规则以及作为破产债权性质、数额等进行调查分析的程序。债权审查制度的内容包括债权审查主体、债权审查日期、债权审查内容与形式、债权审查结果等。

债权审查主体，是指主持审查债权的个人或组织。各国关于债权审查主体的规定有不同的立法体例。德国、日本的法律规定，法院是债权审查机关；法国法律规定，由债权人代表和法官监督人担任债权审查机关；还有的国家规定，债权人会议是债权审查人。我国破产法规定，管理人和债权人会议是债权审查主体。根据《企业破产法》第 57 条、第 58 条的规定，管理人收到债权申报材料后，应当登记造册，对申报的债权进行审查，并编制债权表。管理人编制的债权表，应当提交第一次债权人会议核查。由此可见，管理人对债权申报进行初次审查，债权人会议对债权申报进行第二次审查。管理人进行审查，由管理人确定审查日期；如果是债权人会议审查，是在第一次债权人会议召开时进行审查。

根据债权不同的内容，确定不同的债权审查形式，其结果也不相同。具有执行名义的债权是指获得诉讼判决或仲裁裁决确认的债权，对于此类债权，无须审查；如果有人对此类债权有异议，通过诉讼程序解决，无须进行审查。对于正在诉讼、仲裁程序中，且尚未审结的债权，也无须进行审查，由法院或仲裁机关裁决。劳动债权不必申报，由管理人调查后列出清单并予以公示。职工对清单记载有异议的，可以要求管理人更正；管理人不予更正的，职工可以向人民法院提起诉讼。普通债权的调查方式一般是通过债务人和债权人陈述进行。债务人除非有正当理由委托他人，否则其有义务亲自到审查现场进行陈述；债权人可以自己也可以委托他人到审查现场陈述。对于没有异议的债权，等待法院确认；对于有异议的债权，允许当事人提起诉讼予以确认。

3. 债权确认

债权确认，是指对申报的债权经过债权调查，按照一定的标准确定为参加破产程序的破产债权制度。我国破产法明确规定，确认债权的机关是法院，即由法院行使债权确认之权。无论对债权是否有异议，都是由法院最终确定债权。根据我国破产法的规定，我国采取无异议债权确认和有异议债权确认两种方式。

无异议债权确认的程序是：管理人对申报的债权进行形式审查，编制债权表，提交第一次债权人会议核查，在债务人和债权人没有异议的情况下，由法院裁定确认。

有异议债权确认的程序是：对于有异议的债权，由法院通过诉讼程序，以判决的形式确认。根据我国破产法的规定，人民法院受理破产申请后，有关债务人的民事诉讼，只能向受理破产申请的人民法院提起。关于债权确认之诉，由受理破产申请的人民法院管辖。

债权金额的确定实质是对债权等质化处理，将形形色色的债权都以金钱标明其价值。对于一般债权，根据债权凭证记载的数额经过确认程序予以确认；对于特殊类型的债权，其债权金额的确定，破产法有专门的规定。

本案中，梁某国作为破产债权人，在中广发公司破产后，向管理人申报债权，管理人在债权申报后编制债权表，把债权表提交第一次债权人会议核查。在债权人对债权表没有异议的情况下，管理人请求法院确认债权。但是，在法院作出债权确认裁定之后，债权人能否再提出异议，对该债权人如何救济？

关于这个问题，司法实践中有不同的观点。

第一种观点认为，破产程序属于特殊程序，法院作出债权确认裁定后，债权人不能再提出异议，如果允许债权人提出异议，违反"一事不再理"的民事诉讼的重要原则，浪费司法资源。因企业破产法及相关民事诉讼法并没有规定当事人对法院作出的债权确认裁定不服可以提起上诉，故法院一旦作出裁定确认债权则发生法律效力，即具有终审裁定效力。如果允许债权人在法院确定裁定之后还可以提出异议并起诉，实际上是对法院生效裁定所认定的法律事实和法律关系又提起诉讼，违背了民事诉讼中"一事不再理"的基本原则。❶

第二种观点认为，"法院确认债权表的裁定是程序性裁定，非实体性判决，不具有确认其中每项债权真实、合法的实体性法律效力，即不具有对债权人的实体权利作出诉讼判决确认的法律效力，所以立法仍允许对债权表上确认的债权或暂不确认的债权提出异议，并通过债权确认诉讼予以解决"。❷ 即债权确认裁定仅仅是针对程序，应允许当事人再提出债权确认的诉讼，通过实体判决确认。本案采取的是这种观点。通过债权确认之诉，法院对债权关系的实体问题审查，以判决形式确认债权。

总之，法院"裁定"确认债权与"裁判"确认债权是有区别的。裁定确认债权，是对申报债权的形式审查。如果债权人对法院裁定确认的债权有异议，不影响债权人提起债权确认之诉，以判决形式在实体上确认债权。

二、破产债权人清偿顺位

经过债权申报、审查、确认程序后的债权，可以获得清偿。不同的破产程序，债权人获得的清偿依据不同。重整程序中，依据重整计划获得清偿；和解程序中，依据和解协议获得清偿；破产清算程序中，依据破产财产的分配方案获得清偿。

债权按顺序清偿，同一顺序的按比例清偿。根据债权清偿的顺序，可以把债权分为优先债权、普通债权、劣后债权。我国破产法规定的优先债权有两类：职工债权和税收债权。劣后债权是指对债务人的罚款、债权人参加破产程序的利息等，其在普通债权之后进行清偿；也有的国家不将此类债权作为破产债权，被称为除斥债权。破产法是利害关系人整体利益实现的法律制度。利害关系人在破产程序中按照一定的权利顺位实现权利。破产程序中的权利顺位原则上按照破产法之外的实体法的规定安排，体现"破产法尊重非破产法"的原则，但是，如果实体法关于权利实现规则和破产法整体利益保护功能相冲突，破产法对其权利实现顺位要进行适当调整。

本案中，梁某国作为购房人要求享有优先受偿权。在房企破产后，购房人是否享有优先权，要区分不同的情形。消费者购房，具有优先权。《最高人民法院关于建设工程价款优先受偿权问题的批复》（法释〔2002〕16 号）第 2 条规定："消费者交付购买商品房的全部或者大部分款项后，承包人就该商品房享有的工程价款优先受偿权不得对抗买受人。"该司法解释已于 2021 年 1 月 1 日被废止。但是，《最高人民法院关于人民法院办理执行异议和复议案件若干问题的规定》第 29 条，其并没有否定消费者购房人的优先权，反而进行了细化。消费者购房人需要满足：（1）在人民法院查封之前已

❶ 参见湖南省张家界市中级人民法院（2022）湘 08 民终 702 号民事裁定书。
❷ 王欣新. 绝境再生——破产法市场化法治化实施之路［M］. 北京：法律出版社，2015：255.

签订合法有效的书面买卖合同；（2）所购商品房系用于居住且买受人名下无其他用于居住的房屋；（3）已支付的价款超过合同约定总价款的百分之五十。

房企破产后，管理人也将依据《最高人民法院关于人民法院办理执行异议和复议案件若干问题的规定》第 28 条、《全国法院民商事审判工作会议纪要》第 125 条规定对商品房一般买受人赋予消费者购房人的权利予以保护。

本案中，梁某国购买的是商铺，并非消费者购房人，在破产程序中不享有优先受偿权，而且，梁某国和中广发公司在破产程序开始前已经解除合同，其债权只能作为普通破产债权清偿。

【思考题】

（1）破产债权和普通债权有什么区别和联系？

（2）债权申报超过了法院规定的债权申报期间，会产生什么样的法律后果？

第三节 破产程序

破产程序包括破产清算程序和破产预防程序。破产清算程序是最古老、最典型的债务清理程序。破产清算程序是指法院对不能偿债的债务人宣告破产，由管理人对破产财产变价后，按照破产财产分配方案清偿债权的程序。如果债务人是公司，在破产清算程序终结后，破产公司的法人人格消灭。破产重整与破产和解是破产预防制度。破产和解是指债务人在不能清偿债务时，向人民法院提出和解申请，与债权人团体订立清偿债务的强制契约，并经法院认可后发生效力的一种预防被宣告破产的特殊程序。破产重整（reoganization），也称为整理（rearrangement）或更生（regeneration），是指经利害关系人的申请，在审判机关的主持和利害关系人的参与下，对具有重整原因和重整能力的债务人进行生产经营上的整顿和债权债务关系上的部分清理，以使其摆脱财务困境，重获经营能力的特殊法律程序。

 **案例一　北大方正集团有限公司等五家公司实质合并重整❶**

【基本案情】

2019 年年底，北大方正集团有限公司（以下简称方正集团）流动性危机爆发，负债达数千亿元。2020 年 2 月 19 日，北京市第一中级人民法院（以下简称北京一中院）受理债权人对方正集团的重整申请。2020 年 7 月 17 日，方正集团管理人提出实质

---

❶ 参见北京市第一中级人民法院（2020）京 01 破 13 号之五民事裁定书。

合并重整申请；7 月 28 日，北京一中院组织申请人、被申请人、异议债权人等利害关系人及中介机构进行听证。经审查，北京一中院认为，方正集团与方正产业控股有限公司（以下简称产业控股）、北大医疗产业集团有限公司（以下简称北大医疗）、北大方正信息产业集团有限公司（以下简称信产集团）、北大资源集团有限公司（以下简称资源集团）之间法人人格高度混同，区分各关联企业成员财产的成本过高，对其实质合并重整有利于保护全体债权人的公平清偿利益，降低清理成本，增加重整的可能性，提高重整效率，故于 2020 年 7 月 31 日裁定方正集团等五家公司实质合并重整（以下简称北大方正集团重整案）。

北京一中院受理方正集团实质合并重整案后，坚持市场化法治化原则，严格依法审理，及时通过司法手段保护重整主体核心资产安全，维持方正集团及下属企业的持续经营。指导管理人通过公开招募、市场化竞争选定重整投资人。在重整计划草案的制定方面，坚持公平对待债权人，切实维护职工权益。2021 年 5 月 28 日，方正集团实质合并重整案债权人会议高票通过重整计划草案，根据草案规定，有财产担保债权、职工债权、税款债权及普通债权 100 万元以下的部分均获得全额现金清偿；普通债权 100 万元以上的部分可在"全现金""现金加以股抵债""现金加留债"三种清偿方式中任选一种获得清偿，预计清偿率最高可达 61%。北京一中院于 2021 年 6 月 28 日裁定批准方正集团、产业控股、北大医疗、信产集团、资源集团五家公司重整计划，并裁定终止重整程序。

本次司法重整成功为方正集团引入 700 多亿元投资，化解 2600 多亿元债务，帮助 400 余家企业持续经营，稳住 3.5 万名职工的工作岗位，最大限度地保护了各类债权人权益，使方正集团重获新生。

【主要法律问题】

（1）北大方正集团重整案的特点是什么？
（2）破产重整和破产清算有什么区别？

【主要法律依据】

《中华人民共和国企业破产法》（2006）

第 70 条　债务人或者债权人可以依照本法规定，直接向人民法院申请对债务人进行重整。

债权人申请对债务人进行破产清算的，在人民法院受理破产申请后、宣告债务人破产前，债务人或者出资额占债务人注册资本十分之一以上的出资人，可以向人民法院申请重整。

第 72 条　自人民法院裁定债务人重整之日起至重整程序终止，为重整期间。

第 73 条　在重整期间，经债务人申请，人民法院批准，债务人可以在管理人的监督下自行管理财产和营业事务。

有前款规定情形的，依照本法规定已接管债务人财产和营业事务的管理人应当向债务人移交财产和营业事务，本法规定的管理人的职权由债务人行使。

第74条　管理人负责管理财产和营业事务的，可以聘任债务人的经营管理人员负责营业事务。

第77条　在重整期间，债务人的出资人不得请求投资收益分配。

在重整期间，债务人的董事、监事、高级管理人员不得向第三人转让其持有的债务人的股权。但是，经人民法院同意的除外。

第78条　在重整期间，有下列情形之一的，经管理人或者利害关系人请求，人民法院应当裁定终止重整程序，并宣告债务人破产：

（一）债务人的经营状况和财产状况继续恶化，缺乏挽救的可能性；

（二）债务人有欺诈、恶意减少债务人财产或者其他显著不利于债权人的行为；

（三）由于债务人的行为致使管理人无法执行职务。

第79条　债务人或者管理人应当自人民法院裁定债务人重整之日起六个月内，同时向人民法院和债权人会议提交重整计划草案。

前款规定的期限届满，经债务人或者管理人请求，有正当理由的，人民法院可以裁定延期三个月。

债务人或者管理人未按期提出重整计划草案的，人民法院应当裁定终止重整程序，并宣告债务人破产。

第81条　重整计划草案应当包括下列内容：

（一）债务人的经营方案；

（二）债权分类；

（三）债权调整方案；

（四）债权受偿方案；

（五）重整计划的执行期限；

（六）重整计划执行的监督期限；

（七）有利于债务人重整的其他方案。

第94条　按照重整计划减免的债务，自重整计划执行完毕时起，债务人不再承担清偿责任。

《全国法院破产审判工作会议纪要》（2018）

32. 关联企业实质合并破产的审慎适用。人民法院在审理企业破产案件时，应当尊重企业法人人格的独立性，以对关联企业成员的破产原因进行单独判断并适用单个破产程序为基本原则。当关联企业成员之间存在法人人格高度混同、区分各关联企业成员财产的成本过高、严重损害债权人公平清偿利益时，可例外适用关联企业实质合并破产方式进行审理。

33. 实质合并申请的审查。人民法院收到实质合并申请后，应当及时通知相关利害关系人并组织听证，听证时间不计入审查时间。人民法院在审查实质合并申请过程中，可以综合考虑关联企业之间资产的混同程序及其持续时间、各企业之间的利益关系、债权人整体清偿利益、增加企业重整的可能性等因素，在收到申请之日起三十日内作出是否实质合并审理的裁定。

34. 裁定实质合并时利害关系人的权利救济。相关利害关系人对受理法院作出的实质合并审理裁定不服的，可以自裁定书送达之日起十五日内向受理法院的上一级人民法院申请复议。

35. 实质合并审理的管辖原则与冲突解决。采用实质合并方式审理关联企业破产案件的，应由关联企业中的核心控制企业住所地人民法院管辖。核心控制企业不明确的，由关联企业主要财产所在地人民法院管辖。多个法院之间对管辖权发生争议的，应当报请共同的上级人民法院指定管辖。

36. 实质合并审理的法律后果。人民法院裁定采用实质合并方式审理破产案件的，各关联企业成员之间的债权债务归于消灭，各成员的财产作为合并后统一的破产财产，由各成员的债权人在同一程序中按照法定顺序公平受偿。采用实质合并方式进行重整的，重整计划草案中应当制定统一的债权分类、债权调整和债权受偿方案。

【理论分析】

一、北大方正集团重整案的特点

（一）坚持集团"整体重整"原则

重整实践的多数案例选择对大部分资产进行处置，只保留主营业务，或者分别找投资人承接各类资产。主业分拆重整还可能出现资产处置风险难以管控、处置时间无法确定、处置价值缺乏保障的被动局面。

方正集团企业业务板块多元化，各板块的资产价值差异大，投资者最感兴趣的板块又高度相同。如果对方正集团的各项实体业务进行切割，分板块对企业实施重整，将出现投资者围猎投资优质板块，债权人为在优质板块内获得清偿而博弈等复杂局面，显著增加重整难度和未来重整计划执行的不确定性。因此，管理人坚持集团"整体重整"优先原则，要求投资者整体承接集团及其关联企业的资产包括对外投资，"一揽子"化解风险，最大限度保护集团企业营运价值，公平维护全体债权人的整体权益。全集团3400多亿元债务，纳入重整程序的将近2000亿元，依照重整计划进行清偿，未纳入重整的下属公司成为新方正集团的资产，相应债务通过市场化方式处理。

（二）使用"出售式重整"模式

"出售式重整"模式，即将债务人企业主要优质资产及业务出售或实质性出售，使其在新的企业中可以得到挽救、继续经营，债务人以出售所得对价及未转让资产处置所得清偿全体债权人。通过出售式重整，有利于隔离方正集团历史遗留风险和其他潜在风险，减轻债务重组收益税负，有利于企业未来经营发展。

按照这一思路，管理人将其重整企业的资产分为保留资产和待处置资产。保留资产出资设立新方正集团和各业务平台公司，作为收购公司，同时也是投资者持股和运营平台，承接相应业务和职工就业。根据普通债权人对清偿方案的选择情况，新方正集团主要股权由投资者有条件受让，剩余股权全部抵偿债权。待处置资产设立信托计划，处置所得在优先支付相关费用后对受益人补充分配。

（三）市场化竞争方式公开招募战略投资人

投资人的招募历时近十个月，最初有二十九家投资人报名，经过多轮筛选。战略投资者为珠海平安联合体，由珠海投资主体、平安集团、特发集团组成。其中，珠海投资主体由华发集团、格力集团及大横琴集团组建。经授权、推荐和指定，珠海投资主体、平安人寿（或其下属全资主体）、深超科技实际参与本次重整投资。战略投资人，其自有业务与债务人具有高度的匹配度和协同性，具有承接管理债务人相关业务的丰富资源和整合经验，并承诺将调动一切资源全面改善及提升方正集团企业的经营业绩。

（四）为债权人提供了灵活多样、高比例、全方位保障的清偿方案

1. 多种清偿方案组合选择

在实施"现金+以股抵债"清偿方案的同时，债权人可自主选择将预计可受让的"抵债股权"全部置换为当期现金清偿（"全现金"方案），或置换为在新方正集团留债（"现金+留债"方案），或继续持有股权并在第七年要求信用等级为 AAA 的主体无条件溢价回购，尽量满足不同债权人的清偿需要。

2. 现金清偿需求的回应

在清偿方案中最大限度满足债权人的现金清偿需求。担保债权在担保财产评估价值范围内全额现金清偿。模拟破产清算情况下，普通债权的清偿比例约为 14%。重整计划草案规定 100 万元以下小额债权一次性全额现金清偿，还为其他普通债权提供了 20% 的保底现金清偿（选择进行债转股者），不进行债转股的全现金清偿方案一次性现金清偿比例超过 30%，选择部分留债的方案最终现金清偿比例也超过 30%。

3. 合理确定以股抵债价格，明确兜底回购退出机制

重整计划草案合理确定以股抵债价格，并提供了明确的兜底回购退出机制。"以股抵债"的价格在专业机构对新方正集团企业重整后盈利预测所确定的合理股价范围之内，选择"以股抵债"的综合清偿比例超过 60%。考虑到金融机构在重整程序中被动持股后，因短期内难以退出而衍生潜在的监管风险，重整计划为选择以股抵债清偿方案的债权人提供了确定的退出机制，安排信用等级为 AAA 的主体定期无条件溢价回购。

4. 全部资产清偿债务

重整主体的资产划分为保留资产和待处置资产。债务人以保留资产设立新方正集团和各业务平台公司，以作为投资者持股和运营平台，并承接相应业务和职工。根据普通债权人对清偿方案的选择情况，新方正集团股权分别由投资者现金受让和向债权

人"以股抵债",实现投资者与债权人共同持股的目的。保留资产转入新方正集团后,方正集团100%股权将与待处置资产一起,设立以依据重整计划未获全额清偿的债权人为受益人的信托计划;在信托计划项下实现待处置资产清理、确权和处置等工作,处置所得在优先支付相关费用后向未获全额清偿的债权人补充分配。

5. 通过信托计划实施债权人的追加分配机制

重整计划草案还明确设置了对债权人的追加分配机制。所有因各种原因未能分配的偿债资源,都将在一定期限届满后转为现金,向未获全额清偿的债权人补充分配,充分保障债权人权益。为了体现股东的责任并尽可能地维护债权人的利益,方正集团的股东将股东权益无偿让渡给以未获全额清偿的债权人为受益人的信托计划,信托计划通过方正集团间接持有其他四家重整主体100%股权。北大方正破产重整服务信托结构如图4-1所示。在信托计划项下实现待处置资产及或有权益清理、确权和处置等工作,处置所得在优先支付相关费用后向未获全额清偿的债权人追加分配。补充分配机制的设置真正做到了全部资产用于清偿债权,还债资产不仅包括现有资产还包括未来可能追回的资产。

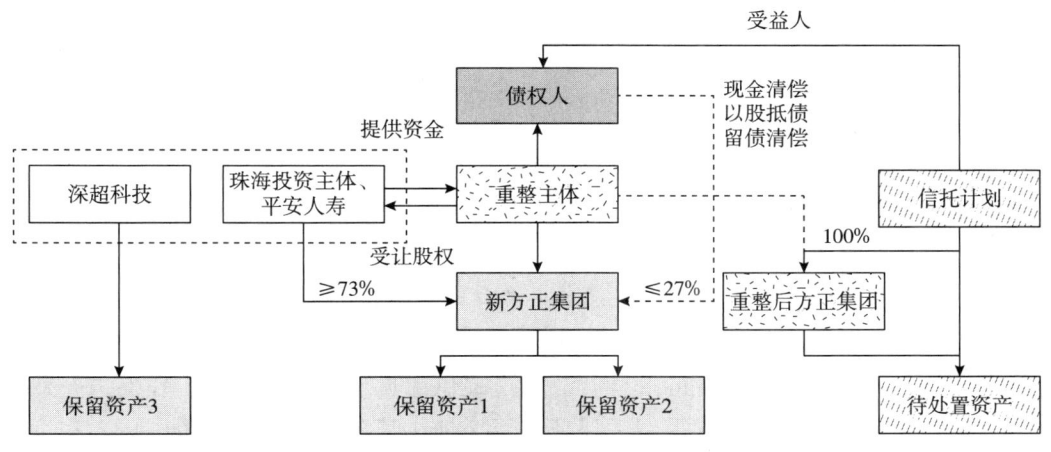

图4-1 北大方正破产重整服务信托结构

二、破产重整的制度功能

重整,也称整理或更生,是指经利害关系人的申请,在审判机关的主持和利害关系人的参与下,对具有重整原因和重整能力的债务人进行生产经营上的整顿和债权债务关系上的部分清理,以使其摆脱财务困境,重获经营能力的特殊法律程序。

破产重整制度萌芽于十九世纪与二十世纪之交,它弥补了破产清算与破产和解制度的不足,很快成为一种世界性的法律制度,且迅速发展。破产重整制度的兴起与发展表明,建立破产重整制度,拯救困境企业,是当代破产法改革和发展的大势所趋。重整制度是一项有效保护危机企业的制度,代表了现代国际破产法发展的主要潮流,出现债务危机的企业利用这个程序可以有效地避免被债权人过早地解散清算,给破产企业一个起死回生的机会。

重整在本质上属于破产预防程序体系。破产清算程序是对债务人的全部财产进行清算及执行债务清偿，而重整制度的目的不在于公平分配债务人的财产，而是在调整各方利益关系、原债权债务关系不变的前提下，使债务人得以重生。虽然债务人重整失败必然导致破产宣告，但破产却不是重整必然的结果。因此，两者不能等同。可以说，重整程序是一个独立的司法程序，并非依附于破产清算程序。

重整制度的功能表现在以下三个方面：

（1）有助于债务人通过重整获得新生。在当今经济全球化时代，世界经济已变成一个密不可分的整体，各种生产要素、各经济部门、各个公司或企业都密切相连、利害攸关，一个企业的破产除了意味着本企业生产资源的浪费和职工的失业，往往还意味着其他关联企业的连锁破产、国家税金严重受损、大规模社会动荡等一系列消极后果。因此，积极地拯救濒于破产的企业是有关国家经济发展和社会政治稳定的重要问题，而重整制度正是为实现这一目标而设计产生的，它通过法院在整个程序中的积极干预和监督，给债务人的振兴与再建提供了一个绝好的机会。实践也证明，经过重整程序，有相当一部分濒临破产或倒闭的企业获得了拯救、走向了新生。

（2）有利于债务人、债权人、股东和职工等主体共同受益。从长远利益考虑，重整程序对债务人、债权人、股东和职工等主体都比较有利。债务人可以通过重整获得拯救，避免破产；债权人在重整程序中允许债务人减少或缓期偿还债务的行为，不仅给债务人筹措资金、顺利经营带来了极大便利，也避免了因债权人强行处置债务人的抵押物或采取其他强硬措施所导致的债务人资产的清算价格大幅度下跌而给债权人本身带来的损失，实现了比在破产清算程序中更多的清偿利益；股东和其他投资人通过重整程序中各种方式的积极参与，在债务人的存续中维持甚至增长了自己的股份价值，得到了比债务人破产或倒闭、债务人剩余资产被分配干净情况下更多的利益；职工通过重整程序，不仅远离了失业的厄运，还通过提供意见或建议等方式，在促进企业振兴的同时，使自己的薪金收入得到了保证甚至增加，其自我价值也获得了更大程度地实现。

（3）有利于社会利益，避免社会动荡。在重整制度中，表面上看债务人的再建被置于中心地位，但它所着眼的并不仅仅是与债务人有关的各方利害关系人的利益，更重要的还是债务人在整个社会经济生活中的作用及其兴衰存亡对社会经济整体的影响。重整制度将社会利益放在首位，连"物权优于债权"的基本法律传统也可以突破，在重整过程中限制担保物权行使，以保存企业重建的物质基础，最终实现债务人企业的重建，达到维护社会整体利益的效果。作为解决利益冲突的一项制度，重整制度为什么把社会利益放在了首位而将个人利益放在了次位？基于此，有学者将重整制度建立的理论概括为营运价值论、利益与共论和社会政策论。❶ 重整制度将社会利益放在首位

---

❶ 王卫国. 论重整制度 ［J］. 法学研究，1996（1）：81-89.

是符合公平与效率的，重整制度中解决利益矛盾暂时发生冲突（债权人利益可能受到暂时的损害），但最终会因企业的复兴而带来更多的利益。这符合社会的普遍正义，这种普遍的正义实质是一种分配的正义。重整制度将社会利益放在首位，以牺牲少数人利益为代价，不符合个别正义，但从大多数人利益得到保障的角度来看，它又符合社会普遍正义。其价值的体现是一个从社会利益到个人利益，从社会正义到个别正义的实现过程。

【思考题】

（1）重整和预重整有什么区别和联系？
（2）关联企业合并重整的标准是什么？

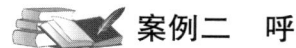 **案例二 呼某晖个人破产清算案❶**

【基本案情】

债务人呼某晖于 2014 年至 2016 年投资经营呼延文化公司，该公司经营场所与新一佳超市同处于深圳市罗湖区京基东方华都大厦，受新一佳超市有限公司倒闭的影响，呼延文化公司不得不关闭，导致呼某晖负债 480 余万元。2018 年，呼某晖卖掉唯一住房，卖房款 260 万元全部用于偿还债务，之后坚持还债，仍欠 100 多万元未能清偿。2021 年 6 月 9 日，呼某晖申请个人破产。深圳中院于 9 月 2 日裁定受理呼某晖个人破产清算申请，并指定广东华商律师事务所担任破产管理人。

管理人对呼某晖的破产事实进行了调查，认为呼某晖的陈述符合事实，亦有相关证据佐证。

呼某晖的财产包括呼某晖为其女儿购买的两份保险价值 5 万元、呼延文化公司 60% 股权、少量现金以及家具、家电、手机等。目前呼某晖每月劳务收入约 5000 元。共有 7 位债权人向管理人申报债权，申报债权总额为 924146.87 元。呼某晖陈述，除上述债务外，其仍欠平安普惠融资担保有限公司债务约 50 万元。

呼某晖向债权人会议提交了《豁免财产清单》，豁免财产包括价值约 3950 元的家具、家电、手机等学习、生活用品，以及保障呼某晖本人及其所抚养人基本生活及权利的赡养费、抚养费、基本生活费等必要生活支出费用。

债权人对呼某晖的陈述、财产报告、债权表记载的债权均未提出异议。债权人会议经表决，通过了《呼某晖财产报告》、《呼某晖豁免财产清单》以及《呼某晖破产案

---

❶ 本案为我国境内法院审结的首宗个人破产清算案，呼某晖亦成为我国境内首位真正意义上的"破产人"。该案被评为"2021 年度深圳破产审判典型案例"，以下基本案情、审理经过以及法院认为的内容参见深圳市中级人民法院（2021）粤 03 破 417 号（个 11）裁定书。

债权表》。

深圳中院经审查认为，呼某晖因生产经营损失导致负债，资产不足以清偿全部债务，且在破产程序中遵守个人破产条例规定的相关义务，符合宣告破产条件，遂于2021年11月8日依法裁定宣告债务人呼某晖破产；自宣告呼某晖破产之日起三年，为免除呼某晖未清偿债务的考察期限，呼某晖应当继续履行相关义务，考察期届满，呼某晖可以依照条例规定申请免除其未清偿的债务。

2021年12月6日，债权人会议表决通过《破产财产分配方案》后，经管理人申请，深圳中院裁定认可《破产财产分配方案》，同时终结呼某晖个人破产清算程序。

【主要法律问题】

（1）个人破产制度有什么功能？

（2）个人破产和企业破产相比较，主要特点是什么？

【主要法律依据】

《深圳经济特区个人破产条例》（2020）

第1条　为了规范个人破产程序，合理调整债务人、债权人以及其他利害关系人的权利义务关系，促进诚信债务人经济再生，完善社会主义市场经济体制，根据法律、行政法规的基本原则，结合深圳经济特区实际，制定本条例。

第2条　在深圳经济特区居住，且参加深圳社会保险连续满三年的自然人，因生产经营、生活消费导致丧失清偿债务能力或者资产不足以清偿全部债务的，可以依照本条例进行破产清算、重整或者和解。

第21条　自人民法院裁定受理破产申请之日起至依照本条例裁定免除债务人未清偿债务之日止，债务人应当承担下列义务：

（一）按照人民法院、破产事务管理部门、管理人要求提交或者补充相关材料，并配合调查；

（二）列席债权人会议并接受询问；

（三）当债务人的姓名、联系方式、住址等个人信息发生变动或者需要离开居住地时，及时向破产事务管理部门、管理人报告；

（四）未经人民法院同意，不得出境；

（五）按时向人民法院、破产事务管理部门登记申报个人破产重大事项，包括破产申请、财产以及债务状况、重整计划或者和解协议、破产期间的收入和消费情况等；

（六）借款一千元以上或者申请等额信用额度时，应当向出借人或者授信人声明本人破产状况；

（七）配合人民法院、破产事务管理部门和管理人开展与破产程序有关的其他工作。

第23条　自人民法院作出限制债务人行为的决定之日起至作出解除限制债务人行

为的决定之日止，除确因生活和工作需要，经人民法院同意外，债务人不得有下列消费行为：

（一）乘坐交通工具时，选择飞机商务舱或者头等舱、列车软卧、轮船二等以上舱位、高铁以及其他动车组列车一等以上座位；

（二）在夜总会、高尔夫球场以及三星级以上宾馆、酒店等场所消费；

（三）购买不动产、机动车辆；

（四）新建、扩建、装修房屋；

（五）供子女就读高收费私立学校；

（六）租赁高档写字楼、宾馆、公寓等场所办公；

（七）支付高额保费购买保险理财产品；

（八）其他非生活或者工作必需的消费行为。

第32条　人民法院裁定受理破产申请时属于债务人的财产和依照本条例裁定免除未清偿债务之前债务人所取得的财产，为债务人财产。

第36条　为保障债务人及其所扶养人的基本生活及权利，依照本条例为其保留的财产为豁免财产。豁免财产范围如下：

（一）债务人及其所扶养人生活、学习、医疗的必需品和合理费用；

（二）因债务人职业发展需要必须保留的物品和合理费用；

（三）对债务人有特殊纪念意义的物品；

（四）没有现金价值的人身保险；

（五）勋章或者其他表彰荣誉的物品；

（六）专属于债务人的人身损害赔偿金、社会保险金以及最低生活保障金；

（七）根据法律规定或者基于公序良俗不应当用于清偿债务的其他财产。

前款规定的财产，价值较大、不用于清偿债务明显违反公平原则的，不认定为豁免财产。

除本条第1款第五项、第六项规定的财产外，豁免财产累计总价值不得超过二十万元。本条第1款第一项、第二项的具体分项和各分项具体价值上限标准由市中级人民法院另行制定。

【理论分析】

一、个人破产制度的意义

个人破产是破产法的起点。破产法是解决债务清理的法律制度，最早适用破产法的主体是自然人；随着社会的发展，破产法适用范围扩大到所有的主体。个人破产制度的意义体现在以下几个方面。

首先，保护债权人利益，公平清偿债权。个人丧失清偿能力后，其债权人之间面临索债竞争，导致债权人之间的矛盾加剧，债权实现陷入僵局。通过个人破产制度，提供给一个公平清偿债权的法律平台。个人进入破产程序后，债权人申报债权，专业人员组成的管理人制定财产清单，将债务人可清偿的所有财产公平分配给全体债权人，保障债权的实现。当然，由于债务人丧失了清偿能力，通过个人破产程序，债权人得到部分清偿，同时按比例承担债权不能清偿的损失。

其次，保护债务人利益，通过个人破产制度，解决丧失清偿能力的自然人的债务困境，维护其生存利益，给予其继续发展的机会。早期破产法奉行"破产有罪"理念，破产的个人被视为犯罪。随着社会的发展，促使人们认识到"欠债不还"有许多客观和主观因素，不能完全归罪于债务人，逐步形成"破产无罪"理念。通过个人破产制度，提供债务人重新开始（fresh start）的机会。现代破产法通过破产免责、自由财产、失权复权等制度给予破产人以债务救济，提供破产保护。通过个人破产制度，避免债权人沦为债务奴隶。

最后，维护社会稳定，分担创业风险，鼓励创新创业，激发经济活力，保障经济发展。个人破产所欠债务主要分为两种类型，生活欠债和生产（投资）欠债，这两种债务密切相关。通过个人破产制度，保障个人及其家庭的基本生活，同时，分解其经营债务负担。个人破产制度，能够鼓励大众创新创业，维护企业家精神，为创业失败的主体提供法律保护。避免因债务困境导致家破人亡的现象，维护社会秩序，体现人文关怀的社会文明理念。

二、个人破产与企业破产制度的关系以及破产法修订的意义

个人破产与企业破产都是解决债务危机的法律制度。二者的主要区别在于：一是适用主体不同。个人破产适用于自然人，自然人破产之后人格存续；企业破产的适用主体是拟制主体，企业破产清算后，法人人格消灭。二是制度功能不同。个人破产制度要维护破产人及其家庭的生存和发展。个人破产中有一些专门保护自然人的特有制度，如破产免责制度、自由财产制度、失权和复权制度等。企业破产制度的主要功能在于债务清理。虽然企业破产重整与和解同样保护债务人，但是，其保护的方式和规则不同于个人破产制度。

我国现行破产法的适用范围狭窄，仅适用于企业，扩大适用到非企业的组织（《企业破产法》第135条）。由于目前我国破产法不承认自然人破产，因此破产法被称为"半部破产法"。深圳特区于2020年颁布个人破产条例，并出现了个人破产案例。能否将破产法的适用范围扩大到个人，是目前破产法修订中的热点问题。之所以存在对于个人破产是否入法的争议，原因很多，其中有一个很重要的问题是，个人破产制度在我国是否有存在的必要性。

目前，在我国质疑个人破产制度的原因很多，其中有一个因素是担心个人破产会导致破产欺诈，损害债权人利益。的确，个人破产制度有可能沦为逃避债务的法律工具。但是，个人破产制度本身有很多防范破产欺诈的制度设计。如破产免责有严格的条件限制、破产免责仅适用于诚实的债务人、免责条件和次数的限制、免责考察期的设置等，以避免破产免责制度的滥用。自由财产制度的范围限定在个人及其家庭的基本生存和发展需要等。此外，可通过破产法律责任，严防破产欺诈。

因此，引入个人破产制度，能够促使我国破产法的适用范围扩展到所有的民法主体，更好地发挥破产制度的功能。

【思考题】

（1）通过个人破产程序，破产人可以获得破产免责，破产免责是否会导致破产逃债、损害债权人的利益？

（2）个人破产程序中，破产财产的范围如何确定？如果债务人所有的财产都被认定为破产财产，债务人及其家属的生活如何保障？

证券法

 **本章知识要点**

证券法旨在规范证券发行和交易行为，保护投资者的合法权益，维护社会经济秩序和社会公共利益，促进社会主义市场经济的发展。通过本章学习，应当深入理解以下知识：（1）证券短线交易归入权的含义与意义。证券短线交易归入权是指公司依法享有的、将公司内部人在法定期间内买入证券又卖出，或者卖出证券又买入所得的收益，收归公司所有的权利。（2）证券市场虚假陈述法律责任的构成要件。发行人、上市公司与上市公司的控股股东、实际控制人、董事、监事、高级管理人员和其他直接责任人员，以及保荐机构、承销机构、证券服务机构等，未按照规定披露信息，或者公告的证券发行文件、定期报告、临时报告及其他信息披露资料存在虚假记载、误导性陈述或者重大遗漏，造成投资人损害的，应当依法承担赔偿责任。（3）证券法律业务的种类。证券法律业务是指律师事务所及其律师为发行和交易证券的企业、机构和场所所做的各种证券及相关业务出具有关法律意见书，审查、修改、制作各种有关法律文件等。

第一节　证券短线交易归入权

在证券投资实践中，短线交易与长线投资相对应，是指在短期内谋取股票差价收益的投资行为。而证券法意义上的短线交易，是指上市公司内部人在法定期间进行了至少一组方向相反的买进和卖出行为。上市公司内部人进行短线交易，既可能利用了内幕信息，也可能没有利用内幕信息。通过对上市公司内部人的短线交易收益予以归入和处罚这一威慑手段，建立内幕交易的事先防范机制。上市公司内部人如果通过短线交易获得了收益，公司有权利收回该收益，这就是证券短线交易归入权。短线交易归入权、短线交易行政责任、内幕交易民事责任、内幕交易公法责任等制度，共同发挥预防内幕交易的发生和救济相关权利人的功能。

 **案例 浙江某国际旅游开发有限公司短线交易被行政处罚案❶**

【基本案情】

2007 年 9 月 21 日，九龙山公司原控股股东松冈公司，将九龙山公司 4838 万股 B 股转让给胜地公司，将九龙山公司 4000 万股 B 股转让给海洋公司。2007 年 11 月 16 日，松冈公司将九龙山公司 6625 万余股境外法人股转让给浙江某国际旅游开发有限公司（以下简称国际旅游公司）。2009 年 1 月 13 日，上述股权转让完成过户手续。转让完成后，上述国际旅游公司、胜地公司及海洋公司三家公司分别持有九龙山公司股份占比为 15.25%（A 股）、11.13%（B 股）及 9.21%（B 股），且三家公司的实际控制人均为同一人，三家公司受让完成后成为公司持股 5% 以上的股东。紧接着，三家公司就开始了减持：

2009 年 1 月 13 日至 6 月 5 日，国际旅游公司在六个月内合计减持九龙山公司 A 股 3189 万余股，成交金额 1.65 亿余元，净盈利 8443 万余元，减持后持股比例为 11.58%。

2009 年 1 月 13 日至 7 月 10 日，胜地公司在六个月内合计减持九龙山公司 B 股 3452 万余股，成交金额 2425 万余美元，盈利 1915 万余美元，减持后持股比例为 7.16%。

2009 年 1 月 13 日至 6 月 22 日，海洋公司在六个月内合计减持九龙山公司 B 股 719 万余股，成交金额 377 万余美元，盈利 271 万余美元，减持后持股比例为 8.38%。

证监会认为，国际旅游公司、胜地公司和海洋公司的上述行为违反了我国 2005 年修订的《证券法》第 47 条（2019 年修订的《证券法》第 44 条）的规定，构成《证券法》第 195 条（2019 年修订的《证券法》第 189 条）所述的行为。根据当事人违法行为的事实、性质、情节与社会危害程度，证监会作出行政处罚决定（证监会〔2011〕54 号）：责成九龙山公司董事会向国际旅游公司追讨短线交易所获收益 84436801.34 元，向胜地公司追讨短线交易所获收益 19157936.40 美元，向海洋公司追讨短线交易所获收益 2717559.75 美元；对国际旅游公司、胜地公司和海洋公司给予警告，并分别处以 10 万元罚款。

国际旅游公司、海洋公司、胜地公司不服上述处罚，先后提出了行政复议和行政诉讼。三家公司提出多项异议，包括买入股票的认定时间、国际旅游公司的减持行为能否认定为短线交易、申请人认为减持并不是为了从事短线交易而获利。最高人民法院作出再审判决书，维持证监会就国际旅游公司短线交易案所作处罚决定和复议决定，

---

❶ 参见最高人民法院（2015）行提字第 24 号行政判决书。

维持北京市第一中级人民法院、北京市高级人民法院就该案作出的一审、二审判决。

【主要法律问题】

（1）短线交易的主体要件、行为要件、客体要件、时间要件，分别如何认定？短线交易是否要考虑主观目的？短线交易收益如何计算？

（2）短线交易归入权是请求权，还是形成权？适用诉讼时效，还是除斥期间？公司董事会如何行使归入权？若公司董事会不行使归入权，股东如何救济？

（3）如何理解短线交易的行政责任？行政处罚的幅度如何把握？证监会作出了责令上市公司董事会追缴短线交易收益的决定，如何理解？

（4）短线交易与内幕交易竞合，公司短线交易归入权与内幕交易受害人损害赔偿请求权是否可以同时行使？

【主要法律依据】

《中华人民共和国证券法》（2019）

第44条　上市公司、股票在国务院批准的其他全国性证券交易场所交易的公司持有百分之五以上股份的股东、董事、监事、高级管理人员，将其持有的该公司的股票或者其他具有股权性质的证券在买入后六个月内卖出，或者在卖出后六个月内又买入，由此所得收益归该公司所有，公司董事会应当收回其所得收益。但是，证券公司因购入包销售后剩余股票而持有百分之五以上股份，以及有国务院证券监督管理机构规定的其他情形的除外。

前款所称董事、监事、高级管理人员、自然人股东持有的股票或者其他具有股权性质的证券，包括其配偶、父母、子女持有的及利用他人账户持有的股票或者其他具有股权性质的证券。

公司董事会不按照第1款规定执行的，股东有权要求董事会在三十日内执行。公司董事会未在上述期限内执行的，股东有权为了公司的利益以自己的名义直接向人民法院提起诉讼。

公司董事会不按照第一款的规定执行的，负有责任的董事依法承担连带责任。

第53条　证券交易内幕信息的知情人和非法获取内幕信息的人，在内幕信息公开前，不得买卖该公司的证券，或者泄露该信息，或者建议他人买卖该证券。

持有或者通过协议、其他安排与他人共同持有公司百分之五以上股份的自然人、法人、非法人组织收购上市公司的股份，本法另有规定的，适用其规定。

内幕交易行为给投资者造成损失的，应当依法承担赔偿责任。

第189条　上市公司、股票在国务院批准的其他全国性证券交易场所交易的公司的董事、监事、高级管理人员、持有该公司百分之五以上股份的股东，违反本法第44条的规定，买卖该公司股票或者其他具有股权性质的证券的，给予警告，并处以十万元以上一百万元以下的罚款。

第 191 条　证券交易内幕信息的知情人或者非法获取内幕信息的人违反本法第 53 条的规定从事内幕交易的，责令依法处理非法持有的证券，没收违法所得，并处以违法所得一倍以上十倍以下的罚款；没有违法所得或者违法所得不足五十万元的，处以五十万元以上五百万元以下的罚款。单位从事内幕交易的，还应当对直接负责的主管人员和其他直接责任人员给予警告，并处以二十万元以上二百万元以下的罚款。国务院证券监督管理机构工作人员从事内幕交易的，从重处罚。

违反本法第 54 条的规定，利用未公开信息进行交易的，依照前款的规定处罚。

【理论分析】

一、短线交易的构成要件

短线交易，是指特定主体在法定期间内将其持有的公司股票或者其他具有股权性质的证券先买入后卖出或先卖出后买入的行为。短线交易归入权是公司依法享有的、将短线交易主体所得利益收归公司所有的权利。短线交易归入权起源于 1934 年《美国证券交易法》第 16 条。该条采取"粗略而实际"的做法，通过强制性剥夺短线交易的收益，即让内部人承担返还短线交易所得收益，来阻止利用内幕信息进行交易的行为。该制度的主要目的在于防患于未然，因此不问公司内部人在实际的交易中是否有利用内幕消息。❶ 公司有权要求短线交易行为人向公司给付短线交易所得收益，行为人有义务将该收益给付给公司。界定短线交易归入权的前提，是界定短线交易。为解决司法实践中的问题，短线交易的主体要件、行为要件、客体要件、时间要件、主观要件等，需要逐一进行分析。

1. 主体要件

根据《证券法》第 44 条第 1 款，上市公司、股票在国务院批准的其他全国性证券交易场所交易的公司持有百分之五以上股份的股东、董事、监事、高级管理人员，属于短线交易的规制主体。对此，应当作如下的理解：

第一，短线交易归入权规制的股东界定为持有上市公司股份 5% 以上的股东。股东的认定，理论上有形式认定和实质认定两种方法。实践中，股东持股比例的计算方式，以实际持有为标准，既包括直接持股，也包括间接持股。股东利用家庭成员的名义持有，或者通过其他人持有，或者通过合伙人、信托人等持有的股份，均应计算在内。《上市公司收购管理办法》第 12 条规定："投资者在一个上市公司中拥有的权益，包括登记在其名下的股份和虽未登记在其名下但该投资者可以实际支配表决权的股份。投资者及其一致行动人在一个上市公司中拥有的权益应当合并计算。"该条规定的"一致行动人"，对于界定短线交易所规制股东的范围，有相当的参照意义。上市公司的实际控制人往往由于协议安排，对公司具有极大的影响力和控制力，也应当作为短线交易的规制主体。

---

❶　贺绍奇. "内幕交易"的法律透视［M］. 北京：人民法院出版社，2000：230.

在股东身份时点的认定中，通常情况下有两种方法："一端说"和"两端说"。"一端说"的观点认为，只要在"买入"和"卖出"的任一时点时具有大股东的身份，就构成短线交易违法行为的主体；"两端说"则认为，在两个时点都需要满足大股东的身份。股东身份"两端说"标准，刚开始得到了司法裁判的确认。在华夏公司短线交易一案中，原告华夏公司诉称：2009年4月17日，被告通过上海市第一中级人民法院组织的公开拍卖，以总价款11460万元（合每股3.82元）竞买获得原告股份3000万股，占原告总股本7.89%。2009年6月1日，被告通过上海证券交易所以每股4.93元卖出所持原告的股份1900万股（占原告总股本4.998%），所获差价收益2109万元。据此，被告在买入原告股票成为持有股份5%以上的股东后，又在六个月时卖出一定数量的股份，所产生的差价收益2109万元应归入原告，故请求判令被告支付收益2109万元。上海市卢湾区人民法院经审理后认为，行为人实施的一项法律行为，仅能产生一项法律效果。若被告购入3000万股所产生的系构成短线交易主体之法律效果，之后其仅有一个"卖出1900万股"行为，尚缺乏一组反向的交易行为。若认定被告"购入3000万股、卖出1900万股"构成证券法所规制的反向交易行为，被告则因实施行为之前并非公司的内幕人员而不具备短线交易的主体资格。因此，被告的身份及行为尚不符合短线交易的构成要件。❶ 上海市卢湾区人民法院认为，由于被告的身份尚不符合短线交易的构成要件，同时客观上被告也缺乏利用内幕信息进行证券交易的条件，故本案不能适用《证券法》（2005）第47条的规定。依照《证券法》（2005）第47条第1款的规定，判决驳回原告华夏公司的诉讼请求。一审判决后，双方当事人均未上诉。

股东身份"两端说"是实践中长期采用的观点，但也有不周延和不合理的地方。如甲于2月1日在证券市场购入上市公司总股份8%的股票，4月1日将所持上市公司股份卖出2%。此时，如不认定甲的行为属于短线交易行为，将有可能放纵甲可能利用内幕信息的行为。再如甲当前持有上市公司5%的股份，2月1日又从公开市场购入1%的公司股份，3月1日卖出2%，4月1日卖出剩余4%的股票。此种情况下，坚持"两端说"，就难以避免甲利用内幕信息的可能。为了更好发挥短线交易归入权防范内幕交易的功能，最高人民法院的一些裁判采取"一端说"标准。在浙江某国际旅游开发有限公司短线交易案中，最高人民法院根据我国《立法法》第64条的规定，正式向全国人民代表大会常务委员会法制工作委员会提出法律询问。全国人民代表大会常务委员会法制工作委员会作出法工办复〔2016〕1号《关于证券法第四十七条第一款理解问题的答复意见》指出，当事人在买入上市公司股票时不是"上市公司董事、监事、高级管理人员"，在买入后六个月内卖出时具备上述身份的，或者当事人因买入上市公司股票才成为"持有上市公司股份百分之五以上的股东"，其后又在六个月内卖出该上市公司股票的，均应当适用《证券法》第47条第1款的规定。最高人民法院根据这一答复，在浙江某国际旅游开发有限公司短线交易案中，采纳了"一端说"。

---

❶ 参见上海市卢湾区人民法院（2009）卢民二（商）初字第984号民事判决书。

第二，短线交易归入权规制的董事、监事、高级管理人员，包括三种类型："名实相符的""有名无实的""有实无名的"。公司章程以及股东会、董事会决议记载的董事、监事、高级管理人员，属于短线交易归入权制度规制的对象。高级管理人员包括公司的正副经理、董事会秘书、财务负责人以及其他由章程规定的人员。不管公司高管是否事实上行使了相应的职权，皆应当认定为短线交易的内部人。也就是说，挂名的公司高管不能据此主张免责。未在公司章程以及股东会、董事会决议中记载为董事、监事、高级管理人员，但事实上行使了相应的职责的，也应当认定为禁止实施短线交易的内部人。我国司法实践大多数采用实质标准，关注行为人由于在公司所处的地位而利用内幕信息进行交易的可能性。

如果一个法人持有一家上市公司 5% 以上的股份，该法人作为股东，属于短线交易归入权规制的对象。该法人的董事、监事等也有机会掌握上市公司的内幕信息，也应当归入短线交易规制的对象。对此，《证券法》（2019）第 44 条虽然没有明确规定，但从法理上应当这样解释。在山西明坤公司短线交易案中，明坤公司作为山西美锦公司持股比例大于 5% 的大股东，于 2015 年 1 月至 6 月时间间隔小于六个月期间增持之后又减持美锦公司股票，证券监管机构认为其构成短线交易行为。而作为明坤公司董事兼总经理的梁某明，以及身为财务总监的孔某刚同样也受到了证监会警告加罚款的处罚。证监会给出的处罚理由是二者虽在山西美锦公司不具有内部人身份，但属于该法人股东的实际控制人，是直接的责任人员，应该被列入主体认定的范围。❶

实践中，董事、监事、高级管理人员采用了"一端说"，只要这短线交易买卖的一端，具有相应的身份即可。如在三聚公司短线交易一案中，2012 年 12 月 21 日，王某生被选举为三聚公司（300072）副总经理。之前王某生账户有买入公司股票的行为。2012 年 11 月 13 日，王某生买入公司股票 8000 股，截至 2013 年 1 月 14 日，王某生持有公司股份 60900 股，占公司总股本的 0.02%。经核实，王某生 2013 年 1 月 15 日卖出公司股票 15225 股，成交均价为 13.20 元。上述行为构成短线交易。按照六个月内买入又卖出公司股票 8000 股的均价计算，上述短线交易收益为 15920 元。根据《证券法》的规定，公司董事会已收回该笔收益。❷

第三，证券公司因购入包销售后剩余股票而持有 5% 以上股份，以及有国务院证券监督管理机构规定的其他情形，卖出该股票不受六个月的限制。《证券法》（2019）第 26 条第 3 款规定："证券包销是指证券公司将发行人的证券按照协议全部购入或者在承销期结束时将售后剩余证券全部自行购入的承销方式。"

2. 行为要件

短线交易的行为必须是相匹配的反向交易行为，即一组方向相反的买进和卖出行

---

❶ 参见中国证监会行政处罚决定书〔2015〕35 号。

❷ 邱永红. 证券短线交易规制的司法与监管案例实证［J］. 金融服务法评论，2015（1）：31. 郭锋. 金融服务法评论（第 7 卷）［C］. 北京：法律出版社，2015：346.

为。股票交易方式主要有：一是在二级市场的集中竞价交易和连续竞价交易；二是大宗交易平台的交易；三是场外协议交易；四是做市商交易；五是司法拍卖；六是国有股东之间政策性买卖转让股权等。从制度目的看，短线交易方式包括集中竞价交易，也包括协议转让等非集中竞价交易。

在浙江某国际旅游开发有限公司短线交易被行政处罚案中，最高人民法院认为，虽然该公司是通过协议方式进行的股票买入，但其利用信息或决策优势地位通过该种协议方式进行短线交易获得不正当利益的可能性，与采取其他交易方式进行短线交易是基本相同的。立法者并没有将协议交易方式排除在外，如果不认定协议交易方式是短线交易的方式之一，反而是不公平的。因为大机构或大股东通常可用的交易方式比中小投资者可运用的交易方式多得多，而各类大规模交易更容易实现大规模的不公平利益。因此，各类交易方式均可能构成非法的短线交易。❶

3. 客体要件

根据《证券法》（2019）第44条，短线交易的客体是股票或其他具有股权性质的证券。美国判例法认为，短线交易的客体包括一切公司内幕人可能滥用公司内幕交易信息进行的股票，包括场内交易和场外交易的股票。我国场外交易的证券，是否纳入短线交易规制的对象，还需要进一步实践探索。

在浙江某国际旅游开发有限公司短线交易被行政处罚案中，非流通股股份是否属于短线交易的客体，存在争议。最高人民法院认为，上市公司非流通股是我国证券市场发展特定历史阶段的产物，与能够在证券交易所集中交易系统即时自由交易的流通股不同。上市公司非流通股的转让，原则上只能通过协议或者拍卖等场外交易方式进行。非流通股转让虽然具有不可控因素，但不能完全排除适用。短线交易的标的是上市公司的股票，立法并没有将上市公司的非流通股排除在外。❷ 因此，浙江某国际旅游开发有限公司的再审请求不能成立，最终判决维持北京市高级人民法院（2013）高行终字第3号判决和北京市第一中级人民法院（2012）一中行初字第2828号行政判决。

4. 时间要件

禁止短线交易的期间为六个月，一方面防止利用内幕信息进行短线交易，另一方面避免不当阻止合理的投资。如果期限太短，会放纵一些可能利用内幕信息的短线交易。如果期限太长，就会阻止内部人的正常投资。实践中，同一天内有反向的交易行为，被认定为短线交易。对于股权转让时间，原则上以过户登记作为生效时间，法律有特别规定或者当事人有明确约定除外。在浙江某国际旅游开发有限公司短线交易被行政处罚案中，国际旅游公司和松冈公司签订的涉案股票转让协议明确约定股份所有权转移日是在中国证券登记结算公司上海分公司办理完毕标的股份的过户登记手续之

---

❶ 最高人民法院行政审判庭. 最高人民法院行政审判庭法官会议纪要（第一辑）［M］. 北京：人民法院出版，2022：255-267.

❷ 参见最高人民法院（2015）行提字第24号行政判决书。

日。因此，最高人民法院认为，涉案股票转让生效时间，无论是依据法律规定还是当事人之间的约定，都应当是办理过户登记手续之日。

5. 主观要件

短线交易归入权的立法目的是防止上市公司内部人利用对公司的控制优势或者信息优势，短时间内买卖公司股票获取不正当利益。短线交易归入权采取简化的客观判断标准和无过错责任原则，即只要行为人客观上具备特定人员的身份并在六个月限制期内买卖股票即构成短线交易。

在董某亭一案中，董某亭对行政处罚提出申辩意见，辩解此次短线交易部分系由其下属工作人员操作不当，造成反向交易，自己主观上并无故意。而上海监管局则认为，根据《证券法》对短线交易的规定，当事人是否存在主观恶意并非短线交易行为的法定构成要件，董某亭提出的陈述申辩理由并不影响其短线交易行为的认定，最终驳回了他的申辩。❶ 依据《证券法》第 195 条，上海监管局决定对董某亭给予警告，并处十万元罚款。在新疆夏某平一案中，夏某平在申辩材料中也同样提出交易行为属无主观故意的、不了解情况的误操作。新疆监管局也给出同样的回应："我局认为夏某平的申辩理由不成立，短线交易这种违法行为，不因主观上有无故意、是否了解情况，以及误操作而免责。"❷ 在夏某勇、李某军案中，夏某勇在陈述申辩中提出，其卖出交易量较小的股票只是为了缴纳巨额个人所得税的需要，其行为在主观上根本没有获取不当得利和违规的故意，请求对其免于处罚，证监会最后仍对其作出了"警告"的处罚。❸

二、短线交易归入权的权利行使

1. 短线交易归入权的权利性质

学界对短线交易归入权的性质主要持形成权说、请求权说、形成权兼请求权说三种观点：第一，形成权说。形成权是指一方当事人通过意思表示即可使法律关系发生变动的权利。该学说认为，归入权的行使仅仅要求上市公司一方作出要求短线交易主体归还通过交易所获得的收益的意思表示即可成立。第二，请求权说。请求权是请求他人为或不为一定行为的权利。持该种意见的学者认为，归入权是公司向短线交易行为人请求给付收益的权利，符合请求权的基本特征。第三，形成权兼请求权说。持该学说的学者认为，归入权依公司单方意思表示即可行使，无须得到短线交易主体的同意。同时，归入权行使主体就需要向短线交易主体提出请求，归入权又有请求权的特征。因此，该部分学者认为归入权兼有形成权与请求权的双重性质。

短线交易归入权的性质，与短线交易归入权的行使期间，具有密切的联系。主张形成权的学者往往认为，短线交易归入权要适用除斥期间。而主张请求权的学者往往

---

❶ 参见中国证券监督管理委员会上海监管局行政处罚决定书〔2016〕7 号。

❷ 参见中国证券监督管理委员会新疆监管局行政处罚决定书〔2017〕1 号。

❸ 参见中国证监会行政处罚决定书〔2009〕35 号。

认为，短线交易归入权要适用诉讼时效。我国《证券法》对归入权的行使期间，没有作明确的规定。短线交易归入权从本质上属于法定的一种债权，依据特别法的规定产生。这种债权既不属于合同债权，也不属于无因管理债权或者不当得利债权，而是属于其他类型的债权。短线交易归入权行使期间，适用三年的诉讼时效。诉讼时效期间自权利人知道或者应当知道权利受到损害以及义务人之日起计算。公司对短线交易主体的请求权，能够因法定事由产生中止、中断、延长。这对于打击短线交易行为，保护公司利益更有益处。如果将短线交易归入权定性为形成权，可能会适用六个月的除斥期间，将大大影响制度目的的实现。

2. 短线交易归入权的收益计算

公司行使短线交易归入权的法律后果是短线交易收益的归入。如果短线交易只是一组买卖行为，买进股票和卖出股票的差价扣除必要费用即为所得收益。如果短线交易是多笔交易行为，采用不同收益计算方法，将计算出不同的收益结果。我国《证券法》对收益的计算，没有作出明确规定。实践中，主要包括以下几种方法：第一，同一鉴定法（股票编号法）。此种方法是将六个月之内买卖的股票进行严格区分，将每一笔买进的股票按其编号进行特别区分。第二，平均成本法。即以六个月内买入的总金额和卖出的总金额的差价为收益。第三，先进先出法。即先买入的股票与先卖出的股票进行匹配计算。第四，最高卖价减最低买价法。即把法定期间的买入和卖出的股票进行单列，将同等数量的卖出最高价和买入最低价相匹配，每次匹配之后都在剩余的股票中重复这一方式的匹配，计算每组匹配的差价最终将差价相加计算得出收益。

同一鉴定法（股票编号法）不具有可操作性，平均成本法、先进先出法、最高卖价减最低买价法都具有一定程度的合理性。目前证券交易采取的是计算机自动撮合以及无纸化交易，同一公司的同一类证券产品具有同质性。以股票为例，每一股所承载的权利都是相同的，自由市场中存在大量的集中竞价交易，故同一鉴定法（股票编号法）计算方式不具有可操作性。平均成本法是操作最简便的一种方式，行为人在禁止期间内的买入均价和卖出均价很容易计算，之后便是简单的差价计算。股票的交易成本得以随市场价格的波动而不断变化，先进先出法使计算出的短线交易收益更接近实际收益。最高卖价减最低买价法其实就是做到收益最大化。这种方法不考虑时间的先后，按照价格高低进行匹配，有可能夸大收益，使短线交易归入制度带有明显的惩罚性色彩。

实践中，有的案例采取平均成本法，有的案例采取最高卖价减最低买价法。在中创信测案例中，采取了"最高卖价减最低买价"的收益计算方法。❶ 如果从立法条款文义解释看，平均成本法更为合理。如果考虑制度的惩罚功能和威慑功能，可以考虑最高卖价减最低买价法。

---

❶ 邱永红. 证券短线交易规制的司法与监管案例实证 [J]. 金融服务法评论，2015（1）：31. 郭锋. 金融服务法评论（第7卷）[C]. 北京：法律出版社，2015：353.

3．短线交易归入权的行使主体

第一，董事会直接行使。董事会行使归入权一般通过两种方式：一是董事会通过董事会决议直接要求内部人将所得利益归还给公司；二是当前一措施仍未达成效果时，董事会以公司的名义向法院提起诉讼，将内部人所得的收益归入公司。公司董事会不依法行使短线交易归入权的，负有责任的董事依法承担连带责任。

第二，股东代表诉讼。股东代表诉讼是公司实现归入权的另一种重要方式。虽然法律赋予公司董事会行使归入权的权利，但在实践中，由于董事会与内部人的特殊关系，短线交易收益归入还是靠股东代表诉讼来完成的。根据《证券法》的规定，公司的任何一个股东，无论其持股多少，均有权提起派生诉讼。股东必须先请求董事会在三十日内行使归入权，只有当董事会未在三十日内行使该权利，股东才可以为了公司的利益以个人的名义向法院提起诉讼。这是股东代表诉讼必须经历的一个前置程序，同时也是对股东代表诉讼行使归入权的限制。

4．短线交易与内幕交易的竞合

内幕人利用内幕信息从事短线交易，发生短线交易与内幕交易竞合的情形。此时公司归入权的行使就遇到了新的问题，即如何处理公司归入权与受害人损害赔偿请求权的关系。《证券法》（2019）第53条第3款规定："内幕交易行为给投资者造成损失的，应当依法承担赔偿责任。"有学者主张投资者的损害赔偿请求权吸收公司的归入权；有学者主张公司的归入权吸收投资者的损害赔偿请求权；也有学者主张短线交易具有独立性，公司的归入权与投资者的损害赔偿请求权可以同时行使。

短线交易与内幕交易竞合所产生的民事责任，我国《证券法》并没有规定。

《民法典》第118条第2款规定："债权是因合同、侵权行为、无因管理、不当得利以及法律的其他规定，权利人请求特定义务人为或者不为一定行为的权利。"短线交易收益归入权是公司对短线交易人所享有的债权，属于法定的债权。内幕交易投资者损害赔偿请求权是投资者对内幕交易人的债权，属于侵权损害赔偿的债权。两种权利的主体不同，权利的性质不同。如果从立法条文的文义解释看，内幕交易投资者损害赔偿请求权与公司短线交易归入请求权可以同时行使，这样可以切实保护不同主体的权益。如果从制度目的出发，短线交易归入权是一种事前防范机制，是在无法确定公司内部人是否利用内幕信息的情况下发挥作用的。如果确定公司内部人利用了内幕信息进行了内幕交易，内幕交易投资者损害赔偿请求权就应当吸收公司短线交易归入请求权。具体如何选择，还需要进一步探索。

三、短线交易归入权与其他制度的关系

1．短线交易归入权与短线交易的行政责任

第一，短线交易的行政责任，同样不考虑主观目的。1998年颁布的《证券法》没有规定短线交易的行政责任。2005年修订后的《证券法》第195条规定："上市公司的董事、监事、高级管理人员、持有上市公司股份百分之五以上的股东，违反本法第四十七条的规定买卖本公司股票的，给予警告，可以并处三万元以上十万元以下的罚

款。"2019 年修订后的《证券法》第 189 条规定："上市公司、股票在国务院批准的其他全国性证券交易场所交易的公司的董事、监事、高级管理人员、持有该公司百分之五以上股份的股东，违反本法第四十四条的规定，买卖该公司股票或者其他具有股权性质的证券的，给予警告，并处以十万元以上一百万元以下的罚款。"从修改过程看，短线交易的行政责任从无到有，从行政责任轻到行政责任重。从内容看，《证券法》只规定了行政处罚的幅度，没有规定自由裁量权的因素。未来考虑罚金是否与所得收益挂钩，需要进一步研究论证。

在浙江某国际旅游开发有限公司短线交易被行政处罚案中，最高人民法院明确短线交易的行政责任不考虑主观过错。最高人民法院认为，行政违法行为与刑事违法行为在构成条件上存在差异。刑事违法行为在构成条件上必须要有主观过错，而在行政违法的认定上，一般只重点关注客观行为。浙江某国际旅游开发有限公司实施了六个月内减持股份的行为是客观的，因此构成违法的短线交易。❶

第二，短线交易行政责任与内幕交易行政责任的竞合。《证券法》（2019）第 191 条规定："证券交易内幕信息的知情人或者非法获取内幕信息的人违反本法第五十三条的规定从事内幕交易的，责令依法处理非法持有的证券，没收违法所得，并处以违法所得一倍以上十倍以下的罚款；没有违法所得或者违法所得不足五十万元的，处以五十万元以上五百万元以下的罚款。单位从事内幕交易的，还应当对直接负责的主管人员和其他直接责任人员给予警告，并处以二十万元以上二百万元以下的罚款。国务院证券监督管理机构工作人员从事内幕交易的，从重处罚。违反本法第五十四条的规定，利用未公开信息进行交易的，依照前款的规定处罚。"根据条文的表述，从行政处罚上看，内幕交易的行政责任要比短线交易的行政责任重。按照《行政处罚法》"从一从重处罚"的原则，两者竞合时应当承担内幕交易的行政责任，而不承担短线交易的行政责任。

第三，短线交易归入权与行政责任的关系。关于证监会〔2011〕第 54 号行政处罚决定中直接责成九龙山公司董事会收回所得收益的行为性质问题，最高人民法院认为，国际旅游公司短线交易收益的追讨，系九龙山公司董事会或者股东的民事权利，是否决定追讨、追讨多少以及如何追讨等问题均可由当事人自由处分，不属于行政违法责任范畴。需要指出的是，对于因行政违法行为可能导致的民事责任承担问题，除法律明确规定外，行政机关不能直接作出裁决，但可以在作出处理决定时一并通过建议、晓谕或者提示等指导方式告知相关主体妥当行使民事救济权利。该类指导行为是行政机关对相关利害关系人提出的指导建议，主要目的是敦促相关利害关系人及时、正确地选择民事争议的解决途径，不具有拘束力和强制性。❷

---

❶ 最高人民法院行政审判庭. 最高人民法院行政审判庭法官会议纪要（第一辑）［M］. 北京：人民法院出版社，2022：255—267.

❷ 参见最高人民法院（2015）行提字第 24 号行政判决书。

2. 短线交易归入权与内幕交易侵权过错推定责任制度、惩罚性赔偿制度

短线交易归入权并不是全球性的话题，而是本土化的选择。短线交易归入权起源美国，日本、韩国、我国台湾和大陆等予以继受。德国、法国、俄罗斯和英国等国家的证券法，并没有规定短线交易归入权制度。绝大多数的国家和地区都禁止内幕交易，但规定短线交易归入权的仅限于少数国家和地区。任何制度都有边界，都有无法逾越的界限。短线交易归入权制度的优势是采取了无过错的归责原则，但客观归责也成为该制度内在缺陷的成因。短线交易归入权制度，在多大程度上实现了预防内幕交易的立法目的，需要进一步实证调研。

短线交易归入权制度依附于内幕交易制度，可以说唯一的目的就是防范内幕交易。如果立法可以通过相关的制度，解决内幕交易的问题，短线交易归入权制度就可以不存在。内幕交易侵权过错推定责任、内幕交易侵权惩罚性赔偿制度、内幕交易的公法责任制度等，均可以部分达到短线交易归入权的制度目的。

由于证券交易的复杂性，投资者在追究内幕交易民事责任时，通常在举证责任上面临艰难处境。如果内幕交易侵权采取过错推定责任，那将大大减轻投资者的举证负担，此时规定短线交易归入权的必要性就需要再考虑。如果内幕交易侵权惩罚性赔偿制度或内幕交易的公法责任，已经能够有效防范内幕交易的发生，再设立短线交易归入权制度的意义就不大。我国内幕交易问题比较突出，在完善公司短线交易归入权基础上，要强化内幕交易的公法责任，逐步考虑采纳内幕交易民事责任过错推定归责原则和惩罚性赔偿制度，切实保护投资者的合法权益。

【思考题】

（1）证券短线交易归入权采取客观归责，有何弊端？

（2）《民法典》第 122 条规定："因他人没有法律根据，取得不当利益，受损失的人有权请求其返还不当利益。"公司内部人从事短线交易行为，公司的利益受损，还是投资者的利益受损？证券短线交易归入权是不当得利请求权吗？

（3）如何从完善内幕交易民事责任、行政责任和刑事责任的角度，分析证券短线交易民事责任和行政责任的未来发展？

第二节　证券市场虚假陈述侵权民事赔偿

证券市场虚假陈述，也称不实陈述，是指信息披露义务人违反证券法律规定，在证券发行或者交易过程中，对重大事件作出违背事实真相的虚假记载、误导性陈述，或者披露信息时发生重大遗漏、不正当披露信息的行为。因证券市场虚假陈述造成投资者损害，信息披露义务人承担无过错责任。发行人、上市公司的控股股东，实际控制人、董事、监事、高级管理人员和其他直接责任人员，以及保荐人、承销的证券公

司、证券服务机构等，承担过错推定责任下的连带责任。

**案例 投服中心诉康美药业证券市场虚假陈述赔偿案**[❶]

【基本案情】

康美药业成立于 1997 年，于 2001 年在上交所主板上市。2016 年至 2018 年，康美药业累计虚增货币资金 886.8 亿元，累计虚增营业收入 291.28 亿元，累计虚增营业利润 41.01 亿元，累计多计利息收入 5.1 亿元。

2020 年 12 月 31 日，11 名自然人针对康美药业虚假陈述造成的损失，提起普通代表人诉讼。2021 年 3 月 26 日，广州市中级人民法院发布普通代表人诉讼权利登记公告。根据该公告，可以登记的权利人范围为：自 2017 年 4 月 20 日（含）起至 2018 年 10 月 15 日（含）期间以公开竞价方式买入，并于 2018 年 10 月 15 日闭市后仍持有康美药业（现简称为 ST 康美）股票（证券代码：600518），且与本案具有相同诉讼请求的投资者。同日，投服中心（中证中小投资者保护中心有限责任公司）公开接受投资者委托。2021 年 4 月 8 日，投服中心向广州市中级人民法院申请转换为特别代表人诉讼。2021 年 4 月 16 日，经最高人民法院指定管辖，广州市中级人民法院发布公告，同意转换特别代表人诉讼。根据该公告，符合前述权利人范围的投资者如不愿意参加本特别代表人诉讼，应当在本公告期间届满（即 2021 年 5 月 16 日）后十五日内向本院提交书面声明退出诉讼。声明退出的投资者可以另行起诉，依法不视为特别代表人诉讼的原告。

投服中心代表投资者向广州市中级人民法院提出的诉讼请求为：（1）判令康美药业的实际控制人马某田、许某瑾赔偿涉案投资者的投资差额损失；（2）判令康美药业的实际控制人马某田、许某瑾赔偿涉案投资者的佣金、印花税、利息，佣金标准统一为万分之三，印花税标准统一为千分之一，利息按照同期银行存款利息计算；（3）判令康美药业、高管人员、会计事务所及合伙人、签字的会计师等承担连带的赔偿责任。

广州市中级人民法院认定，本案康美药业虚假陈述实施日为 2017 年 4 月 20 日，揭露日为 2018 年 10 月 16 日。依据广州市中级人民法院《关于康美药业证券虚假陈述责任纠纷的普通代表人诉讼权利登记公告》，投服中心于 2021 年 4 月 23 日向中国证券登记结算有限责任公司调取康美药业案权利人名单，依据登记结算机构提供的数据代表 55326 位投资者向广州市中级人民法院予以登记，经测算涉诉投资者损失约 48.66 亿元。中国证券投资者保护基金有限责任公司受广州市中级人民法院委托采用移动加权平均法计算损失，以"个体相对比例法"测算投资者证券市场系统风险扣除比例，损失测算后受损投资者 52037 名，损失约 24.59 亿元。根据《证券法》第 63 条、第 69

[❶] 参见广东省广州市中级人民法院（2020）粤 01 民初 2171 号民事判决书。

条、第 173 条等规定，判决如下：

（1）康美药业定期报告虚假记载、重大遗漏构成虚假陈述行为且与投资者损失之间存在交易因果关系和损失因果关系，康美药业对案涉投资者承担损失赔偿责任。

（2）实际控制人马某田、许某瑾的行为直接导致康美药业披露的定期报告存在虚假陈述，是应当对康美药业信息披露违法行为直接负责的人员，承担 100% 连带责任。

（3）时任董事、副总经理、董事会秘书邱某伟，时任财务总监庄某清，时任职工监事、副总经理温某生，时任监事、独立董事马某洲的行为直接导致康美药业披露的定期报告存在虚假陈述，也是应当对康美药业信息披露违法行为直接负责的人员，承担 100% 连带责任。

（4）以下被告作为时任董事、监事或高级管理人员并未直接参与财务造假，却未勤勉尽责，存在较大过失，且均在案涉定期财务报告中签字，保证财务报告真实、准确、完整，所以是康美药业信息披露违法行为的其他直接责任人员；

马某耀、林某浩、李某、罗某谦、林某雄、李某华、韩某伟、王某均非财务工作负责人，过失相对较小，法院酌情判令承担 20% 连带赔偿责任；

江某平、李某安、张某为兼职的独立董事，不参与康美药业日常经营管理，过失相对较小，法院酌情判令承担 10% 连带赔偿责任；

郭某慧、张平为兼职的独立董事，不参与康美药业日常经营管理，过失相对较小，且仅在《2018 年半年度报告》中签字，法院酌情判令承担 5% 连带赔偿责任。

（5）时任总经理助理唐某、陈某不存在虚假陈述、误导性陈述或重大遗漏，不属于案涉虚假陈述行为人，不应当对投资者损失承担赔偿责任，不对投资者损失承担赔偿责任。

（6）广东正中珠江会计师事务所未实施基本的审计程序行为，严重违反《中国注册会计师审计准则》和《中国注册会计师职业道德守则》等规定，导致康美药业严重财务造假未被审计发现，影响极其恶劣，承担 100% 连带责任。

（7）杨某蔚作为广东正中珠江会计师事务所合伙人和 2016 年、2017 年康美药业审计项目的签字注册会计师，在执业活动中重大过失。杨某蔚在广东正中珠江会计师事务所承责范围内承担 100% 连带赔偿责任。

（8）刘某并非康美药业 2016 年、2017 年审计项目的签字注册会计师，不是案涉虚假陈述行为人，故不应对投资者损失承担赔偿责任。张某璃、苏某作为正中珠江的员工，不应因其职务行为直接对投资者承担赔偿责任。

根据《民事诉讼法》《最高人民法院关于证券纠纷代表人诉讼若干问题的规定》等规定，投服中心经研究决定对康美药业特别代表人诉讼一审判决不予上诉。

【主要法律问题】

（1）证券信息披露义务人虚假陈述的民事责任如何确定？

（2）控股股东、实际控制人、董事、监事、高级管理人员和其他直接责任人员虚假陈述的民事责任如何确定？独立董事的责任有没有特殊性？

（3）出具审计报告的会计事务所虚假陈述的民事责任如何确定？

（4）特别代表人诉讼与普通代表人诉讼相比，有哪些特殊之处？

【主要法律依据】

《中华人民共和国证券法》（2019）

第85条　信息披露义务人未按照规定披露信息，或者公告的证券发行文件、定期报告、临时报告及其他信息披露资料存在虚假记载、误导性陈述或者重大遗漏，致使投资者在证券交易中遭受损失的，信息披露义务人应当承担赔偿责任；发行人的控股股东、实际控制人、董事、监事、高级管理人员和其他直接责任人员以及保荐人、承销的证券公司及其直接责任人员，应当与发行人承担连带赔偿责任，但是能够证明自己没有过错的除外。

第95条　投资者提起虚假陈述等证券民事赔偿诉讼时，诉讼标的是同一种类，且当事人一方人数众多的，可以依法推选代表人进行诉讼。

对按照前款规定提起的诉讼，可能存在有相同诉讼请求的其他众多投资者的，人民法院可以发出公告，说明该诉讼请求的案件情况，通知投资者在一定期间向人民法院登记。人民法院作出的判决、裁定，对参加登记的投资者发生效力。

投资者保护机构受五十名以上投资者委托，可以作为代表人参加诉讼，并为经证券登记结算机构确认的权利人依照前款规定向人民法院登记，但投资者明确表示不愿意参加该诉讼的除外。

第163条　证券服务机构为证券的发行、上市、交易等证券业务活动制作、出具审计报告及其他鉴证报告、资产评估报告、财务顾问报告、资信评级报告或者法律意见书等文件，应当勤勉尽责，对所依据的文件资料内容的真实性、准确性、完整性进行核查和验证。其制作、出具的文件有虚假记载、误导性陈述或者重大遗漏，给他人造成损失的，应当与委托人承担连带赔偿责任，但是能够证明自己没有过错的除外。

《最高人民法院关于证券纠纷代表人诉讼若干问题的规定》（2020）

第34条　投资者明确表示不愿意参加诉讼的，应当在公告期间届满后十五日内向人民法院声明退出。未声明退出的，视为同意参加该代表人诉讼。

对于声明退出的投资者，人民法院不再将其登记为特别代表人诉讼的原告，该投资者可以另行起诉。

《最高人民法院关于审理证券市场虚假陈述侵权民事赔偿案件的若干规定》（2022）

第1条　信息披露义务人在证券交易场所发行、交易证券过程中实施虚假陈述引发的侵权民事赔偿案件，适用本规定。

按照国务院规定设立的区域性股权市场中发生的虚假陈述侵权民事赔偿案件，可以参照适用本规定。

【理论分析】

一、信息披露义务人虚假陈述的民事责任

发行人及法律、行政法规和国务院证券监督管理机构规定的其他信息披露义务人，应当及时依法履行信息披露义务。信息披露义务人未按照规定披露信息，或者公告的证券发行文件、定期报告、临时报告及其他信息披露资料存在虚假记载、误导性陈述或者重大遗漏，致使投资者在证券交易中遭受损失的，信息披露义务人应当承担赔偿责任。信息披露义务人具有法定的信息披露义务，违反该义务，承担的责任性质上属于侵权责任。从归责原则看，这种责任是无过错责任。

1. 虚假陈述的认定

信息披露义务人违反法律、行政法规、监管部门制定的规章和规范性文件关于信息披露的规定，在披露的信息中存在虚假记载、误导性陈述或者重大遗漏的，人民法院应当认定为虚假陈述。虚假记载，是指信息披露义务人披露的信息中对相关财务数据进行重大不实记载，或者对其他重要信息作出与真实情况不符的描述。误导性陈述，是指信息披露义务人披露的信息隐瞒了与之相关的部分重要事实，或者未及时披露相关更正、确认信息，致使已经披露的信息因不完整、不准确而具有误导性。重大遗漏，是指信息披露义务人违反关于信息披露的规定，对重大事件或者重要事项等应当披露的信息未予披露。

预测性信息有时构成虚假陈述。投资者以信息披露文件中的盈利预测、发展规划等预测性信息与实际经营情况存在重大差异为由主张发行人实施虚假陈述的，人民法院不予支持，但有下列情形之一的除外：（1）信息披露文件未对影响该预测实现的重要因素进行充分风险提示的；（2）预测性信息所依据的基本假设、选用的会计政策等编制基础明显不合理的；（3）预测性信息所依据的前提发生重大变化时，未及时履行更正义务的。预测性信息与实际经营情况的重大差异标准，可以参照监管部门和证券交易场所的有关规定认定。

在投服中心诉康美药业证券市场虚假陈述赔偿案中，康美药业披露的《2016年年度报告》《2017年年度报告》《2018年半年度报告》中，存在虚增营业收入、利息收入及营业利润，虚增货币资金和未按规定披露控股股东及其关联方非经营性占用资金的关联交易情况，属于对重大事件作出违背事实真相的虚假记载和披露信息时发生重大遗漏的行为，广州市中级人民法院对此予以确认。

2. 因果关系的认定

从侵权法的基本原理看，因果关系包括行为的因果关系和损害的因果关系。就证券市场因虚假陈述引发民事赔偿而言，包括交易因果关系和损失因果关系。第一个层面处理"有或无"的问题，属于"交易因果关系"（即虚假陈述与原告投资决定之间的关系）的认定。因果关系的第二个层面处理"多和少"的问题，属于"损失因果关系"（即虚假陈述与原告损失范围之间的关系）的认定。

其一是交易因果关系。原告能够证明下列情形的，人民法院应当认定原告的投资决定与虚假陈述之间的交易因果关系成立：（1）信息披露义务人实施了虚假陈述；（2）原告交易的是与虚假陈述直接关联的证券；（3）原告在虚假陈述实施日之后、揭露日或更正日之前实施了相应的交易行为，即在诱多型虚假陈述中买入了相关证券，或者在诱空型虚假陈述中卖出了相关证券。被告能够证明下列情形之一的，人民法院应当认定交易因果关系不成立：（1）原告的交易行为发生在虚假陈述实施前，或者是在揭露或更正之后；（2）原告在交易时知道或者应当知道存在虚假陈述，或者虚假陈述已经被证券市场广泛知悉；（3）原告的交易行为是受到虚假陈述实施后发生的上市公司的收购、重大资产重组等其他重大事件的影响；（4）原告的交易行为构成内幕交易、操纵证券市场等证券违法行为的；（5）原告的交易行为与虚假陈述不具有交易因果关系的其他情形。

其二是损害因果关系。人民法院应当查明虚假陈述与原告损失之间的因果关系，以及导致原告损失的其他原因等案件基本事实，确定赔偿责任范围。被告能够举证证明原告的损失部分或者全部是由他人操纵市场、证券市场的风险、证券市场对特定事件的过度反应、上市公司内外部经营环境等其他因素所导致的，对其关于相应减轻或者免除责任的抗辩，人民法院应当予以支持。

在投服中心诉康美药业证券市场虚假陈述赔偿案中，广州市中级人民法院认为：经投保基金测算，案涉虚假陈述行为所导致的 52037 名投资者损失为 2458928544 元，对投资者的该部分赔偿主张予以支持。52037 名投资者所主张的超出上述金额之外的损失，以及损失金额在扣除系统风险后为 0 或者负数的 3289 名投资者所主张的损失，与案涉虚假陈述行为之间不具有因果关系，对该赔偿请求不予支持。

3. 损失的认定

《民法典》第 1184 条规定："侵害他人财产的，财产损失按照损失发生时的市场价格或者其他合理方式计算。"信息披露义务人在证券交易市场承担民事赔偿责任的范围，以原告因虚假陈述而实际发生的损失为限。原告实际损失包括投资差额损失、投资差额损失部分的佣金和印花税。

其一，买入证券或卖出证券的损失计算。在采用集中竞价的交易市场中，原告因虚假陈述买入相关股票所造成的投资差额损失，按照下列方法计算：（1）原告在实施日之后、揭露日或更正日之前买入，在揭露日或更正日之后、基准日之前卖出的股票，按买入股票的平均价格与卖出股票的平均价格之间的差额，乘以已卖出的股票数量；（2）原告在实施日之后、揭露日或更正日之前买入，基准日之前未卖出的股票，按买入股票的平均价格与基准价格之间的差额，乘以未卖出的股票数量。在采用集中竞价的交易市场中，原告因虚假陈述卖出相关股票所造成的投资差额损失，按照下列方法计算：（1）原告在实施日之后、揭露日或更正日之前卖出，在揭露日或更正日之后、基准日之前买回的股票，按买回股票的平均价格与卖出股票的平均价格之间的差额，乘以买回的股票数量；（2）原告在实施日之后、揭露日或更正日之前卖出，基准日之前未买回的股票，按基准价格与卖出股票的平均价格之间的差额，乘以未买回的股票数量。

其二，基准日、基准价格的确定。投资差额损失计算的基准日，是指在虚假陈述揭露或更正后，为将原告应获赔偿限定在虚假陈述所造成的损失范围内，确定损失计算的合理期间而规定的截止日期。在采用集中竞价的交易市场中，自揭露日或更正日起，被虚假陈述影响的证券集中交易累计成交量达到可流通部分100%之日为基准日。自揭露日或更正日起，集中交易累计换手率在十个交易日内达到可流通部分100%的，以第十个交易日为基准日；在三十个交易日内未达到可流通部分100%的，以第三十个交易日为基准日。虚假陈述揭露日或更正日起至基准日期间每个交易日收盘价的平均价格，为损失计算的基准价格。无法按照每个交易日收盘价的平均价格，确定基准价格的，人民法院可以根据有专门知识的人的专业意见，参考对相关行业进行投资时的通常估值方法，确定基准价格。

4. 民事诉讼前置程序的取消

2022年1月22日起开始实施的《最高人民法院关于审理证券市场虚假陈述侵权民事赔偿案件的若干规定》第2条第2款规定："人民法院不得仅以虚假陈述未经监管部门行政处罚或者人民法院生效刑事判决的认定为由裁定不予受理。"在前置程序正式取消后，投资者索赔的行为和对象不再限于被立案调查、行政处罚或刑事处罚的事项和主体，虚假陈述索赔的民事案件不断增多。除股票和公募债券等传统领域外，实践中已经出现因企业债、私募债、债务融资工具、资产支持证券等其他类证券引发的虚假陈述诉讼。

二、公司高管和其他直接责任人员虚假陈述的民事责任

1. 公司高管的民事责任

第一，发行人的董事、监事、高级管理人员的义务。发行人的董事、高级管理人员应当对证券发行文件和定期报告签署书面确认意见。发行人的监事会应当对董事会编制的证券发行文件和定期报告进行审核并提出书面审核意见。监事应当签署书面确认意见。发行人的董事、监事和高级管理人员应当保证发行人及时、公平地披露信息，所披露的信息真实、准确、完整。董事、监事和高级管理人员对证券发行文件和定期报告内容的真实性、准确性、完整性有异议的，应当在书面确认意见中发表意见并陈述理由，发行人应当披露。发行人不予披露的，董事、监事和高级管理人员可以直接申请披露。

第二，过错推定责任的理解。《民法典》第1165条第2款规定，依照法律规定推定行为人有过错，其不能证明自己没有过错的，应当承担侵权责任。根据《证券法》第85条，发行人的实际控制人、董事、监事、高级管理人员和其他直接责任人员应当与发行人承担连带赔偿责任，但是能够证明自己没有过错的除外。不同于信息披露义务人的无过错责任，发行人的董事、监事、高级管理人员等相关人员承担的是过错推定责任。

第三，过错的具体认定。发行人的董事、监事、高级管理人员和其他直接责任人员主张对虚假陈述没有过错的，人民法院应当根据其工作岗位和职责、在信息披露资料的形成和发布等活动中所起的作用、取得和了解相关信息的渠道、为核验相关信息所采取的措施等实际情况进行审查认定。发行人的董事、监事、高级管理人员和其他直接责任人员不能提供勤勉尽责的相应证据，仅以其不从事日常经营管理、无相关职业背景和专业知识、相信发行人或者管理层提供的资料、相信证券服务机构出具的专业意见等理由主张其没有过错的，人民法院不予支持。

2. 独立董事的民事责任

根据《最高人民法院关于审理证券市场虚假陈述侵权民事赔偿案件的若干规定》第 16 条，独立董事能够证明下列情形之一的，人民法院应当认定其没有过错：（1）在签署相关信息披露文件之前，对不属于自身专业领域的相关具体问题，借助会计、法律等专门职业的帮助仍然未能发现问题的；（2）在揭露日或更正日之前，发现虚假陈述后及时向发行人提出异议并监督整改或者向证券交易场所、监管部门书面报告的；（3）在独立意见中对虚假陈述事项发表保留意见、反对意见或者无法表示意见并说明具体理由的，但在审议、审核相关文件时投赞成票的除外；（4）因发行人拒绝、阻碍其履行职责，导致无法对相关信息披露文件是否存在虚假陈述作出判断，并及时向证券交易场所、监管部门书面报告的；（5）能够证明勤勉尽责的其他情形。独立董事提交证据证明其在履职期间能够按照法律、监管部门制定的规章和规范性文件以及公司章程的要求履行职责的，或者在虚假陈述被揭露后及时督促发行人整改且效果较为明显的，人民法院可以结合案件事实综合判断其过错情况。外部监事和职工监事的民事责任，可以参照该条的规定。

在投服中心诉康美药业证券市场虚假陈述赔偿案中，广州市中级人民法院认为：马某耀、林某浩、李某、罗某谦、林某雄、李某华、韩某伟、王某均非财务工作负责人，过失相对较小，酌情判令其在投资者损失的 20% 范围内承担连带赔偿责任；江某平、李某安、张某为兼职的独立董事，不参与康美药业日常经营管理，过失相对较小，酌情判令其在投资者损失的 10% 范围内承担连带赔偿责任；郭某慧、张平为兼职的独立董事，过失相对较小，且仅在《2018 年半年度报告》中签字，酌情判令其在投资者损失的 5% 范围内承担连带赔偿责任。

3. 发行人的控股股东、实际控制人的民事责任

实践中，不少影响恶劣的上市公司财务造假案件，是由控股股东、实际控制人组织、指使上市公司所为，这些控股股东、实际控制人是财务造假违法活动中的"首恶"。只有上市公司背后的实质违法者得到惩罚，才能真正打击财务造假，净化市场环境，实现"零容忍"的政策目标。发行人的控股股东、实际控制人组织、指使发行人实施虚假陈述，致使原告在证券交易中遭受损失的，原告起诉请求直接判令该控股股东、实际控制人依照本规定赔偿损失的，人民法院应当予以支持。控股股东、实际控

制人组织、指使发行人实施虚假陈述，发行人在承担赔偿责任后要求该控股股东、实际控制人赔偿实际支付的赔偿款、合理的律师费、诉讼费用等损失的，人民法院应当予以支持。

4. 保荐机构、承销机构等机构及其直接责任人员

保荐机构、承销机构等机构及其直接责任人员提交的尽职调查工作底稿、尽职调查报告、内部审核意见等证据能够证明下列情形的，人民法院应当认定其没有过错：（1）已经按照法律、行政法规、监管部门制定的规章和规范性文件、相关行业执业规范的要求，对信息披露文件中的相关内容进行了审慎尽职调查；（2）对信息披露文件中没有证券服务机构专业意见支持的重要内容，经过审慎尽职调查和独立判断，有合理理由相信该部分内容与真实情况相符；（3）对信息披露文件中证券服务机构出具专业意见的重要内容，经过审慎核查和必要的调查、复核，有合理理由排除了职业怀疑并形成合理信赖。

三、证券服务机构虚假陈述的民事责任

1. 过错推定责任

会计师事务所、律师事务所以及从事证券投资咨询、资产评估、资信评级、财务顾问、信息技术系统服务的证券服务机构，应当勤勉尽责、恪尽职守，按照相关业务规则为证券的交易及相关活动提供服务。证券服务机构为证券的发行、上市、交易等证券业务活动制作、出具审计报告及其他鉴证报告、资产评估报告、财务顾问报告、资信评级报告或者法律意见书等文件，应当勤勉尽责，对所依据的文件资料内容的真实性、准确性、完整性进行核查和验证。其制作、出具的文件有虚假记载、误导性陈述或者重大遗漏，给他人造成损失的，应当与委托人承担连带赔偿责任，但是能够证明自己没有过错的除外。

2. 过错的认定

会计师事务所、律师事务所、资信评级机构、资产评估机构、财务顾问等证券服务机构制作、出具的文件存在虚假陈述的，人民法院应当按照法律、行政法规、监管部门制定的规章和规范性文件，参考行业执业规范规定的工作范围和程序要求等内容，结合其核查、验证工作底稿等相关证据，认定其是否存在过错。

证券服务机构的责任限于其工作范围和专业领域。证券服务机构依赖保荐机构或者其他证券服务机构的基础工作或者专业意见致使其出具的专业意见存在虚假陈述，能够证明其对所依赖的基础工作或者专业意见经过审慎核查和必要的调查、复核，排除了职业怀疑并形成合理信赖的，人民法院应当认定其没有过错。

越来越多的法院在个案中综合考量证券服务机构的身份角色、所涉事项、过错程度、原因力大小等因素，判决证券服务机构承担一定比例的连带责任，而不是全部连带责任。如在五洋建设发行债券虚假陈述案中，杭州市中级人民法院认为：大公国际作为本次债券发行的资信评级机构，未对可能影响发债条件、发债能力的重大事项予以进一步核实关注并合理评定信用等级，存在过错，考虑责任承担与过错程度相结合

的原则，应在 10% 范围内承担连带赔偿责任。❶

3. 会计师事务所的举证责任

会计师事务所能够证明下列情形之一的，人民法院应当认定其没有过错：（1）按照执业准则、规则确定的工作程序和核查手段并保持必要的职业谨慎，仍未发现被审计的会计资料存在错误的；（2）审计业务必须依赖的金融机构、发行人的供应商、客户等相关单位提供不实证明文件，会计师事务所保持了必要的职业谨慎仍未发现的；（3）已对发行人的舞弊迹象提出警告并在审计业务报告中发表了审慎审计意见的；（4）能够证明没有过错的其他情形。

在投服中心诉康美药业证券市场虚假陈述赔偿案中，广州市中级人民法院认为：康美药业 2016 年、2017 年、2018 年年度报告存在虚增收入、虚增货币资金等虚假记载行为。广东正中珠江会计师事务所为康美药业 2016 年、2017 年财务报表出具了标准无保留意见的审计意见。广东正中珠江会计师事务所对于货币资金科目和营业收入科目的风险应对措施方面存在重大缺陷，包括未对现金对账执行内部控制测试程序、未关注明显异常或相互矛盾的审计证据、函证回函率较低时未实施替代性程序、审计底稿"加塞"函证交易数据以及项目经理苏某严重违反独立性要求等。正中珠江会计师事务所上述未实施基本的审计程序行为，严重违反《中国注册会计师审计准则》和《中国注册会计师职业道德守则》等规定，导致康美药业严重财务造假未被审计发现，影响极其恶劣，因此广东正中珠江会计师事务所应当与康美药业承担连带赔偿责任。杨某蔚作为正中珠江会计师事务所合伙人和 2016 年、2017 年康美药业审计项目的签字注册会计师，在执业活动中因重大过失造成广东正中珠江会计师事务所需承担赔偿责任。根据《合伙企业法》第 57 条第 1 款的规定，杨某蔚应当在广东正中珠江会计师事务所承责范围内承担连带赔偿责任。

四、证券纠纷代表人诉讼

为全面落实对资本市场违法犯罪行为"零容忍"工作要求，进一步完善符合中国国情、具有中国特色的证券集体诉讼制度，强化证券违法民事赔偿的功能作用，有效惩治资本市场证券违法违规行为，2020 年 7 月颁布了《最高人民法院关于证券纠纷代表人诉讼若干问题的规定》。证券纠纷代表人诉讼分为普通代表人诉讼和特别代表人诉讼两类。普通代表人诉讼，是指由受损害投资者作为代表人，按照"明示加入"原则，代表其他众多因同一证券违法行为遭受损害的投资者提起的民事损害赔偿。特别代表人诉讼又可称为投保机构代表人诉讼，是指人民法院启动普通代表人诉讼，发布权利登记公告，投保机构在公告期间受五十名以上投资者的特别授权，可以依法作为诉讼代表人，按照"默示加入、明示退出"的原则，代表因同一违法行为遭受损害的投资者利益参与的民事赔偿诉讼。启动特别代表人诉讼后，经证券登记结算机构确认的权利人名单中的投资者，除明确向法院表示不参加该诉讼的，都成为案件原告，分享诉

---

❶ 参见浙江省杭州市中级人民法院（2020）浙 01 民初 1691 号民事判决书。

讼"成果"。"默示加入、明示退出"机制能够最大限度地增加原告投资者人数。建立特别代表人诉讼制度，能够进一步强化证券民事责任追究，有效遏制欺诈发行、财务造假等资本市场"毒瘤"，防范化解金融风险，促进资本市场改革发展。

投服中心是于 2014 年 12 月成立的证券金融类公益机构，归属中国证监会直接管理。在投服中心诉康美药业证券市场虚假陈述赔偿案中，2021 年 3 月 26 日，广州市中级人民法院发布普通代表人诉讼权利登记公告，同日，投服中心公开接受投资者委托。2021 年 4 月 8 日，投服中心向广州市中级人民法院提交 56 名投资者证据材料，申请转换为特别代表人诉讼。2021 年 4 月 16 日，广州市中级人民法院发布特别代表人诉讼权利登记公告，首单特别代表人诉讼成功转换。2021 年 4 月 23 日，投服中心向中国证券登记结算有限责任公司调取康美药业案权利人名单，于 4 月 30 日向广州市中级人民法院予以登记。2021 年 11 月 12 日，广州市中级人民法院作出特别代表人诉讼一审判决，投服中心代表原告方胜诉，52037 名投资者共获赔约 24.59 亿元。根据《民事诉讼法》《最高人民法院关于证券纠纷代表人诉讼若干问题的规定》等规定，投服中心决定对康美药业特别代表人诉讼一审判决不予上诉。

【思考题】

（1）《民法典》第 1168 条规定："二人以上共同实施侵权行为，造成他人损害的，应当承担连带责任。"《民法典》第 1171 条规定："二人以上分别实施侵权行为造成同一损害，每个人的侵权行为都足以造成全部损害的，行为人承担连带责任。"请结合这两个条文，分析证券市场虚假陈述共同侵权行为。

（2）《民法典》第 178 条规定："二人以上依法承担连带责任的，权利人有权请求部分或者全部连带责任人承担责任。连带责任人的责任份额根据各自责任大小确定；难以确定责任大小的，平均承担责任。实际承担责任超过自己责任份额的连带责任人，有权向其他连带责任人追偿。连带责任，由法律规定或者当事人约定。"请结合该条，分析《证券法》第 85 条和第 163 条中"连带责任"的涵义。连带责任能否区分为全部连带责任和部分连带责任？

（3）董事、监事或高级管理人员虚假陈述的民事责任，要不要进行区分？能否以不懂会计知识为由，进而主张免责？责任份额的确定，需要考虑哪些因素？

（4）出具审计报告的会计师事务所，如何尽职审查，有效防范法律风险？

（5）特别代表人诉讼中的"默示加入、明示退出"规则，正当性何在？

第三节　证券法律业务

证券法律业务是指律师事务所接受当事人委托，为其证券发行、上市和交易等证券业务活动，提供制作、出具法律意见书等文件的法律服务。律师事务所及其指派的律师从事证券法律业务，应当遵守法律、行政法规及相关规定，遵循诚实、守信、独立、勤勉、尽责的原则，恪守律师职业道德和执业纪律，严格履行法定职责，保证其所出具文件的真实性、准确性、完整性。

 **案例　五洋建设发行债券虚假陈述案** ●

【基本案情】

五洋建设于 2015 年 8 月发行了公司债"15 五洋债"，规模 8 亿元，期限 2+1 年，第二年末附投资者回售选择权。2015 年 9 月，五洋建设发行了第二期公司债"15 五洋02"，规模 5.6 亿元，期限 3+2 年，第三年末附投资者回售选择权。2017 年 8 月，五洋建设的两只债券"15 五洋债""15 五洋02"出现违约，两只债券发行规模合计 13.6亿元。证监会认定，2012—2014 年五洋建设虚增净利润分别不少于 3052.27 万元、6492.71 万元和 1.55 亿元。487 名债券投资者（原告）购买了五洋建设发行在外的公司债券后，因五洋建设存在欺诈发行、虚假陈述等违规行为遭受投资损失，起诉请求五洋建设等被告承担责任。本案中，陈某樟系五洋建设董事长、控股股东，德邦证券为债券承销商与受托管理人，大信会计（特殊普通合伙）、锦天城律所、大公国际系债券发行的第三方专业机构。

杭州市中级人民法院认为，资本市场的健康发展依托于市场主体的诚信建设，切实而严肃地践行信息披露制度是证券市场健康繁荣的根本保证，也是投资者在充分了解真实情况的基础上自行作出交易判断、承担交易风险的前提。虚假陈述是证券市场的传统痼疾，不仅直接损害投资者的利益，更对公平公开的投资环境造成极大的破坏。让破坏者付出破坏的代价，让装睡的"看门人"不敢装睡，是司法审判对证券市场虚假陈述行为的基本态度。

关于德邦证券和大信会计的民事责任，杭州市中级人民法院认为：德邦证券作为本次债券发行的承销商，未参考私募债券的行业规范，未充分履行核查程序，未将可能影响五洋建设发行能力和偿债能力的事实作为重大事项写入核查意见；大信会计作为本次债券发行的审计机构，在未获取充分、适当的审计证据加以验证的前提下，认可五洋建设关于应收账款和应付账款"对抵"的账务处理，为五洋建设 2012—2014 年度财务报表出具了标准无保留意见的审计报告，在得知审计报告用于五洋建设发债目的时，未相应调整该项目风险级别并追加相应的审计程序，属于出具存在虚假记载的审计报告。因此，德邦证券和大信会计均未勤勉尽职，存在重大过错，应承担连带赔偿责任。

关于大公国际和锦天城律所的民事责任，杭州市中级人民法院认为：大公国际作

● 参见浙江省杭州市中级人民法院（2020）浙 01 民初 1691 号民事判决书。

为本次债券发行的资信评级机构，未对可能影响发债条件、发债能力的重大事项予以进一步核实关注并合理评定信用等级；锦天城律所作为本次债券发行的律师事务所，在出具法律意见时未对重大合同及所涉重大资产变化事项关注核查，对不动产权属尽职调查不到位，未发现可能影响五洋建设偿债能力的法律风险。因此，大公国际和锦天城律所均未勤勉尽职，存在过错，考虑责任承担与过错程度相结合的原则，应分别在10%和5%的范围内承担连带赔偿责任。

本案中，发行人财务造假骗取债券发行资格，承销商与中介机构不勤勉尽责、履职不当，严重损害市场信用，扰乱市场秩序，侵犯了广大投资者的合法权益。信息披露不实者、怠于勤勉履职者均应付出违法违规的成本，对投资者的损失予以赔偿。在公司债募集说明书中，承销机构与中介机构均确认募集说明书不会因所引用内容而出现虚假记载、误导性陈述或重大遗漏，并对其真实性、准确性和完整性承担相应的法律责任，但经具体审查承销机构与中介机构的工作内容，各机构均存在不同程度未尽责履职的情形，遂判令陈某樟、德邦证券、大信会计就五洋建设对原告的债务本息承担连带赔偿责任；锦天城律所、大公国际就五洋建设应负债务本息分别在5%和10%范围内承担连带赔偿责任。具体判项如下：

（1）部分原告已就债券违约事实向仲裁机构申请仲裁并获得生效裁决，部分原告已就债券违约损失向五洋建设破产管理人申报债权并获得确认，故对于该两部分原告，驳回其对五洋建设的起诉。

（2）确认未申报破产债权原告对五洋建设享有总计246870287.25元债权。未申报破产债权原告于本判决生效之日起十日内向五洋建设交回债券，五洋建设可依据生效法律文书申请债券登记结算机构注销未申报破产债权原告所持有的债券。

（3）陈某樟、德邦证券、大信会计（特殊普通合伙）就五洋建设对已申报破产债权原告总计494303965.14元债务本息承担连带赔偿责任；对五洋建设的上述第（2）项债务承担连带赔偿责任。

（4）锦天城律所（特殊普通合伙）就五洋建设对已申报破产债权原告的总计494303965.14元债务本息在5%范围内承担连带赔偿责任；对五洋建设的上述第（2）项债务在5%范围内承担连带赔偿责任。

（5）大公国际就五洋建设对已申报破产债权原告的总计494303965.14元债务本息在10%范围内承担连带赔偿责任；对五洋建设的上述第（2）项债务在10%范围内承担连带赔偿责任。

（6）陈某樟、德邦证券、大信会计（特殊普通合伙）于本判决生效之日起十日内支付原告支出的律师费110000元，锦天城律所（特殊普通合伙）在5%范围内连带负担，大公国际在10%范围内连带负担。

各被告不服，提起上诉，浙江省高级人民法院二审判决驳回上诉，维持原判。

【主要法律问题】

（1）何为证券法律业务？

（2）律师事务所如何从事证券法律业务？

（3）律师事务所从事证券法律业务不当，须承担多大的民事法律责任？

【主要法律依据】

《中华人民共和国证券法》（2019）

第 163 条　证券服务机构为证券的发行、上市、交易等证券业务活动制作、出具审计报告及其他鉴证报告、资产评估报告、财务顾问报告、资信评级报告或者法律意见书等文件，应当勤勉尽责，对所依据的文件资料内容的真实性、准确性、完整性进行核查和验证。其制作、出具的文件有虚假记载、误导性陈述或者重大遗漏，给他人造成损失的，应当与委托人承担连带赔偿责任，但是能够证明自己没有过错的除外。

第 213 条第 3 款　证券服务机构违反本法第 163 条的规定，未勤勉尽责，所制作、出具的文件有虚假记载、误导性陈述或者重大遗漏的，责令改正，没收业务收入，并处以业务收入一倍以上十倍以下的罚款，没有业务收入或者业务收入不足五十万元的，处以五十万元以上五百万元以下的罚款；情节严重的，并处暂停或者禁止从事证券服务业务。对直接负责的主管人员和其他直接责任人员给予警告，并处以二十万元以上二百万元以下的罚款。

《中华人民共和国律师法》（2017）

第 54 条　律师违法执业或者因过错给当事人造成损失的，由其所在的律师事务所承担赔偿责任。律师事务所赔偿后，可以向有故意或者重大过失行为的律师追偿。

【理论分析】

一、证券律师业务的开展

1. 证券律师业务的主要依据

证券律师业务属于非诉民商事业务，具有较强的技术性。除了《证券法》和《律师法》，证券律师业务的规范依据主要是《律师事务所从事证券法律业务管理办法》《律师事务所证券法律业务执业规则（试行）》《公开发行证券公司信息披露的编报规则第 12 号——公开发行证券的法律意见书和律师工作报告》等。

2. 证券律师业务的主要范围

律师事务所从事证券法律业务，可以为下列事项出具法律意见：（1）首次公开发行股票、存托凭证及上市；（2）上市公司发行证券及上市；（3）股份有限公司申请股票在全国中小企业股份转让系统挂牌并公开转让，股份有限公司向特定对象发行或转让股票导致股东累计超过二百人，非上市公众公司向特定对象发行股票，挂牌公司向不特定合格投资者公开发行股票并在北京证券交易所上市；（4）上市公司、非上市公众公司的收购、重大资产重组及股份回购；（5）上市公司、非上市公众公司实行股权激励计划、员工持股计划；（6）上市公司、非上市公众公司召开股东大会；（7）上市公司、非上市公众公司的信息披露；（8）北京证券交易所上市公司转板；（9）公司债券的发行及交易、转让；（10）境内企业直接或者间接到境外发行证券或者将其证券在境外上市交易；（11）证券公司、证券投资基金管理公司及其分支机构的设立、变更、解散、终止；（12）公开募集的证券投资基金的注册及清算；（13）资产支持专项计划的设立；（14）证券衍生品种的发行及上市；（15）法律、行政法规和中国证监会、司法部规章及规范性文件规定的其他事项。律师事务所从事上述规定的证券法律业务，应当按照相关规定出具法律意见书、律师工作报告等法律文件。

3. 证券律师业务的执业规则

第一，核查和验证义务。律师事务所及其指派的律师从事证券法律业务，应当按照依法制定的业务规则，勤勉尽责，审慎履行核查和验证义务。律师进行核查和验证，可以采用面谈、书面审查、实地调查、查询和函证、计算、复核等方法。待查验事项只需书面凭证便可证明的，在无法获得凭证原件加以对照查验的情况下，律师应当采用查询、复核等方式予以确认；待查验事项没有书面凭证或者仅有书面凭证不足以证明的，律师应当采用实地调查、面谈等方式进行查验。律师进行查验，向有关国家机关、具有管理公共事务职能的组织、会计师事务所、资信评级机构、公证机构等查证、确认有关事实的，应当将查证、确认工作情况做成书面记录，并由经办律师签名。（1）面谈。律师采用面谈方式进行查验的，应当制作面谈笔录。谈话对象和律师应当在笔录上签名。谈话对象拒绝签名的，应当在笔录中注明。（2）书面审查。律师采用书面审查方式进行查验的，应当分析相关书面信息的可靠性，对文件记载的事实内容进行审查，并对其法律性质、后果进行分析判断。（3）实地调查。律师采用实地调查方式进行查验的，应当将实地调查情况作成笔录，由调查律师、被调查事项相关的自然人或者单位负责人签名。该自然人或者单位负责人拒绝签名的，应当在笔录中注明。（4）查询。律师采用查询方式进行查验的，应当核查公告、网页或者其他载体相关信息，并就查询的信息内容、时间、地点、载体等有关事项制作查询笔录。（5）函证。律师采用函证方式进行查验的，应当以挂号信函或者特快专递的形式寄出，邮件回执、查询信函底稿和对方回函应当由经办律师签名。函证对方未签署回执、未予签收或者在函证规定的最后期限届满时未回复的，由经办律师对相关情况作出书面说明。此外，律师查验法人或者其分支机构有关主体资格以及业务经营资格的，应当就相关主管机关颁发的批准文件、营业执照、业务经营许可证及其他证照的原件进行查验。对上述原件的真实性、合法性存在疑问的，应当依法向该法人的设立登记机关、其他有关许可证颁发机关及相关登记机关进行查证、确认。对自然人有关资格或者一定期限内职业经历的查验，律师应当向其在相关期间工作过的单位人事等部门进行查询、函证。律师事务所及其指派的律师从事证券法律业务，应当依法对所依据的文件资料内容的真实性、准确性、完整性进行核查和验证；在进行核查和验证前，应当编制核查和验证计划，明确需要核查和验证的事项，并根据业务的进展情况，对其予以适当调整。

第二，法律意见书的出具。法律意见是律师事务所及其指派的律师针对委托人委托事项的合法性，出具的明确结论性意见，是委托人、投资者和中国证监会及其派出机构确认相关事项是否合法的重要依据。法律意见应当由律师在核查和验证所依据的文件资料内容的真实性、准确性、完整性的基础上，依据法律、行政法规及相关规定作出。法律意见书应当列明以下基本内容：（1）标题；（2）收件人；（3）法律依据；（4）声明事项；（5）法律意见书正文；（6）承办律师、律师事务所负责人签名及律师事务所盖章；（7）律师事务所地址；（8）法律意见书签署日期。法律意见书正文应当载明相关事实材料、查验原则、查验方式、查验内容、查验过程、查验结果、国家有关规定、结论性意见以及所涉及的必要文件资料等。法律意见书发表的所有结论性意见，都应当对所查验事项是否合法合规、是否真实有效给予明确说明，并应当对结论性意见进行充分论证、分析。

第三，证券律师工作底稿。律师事务所应当完整保存在出具法律意见书过程中形成的工作记录，以及在工作中获取的所有文件、资料，及时制作工作底稿。工作底稿应当包括以下内容：（1）律师接受委托事项的基本情况，包括委托人名称、事项的名称；（2）与委托人签订的委托协议；（3）查验计划及其操作程序的记录；（4）与查验相关的文件，如设立批准证书、营业执照、合同、章程等文件、变更文件或者上述文件的复印件；（5）与查验相关的重大合同、协议及其他重要文件和会议记录的摘要或者副本；（6）与政府有关部门、司法机关、中介机构、委托人等单位及相关人员相互沟通情况的记录，对委托人提供资料进行调查的访问记录、往来函件、现场查验记录、查阅文件清单等相关的资料及详细说明；（7）委托人及相关人员的书面保证或者声明书的复印件；（8）法律意见书草稿；（9）内部讨论、复核的记录；（10）其他与出具法律意见书相关的重要资料。上述资料应当注明来源，按照规定签名、盖章，或者对未签名、盖章的情形予以注明。工作底稿内容应当真实、完整，记录清晰，标明目录索引和页码，由律师事务所指派的律师签名，并加盖律师事务所公章。

二、证券律师业务的法律责任

1. 证券律师勤勉尽责的义务

律师事务所及其指派的律师从事证券法律业务，应当遵守法律、行政法规及相关规定，遵循诚实、守信、独立、勤勉、尽责的原则，恪守律师职业道德和执业纪律，严格履行法定职责，保证其所出具文件的真实性、准确性、完整性。律师在出具法律意见时，对于法律相关的业务事项应当履行法律专业人士特别的注意义务，对其他业务事项履行普通人一般的注意义务，其制作、出具的文件不得有虚假记载、误导性陈述或者重大遗漏。

2. 律师事务所及其指派律师的民事责任

律师事务所属于证券服务机构，承担的是过错推定的侵权责任。律师事务所及其指派的律师对有关事实、法律问题作出认定和判断，应当有适当的证据和理由。律师从事证券法律业务，应当就业务事项是否与法律相关、是否应当履行法律专业人士特别注意义务作出分析、判断。需要履行法律专业人士特别注意义务的，应当拟订履行特别注意义务的具体方式、手段、措施，并予以落实。律师事务所不能证明其已经按照法律、行政法规、部门规章、行业执业规范和职业道德等规定的勤勉义务谨慎执业的，人民法院应当认定其存在过错。律师事务所的注意义务和应负责任范围，限于工作范围和专业领域，考量其是否尽到勤勉尽责义务，区分故意、过失等不同情况，分别确定其应当承担的法律责任。如承办律师对土地使用权的查验工作中，采取了实地勘察及书面审查（核验产权证书及关于土地转让权的合同）的方式，但是并未去土地管理部门查验该土地使用权的实际权利人，未采取充分的方法核实涉案土地使用权的过程，就可以认定没有尽到勤勉尽责义务，应当承担相应的责任。

五洋建设发行债券虚假陈述案生效的裁判文书认为："锦天城律所虽对财务数据相关事项仅负有一般注意义务，但其应当对可能涉及债券发行条件、偿债能力的重大债权债务、重大资产变化等事项给予关注和提示。锦天城律所受五洋建设的委托，对发行过程、配售行为、参与认购的投资者资质条件、资金划拨等事项进行见证，并出具专项法律意见书。在大公国际《2015年公司债券信用评级报告》已提示五洋建设控股子公司出售投资性房产事项的情况下，未见锦天城律所对该重大合同及所涉重大资产变化事项关注核查，对不动产权属尽职调查不到位，未能发现占比较高的重大资产减少情况对五洋建设偿债能力带来的法律风险，故锦天城律所亦未勤勉尽职，存在过错。本院根据《中华人民共和国证券法》第一百七十三条的规定，同时考虑责任承担与过错程度相结合的原则，酌情确定锦天城律所对五洋建设应负的民事责任在5%范围内承担连带责任。"

3. 律师事务所及其指派律师的行政责任

律师事务所及其指派的律师从事证券法律业务，违反《证券法》和有关证券管理的行政法规，应当给予行政处罚的，由中国证监会依据《证券法》和有关证券管理的行政法规实施处罚；需要对律师事务所给予停业整顿处罚、对律师给予停止执业或者吊销律师执业证书处罚的，由司法行政机关依法实施处罚。证券律师没有尽到勤勉尽责义务，如未依法进行查验，甚至制作虚假的笔录、资料，要承担相应的行政责任。如博鳌律师事务所在为万福生科公司的 IPO 项目提供法律服务时，在核验万福生科公司的重大合同的过程中，未审慎履行注意义务，没有发现万福生科公司提供的两份合同中的客户印章与客户的真实名称不一致，并且出具了"上述合同均因发行人正常生产经营所签订，内容完备、真实、合法有效"的法律意见书。❶

中国证监会对北京大成律所及张某明、许某两名律师作出以下处罚：责令该家律所改正，没收其业务收入30万元，并对其处以90万元罚款；给予张某明、许某警告，并分别处以5万元罚款。中国证监会行政处罚的原因是，该家律所、张某明、许某存在以下违法事实：第一，香榭丽公司通过制作"虚假合同"虚增利润，导致粤传媒在收购香榭丽公司过程中披露的相关文件存在虚假陈述的相关情况。第二，《法律意见书》列示的香榭丽公司重大业务合同、重大担保事项和引用中天运会计师事务所的审

---

❶ 参见中国证监会行政处罚决定书〔2013〕50号。

计数据等存在虚假陈述。第三，该家律所未对香榭丽公司重大业务合同进行审慎核查验证。第四，该家律所未发现香榭丽公司对外重大担保事项，亦未对该事项进行审慎查验。第五，未按照查验计划列明的程序和方法审慎查验香榭丽公司广告阵地和屏幕。中国证监会据此作出相应的行政处罚。❶

【思考题】

（1）如何从上交所、深交所、北交所等网站，获取证券法律业务的相关信息？

（2）证券律师如何处理与委托人、监管者和公众的关系？

（3）《民法典》第1165条规定："行为人因过错侵害他人民事权益造成损害的，应当承担侵权责任。依照法律规定推定行为人有过错，其不能证明自己没有过错的，应当承担侵权责任。"第1184条规定："侵害他人财产的，财产损失按照损失发生时的市场价格或者其他合理方式计算。"请结合上述条款，运用民商法原理，深入分析证券律师侵权责任的构成要件和具体范围等。

（4）证券律师如何运用法律知识，协助委托人防范和化解民商事法律风险，同时防范自身的民商事法律风险？

（5）证券发行注册制改革为证券律师带来了哪些机遇和挑战？

---

❶ 130万！北京大成律师事务所及两位律师受到证监会处罚［N］．法治周末报，2019-06-25（3）．

保险法

 **本章知识要点**

　　保险法包括保险合同法和保险业法两个组成部分，本章重点研讨保险合同法。保险合同法的核心内容包括：（1）保险的构成与功能。包括保险与危险的关系，保险的基本构成要素、保险与类似制度的比较、保险的基本与派生功能。（2）保险合同的含义、特质及基本法律分类。保险合同分为人身保险、财产保险、再保险、不足额保险、超额保险、重复保险等类型。（3）保险合同的订立。包括保险合同订立中双方应履行的义务及订立程序、保险合同的主要内容、订立人身保险及财产保险应当遵循的原则。（4）保险合同的主体。保险合同主体包括当事人、关系人和辅助人三类。当事人即指投保人与保险人，关系人为被保险人与受益人，辅助人为保险代理人、保险经纪人和保险公证人。（5）保险合同的效力及效力变动。包括保险合同的有效与无效、保险合同的解除、保险合同的转让以及保险合同的终止。（6）保险合同的履行。包括保险合同各类主体的义务如何正确履行。（7）保险合同的解释。其中独具特色的保险合同解释规则为有利解释原则和合理期待原则。（8）保险的索赔与理赔的程序。

　　本章内容将保险基本原理作为研习基础，依托于保险法中的保险合同基本类型，选取保险的构成、人身保险相关问题及财产保险相关问题进行重点案例研讨。

第一节　保险的构成

　　保险法律制度必须遵循保险运行的基本规律，契合保险学的基本原理。保险的构成，是研习保险法各项制度规则的前提与基础。通过本节内容的学习，准确理解并掌握保险的构成要素、工作原理、制度功能，由此获得有效的分析工具，对现实生活中各种类似保险的行为以及种类繁多的保险产品加以理性分析，辨识真伪，正本清源。

　　保险是和危险密切相关的制度。危险具有客观性、普遍性、损失性、不确定性、相对性和变异性等特性。人们在长期应对危险的过程中，逐渐积累出各种危险处理方法，包括规避危险、控制危险、自留危险、集合危险、中和危险以及转移危险等。保险制度即为转移危险的专业工具。

保险的核心构成要素包括以下内容：首先，保险以特定的危险为对象。❶ 即无危险，无保险。其次，保险以多数人的互助共济为基础。保险的基本工作原理是通过行为人支付保险费为对价，将其个体损失或所负担危险全部或部分地直接转移给保险人，最终分散于危险团体。具体而言，依据对价平衡原理和精算技术，由每一位面临同类危险的投保人缴纳保险费，形成保险基金，当危险个人发生保险事故受到损失时，以保险基金对其损失加以补偿，从而使其损失消化于无形。以上工作原理决定了保险是一项"人人为我，我为人人"的事业。❷ 最后，保险以对危险事故所致损失进行补偿为目的。保险并不能消灭危险，且其首要目的亦不在于使投保人或被保险人获利。以上基本构成要素凸显了保险制度之特质，使其区别于赌博、储蓄、慈善、保证等行为。

保险的功能可类型化为两类，基本功能与派生功能。基本功能包括分散危险（未出险时）和补偿损失（出险时）。派生功能表现为积蓄基金、管理风险、增加外汇等诸多方面。

本节选取引起广泛关注且争议颇多的类保险行为引发的代表性案件加以讨论，以进一步厘清保险、赌博、互助行为以及射幸行为之间的界限。

 案例一　中国太平洋财产保险股份公司南京分公司与刘某等机动车交通事故责任纠纷案❸

【基本案情】

一、案件事实

皖牌重型货车为刘某所有，挂靠在中诚运输公司名下。刘某为该车辆在中国平安财产保险股份公司礼泉支公司（以下简称平安财险礼泉支公司）处投保交强险，保险期限自 2020 年 6 月 5 日 0 时起至 2021 年 6 月 4 日 24 时止。另外，刘某与中顺汽车服务公司签订了机动车三者责任安全统筹合同（以下简称机动车安全统筹合同），❹ 约定统筹种类为机动车三者责任安全统筹，责任限额为 100 万元（含不计免赔），统筹期限

---

❶ 并非所有的危险均可以获得保险保障。能够通过保险制度得以转移的特定危险，通常具有以下特点：（1）纯粹性；（2）不确定性；（3）普遍性。

❷ 我国台湾地区吴荣清教授认为，在自己发生灾害时，保险因借助他人救助而具有"人人为我"之功效；在自己平安无事而他人发生灾害时，保险可以救济他人而具有"我为人人"之功德。

❸ 参见南京市溧水区人民法院（2021）苏 0117 民初 1677 号民事判决书、南京市中级人民法院（2022）苏 01 民再 6 号民事判决书。

❹ 机动车安全统筹，是统筹参加人交纳安全统筹费用，保障车辆在遭遇交通事故、自然灾害、乘客意外伤害等造成损失时，可以获得相应的经济赔偿，经济赔偿从安全统筹费中支出。

自 2020 年 6 月 6 日零时起至 2021 年 6 月 5 日 24 时止。中顺汽车服务公司系在河北省石家庄市市场监督管理局登记设立，注册资本为 1.5 亿元人民币，经营范围为汽车装饰、汽车展览展示服务、车辆年检代理服务、交通安全统筹服务等。

2021 年 1 月 3 日 1：52 许，刘某驾驶皖牌重型货车行驶至江苏省南京市溧水区某路段时，因其车辆上装载的石头掉落至马路上，碰撞到苏牌小型客车，造成苏牌小型客车受损的交通事故。交警部门认定刘某对此次事故负全部责任，苏牌小型客车一方无责任。苏牌小型客车在中国太平洋财产保险股份公司南京分公司（以下简称太平洋财险南京分公司）投保了机动车损失险。太平洋财险南京分公司向苏牌小型客车所有权人赔偿了车辆损失 4.5 万元，并受让向责任方追偿的权利。

二、诉讼情况

太平洋财险南京分公司向南京市溧水区人民法院提起诉讼，请求法院判令刘某、中诚运输公司、中顺汽车服务公司、平安财险礼泉支公司共同赔偿太平洋财险南京分公司已支付的赔偿款 4.5 万元。案件审理过程中，平安财险礼泉支公司在交强险范围内向太平洋财险南京分公司支付了 2000 元赔偿款，太平洋财险南京分公司撤回了对平安财险礼泉支公司的起诉。

一审判决生效后，太平洋财险南京分公司不服，句南京市中级人民法院申请再审。

三、法院裁判情况

一审法院审理认为，案涉事故发生后，太平洋财险南京分公司依据保险合同约定向事故受害人支付了保险理赔款 4.5 万元，平安财险礼泉支公司已在交强险责任限额内向太平洋财险南京分公司支付了 2000 元，故太平洋财险南京分公司取得了在 4.3 万元范围内向侵权人刘某代位求偿的权利。刘某驾驶的皖牌货车向中顺汽车服务公司投保机动车三者责任安全统筹，事故发生在统筹期间内，故太平洋财险南京分公司垫付的赔偿保险金 4.3 万元应当由中顺汽车服务公司在安全统筹限额范围内予以赔偿，刘某及中诚运输公司不再承担给付责任。因此，一审法院判决中顺汽车服务公司在机动车三者责任安全统筹限额范围内给付太平洋财险南京分公司赔偿款 4.3 万元，驳回太平洋财险南京分公司的其他诉讼请求。

二审法院再审认为，中顺汽车服务公司系在市场监管部门注册成立，并未经过法定设立保险公司的批准程序，其注册资本未达到保险公司法定最低注册资本限额 2 亿元，其登记的经营范围亦不包括保险业务，故中顺汽车服务公司并非依法设立的保险公司，本案侵权机动车和中顺汽车服务公司签订的机动车安全统筹合同并非机动车商业保险，不适用《民法典》第 1213 条关于保险公司先行赔偿、不足部分再由机动车侵权人赔偿的规定，太平洋财险南京分公司直接向侵权的皖牌货车一方追偿，有事实、法律依据，依法应予支持。刘某可依据与中顺汽车服务公司之间的合同，另行向对方主张权利。故改判为撤销原审判决；刘某给付太平洋财险南京分公司赔偿款 4.3 万元，中诚运输公司承担连带赔偿责任；驳回太平洋财险南京分公司对中顺汽车服务公司的诉讼请求。

【主要法律问题】

(1) 机动车安全统筹合同是否为保险合同?

(2) 提供机动车安全统筹服务的汽车服务公司该如何承担责任?

【主要法律依据】

《中华人民共和国保险法》(2015)

第6条 保险业务由依照本法设立的保险公司以及法律、行政法规规定的其他保险组织经营,其他单位和个人不得经营保险业务。

第67条第1款 设立保险公司应当经国务院保险监督管理机构批准。

第69条第1款 设立保险公司其注册资本的最低限额为人民币二亿元。

第97条 保险公司应当按照其注册资本总额的百分之二十提取保证金,存入国务院保险监督管理机构指定的银行,除公司清算时用于清偿债务外,不得动用。

第100条第1款 保险公司应当缴纳保险保障基金。

第101条 保险公司应当具有与其业务规模和风险程度相适应的最低偿付能力。保险公司的认可资产减去认可负债的差额不得低于国务院保险监督管理机构规定的数额;低于规定数额的,应当按照国务院保险监督管理机构的要求采取相应措施达到规定的数额。

第102条 经营财产保险业务的保险公司当年自留保险费,不得超过其实有资本金加公积金总和的四倍。

《中华人民共和国民法典》(2020)

第1213条 机动车发生交通事故造成损害,属于该机动车一方责任的,先由承保机动车强制保险的保险人在强制保险责任限额范围内予以赔偿;不足部分,由承保机动车商业保险的保险人按照保险合同的约定予以赔偿;仍然不足或者没有投保机动车商业保险的,由侵权人赔偿。

【理论分析】

一、机动车安全统筹合同是否为保险合同

案涉机动车安全统筹合同的法律性质如何界定为本案的争议焦点,影响着案件的法律适用、合同效力认定以及当事人权利义务配置、法律责任的承担。具体而言,案涉机动车安全统筹合同究竟为非典型无名合同,抑或评价为保险合同,将对赔偿责任的承担具有决定性作用。

(一) 从法律规范的视角分析,机动车安全统筹并非保险

1. 经营主体设立要求不同

根据我国《保险法》第6条、第67条、第68条、第69条的规定,保险经营采用

许可设立主义，即须经国务院保险监督机构的批准。保险公司的设立有严格的要求，主要股东具有持续盈利能力，信誉良好，最近三年内无重大违法违规记录，净资产不低于人民币二亿元；有具备任职专业知识和业务工作经验的董事、监事和高级管理人员；有符合要求的营业场所和与经营业务有关的其他设施；注册资本的最低限额为人民币二亿元，而且必须为实缴货币资本。而机动车安全统筹服务公司的设立条件、设立程序、注册资本等均不符合上述法律强制性规定，其设立遵循准则设立主义，无须经过特殊许可。由自然人发起，直接到公司登记机关办理登记，登记机关不进行实质性审查。对股东资质没有特殊要求，注册资本为认缴资本，且出资形式并不限定为货币。

2. 经营监管强度不同

银保监会对保险公司的偿付能力、投资范围、财务资产进行严格监管。如保险公司需要依法提取保证金、责任准备金、公积金以及保险保障基金以保证被保险人获得足额赔付。而案涉机动车统筹公司采用现收现付、先收现付方式经营（一般会提取当期统筹费的10%作为理赔准备金），并无明确的监管机构以及监管措施进一步约束统筹费用的使用。

（二）从保险原理的视角分析，机动车安全统筹不能等同于保险

保险制度的运行需遵循对价平衡原则。对价平衡原则包含两项基本要求，即微观上投保人与保险人之间给付与反给付的均衡，以及宏观上的危险共同体保费总收入与保险金总支出的平衡。二者相互依存，必须同时满足。无微观意义的对价平衡必然导致收支失衡而危及危险共同体利益。反之，收支不均衡，危险共同体难以维系，势必影响反给付实现。这一保险学原理决定了保险合同体现出不同于其他民商事合同的特质。该原则运用于具体保险产品设计中，则要求保险人必须通过严格的精算技术保障合理定价。如中国银保监会于2022年9月9日发布施行的《示范型商车险精算规定》明确了商业车险的保费厘定基本原则、保费计算公式及所使用的行业基准等。而案涉机动车安全统筹公司提供统筹服务时采取自主定价方式，没有严格的精算体系，也未按照大数法则所必备的风险预测率来制定统筹费率（实践中通常比照保险公司同类产品价格收取50%～80%的统筹费用），未遵循对价平衡原理进行经营。因此，尽管安全统筹与保险在射幸性等特征上，具有相似性，但未满足保险的全部构成要素，并不是真正的保险。

（三）机动车安全统筹的性质应界定为行业互助

机动车安全统筹制度始于1993年3月云南省交通厅创建的交通安全统筹中心，在厅属企事业单位的交通运输车辆中进行交通安全统筹，依法开展交通事故理赔，保障当事人合法权益。2012年7月发布的《国务院关于加强道路交通安全工作的意见》中提出，"鼓励运输企业采用交通安全统筹等形式，加强行业互助，提高企业抗风险能力"。同年9月，交通运输部出台《关于贯彻落实〈国务院关于加强道路交通安全工作

的意见〉的通知》，在"完善道路运输安全监管机制"方面，提出"鼓励运输企业采用安全统筹、行业互助等形式，提高企业抗风险能力"。从政策出台背景看，机动车安全统筹是为帮助企业缓解因发生事故带来的经济赔偿压力，保障事故当事人的合法权益，在国家认可下所实施的一项行业互助形式。"车辆安全统筹"设立之初具有明显的行政色彩❶，虽具有一定的风险补偿功能，但实质上仍是一种不以营利为目的的行业互助，主要为风险系数高难以获得保险保障或保费成本过高的营运车辆提供的风险保障服务。近些年，机动车安全统筹公司以设立方便、统筹费用低、条款灵活等优势得以迅速发展，但也逐渐脱离了行业互助的本质，与商业保险边界越发模糊，且出现赔付难、纠纷不断、公司破产等诸多问题，甚至异化为金融骗局，其引发的市场乱象不容忽视。如能正本清源，回归互助共济的属性，应当认可统筹合同之效力，但必须着重从组织法和行为法实施双重监管，如安全统筹组织登记须经审批，须设计合理的经营管理制度，定价要科学等。

二、提供机动车安全统筹服务的汽车服务公司该如何承担责任

近年来，涉及机动车安全统筹协议的交通事故纠纷案件逐年增长，受害人通常将侵权人与统筹公司一并诉至法院。但对于统筹公司如何承担责任，司法裁判意见及裁判方式各不相同，大体有以下几种：

一是法院将机动车安全统筹合同视同为保险合同，参照商业第三者责任险的方式，对受害人超出交强险的损失部分，判决由统筹公司在约定限额内承担责任。此方式最为多见。

二是法院认为机动车安全统筹合同虽非保险合同，但系双方真实意思表示，不违反法律规定，车主也对该统筹合同具有期待利益，故应认定为有效。受害人超出交强险的损失应按照合同约定以及《民法典》中相关规定予以确定。

三是法院认定统筹公司行为违反《保险法》第6条的强制性规定，扰乱保险市场经营秩序，损害投保人、交通事故受害人合法权益，应为无效。对于受害人超出交强险的损失，应按照过错原则由统筹双方承担赔偿责任。

四是法院认为机动车交通事故纠纷与统筹合同纠纷为两个独立的法律关系，前者为侵权法律关系，后者为合同法律关系。基于合同相对性，不宜将侵权纠纷与合同纠纷合并审理，故统筹公司不应直接承担事故责任。

本案中，一审法院持第一种观点，而再审法院以第四种观点为裁判思路。本书认

---

❶　云南交通安全统筹中心经《云南省人民政府关于成立云南省交通安全统筹中心的批复》（云政复〔1993〕61号）文批准成立。1995年，云南省机构编制委员会下发"云省机编〔1995〕105号"文件，核定该中心十名事业编制。1997年，云南省机构编制委员会下发"云编办〔1997〕124"号文件，同意云南省交通安全统筹中心享受相当于处级待遇。根据《中共云南省委机构编制办公室关于印发云南省交通运输厅所属事业单位机构编制方案的通知》（云编办〔2018〕229号），交通安全统筹中心的主要职责是：承担交通安全统筹工作，依法开展交通事故理赔，保障当事人合法权益。云南省交通安全统筹中心的交通事故处理专用基金，在成立初期纳入省财预算外专用管理，是一项带有明显行政色彩的行业内部的互助性举措。

为，就目前的市场发展状况而言，不宜将机动车安全统筹合同简单认定为无效。如机动车安全统筹合同确属有利于提高企业抗风险能力的行业互助行为，可认定为有效。若合同中赋予受害第三人直接索赔请求权，可直接将统筹公司作为被告，或将统筹公司与侵权人作为共同被告。如无约定，亦可合并审理，尽管交通事故责任与第三者责任统筹看似为两个独立的法律关系，但实质上具有联系性，即第三者责任统筹所保障的风险恰是统筹参加人因交通事故而应承担的民事赔偿责任。合并审理有助于查明事实，确定责任，节省司法资源，提高诉讼效率，也更有利于统筹参与人签订合同的目的的实现。

【思考题】

（1）机动车安全统筹应当如何监管，该何去何从？

（2）网络互助与相互保险有何区别？

案例二　郭某钦诉安心财险公司保险合同纠纷案●

【基本案情】

一、案件事实

2017 年 2 月 24 日，郭某钦在支付宝蚂蚁保险平台购买了一份安心财险公司的"恋爱保险"❷。该合同约定：心上人为郑某某，保险金额 9995 元，保险费 495 元，保险期间自 2017 年 2 月 25 日 00 时 00 分 00 秒起至 2030 年 2 月 24 日 23 时 59 分 59 秒止。该保险电子保单明示告知自本合同生效后满三年之日起的十年期间，被保险人与心上人初次在民政部门领取中华人民共和国结婚证的，保险人将赔付婚礼祝贺金人民币 9995 元。投保成功后，本保险合同不得退保。

另外，经法院审理查明，《安心财险公司恋爱保险条款（2016 现金版）》中约定："自本保险合同生效三年后且在约定的保险期内，您与心上人初次在民政部门领取中华人民共和国结婚证的，对于您筹备婚礼的花费，我公司将按照保险合同约定的保险金额承担保险责任。"不能获得赔偿的情形为："结婚对象与投保时填写的心上人信息不

---

❶　参见北京市延庆区人民法院（2022）京 0119 民初 4948 号民事判决书；重庆市开州区人民法院（2020）渝 0154 民初 5484 号民事判决书中，亦有相同的裁判意见。

❷　中国人寿财险公司首先推出"人身意外伤害保险附加婚礼玫瑰花费用扩展条款"，主险是保额为一万元的人身意外伤害保险。附加险约定，自保单生效之日起三年后的十年内任意一天，投保人与指定心上人登记结婚，即可获得一朵玫瑰花。该附加险部分称为"恋爱保险"。2016 年 3 月，太平财产保险也推出类似的"结婚险"，保费为 299 元，约定三年后与指定被保人结婚，凭结婚证可领取 5999 元现金。同时享有一年期保额为十万元的个人意外伤害保险保障。此后，亦有其他保险机构开发销售同类产品。2017 年《财产保险公司保险产品开发指引》正式实施后，各家保险公司相继停售"恋爱保险"。

符；您与心上人登记结婚的时间不在保险期间内；您与心上人登记结婚的时间在保险合同生效后的三年以内。"

2022 年 6 月 17 日，郭某钦与郑某某在婚姻登记机关办理结婚登记。同日，郭某钦向安心财险公司申请理赔，并于次日提交保险条款所要求的理赔材料，即身份证和结婚证。但安心财险公司以郭某钦未提供婚纱照及筹备婚礼的相关材料为由拒绝理赔。2022 年 8 月 31 日，郭某钦诉至法院，请求安心财险公司依照保单理赔 9995 元。

二、案件焦点

本案争议焦点有二：一是郭某钦与安心财险公司签订的恋爱保险合同是否有效；二是郭某钦能否依据保险合同获得赔偿。

三、法院裁判

审理法院认为，我国保险法规定的保险合同有两大类型，人身保险合同和财产保险合同。根据《保险法》第 12 条的规定，人身保险是以人的寿命和身体为保险标的的保险，财产保险是以财产及其有关利益为保险标的的保险。"恋爱"是两个人互相爱慕行动的表现，是渴望对方成为自己终身伴侣最强烈、最稳定、最专一的感情。"恋爱"系人的一种感情，是人与人之间的情感关系，不属于保险法规定的人身保险或财产保险之保险标的。"恋爱关系"不具有我国法律承认的合法利益，该种"保险"对投保人与心上人的恋爱时间和办理结婚登记时间作出了限制，承保了一种投机风险，有违我国婚姻自由的制度，也有悖于公序良俗原则。根据中国银保监会的规定，禁止开发无实质内容意义、存在炒作或噱头性的保险产品，由此要求该类"保险产品"下架退出市场。因此，郭某钦与安心财险公司签订的恋爱保险合同为无效合同，郭某钦请求安心财险公司给付婚礼赔偿金 9995 元，审理法院不予支持。安心财险公司应退还郭某钦交纳的保险费。

【主要法律问题】

（1）案涉"恋爱保险"是否属于商业保险？

（2）"恋爱保险"是否构成赌博行为而认定无效？

【主要法律依据】

《中华人民共和国保险法》（2015）

第 2 条　本法所称保险，是指投保人根据合同约定，向保险人支付保险费，保险人对于合同约定的可能发生的事故因其发生所造成的财产损失承担赔偿保险金责任，或者当被保险人死亡、伤残、疾病或者达到合同约定的年龄、期限等条件时承担给付保险金责任的商业保险行为。

第 12 条第 3 款、第 4 款　人身保险是以人的寿命和身体为保险标的的保险。

财产保险是以财产及其有关利益为保险标的的保险。

第 12 条第 6 款　保险利益是指投保人或者被保险人对保险标的具有的法律上承认的利益。

《财产保险公司保险产品开发指引》（2016）

第 7 条　保险公司不得开发下列保险产品：

（一）对保险标的不具有法律上承认的合法利益。

（二）约定的保险事故不会造成被保险人实际损失的保险产品。

（三）承保的风险是确定的，如风险损失不会实际发生或风险损失确定的保险产品。

（四）承保既有损失可能又有获利机会的投机风险的保险产品。

（五）无实质内容意义、炒作概念的噱头性产品。

（六）没有实际保障内容，单纯以降价（费）、涨价（费）为目的的保险产品。

（七）"零保费""未出险返还保费"或返还其他不当利益的保险产品。

（八）其他违法违规、违反保险原理和社会公序良俗的保险产品。

【理论分析】

一、案涉"恋爱保险"是否属于商业保险？

案涉"恋爱保险"的法律性质应否界定为保险合同，可运用保险的构成要素（前提、手段、目的）进行分析。

（一）"恋爱保险"所承保风险不具有可保性

"无危险，无保险"，保险以特定危险的存在为前提，但并非任何危险均可通过保险加以转移，需具备特定条件方可由保险人承保。

学理上，可保危险需符合以下要件：（1）纯粹性。即保险人仅承保纯粹危险。所谓纯粹危险，是仅可能造成损失而无获利机会的危险，如暴雨、山洪、泥石流等各类自然灾害。与之相对称的是投机危险，是既有损失可能亦有获利机会的具有双重性的危险，如商业风险，该类危险不能获得保险保障。❶（2）不确定性。即危险是否发生、怎样发生以及发生时间、空间、致损范围和程度无法预知。故意行为造成的损失不能获赔，因为就行为人而言，该危险为可预知的必然危险，不构成可保风险。（3）普遍性。可保危险必须是大量危险个体均有遭受损失可能性的危险。危险个体普遍面临同类风险才有风险转移的需要，才能借助于大数法则等技术建立起保险制度所必需的数理基础。

案涉"恋爱保险"以被保险人与其所指定的心上人在合同生效后三年至十年间能否登记结婚为保障风险，即将登记结婚作为保险事故，该风险虽具有不确定性和普遍性，但并不必然产生婚礼费用损失或其他经济损失，不具有纯粹性，不符合可保风险的要件。

---

❶ 如市场上曾经出现的房屋涨跌险、股票跌停险等，承保的均为投机危险，不符合保险基本原理，均被中国银保监会警告。

（二）"恋爱保险"依托于保险精算技术具有迷惑性

保险的基本工作原理是由保险人通过收取保险费的方式建立专门的保险基金，用以当保险事故发生时，对遭受损失的个别危险个体给予经济补偿或支付保险金，从而将单个的损失分散于危险共同体，使之消化于无形进而实现社会安宁，因此保险是一项互助合作的经济制度。在商业保险中，保险人以对价平衡原理建立并运营保险基金，确保其稳定性。根据对价平衡原理的要求，保险人借助于专业的精算技术实现保险费总收入与保险金总支出的一致性，保障收支平衡。

保险公司作为专业的风险管理者，借以精算师的分析统计，测算出 98.39% 的情侣在恋爱三年后会分手，仅有 1.71% 发生"保险事故"，由此开发出"恋爱保险"产品，使其具备了"值得信赖"的数理基础，并在市场上形成热销之势。

（三）"恋爱保险"与保险制度的基本功能相悖

"无损失，无保险"。保险的基本功能在于对危险个体的损失进行经济补偿，仅随着人寿保险等给付性保险的产生，保险才逐渐发展出投资、管理风险等各种派生性功能。"恋爱保险"作为人身意外险的附加险，由财产保险公司经营。如将之作为一种补偿性保险❶，当以损失补偿为其根本目的，根据损失补偿原则的基本要求，应以保险金额为限，损失多少，补偿多少，以保险金额为限。而"恋爱保险"以登记结婚为保险事故，但这一保险事故的发生并不必然产生婚礼费用损失或其他经济损失，即使产生费用损失，却无论损失多少均定额性补偿 9995 元，有悖于补偿性保险原理及目的，也易诱发道德风险。

综上所述，"恋爱保险"所承保的风险不必然导致损失，不具备可保风险的基本条件，亦难以体现补偿经济损失的核心目的，故并非标准的保险产品。

二、"恋爱保险"是否构成赌博行为而被认定为无效

"恋爱保险"虽非真正的保险，但是否属于赌博行为仍需进一步分析。保险与赌博确有相似之处，二者同属于射幸行为❷，但也存在明显差异：（1）参与者对风险的态度不同。投保人属于风险厌恶者，希望以较小的成本来转移损失的不确定性；而赌博者属于风险偏好者，期待以更小的成本来获得不确定的利益。（2）二者社会功效不同。

---

❶ 根据保险金给付的性质，可以将保险分为损失补偿性保险和定额给付性保险。损失补偿性保险，是指保险事故发生后，由保险人评定被保险人的实际损失从而支付保险金的一种保险。前者填补被保险人的具体损害，后者填补抽象损害。具体损害与抽象损害之区别在于该损害能否具体地以金钱加以估计。以抽象损害为承保客体的定额保险，在保险事故发生时，因无法以金钱具体衡量被保险人所遭受之损失，故保险人应给付契约预先约定之金额，此时并无不当得利禁止原则之适用，即重复保险制度、超额保险制度、保险代位制度均无适用余地。江朝国. 保险法基础理论 [M]. 北京：中国政法大学出版社，2003：28.

❷ 《法国民法典》第 1104 条将"射幸性契约"规定为"如契约以当事人各方依据不确定的事实而获得利益或遭受损失的偶然性作为代价，此种契约为射幸性契约"。第 1964 条列举保险契约、航海冒险借贷等为射幸契约。《美国合同法综述》第 291 条也规定了射幸合同，《德国民法典》第 762 条和第 763 条也对射幸合同进行规定。

赌博是一种从安定走向不安定的行为，而保险是从不安定到安定的行为。❶（3）对参与者是否具有利害关系的要求不同。英国在 1774 年颁布的《英国人寿保险法》和 1845 年颁布的《英国反投机法令》中，先后在人寿保险和财产保险中确立了保险利益原则。根据保险利益原则的规定❷，权利人必须对保险标的具有法律上的利害关系，即保险标的的得丧与当事人利益休戚相关。而赌博并无此要求。保险利益原则的引入构成了保险与赌博的本质区别。

本案审理法院认定案涉"恋爱保险"所承保的情感关系不属于人身保险或财产保险的保险标的范畴，因为"恋爱关系"不是我国法律承认的合法利益。但本书认为，不能因之将其等同于赌博行为。本案合同中将投保人与指定心上人登记结婚约定为保险金给付条件，而该条件的成就与否与投保人存在利害关系。这点与曾经出现的"明星分手险""赏月险""世界杯遗憾险"等赌博性质的产品并不相同。本案法院将案涉"恋爱保险"等同于赌博而认定为无效，理由不充分。

如采用"穿透式"审判思维，可将"恋爱保险"识别为一种有别于保险和赌博的射幸合同。我国《民法典》未对射幸合同作具体规定，可根据总则中的相关规定和合同法基本原理认定其效力。有学者就各类射幸合同效力认定提供了抽象判定标准：严重违反公序良俗原则从而严重损害他人利益或社会公共利益，或者所冒风险与可能收益之间极不相称从而严重损害当事人一方利益的射幸合同无效。具体来说，尽量保护对抗风险型射幸合同与激励型射幸合同❸；严格控制经营性射幸合同；对于其他类射幸合同，需考虑习俗和习惯法而区别对待。❹

案涉"恋爱保险"将合同一方于特定时段能否登记结婚这一不确定的事实作为对方履行给付义务的对价，并未侵害他人利益或损害社会公共利益，亦不悖于公序良俗，宜认定为有效合同。如认定为无效，已售出"恋爱保险"合同将不再履行，即使符合给付条件，保险人也不予以支付，有违消费者对商事交易的合理期待。但同时也必须指出的是，2017 年中国银保监会颁布实施的《财产保险公司保险产品开发指引》，试图回归和强化财产保险的保障功能。"恋爱保险"作为非保险的射幸合同，本质上并无损失补偿的保障功能，因此不应当鼓励。

【思考题】

（1）射幸行为与附条件法律行为有何区别？

❶ 刘宗荣. 新保险法：保险契约法的理论与实务［M］. 北京：中国人民大学出版社，2009：31.
❷ 我国《保险法》第 12 条第 6 款："保险利益是指投保人或被保险人对保险标的具有的法律上承认的利益。"
❸ 对抗风险型射幸合同如保险合同、期货合同等是为对抗或分散风险而存在，其他射幸合同多为顺应（滋生）风险合同。激励型射幸合同的设立目的是约束并激励一方当事人实现另一方当事人所期待的偶然性事件发生之缔约目的，如估值调整协议等。非激励型射幸合同的双方当事人缔约时所期待发生的偶然性事件是截然对立的，如彩票合同。
❹ 陈传法，冯晓光. 射幸合同合法性问题研究［J］. 中国社会科学院研究生院学报，2010（5）.

（2）分析"婚姻保险"的法律效力。

第二节　人身保险合同相关法律问题

人身保险合同是保险人与投保人约定的，投保人向保险人支付保险费，当被保险人死亡、伤残、疾病或者达到合同约定的年龄、期限等条件时，由保险人承担给付保险金责任的合同。人身保险合同具有以下特质：（1）被保险人的限定性。人身保险合同的被保险人只能是自然人，不能为法人、胎儿或死者。在以死亡为给付保险金条件的人身保险合同中，被保险人不能为无行为能力人，但父母为其未成年子女投保的除外。❶（2）保险金额的固定性。人身保险合同以自然人的生命、身体、健康为保险标的，而人身、生命、健康不能以货币衡量，所以保险金额的确定并不是以保险价值为基础，而是事前确定的固定数值。（3）保险期限的长期性。生命及健康风险伴随自然人整个生命周期，故人身保险合同尤其是寿险合同的期限通常较长，甚至终生。也因此保费厘定方式❷、支付方式❸以及逾期支付的法律后果均有其特殊性。（4）以生命表❹或伤残表为人身保险的技术基础。（5）不适用保险代位求偿权制度。人身保险尤其人寿保险不以损失赔付为目的，保险人不得向造成保险事故之第三人行使代位求偿权。

人身保险合同主要包括人寿保险合同、健康保险合同和意外伤害保险合同。人寿保险合同是以被保险人的生命为保险标的，以被保险人在保险期间的生存或死亡为保险危险的人身保险合同，包括生存保险合同、死亡保险合同以及生死两全保险合同。健康保险合同是以被保险人在保险期间因患病、生育所致医疗费用支出和工作能力丧失、收入减少、残疾或死亡为保险危险的人身保险合同。意外伤害保险合同是以被保险人在保险期间因意外伤害所致死亡或残疾为保险危险的人身保险合同。

人身保险合同的主体包括保险人、投保人、被保险人和受益人。前两者为签订人

---

❶　我国《保险法》第 33 条："投保人不得为无民事行为能力人投保以死亡为给付保险金条件的人身保险，保险人也不得承保。父母为其未成年子女投保的人身保险，不受前款规定限制。但是，因被保险人死亡给付的保险金总和不得超过国务院保险监督管理机构规定的限额。"根据《中国保监会关于父母为其未成年子女投保以死亡为给付保险金条件人身保险有关问题的通知》（保监发〔2015〕90 号）规定："对于父母为其未成年子女投保的人身保险，在被保险人成年之前各保险合同约定的被保险人死亡给付的保险金额总和、被保险人死亡时保险公司实际给付的保险金总和按以下限额执行：（一）被保险人不满 10 周岁的，不得超过人民币 20 万元；（二）被保险人已满 10 周岁但未满 18 周岁的，不得超过人民币 50 万元。"

❷　长期性人身保险合同通常采用均衡费率，投保人多次交纳保险费后会形成现金价值，该现金价值属于投保人，也因此人身保单具有有价证券的功能。

❸　保险人不得以诉讼方式强制投保人支付保险费，因为人身保险的保险费具有储蓄性，储蓄与否当属自愿，不可强制。

❹　生命表反映的是社会平均年龄及不同年龄人群的生存概率和死亡概率，广泛应用于寿险产品定价、现金价值计算、准备金评估、内含价值计算、风险管理等各个方面。对保险业而言，科学、准确的生命表是防范风险的重要手段和条件，是计算人身保险保险费的技术保障，也是人身保险合同条款的技术核心。

身保险合同的当事人；后二者为人身保险合同关系人，并不直接订立合同，但合同内容与之利益相关，对利益享有独立请求权。被保险人是受到保险合同保障，享有保险金请求权的人，处于保险合同主体权利配置中心地位。根据《保险法》第18条的规定，受益人是人身保险合同所特有的❶，由权利人指定的于被保险人死亡时享有保险金给付请求权的人。

除《保险法》第18条所规定的保险标的、保险期限、保险金额、保险费、保险责任、保险金赔偿或给付办法等基本条款外，人身保险合同中还有其他特殊条款，常见的有不丧失价值条款、宽限期条款、复效条款、年龄误报条款、自杀免责条款、犯罪免责条款、不可抗辩条款。

不丧失价值条款，是指人寿保险的保险单所具有的现金价值，不因投保人退保或者保险合同终止、解除、失效而丧失，也称为"不没收价值条款"。投保人可以在保险合同解除、终止、失效时选择领取现金价值、抵交保费或抵押贷款。

宽限期条款，是为避免保险合同轻易失效，保险人和投保人在保险合同中约定的，允许投保人向保险人缓交保险费期限的条款。在该宽限期内发生保险事故，保险人应当承担保险责任❷。

复效条款，是指保险合同效力因投保人欠交保费而中止的，经保险人与投保人协商并达成协议，在投保人补交保险费后，合同效力恢复。自合同效力中止之日起满二年双方未达成协议的，保险人有权解除合同。

年龄误报条款，是指投保人投保时误报被保险人年龄，保险合同将依据真实年龄予以调整。如实际年龄超过承保年龄限制的，保险人可以解除合同；如申报年龄不真实致使少交保费的，保险人有权要求投保人补交保险费或按照实付保险费与应付保险费的比例支付保险金；如导致多交保险费的，保险人应当将多收的保险费退还投保人。

自杀免责条款，是指在以被保险人死亡为给付保险金条件的合同中，自合同成立或者合同效力恢复之日起二年内，被保险人自杀的，保险人不承担给付保险金的责任，但被保险人自杀时为无民事行为能力人的除外。

犯罪免责条款，是指因被保险人故意犯罪或者抗拒依法采取的刑事强制措施导致其伤残或者死亡的，保险人不承担给付保险金的责任。

不可抗辩条款，是指保险合同自成立之日起经过一定期间，保险人不得以被保险人在订立合同时违反最大诚信原则，有欺诈、错误陈述和隐瞒重要事实的行为为理由，而解除合同而拒绝赔偿。

本节选取屡遭诟病的等待期条款纠纷案件和困扰司法实践多年的保单现金价值执

---

❶ 也有学者认为，受益人可以适用于财产保险。覃有土. 保险法概论［M］. 2版. 北京：北京大学出版社，2001：333；李玉泉. 保险法［M］. 2版. 北京：法律出版社，2003：124.

❷ 我国《保险法》第36条："合同约定分期支付保险费，投保人支付首期保险费后，除合同另有约定外，投保人自保险人催告之日起超过三十日未支付当期保险费，或者超过约定的期限六十日未支付当期保险费的，合同效力中止，或者由保险人按照合同约定的条件减少保险金额。"

行案件作为讨论重点。

 **案例一　丁某芬诉泰康人寿保险股份有限公司江苏分公司保险合同纠纷案**❶

【基本案情】

一、案件事实

2013 年 11 月 11 日，丁某芬通过泰康人寿保险股份有限公司网站投保重大疾病保险，保险金额为 35 万元，当日交纳保费 8400 元。2014 年 4 月 23 日至 27 日，丁某芬被确诊罹患右侧甲状腺乳头状癌，遂向泰康人寿保险股份有限公司江苏分公司（以下简称泰康人寿江苏分公司）提出理赔申请，泰康人寿江苏分公司于 2014 年 6 月 27 日向丁某芬送达《理赔决定通知书》，同意承担保险责任，依据保险合同约定支付保险金 8400 元，解除保险合同。

2015 年 3 月 20 日，丁某芬以 "1. 保险条款约定的 180 天等待期应属免责条款；2. 保险公司未履行明确说明义务，故该条款不生效" 为由，向南京市秦淮区人民法院起诉，诉请：（1）被告泰康人寿江苏分公司立即支付保险金 341600 元，并按照银行同期贷款利率支付保险金利息；（2）案件诉讼费用由被告承担。

一审法院经审理查明以下事实：

（1）丁某芬在网络投保时，是通过打开投保页面进行注册登记、险种选择、填写保险信息、投保确认、保险费交纳逐步点击完成投保。其中，在 "投保确认" 页面载有 "本人已认真阅读并理解保险条款、投保须知、投保提示书和投保声明书的全部内容，且同意将电子保单发出之日的次日视为客户签收日"。投保人须在该语句前勾选后才能进行下一步操作，进而完成投保。上述页面中的 "保险条款" "投保须知" "投保提示书" "投保声明书" 四项为独立链接，投保人阅读相应内容，需分别点击对应的文字，即可链接相应内容。

"投保确认" 页面同时载有 "什么是等待期？有多少天？" 的链接，点击链接，内容为："本险种首次投保或非连续投保有 180 日等待期，即自保险合同生效日起 180 日内，经医院实效确诊被保险人罹患保险合同定义的任何一种或多种疾病，泰康人寿江苏分公司按投保人已交的保险合同的保险费数额向保险金受益人给付保险金，本合同终止。" 点击上述独立链接并非下一步投保的必经流程。

（2）2013 年 11 月 11 日，泰康人寿江苏分公司向丁某芬留存的电子邮箱发送电子保险单，并附《重大疾病保险条款》（以下简称保险条款）及电子投保单，条款内容

---

❶ 参见江苏省高级人民法院（2017）苏民再 353 号民事判决书。该案件被中国保险行业协会评为 "2019 年度十大保险诉讼典型案例" 之一。

与丁某芬投保时"保险条款"链接对应保险条款内容一致。

（3）保险条款约定，在保险合同保险期间内，泰康人寿江苏分公司承担下列保险责任：①被保险人于保险合同生效之日起180日内，经医院初次确诊非因意外伤害导致罹患保险合同所定义的重大疾病，公司按投保人已交纳保险费数额向受益人给付重大疾病保险金，本合同终止。②被保险人经医院初次确诊因意外伤害导致罹患保险合同所定义的重大疾病，或者于保险合同生效之日起180日后经医院初次确诊非因意外伤害导致罹患保险合同所定义的重大疾病，泰康人寿汇苏分公司按保险金额向受益人给付重大疾病保险金，本合同终止。保险合同所定义的重大疾病共有32种，其中包括恶性肿瘤等。

（3）2013年11月13日，泰康人寿江苏分公司客服中心致电丁某芬进行投保回访，回访录音中丁某芬陈述案涉保险系其丈夫陈某春代买，并表示对保险内容、保险责任、免除责任均已了解。陈某春时任泰康人寿徐州中心支公司总经理。

（4）2013年10月21日丁某芬在南京某医院体检中心体检，2013年10月24日出具健康体检报告，显示丁某芬B超检查结果为"右侧甲状腺实质性占位"。

二、法院裁判

一审法院认为，180天等待期系对于保险人在保险事故发生于不同时段的保险责任作出具体界定，是用以确定、限制或排除保险人责任范围的条款，应当属于保险责任条款，而非免除或者减轻保险人责任的免责条款，且保险人已经履行了对投保人的说明义务。原告被确诊为右侧甲状腺乳头状癌时，距案涉保险合同生效尚不足180日，故被告依据保险责任条款向其支付保险金8400元并解除保险合同，符合保险合同约定。原告主张的诉讼请求，无事实和法律依据，应不予支持。原告对此不服提起上诉。

二审法院认为，保险条款约定的180天等待期系免责条款，保险人未尽明确说明义务，判令保险人给付保险金。保险人对此不服依法申请再审。

再审法院经提审后认为，等待期属于免责条款，但保险人已经尽到提示说明义务，故判决撤销二审判决，维持一审判决。丁某芬不服，遂向江苏省人民检察院申请审判监督。

江苏省人民检察院审查后，认为再审法院判决正确，作出《不支持监督申请决定书》，决定不支持丁某芬的监督申请。

【主要法律问题】

（1）保险人是否应对等待期条款履行提示与明确说明义务？

（2）本案保险人对等待期条款是否善尽了提示与明确说明义务？

（3）投保人是否违反如实告知义务？

【主要法律依据】

《中华人民共和国民法典》（2020）

第496条第2款　采用格式条款订立合同的，提供格式条款的一方应当遵循公平原则确定当事人之间的权利和义务，并采取合理的方式提示对方注意免除或者减轻其责任等与对方有重大利害关系的条款，按照对方的要求，对该条款予以说明。提供格式条款的一方未履行提示或者说明义务，致使对方没有注意或者理解与其有重大利害关系的条款的，对方可以主张该条款不成为合同的内容。

《中华人民共和国保险法》（2015）

第 16 条第 2 款　投保人故意或者因重大过失未履行前款规定的如实告知义务，足以影响保险人决定是否同意承保或者提高保险费率的，保险人有权解除合同。

第 17 条第 2 款　对保险合同中免除保险人责任的条款，保险人在订立合同时应当在投保单、保险单或者其他保险凭证上作出足以引起投保人注意的提示，并对该条款的内容以书面或者口头形式向投保人作出明确说明；未作提示或者明确说明的，该条款不产生效力。

《最高人民法院关于适用〈中华人民共和国民法典〉合同编通则若干问题的解释》（2023）

第 10 条　提供格式条款的一方在合同订立时采用通常足以引起对方注意的文字、符号、字体等明显标识，提示对方注意免除或者减轻其责任、排除或者限制对方权利等与对方有重大利害关系的异常条款的，人民法院可以认定其已经履行民法典第 496 条第 2 款规定的提示义务。

提供格式条款的一方按照对方的要求，就与对方重大利害关系的异常条款的概念、内容及其法律后果以书面或者口头形式向对方作出通常能够理解的解释说明的，人民法院可以认定其已经履行民法典第 496 条第 2 款规定的说明义务。

提供格式条款的一方对其已经尽到提示义务或者说明义务承担举证责任。对于通过互联网等信息网络订立的电子合同，提供格式条款的一方仅以采取了设置勾选、弹窗等方式为由主张其已经履行提示义务或者说明义务的，人民法院不予支持，但是其举证符合前两款规定的除外。

《最高人民法院关于适用〈中华人民共和国保险法〉若干问题的解释（二）》（2020）

第 5 条　保险合同订立时，投保人明知的与保险标的或者被保险人有关的情况，属于保险法第 16 条第 1 款规定的投保人"应当如实告知"的内容。

第 6 条　投保人的告知义务限于保险人询问的范围和内容。当事人对询问范围及内容有争议的，保险人负举证责任。

保险人以投保人违反了对投保单询问表中所列概括性条款的如实告知义务为由请求解除合同的，人民法院不予支持。但该概括性条款有具体内容的除外。

第 7 条　保险人在保险合同成立后知道或者应当知道投保人未履行如实告知义务，仍然收取保险费，又依照保险法第 16 条第 2 款的规定主张解除合同的，人民法院不予支持。

第 9 条　保险人提供的格式合同文本中的责任免除条款、免赔额、免赔率、比例赔付或者给付等免除或者减轻保险人责任的条款，可以认定为保险法第 17 条第 2 款规定的"免除保险人责任的条款"。

保险人因投保人、被保险人违反法定或者约定义务，享有解除合同权利的条款，不属于保险法第17条第2款规定的"免除保险人责任的条款"。

第11条　保险合同订立时，保险人在投保单或者保险单等其他保险凭证上，对保险合同中免除保险人责任的条款，以足以引起投保人注意的文字、字体、符号或者其他明显标志作出提示的，人民法院应当认定其履行了保险法第17条第2款规定的提示义务。

保险人对保险合同中有关免除保险人责任条款的概念、内容及其法律后果以书面或者口头形式向投保人作出常人能够理解的解释说明的，人民法院应当认定保险人履行了保险法第17条第2款规定的明确说明义务。

第12条　通过网络、电话等方式订立的保险合同，保险人以网页、音频、视频等形式对免除保险人责任条款予以提示和明确说明的，人民法院可以认定其履行了提示和明确说明义务。

第13条　保险人对其履行了明确说明义务负举证责任。

投保人对保险人履行了符合本解释第11条第2款要求的明确说明义务在相关文书上签字、盖章或者以其他形式予以确认的，应当认定保险人履行了该项义务。但另有证据证明保险人未履行明确说明义务的除外。

《健康保险管理办法》（2019）

第39条　保险公司销售健康保险产品，应当以书面或者口头等形式向投保人说明保险合同的内容，对下列事项作出明确告知，并由投保人确认：

（一）保险责任；

（二）保险责任的减轻或者免除；

（三）保险责任等待期；

（四）保险合同犹豫期以及投保人相关权利义务；

（五）是否提供保证续保以及续保有效时间；

（六）理赔程序以及理赔文件要求；

（七）组合式健康保险产品中各产品的保险期间；

（八）银保监会规定的其他告知事项。

《人身保险销售误导行为认定指引》（2012）

第7条　人身保险公司、保险代理机构以及办理保险销售业务的人员，在人身保险业务活动中，不得隐瞒下列与保险合同有关的重要情况：

（一）免除保险人责任的条款；

（二）提前解除人身保险合同可能产生的损失；

（三）万能保险、投资连结保险费用扣除情况；

（四）人身保险新型产品保单利益的不确定性；

（五）人身保险产品保险期间、交费期限，以及不按期交纳保费的后果；

（六）人身保险合同观察期的起算时间以及对投保人权益的影响；

（七）人身保险合同犹豫期起算时间、期间及投保人犹豫期内享有的权利；

（八）其他重要情况。

《保险销售行为可回溯管理暂行办法》（2017）

第 7 条第（三）项 在实施现场同步录音录像过程中，录制内容至少包含以下销售过程关键环节：

（三）保险销售从业人员向投保人履行明确说明义务，告知投保人所购买产品为保险产品，以及承保保险机构名称、保险责任、缴费方式、缴费金额、缴费期间、保险期间和犹豫期后退保损失风险等。

保险销售从业人员销售人身保险新型产品，应说明保单利益的不确定性；销售健康保险产品，应说明保险合同观察期的起算时间及对投保人权益的影响、合同指定医疗机构、续保条件和医疗费用补偿原则等。

【理论分析】

一、保险人是否应对等待期条款履行提示与明确说明义务

我国《保险法》第 17 条第 2 款规定了保险人的提示与明确说明义务。学理上，将之称为保险人的醒意义务。所谓醒意义务，是指保险人或其代理人在订立合同时，就保险合同中的免除保险人责任的条款，向投保人、被保险人进行明确说明的义务。设置该项先合同义务是基于以下考虑：（1）保险条款具有专业性，需保险人作出说明，方能使投保人了解保险责任边界，避免投保意图落空。（2）保险合同为附合合同，多由保险人事先拟定条款，强制要求保险人对投保人就免责性条款进行重点说明，让投保人对其内容、法律后果有所认识，增加缔约之选择性，以实现利益平衡。（3）这一义务的设置也符合保险合同作为双务合同，双方在投保时权利义务配置的均衡性要求。

本案中争议焦点之一为等待期条款是否属于醒意义务范围。

关于醒意义务之范围，《保险法》限定为"免除保险人责任的条款"。《最高人民法院关于适用〈中华人民共和国保险法〉若干问题的解释（二）》（以下简称《保险法司法解释二》）进一步细化为"责任免除条款、免赔额、免赔率、比例赔付或给付等免除或者减轻保险人责任的条款"，而保险人解除权条款则被排除在外。

实际上，保险人还能通过其他手段修改承保范围，如对概念的外延限定、责任分摊与责任竞合规则、赔偿处理方法、通知义务的履行期限与方式乃至保险责任的开始期间等。❶ 要实现削减信息不对称促进双方合意的立法用意，可借鉴《德国保险合同法》以及《欧洲保险合同法原则》相关规定❷，除将"免除保险人责任的条款"界定

---

❶ 马宁. 论保险人说明义务的履行方式与标准——以对我国司法实务的考察为中心［J］. 时代法学，2010（2）：54.

❷ 《德国保险合同法》第 7 条与《欧洲保险合同法原则》第 2：201 条均规定，保险人应以书面方式向投保人提供交易的重要信息，如合同一般交易条件、合同提供的保障（利益）、合同解除权、红利分配、现金价值等。

为除限制或免除保险人责任条款外，凡对投保人影响甚大的权利义务与准权利义务条款、释义条款、特有条款也纳入说明范围。❶ 此观点也在司法实践得到认可与采纳，如福建省高级人民法院民事审判第二庭《关于审理保险合同纠纷案件的规范指引》第17条规定，保险合同的责任免除条款，是指任何可以实质性免除或减轻保险人赔付责任的条款，包括除外责任条款，以及保险人可以援以终止、解除保险合同或减轻、免除保险责任的条款。而《民法典》第496条以及《最高人民法院关于适用〈中华人民共和国民法典〉合同编通则若干问题的解释》（以下简称《民法典合同编司法解释》）第10条亦实质扩张了醒意义务范围，除免除或者减轻格式条款拟定方责任的条款外，排除或者限制签订对方权利的异常条款亦需提示说明。此外，还新增了概括性标准，即"与对方有重大利害关系的条款"也应属于明确说明的内容。

等待期条款，是指自从合同生效之日（或复效之日）起的一段时间内发生约定的保险事故，保险人不承担保险责任，退还保险费，终止保险合同。从保险实践看，等待期条款具有合理性与正当性，因为疾病通常有潜伏期，须累积至一定程度才可确诊，即使现代技术也难以推测准确的发生时点。因而在保险实务上，疾病时间的判断就成了难题。❷ 也正是由于疾病的隐匿性，投保方往往在发现疾病后才投保，当然即使善意的投保方也未必能察觉疾病的存在，而使保险人承担已发事故，侵害了保险的根本理念，造成保费的集体上升。❸ 为解决健康保险中的逆向选择及举证困难问题，保险人根据临床医学经验，推断出某些疾病从患病到显现症状的时间。以此为基准，将订约后一定期间显现的病症推定为合同订立前即已发生，不论投保人主观状态如何，保险人均不承担保险责任，退还保费，终止合同。因此，等待期条款是以统计为基础，采取假设方法，从风险概率上杜绝一切逆向选择和带病投保的可能。❹ 等待期条款存在的目的，在于避免健康保险生效后，在保险人及被保险人均不知情之情况下，因为疾病发生的潜伏性、症状的隐藏性以及发现的困难性等因素，使保险人承保已经发生的保险事故，从而违反对价平衡原则、最大善意原则以及保险的基本性质，因此，等待期条款虽然免责但依然有效。❺

保险人是否应对等待期条款履行提示和明确说明义务？本案审理中，一审法院与二审、再审法院作出了完全不同的判断。一审法院认为案涉等待期条款属于对保险责任的约定，并非免除或者减轻保险人责任的条款。但二审、再审法院均认为该条款应认定为《保险法》第17条第2款规定的"免除保险人责任的条款"。

本书认为，可以考虑从以下两个层面分析：

❶ 吴勇敏，胡斌. 对我国保险人说明义务制度的反思和重构——兼评新《保险法》第17条［J］. 浙江大学学报（人文社会科学版），2010（3）：91.

❷ 叶启洲. 健康保险复效观察期间条款的效力［J］. 月旦裁判时报，2015（36）.

❸ 江朝国. 保险法逐条解释［M］. 北京：元照出版社，2015：798.

❹ 王家骏. 商业健康保险中等待期条款的性质定位与规则适用［J］. 民商法论丛，2021（1）.

❺ 参见台中地方法院97年度保险字第51号民事判决书。

一方面，等待期条款是否属于免责性条款，可以从"免责性条款"目的加以分析。免责性条款，是基于风险筛选及风险控制的需要，保险人对本应承担保险责任却予以例外免除的条款。《保险法司法解释二》第 9 条所列举的"责任免除条款、免赔额、免赔率、比例赔付"条款均为保险人的风险排除事项，以达到减轻和免除其保险责任的效果。案涉条款有两处，一处暗含在"保险责任"中，另一种在"投保确认"网页链接中❶，两处约定被保险人在合同生效之日起 180 日内发生本合同所定义的重大疾病，泰康人寿江苏分公司按被保险人交纳的保险费数额给付重大疾病保险金。尽管该条款中未出现"保险人不承担保险责任"的表述，但所谓"按照保险费数额给付保险金"，究其本质，此时保险人承担的并非真正的保险责任而是返还保险费，这在法律效果上与解除保险合同无异，但投保人并无重大违法行为和根本违约行为，本不应承受合同解除的不利后果。所以，案涉等待期条款的功能实为免除保险人在等待期内的保险责任，至少从等待期内"赔付金额"明显低于双方约定保险金额的表象上分析，也应属于实质减轻保险人责任的条款。

另一方面，等待期条款是否属于"其他与对方有重大利害关系条款"。首先，根据《保险术语》的定义，等待期又称免责期或观察期，是指从合同生效日或最后一次复效日开始，至保险人具有保险金赔偿或给付责任之日的一段时间。❷ 也就是说，约定有等待期条款的保险合同，保险责任的开始时间是从等待期期满后起算，即保险人实际承保期限＝保险合同有效期－等待期。由此可见，等待期条款实质上缩短了保险期间，对被保险人利益具有重大影响。其次，案涉等待期条款约定期内出险按照交纳保险费给付保险金，并不符合保险原理以及赔付机制，其本意为保险合同解除。一旦保险合同解除，被保险人不仅仅遭受差额巨大的经济利益损失，更因其已罹患疾病，恐难再获得同类保险合同保障，有损于被保险人的生存利益。再次，《健康保险管理办法》《人身保险销售误导行为认定指引》中，将保险责任、免责条款与等待期条款并列，显然对投保方利益关系重大的等待期条款给予特别关注和规制，并在《保险销售行为可回溯管理暂行办法》明确规定，保险销售从业人员销售健康保险产品，应说明保险合同等待期的起算时间及对投保人权益的影响、合同指定医疗机构、续保条件和医疗费用补偿原则等。《健康保险管理办法》第 39 条也同样要求保险人需对等待期条款进行说明。综上，等待期条款亦可界定为"与投保方有重大利害关系条款"，依据《民法典》第 496 条第 2 款以及行业规范，应由保险人履行醒意义务。

---

❶ 保险实践中，各保险公司拟定的等待期条款表现形式不一。有的专设"等待期"或"观察期"条款，单独成条；有的将等待期条款列于"保险责任"章节；有的内化于"保险责任"或"重大疾病"的定义；也有将等待期内容置于脚注部分。后二者更具隐蔽性，不宜为投保人充分注意和理解，有刻意规避法律对免责性条款的特殊规制之嫌。

❷ 参见 2018 年 9 月 17 日由国家市场监督管理总局、中国国家标准化管理委员会发布的《保险术语》（GB/T 36687—2018）。

二、本案保险人对等待期条款是否善尽了提示与明确说明义务

本案的二审法院与再审法院对该争议焦点认识不尽相同，究其根本是对保险人醒意义务履行方式及履行标准的理解存在差异。

根据《保险法》第 17 条规定以及《保险法司法解释二》相关规定，保险人履行醒意义务方式应符合"提示+明确说明"两项要求。保险人的提示需采用足以引起投保人注意的文字、字体、符号或者其他明显标志作出，如文字加黑、加大、斜体、颜色相异等；保险人的明确说明可以采用口头、书面、音频、视频、网页等多种形式，投保人对保险人履行明确说明义务在相关文书上签字、盖章或者以其他形式予以确认的，即推定保险人履行明确说明义务。

保险人醒意义务的履行标准有主观标准说和客观标准说的争议。❶ 从契合制度目的的视角选择，当以客观标准说为宜，即借助于保险人的说明，投保人能够充分注意并了解有关免除责任条款的含义、内容及其法律后果。但以"抽象的（理性）投保人"抑或以"具体的投保人"为判断标准又是法律选择的难题。两种标准皆有其价值，"越是具体的标准越是贴近被评价主体的境况，一般而言对其也就更为公平；而越是一般的标准，因其减少了法律关系受被评价主体具体境况影响的程度，故越是有利于建立稳定的秩序"❷。采用哪种说明标准仍须结合我国保险业发展状态以及消费者对保险的总体认知水平进行判断。最高人民法院在《保险法司法解释二》第 11 条第 2 款中优选"抽象标准"，规定保险人对免责性条款作出常人能够理解的解释说明的，认定其履行了明确说明义务。排除考量投保人能力与知识、先前交易情况、合同签订情况以及交易习惯等因素，否则会因投保人情况各异而保险人醒意义务标准完全不同，这势必加重保险人负担，容易造成事实履行不能，亦可抑制司法任性。

1. 保险人对案涉等待期条款进行了必要的提示

根据法院查明事实，案涉保险合同由丁某芬丈夫陈某春以网络订立，投保人按照投保页面提示逐一点击各步骤流程而完成投保。

首先，等待期条款在投保确认页上有独立链接。该条款与包括保险责任、责任免除条款在内的其他保险条款并列，符合《健康保险管理办法》等行业规范的要求。且保险公司邮件寄送的电子保险单所附的条款内容与投保链接对应的保险条款内容一致，未刻意隐藏对被保险人有重大利益影响的内容。

其次，以黑体加粗的字体对"被保险人于本合同生效之日起 180 日内""本合同生效之日起 180 日后"以及"重大疾病"定义等部分进行提示，以引起投保人的注意进行完整阅读。

最后，保险公司客服人员电话回访中询问投保人："对保险的内容，特别是对保险

---

❶　主观标准说，即醒意义务的履行程度以保险人主观认识能力为判断标准。客观标准说，则以投保人的理解能力为标准。

❷　叶金强. 信赖合理性之判断：理性人标准的构建与适用 [J]. 法商研究，2005（3）：102.

责任、免除责任，都了解吗?" 如回答为否或不肯定，客服人员会提示阅读或咨询，并再度回访，以此督促投保人对免责性条款等与被保险人有重大利害关系条款的理解。

2. 保险人就案涉等待期条款进行了符合标准的明确说明

首先，等待期条款的文字表述明确清楚，投保人具备正常人的阅读能力，也无其他阅读与理解障碍，能够正确理解条款含义。

其次，投保人在投保确认网页上已勾选 "本人已认真阅读并理解保险条款、投保须知、投保提示书和投保声明书的全部内容，且同意将电子保单发出之日的次日视为客户签收日"，确认完成方能进入下一步投保流程。根据《保险法司法解释二》第 13 条第 2 款，在网页中 "勾选、点击确认" 与 "签字盖章" 具有同一性质，推定投保人已经知道并了解包括免责性条款在内的重要条款内容。

再次，从保险公司回访时丁某芬的答复内容看，亦可认定其同意陈某春代为投保且对等待期条款等保险条款已经了解。

最后，陈某春虽任职保险公司高管，但根据《保险法司法解释二》第 11 条第 2 款所采取的 "理性投保人" 标准，保险人醒意义务不因对方的知识背景、从业经历、投保经验等不同而有所差异，说明程度未因之减轻。

综上，网络投保不同于传统投保，保险人结合网络特点采取 "线上强制阅读+线下人工回访" 的做法，能够实现制度目的，应认定其履行了醒意义务。但仍需指出的是，本案中保险人履行醒意义务尚有完善空间，如以黑体字加粗的 "提示特别注意事项目录" 中并未包含等待期条款，可能会使投保人忽略等待期条款的存在;再如，"重大疾病保险金" 及 "重大疾病" 的定义中，仅对内化其中的等待期时长予以加黑，而等待期内出险的后果仍采用通常字体，这一做法存在利用消费者更关注特别标识的阅读习惯而有意淡化等待期不利后果之嫌。此外，等待期条款的点击阅读也未设计为投保的必经流程。

近年来，保险公司依托互联网、大数据及人工智能技术开拓了全新营销模式，电子投保操作简单、交易高效的优势使其得以迅速发展，成为市场青睐的主要销售渠道之一。但《保险法》对保险合同缔约规则是以传统缔约方式为样本，未虑及网络缔约的特殊性，导致当事人纠纷不断，给司法裁判带来各种挑战。不过可观察到的是，司法裁判正在积极回应保险实践的新变化并逐步调适裁判尺度，统一裁判规则。如关于网销保险中保险人对免责性条款提示义务的履行，确立了以 "可区分性" 为核心的判断标准，如 "免责条款" 单独成篇，且投保人只有在阅读后方能进行下一步投保操作的，即认定保险人已尽到提示义务。❶ 如保险人仅采取设置勾选、弹窗等方式，根据 2023 年颁行的《民法典合同编司法解释》第 10 条第 3 款规定，则不能认定其履行了提示说明义务。

三、保险人能否以投保人违反如实告知义务为由解除合同

如实告知义务是投保人、被保险人负有的，在订立保险合同时，应当向保险人或

---

❶ 参见甲保险公司与王某、乙保险公司等保险人代位求偿权纠纷案，上海市虹口区人民法院 (2020) 沪 0109 民初 21137 号民事判决书。该案件为 "2021 年度上海法院金融商事审判十大案例" 之一。

其代理人真实、全面地披露与保险标的有关的，足以影响保险人决定承保或是否提高保险费的事实的法定义务。其制度目的在于使保险人正确识别危险、测定危险，以便确定保险共同体内存在某项危险是否适当，或者测定与危险相符的保险费，符合对价平衡原理。如实告知义务是保险合同订立时的重要制度，制度内容涵盖义务主体、履行时间、告知内容、告知方式、违反义务之认定及法律后果等，具体规定于《保险法》第 16 条、《保险法司法解释二》第 5 条和第 6 条。本部分的分析主要涉及告知范围及违反告知义务的构成。

1. 体检结果是否属于投保人应当告知的范围

学理上，投保人应告知的事实通常包括：（1）足以使保险危险增加的事实；（2）为特殊动机而投保的，有关此动机的事实；（3）表明保险危险特殊性质的事实；（4）显示投保人在某方面非正常的事实。

根据《保险法》第 16 条第 1 款以及《保险法司法解释二》第 5 条、第 6 条之规定，投保人需要就保险人询问的其已经知道的有关保险标的的重要事实向保险人进行告知，即投保人需要告知的内容须符合主观要件和客观要件。主观要件是指告知义务主体主观上已经明确知道，客观要件是须告知的事项应为有关保险标的的重要事实。所谓"重要事实"，是指足以影响保险人是否承保或者提高保险费的事实。"重要性"的判断不取决于投保人主观认知，亦不以"某一特定"保险人的认识为标准，而应以一个合理谨慎的保险人在相同情况下是否作出相同判断为标准。

本案中，投保人于 2013 年 10 月 21 日参加体检，次日体检机构出具体检报告，显示投保人 B 超检查结果为"右侧甲状腺实质性占位"。至 2013 年 11 月 11 日投保前，无证据显示投保人去医院复查并确诊为甲状腺肿瘤。故投保人虽获悉体检结果，但未经医疗机构诊断确认，不能因此认定投保人已明确知道罹患重疾。且《保险法司法解释二》未将投保人推定知道或应当知道的情况纳入告知范围，所以保险人仅凭投保人知悉体检结果而主张其未履行如实告知义务，并无法律依据。

2. 投保人是否违反告知义务并承担相应法律后果

理论上，可将投保人违反告知义务的情形类型化为告知不实和未告知两种情况，前者包括错告和误告，属于积极违反情形；后者包括隐瞒和遗漏，属于消极违反情形。结合《保险法》第 16 条第 2 款的规定，构成违反如实告知义务同样须符合主客观两方面要件。主观上投保人存在故意或重大过失；客观上义务人对重要事项未进行告知或不实告知。

构成违反如实告知义务的，根据《保险法》第 16 条第 2 款、第 4 款、第 5 款的规定，无论投保人主观上为故意抑或重大过失，保险人均有权解除合同。解除合同之前发生保险事故的，如故意违反，只要违反告知义务之事项客观上具有"重要性"，不论与保险事故发生是否具有因果联络，保险人均不承担保险责任，并不退还保险费；如重大过失违反的，则要考察"重要性"及"因果关系"，即违反告知之重要事项与保险事故发生之间具有因果关系的，保险人才能排除保险责任的承担，但应当退还保险费。

依据前文所述，投保人需要告知的是其已经知道的重要事实，本案中丁某芬在投保时尚未确诊为甲状腺乳头状癌，不构成"已经知道"之情形，不属于投保人必须告知的事项，也无足够证据证明丁某芬存在骗取保险金的恶意，或明知而隐瞒不告，或未尽到一般人的注意义务而错误告知，因此并不符合违反告知义务的主客观要件，保险人不能以投保人违反如实告知义务为由解除合同，拒绝给付赔付保险金。

即使退一步讲，保险人若主张解除合同，也应自其知道有解除事由之日起三十日内或自合同成立之日起二年内行使解除权。本案中，保险公司在理赔过程中已经了解投保人的体检结果等事实，却未在三十日的除斥期间内行使解除权，该权利已经消灭。保险人也不得以投保欺诈而依《民法典》第 541 条❶主张撤销合同❷。

【思考题】

（1）等待期条款是否应当加以限制，该如何限制？

（2）保险人是否应对职业分类表、人身保险伤残评定标准履行醒意义务？

（3）《保险法》中违反如实告知义务的法律后果应当如何改造？

（4）保险解除权与合同撤销权的竞合应当如何解决？

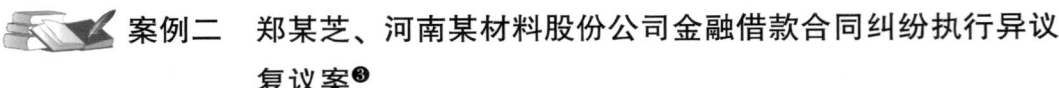

案例二　郑某芝、河南某材料股份公司金融借款合同纠纷执行异议复议案❸

【基本案情】

一、案件事实

2016 年 10 月 20 日，江西某工贸公司（以下简称工贸公司）委托恒丰银行向河南某材料股份公司（以下简称材料公司）提供贷款，贷款金额为 5000 万元，期限为三十六个月，按季度结息；定期付息，到期还本。郭某希为材料公司法定代表人。2016 年 10 月，郭某希与恒丰银行签订了《保证合同》，约定为材料公司的前述债务承担连带担保责任；郭某希的配偶郑某芝亦在保证合同上签字，承诺自愿为材料公司承担连带责任保证担保。材料公司从 2018 年 7 月起开始欠付利息。截至 2019 年 10 月 20 日，材

---

❶　我国《民法典》第 541 条："撤销权自债权人知道或应当知道撤销事由之日起一年内行使。自债务人的行为发生之日起五年内没有行使撤销权的，该撤销权消灭。"

❷　如投保人故意违反告知义务构成欺诈，则产生保险人基于我国《保险法》和《民法典》分别享有合同解除权和合同撤销权的竞合现象。对此，学界素有"排除说"和"选择说"之争议。"排除说"认为保险法特别规定应排除民法的一般规定而优先适用。"选择说"认为保险法之解除权并非特别法，与民法上之撤销权属两种权利并存，当事人可选择行使。

❸　参见河南省高级人民法院（2021）豫执复 261 号执行裁定书。

料公司尚欠工贸公司本金 5000 万元，利息 9788367.43 元。法院判决材料公司偿还工贸公司前述本金及利息；郭某希、郑某芝对材料公司上述债务承担连带清偿责任。判决生效后，工贸公司向法院申请强制执行。

法院在执行时，裁定冻结、扣划郑某芝名下保单现金价值，郑某芝对该裁定提出执行异议，请求撤销该裁定书。

法院审理查明：（1）尾号为 0127、2302 的两份保单投保人为郭某晴、被保险人为郑某芝。法院对以上两份保单采取冻结保单现金价值，对其余保单均采取扣划保单现金价值的强制措施。（2）郑某芝与郭某希曾为夫妻，郭某晴、郭某宇系二人子女。尾号为 0127、2302 的保单是郑某芝 2014 年购买的人身保险，原投保人、被保险人均为郑某芝，2020 年 5 月 26 日变更投保人为郭某晴。

二、法院裁判

法院认为，保单现金价值是投保人的财产，可以作为执行标的。被执行人既不履行生效法律文书确定的债务，又不行使解除权时，法院可以参照适用《民事诉讼法》（2017）第 242 条❶的规定，由人民法院直接强制执行保单现金价值。两份投保人为郭某晴的保单，均在材料公司不履行其债务后发生投保人变更，郑某芝这一行为减损其责任财产，损害了债权人利益。而且两份保单绝大部分保费由郑某芝作为投保人时交纳，对该两份保单现金价值采取冻结措施并无不当，故裁定驳回郑某芝的异议申请。

郑某芝不服，向上级法院申请复议，请求撤销执行裁定。上级法院最终驳回郑某芝复议申请，维持原审法院的执行裁定。

【主要法律问题】

（1）人身保险单能否作为执行标的？人民法院能否直接强制执行？
（2）强制执行人身保单时，该如何平衡债权人、债务人及被保险人利益？

【主要法律依据】

《中华人民共和国保险法》（2015）

第 47 条　投保人解除合同的，保险人应当自收到解除合同通知之日起三十日内，按照合同约定退还保险单的现金价值。

《中华人民共和国民法典》（2020）

第 535 条　因债务人怠于行使其债权或者与该债权有关的从权利，影响债权人的到期债权实现的，债权人可以向人民法院请求以自己的名义代位行使债务人对相对人的权利，但是该权利专属于债务人自身的除外。

代位权的行使范围以债权人的到期债权为限。债权人行使代位权的必要费用，由债务人负担。

---

❶　现为《民事诉讼法》（2023）第 253 条。

相对人对债务人的抗辩，可以向债权人主张。

《中华人民共和国民事诉讼法》（2023）

第 253 条 被执行人未按执行通知履行法律文书确定的义务，人民法院有权向有关单位查询被执行人的存款、债券、股票、基金份额等财产情况。人民法院有权根据不同情形扣押、冻结、划拨、变价被执行人的财产。人民法院查询、扣押、冻结、划拨、变价的财产不得超出被执行人应当履行义务的范围。

人民法院决定扣押、冻结、划拨、变价财产，应当作出裁定，并发出协助执行通知书，有关单位必须办理。

《最高人民法院关于适用〈中华人民共和国民事诉讼法〉的解释（2022）

第 499 条第 1 款 人民法院执行被执行人对他人的到期债权，可以作出冻结债权的裁定，并通知该他人向申请执行人履行。

【理论分析】

一、人身保险单能否作为执行标的

在国务院加快发展现代保险服务业的"国十条"以及"新国十条"的政策推动下，保险业发展迅速，社会公众保险意识不断增强，购买保险产品已成为寻常之事，尤其是以健康保险、人寿保险的保单增幅较大。但随之而来的保险合同纠纷案件也呈现快速增长态势，其中人身保单执行案件争议较大，备受关注。

人身保险合同包括人寿保险、健康保险和意外伤害保险。人寿保险又分为生存保险、死亡保险和生死两全保险等基本类型。人身保险合同（尤以人寿保险和健康保险为主）往往为长期合同，因交费方式不同而具有一定的财产价值，故而产生人身保单能否作为投保人的财产被强制执行、被依法继承或离婚财产分割的特殊问题。如已发生保险事故，保险人应向被保险人或受益人支付保险金，上述问题即转化为保险金的执行、继承及离婚财产分割，司法实践中争议不突出。但尚未出险的人身保单究竟能否成为强制执行客体，执行程序以及方式如何事关债权人、投保人、被保险人、受益人以及保险人等多方利益，引起学界和司法实践的共同关注，且分歧较大。如浙江省高级人民法院❶、江苏省高级人民法院❷出台专门的指导意见规定人身保单的现金价值可以强制执

---

❶ 《浙江省高级人民法院关于加强和规范对被执行人拥有的人身保险产品财产利益执行的通知》："一、投保人购买传统型、分红型、投资连接型、万能型人身保险产品、依保单约定可获得的生存保险金、或以现金方式支付的保单红利、或退保后保单的现金价值，均属于投保人、被保险人或受益人的财产权。当投保人、被保险人或受益人作为被执行人时，该财产权属于责任财产，人民法院可以执行。""五、人民法院要求保险机构协助扣划保险产品退保后可得财产利益时，一般应提供投保人签署的退保申请书，但被执行人下落不明，或者拒绝签署退保申请书的，执行法院可以向保险机构发出执行裁定书、协助执行通知书要求协助扣划保险产品退保后可得财产利益，保险机构负有协助义务。"

❷ 《江苏省高级人民法院关于加强和规范被执行人所有的人身保险产品财产性权益执行的通知》："五、投保人为被执行人，且投保人与被保险人、受益人不一致的，人民法院扣划保险产品退保后可得财产利益时，应当通

行，而广东省高级人民法院则规定不能强制执行❶。该问题之本源在于人身保单缘何具有财产价值以及这些财产价值的归属。归属不同，则适用的执行程序、方式不同。厘清人身保单财产价值的形成方式、性质及归属是破解以上争议的核心密钥。

1. 人身保单财产价值的表现形式

人身保单具有一定的财产性是因为有些人身保险本身存在现金价值，且保险市场又逐步开发出各种具有投资理财功能的人身险产品，投保人可取得分红及其孳息或投资收益等财产性权益。

现金价值，是人身保单投保人按照均衡费率交纳保费而高于自然保费的溢额部分。人身保险中，保费厘定与风险发生概率相关，通常自然人的死亡率随着年龄增长而增高，保费也逐年增加，此为"自然保费"。但因每年收取不同数额的保费较为烦琐，且保费逐年增长，而劳动能力及收入状况却逐步衰减，导致越发需要保险保障的投保人却往往难以承担高昂的保费负担，因此，保险实务中通常由保险人计算出整个保险期间应当交纳的自然保费总额，再平均分摊到每个保险年度内，由投保人每期交纳均等的保费，即"平准保费"或"均衡保费"。在"均衡交费"或趸交保费制（即一次性交清全部保费）下，投保人平均交纳或者一次性交纳的纯保费中超过实际应交纳的自然保费部分，构成保单的现金价值。❷

分红及其孳息，产生于分红型人身保险中。分红保险是在获得人寿保险保障的同时，保险人将其实际经营成果优于定价假设的盈余，按一定比例向投保人进行分配的人寿保险类型。红利分配方式主要有现金红利法和增额红利法。采用现金红利法的，每个会计年度结束后，保险人将根据本年度经营状况向投保人分配现金红利。投保人对于所获红利，可自由支取、累积生息或抵扣保费。增额红利法，是以增加保单现有保额的形式分配红利，投保人只有在保单期满或终止时才能获得红利收入。

投资收益，是指在投资连结保险（以下简称投连险）中投保人的财产性权益。投

（接上注）

知被保险人、受益人。被保险人、受益人同意承受投保人的合同地位、维系保险合同的效力，并向人民法院交付了相当于退保后保单现金价值的财产替代履行的，人民法院不得再执行保单的现金价值。被保险人、受益人未向人民法院交付相当于退保后保单现金价值财产的，人民法院可以要求投保人签署退保申请书，并向保险公司出具协助扣划通知书。投保人下落不明或者拒绝签署退保申请书的，人民法院可以直接向保险公司发出执行裁定书、协助执行通知书，要求保险公司解除保险合同，并协助扣划保险产品退保后的可得财产性权益，保险公司负有协助义务。投保人未签署退保申请书，保险公司依人民法院执行裁定解除保险合同、协助执行后，相关人员因此起诉保险公司的，人民法院不予支持。"

❶　《广东省高级人民法院关于执行案件法律适用疑难问题的解答意见》问题十一之处理意见："首先，虽然人身保险产品的现金价值是被执行人的，但关系人的生命价值，如果被执行人同意退保，法院可以执行保单的现金价值，如果不同意退保，法院不能强制被执行人退保。其次，如果人身保险有指定受益人且受益人不是被执行人，依据《保险法》第四十二条的规定，保险金不作为被执行人的财产，人民法院不能执行。再次，如果人身保险没有指定受益人或者指定的受益人为被执行人，发生保险事故后理赔的保险金可以认定为被执行人的遗产，可以用来清偿债务。"

❷　李玉泉. 保险法学——理论与实务 ［M］. 北京：高等教育出版社，2007：353-354.

连险是融保险与投资功能于一体的人身保险。保险人收到保险费后，按照事先约定，将保费的部分或全部分配进入单独设置的投资账户。投连险的收益来自投保人通过保险人向股市、债券、货币等资本市场投资所获的利得。

2. 人身保单现金价值的归属分析：投保人所有抑或保险人所有

现金价值是投保人通过交纳保费积累而成的，但学界对其归属存有争议，主要有两种观点：

一是"投保人所有说"。[1] 该说认为，保单现金价值所有权属于投保人。我国多数法院采用此观点，认为人寿保险虽以人之生命和身体为保险标的，但保单本身具有储蓄性和有价性，投保人可通过解除保险合同提取保单现金价值。保单现金价值基于投保人所交纳保险费而形成，属于投保人依法享有的财产权益，构成投保人的责任财产。[2] 本案中，审理法院亦认为，保单现金价值是投保人在保险期间早期支付的超过自然保险费部分金额的积累。根据《保险法》规定，投保人解除合同的，保险人应当退还保险单的现金价值。因此，保单现金价值是投保人可以收取的收入，是投保人的财产，可以作为执行标的。

二是"保险人所有说"。[3] 该说认为，保单现金价值以货币形式表现，适用货币财产"占有即所有"的规则，在保险公司受领保险费给付时，保单现金价值部分的金钱所有权就移转至保险人作为危险共同体风险承担的担保。保单现金价值具有预付未来保险费的属性，以弥补后期未缴足的保险费，只要保险合同未被解除，无法认定保单现金价值归属于投保人所有。投保人对保单现金价值虽不具有所有权，但享有返还请求权、质押贷款权等权利。

人身保单现金价值归属不同，则法院强制执行的客体不同，也就决定了强制执行的程序及措施将不尽相同。

3. 现金价值不同归属下的执行路径：一般执行程序抑或代位执行程序

如认定保单现金价值属于投保人，则构成投保人的责任财产，且不具有人身依附性和专属性。此时法院强制执行的客体为被执行人的财产，则依法按照一般强制执行程序，直接扣划保单现金价值即可。司法实践中，多数法院采取直接从保险人账户扣

---

❶ 马向伟. 人寿保险单的现金价值可以被强制执行 [J]. 人民司法（案例），2016（17）；卓俊雄. 人寿保险契约强制执行 [J]. 月旦法学教室，2016（163）；叶启洲. 债权人与人寿保险受益人之平衡保障——德国保险契约法上受益人介入权之借铣 [J]. 月旦法学杂志，2016（255）；张冠群. 从美国法观点论保险契约（保单现金价值）可否强制执行 [J]. 保险专刊，2016（3）.

❷ 如山东省高级人民法院（2015）鲁执复字第 108 号执行裁定书、辽宁省高级人民法院（2016）辽 0211 执异 8 号执行裁定书、马鞍山市中级人民法院（2017）皖 05 执复 20 号执行裁定书.

❸ 武亦文. 保单现金价值强制执行的利益衡平路径 [J]. 法学，2018（9）；郭宏义. 人身保险要保人之何种权利得作为强制执行之标的 [J]. 保险专刊，2016（3）；张涛，卢巧艳. 法院不应强制执行人寿保单现金价值 [N]. 江苏法制报，2015-11-12（00D）；王彩萍，杨平，要志林. 保险费不能用以清偿投保人债务 [J]. 保险研究，2002（10）：57-58.

划现金价值的方式来实现对保单现金价值的变价清偿。❶ 也有如浙江、江苏等地法院采取向保险公司发出执行裁定书、协助执行通知书，要求协助扣划保单现金价值的做法。

如认定保单现金价值归属于保险人，那么投保人对保单现金价值享有的是返还请求权。此时法院强制执行的客体为被执行人对第三人享有的债权，应当根据《最高人民法院关于适用〈中华人民共和国民事诉讼法〉的解释》（以下简称《民事诉讼法司法解释》）第 499 条规定，适用代位执行程序，法院仅能采取冻结措施，不得直接扣划。即便法院对保单现金价值采取冻结方式也不无疑问，因为根据上述规定，法院仅能就被执行人对他人的 "到期债权" 作出冻结裁定。而投保人保单现金价值返还请求权并非已到期金钱债权❷，不符合法院代位执行的条件。退一步讲，即便保单现金价值返还请求权可作为代位执行标的，根据《保险法》第 47 条规定，投保人也必须先解除合同才可行使返还请求权而提取保单现金价值，如投保人不解除保险合同，也就无法将保单现金价值变现以实现债权。那么，法院能否代位行使投保人的合同解除权？解除权属于形成权而非请求权，并非现行法所规定的代位执行的客体。在法律作出修改前，不应将法院代位执行的客体扩张至形成权，强行介入债务人与第三人之间的关系。故目前法院代位行使合同解除权缺乏法律依据。

但债权人有代位行使解除权的可能。❸ 理论上，为防止债务人责任财产不当减少，保障债权人债权的实现，代位权的行使对象包括一切非专属于债务人的财产权利，如非金钱债权、担保物权、物上请求权、具有财产利益的形成权等。我国《民法典》也顺应理论发展和现实需要，将代位权客体从 "到期金钱债权" 扩张为 "债权或者与该债权有关的从权利"。由此，债务人享有的担保物权、保证债权自可成为代位对象。但能否进一步涵盖 "合同项下的权利" 从而为解除权纳入代位权行使对象提供可能，有待进一步廓清和解释，不过在司法实践中已有所突破。即使允许债权人代位行使解除权，也不得权利滥用。如被保险人确定即将身故、债务金额与现金价值相比明显较小（反之也有可能成立）、债务人（投保人）已经以保单质押形式从保险人处贷款返还债务、在人寿保险与疾病保险等混合保险中，解除合同将导致保险人停止给付住院给付金、高度残疾保险金，合同解除后被保险人因年龄限制将无法再加入人寿保险等情形，债权人不得再主张代位行使解除权，否则构成权利滥用。❹

其实，无论是法院还是债权人代位行使解除权，都具有极强的破坏性，投保人、被保险人、受益人、保险人利益均会受到重大不利影响。保险合同一旦解除，首先，对被保险人利益影响甚大。被保险人将失去保险合同保障，一旦发生保险事故而伤残

---

❶ 王静. 保单现金价值强制执行若干问题研究 [J]. 法律适用（司法案例），2017（14）：49-57.

❷ 关于投保人保单现金价值返还请求权的性质亦有争议，有学者认为属于附条件债权，也有学者将其作为将来债权。

❸ 岳卫. 人寿保险合同现金价值返还请求权的强制执行 [J]. 当代法学，2015（1）：86-93；武亦文. 保单现金价值强制执行的利益衡平路径 [J]. 法学，2018（9）：95-110.

❹ 岳卫. 人寿保险合同现金价值返还请求权的强制执行 [J]. 当代法学，2015（1）：86-93.

或疾病也无法获得保险金赔付，而且恐难以相同条件再次获得保险人承保，甚至受年龄以及健康状况所限无法获得任何保险保障。其次，受益人也将丧失保险金请求权的期待利益，特别是受益人为依赖保险合同且需要抚养的未成年人，只能另外购买保险，必然负担本不必要的缔约成本。再次，保险人作为保单现金价值的实际支出者，其资产和投资效益也会有所减损。最后，投保人如购买的是投资型人身保险，也会遭受投资利益损失，导致合同目的落空，甚至会使保险作为财富传承工具的魅力大打折扣。❶

由此可见，在强制执行保单现金价值时，如何平衡债权人与保险合同各方主体之间的利益关系，是亟待解决且更有现实价值的问题。

二、强制执行人身保单时，该如何平衡债权人、债务人及被保险人利益

本书认为，为平衡债权人、债务人、被保险人、受益人等各方利益，在执行人身保单时，可以设置以下考量因素，适用多元路径加以解决：

1. 区分对待获利型人寿保险和生活保障型人寿保险❷

债权人仅可以对获利型人寿保险申请强制执行，生活保障型人寿保险不得作为执行对象。如何界分两类保险，需要以保险种类、内容、缔结原由等多种因素作为判断标准：第一，保费支付方式。趸交的，更具有获利倾向。第二，缴费期间长短。缴费期间较短的，获利目的较为明显。第三，投保人与受益人之间关系。如为亲属关系，则生活保障性更为明显。第四，保险金额的决定方法。采用连结型（保险金额与证券市场价格等联动）方式的，获利目的显著。第五，保险名称。由此推测投保人缔约的真实目的。❸ 但此种方法的问题在于保险市场已经开发出兼顾投资与生活保障功能的复合型人寿保险，该如何分离出获利部分用以清偿债务。

2. 被保险人或受益人行使介入权

介入权是保险合同关系人可以在保单现金价值的范围内代为清偿投保人的债务，以取得投保人地位而延续保险合同。我国《最高人民法院关于适用〈中华人民共和国保险法〉若干问题的解释（三）》（以下简称《保险法司法解释三》）第 17 条❹规定了投保人解除保险合同时，被保险人或受益人享有介入权，可将此适用于保单的强制执行中，只要受益人或被保险人愿意承受投保人的合同地位、维系保险合同效力，并向执行法院交付相当于保险单现金价值的货币以替代履行，法院不再对保险单现金价值强制执行。❺ 此种方式的优势在于既可以实现债权，又能够维系保险合同效力，使被

---

❶ 常敏. 保单现金价值归属的法律解释逻辑 [J]. 环球法律评论，2018（5）：34-49.

❷ 岳卫. 人寿保险合同现金价值返还请求权的强制执行 [J]. 当代法学，2015（1）：86-93.

❸ 栗田达聪. 生命保险债权的相关利益调整 [J]. 保险学杂志，608：123；转引自岳卫. 人寿保险合同现金价值返还请求权的强制执行 [J]. 当代法学，2015（1）.

❹ 《保险法司法解释三》第 17 条："投保人解除保险合同，当事人以其解除合同未经被保险人或者受益人同意为由主张解除行为无效的，人民法院不予支持，但被保险人或者受益人已向投保人支付相当于保险单现金价值的款项并通知保险人的除外。"

❺ 参见山东省高级人民法院（2015）鲁执复字第 108 号执行裁定书。

保险人和受益人权益得以保全。但缺陷是，如被保险人、受益人为未成年人或无稳定收入来源时，难以行使该权利而阻断保险合同被解除。

3. 债权人代位行使保单质押借款权❶

人寿保险的投保人享有保单质押借款权，即投保人可在保单有效期内向保险人质押其保单❷，在现金价值的限额内获取借款，以缓解在长期性合同的履行中可能出现的资金紧张。这一方式较之于通过解除合同来获得保单现金价值，优势在于保险合同效力得以持续，避免了被保险人失去保险保障，亦不损及受益人的期待利益和保险人的经济利益。因此，投保人可以此方式周转出资金满足债权实现，同时也对被保险人、受益人、保险人等利害关系人利益损害最小。劣势在于程序上须经被保险人同意❸，且借款金额会少于现金价值，债权未必能全部实现。

4. 对投资账户价值部分提取、对红利请求权采取强制措施❹

投资账户价值、红利均属于投保人财产，法院可直接采用扣划方式强制执行，无须法院或债权人代位行使解除权，有效维持保险合同效力，最大限度保障保险合同各方利益。但这一方式仅是针对个别险种设定的解决措施，无法普遍适用。

此外，在保单强制执行时还应当考量债权发生原因，如人身损害赔偿之债，在利益衡量对比时，应优先获得满足。

【思考题】

（1）离婚时能否对人身保单进行财产分割？如何分割？
（2）个人破产情形下破产人的人身保单如何处置？

第三节　财产保险合同相关法律问题

财产保险合同是投保人与保险人约定的，以财产以及与财产有关的利益为保险标的的保险合同。较之于人身保险合同，财产保险合同在保险标的、保险金额确定方式、基本职能、遵循原则、经营技术等方面存在差异性。

---

❶　武亦文. 保单现金价值强制执行的利益衡平路径［J］. 法学，2018（9）：95-110.

❷　保险实务中，通常认为投保人是以现金价值为质向保险人质押贷款，但理论界对保单贷款的法律性质界定却争议较大，大致分为消费者借贷说、提前给付说以及特殊给付说。其中，消费者借贷说又可分为保险证券担保借贷说、权利质押借贷说以及附抵销预约消费借贷说。有学者认为，现金价值与保险金均来自责任准备金，具有实质关联性，因此，保单贷款并非投保人以现金价值或现金价值返还请求权进行的质押贷款，而是一种特殊给付，也就无须取得被保险人同意。参见岳卫. 保单贷款制度的意义及其法律性质［J］. 南开学报（哲学社会科学版），2021（1）：174-182.

❸　《保险法》第34条第2款："按照以死亡为给付保险金条件的合同所签发的保险单，未经被保险人书面同意，不得转让或者质押。"

❹　何丽新，梁嘉诚. 保单现金价值强制执行的反思与重构［J］. 保险研究，2019（1）：98-111.

财产保险合同种类众多，理论上可作以下分类：

（1）根据保险标的的不同，财产保险合同可分为有形财产保险合同和无形财产保险合同，前者即财产损失保险合同，如家庭财产保险、企业财产保险、车辆损失保险等；后者包括责任保险合同、信用保险合同和保证保险合同。

（2）根据保险价值确定方式的不同，财产保险合同可分为定值保险合同与不定值保险合同。❶ 定值保险合同，是指保险合同当事人将保险标的价值事先约定并在合同中给予载明作为保险金额，在保险事故发生时根据载明的保险价值进行赔偿的保险。定值保险具有避免估价麻烦、理赔手续简便的优势，但容易诱发道德危险。不定值保险合同，是指在保险合同中只载明保险标的保险金额而未载明保险价值，保险事故发生时，根据当时的保险价值确定损失后予以赔偿的保险。

（3）根据保险金额与保险价值的关系，财产保险合同可分为足额保险合同、不足额保险合同和超额保险合同。足额保险合同，是指保险金额等于或大致等于保险价值的保险合同。如无相反约定，保险标的发生全部损失的，保险人全部予以赔偿；发生部分损失的，保险人对损失部分予以赔偿，损失多少，赔偿多少。不足额保险合同，是指保险金额小于保险价值的保险合同。或基于投保人主观意愿，仅以保险价值的一部分投保而产生，或因保险标的价值在合同订立后客观上涨，导致高于保险金额。不足额保险的赔偿方式有两种立法例。一是比例赔偿法，即保险标的发生全部损失的，保险人依保险金额进行赔偿，发生部分损失的，按照保险金额与保险价值的比例进行赔偿；二是第一危险赔偿法，即保险人在保险金额的限额内对保险标的遭受的实际损失进行全部赔偿。《保险法》采取比例赔偿法。❷ 超额保险合同，是指保险金额大于保险价值的保险。或是双方当事人因善意或恶意投（承）保的保险金额高于保险价值，或是保险标的价值在订立合同后跌落，而使保险金额超过保险价值。根据《保险法》第 55 条第 3 款规定，保险金额不得超过保险价值。超过保险价值的，超过部分无效，保险人应当退还相应的保险费。

财产保险合同作为典型的损失补偿性保险❸，应严格遵循损失补偿原则及其所派生的超额保险之禁止、重复保险分摊赔付以及保险代位求偿等诸多制度与规则。但因篇

---

❶ 《保险法》第 55 条第 1 款和第 2 款："投保人和保险人约定保险标的的保险价值并在合同中载明的，保险标的发生损失时，以约定的保险价值为赔偿计算标准。投保人和保险人未约定保险标的的保险价值的，保险标的发生损失时，以保险事故发生时保险标的的实际价值为赔偿计算标准。"

❷ 《保险法》第 55 条第 4 款："保险金额低于保险价值的，除合同另有约定外，保险人按照保险金额与保险价值的比例承担赔偿保险金的责任。"

❸ 学理上，依据保险金补偿之目的不同，将保险合同分为损失补偿性保险合同和定额给付性保险合同。前者是指保险事故发生后，由保险人评定被保险人实际损失从而支付保险金的一种保险合同。该种保险合同中保险金赔付目的在于弥补被保险人因保险事故发生而遭受的经济损失。绝大多数的财产保险合同和部分的人身保险合同（如健康险和意外伤害险中的医疗费用保险）属于损失补偿性保险合同。后者是指合同当事人双方事先协议一定数额的保险金，至危险发生时，由保险人依约定的保险金负给付责任的保险合同。大多数人身保险合同为定额给付性保险合同。

幅所限，本书不再赘述。本节仅选取近期财产保险合同纠纷中争议集中的、备受公众关注的两个典型案件作为分析重点。

 **案例一　李某潇与中国平安财产保险股份有限公司北京分公司保险纠纷一案❶**

【基本案情】

一、案件事实

2018 年 12 月 17 日 20 时 51 分，在北京市海淀区永丰路与丰滢东路交叉处，李某潇驾驶小客车与宋某强驾驶的小轿车发生交通事故，事故造成上述两车受损。交警部门认定李某潇负全责，宋某强无责。

李某潇驾驶的小客车系其本人所有，该车辆在中国平安财产保险股份有限公司北京分公司（以下简称平安保险北京分公司）投保了交强险、保险限额为 250650 元的车辆损失险和保险限额为 50 万元的商业三者险（含不计免赔），保险期间均为 2018 年 4 月 25 日 00 时起至 2019 年 4 月 24 日 24 时止。车辆登记的使用性质为非营业，被保险人为李某潇。

机动车综合商业保险单"重要提示"部分记载如下内容：（1）本保险合同由保险条款、投保单、保险单、批单和特别约定组成。（2）收到本保险单、承保险种对应的保险条款后，请立即核对，如有不符或疏漏，请及时通知保险人并办理变更或补充手续。（3）请详细阅读承保险种对应的保险条款，特别是责任免除和赔偿处理。（4）被保险机动车因改装、加装、改变使用性质等导致危险程度显著增加以及转卖、转让、赠送他人的，应通知保险人。（5）被保险人应当在保险事故发生后及时通知保险人。订立上述保险合同所适用的保险条款是平安保险公司提供的格式条款，名称为《机动车综合商业保险条款（2014 版）》，该条款第一章"机动车损失保险"的"责任免除"部分第八条第（五）项约定：被保险机动车被转让、改装、加装或改变使用性质等，被保险人、受让人未及时通知保险人，且因转让、改装、加装或改变使用性质导致危险程度显著增加的，由此导致的被保险机动车的损失和费用，保险人不负责赔偿。

2018 年 12 月 18 日，李某潇所有的案涉小客车维修完毕，维修费共计 67729 元；宋某强驾驶的小轿车维修费共计 66753.90 元。上述费用均已由李某潇实际支付。

2019 年 1 月 18 日，平安保险北京分公司向李某潇出具了拒赔通知书，载明如下内容：此次事故造成的损失不属于平安保险北京分公司责任范围，理由在于标的车改变使用性质，违反《机动车综合商业保险条款（2014 版）》第一章第八条第五款、第二

---

❶ 参见北京市西城区人民法院（2019）京 0102 民初 9552 号民事判决书、北京市第二中级人民法院（2019）京 02 民终 8037 号民事判决书。《最高人民法院公报》2021 年第 12 期刊载了该案例。

章第二十五条第三款的规定。李某潇系泰康保险集团股份有限公司职员，2018年12月17日20时45分，李某潇承接了嘀嗒顺风车单，该行程为赵庄村公交站至皮村环岛，在承接此单业务时发生交通事故。李某潇改变车辆用途构成危险程度显著增加，且未履行通知义务，因此发生的保险事故，保险人不承担赔偿保险金责任。

李某潇遂向一审法院起诉，请求判令平安保险北京分公司赔偿各项损失共计134482.90元（两车修理费用）。

二、一审法院裁判情况

一审法院认为，根据《网络预约出租汽车经营服务管理暂行办法》以及《北京市私人小客车合乘出行指导意见》，顺风车并不以营利为目的，并非营运行为。李某潇借助"嘀嗒出行"平台发布行程并与顺风车乘客达成合乘合意，信息服务平台根据乘客人数及行驶里程计算出乘车费并推送给司乘双方，乘客目的地与李某潇居住地接近。且李某潇有固定职业，没有以顺风车业务谋生的动机。此外，李某潇收取的乘车费用多少不由其个人意志决定，而是由信息服务平台确定，因此李某潇驾驶运送搭乘者的行为应界定为顺风车，不具有营运性质。

本案中，事故发生在保险期间内，且不属于免赔情形，平安保险北京分公司应对此次事故造成的被保险车辆及第三者车辆的损失承担赔偿责任。李某潇要求平安保险北京分公司在商业车损险限额内赔偿其67729元车辆损失，于法有据，予以支持。被保险车辆发生道路交通事故给案外人宋某强造成了财产损失，平安保险北京分公司应依法在机动车交强险限额范围内予以赔偿，不足部分在商业三者险限额内予以赔偿。鉴于李某潇已经代第三者宋某强支付了车辆维修费66753.90元，对此，平安保险北京分公司应当在交强险限额内向李某潇支付2000元，在商业三者险限额内向李某潇支付64753.90元。

一审判决作出后，平安保险北京分公司不服，提起上诉，请求撤销一审判决，依法改判驳回李某潇的诉讼请求。

三、二审法院判决情况

二审法院认为，一审法院依据查明的李某潇的职业状况、涉诉行程的始发地与李某潇的工作地点的距离、目的地与李某潇居住地区域的距离以及乘车费用等因素综合认定李某潇驾驶车辆运送搭乘者的行为为顺风车，不具有营运性质，具有较充分的事实依据，并无不当。应当指出，李某潇通过"嘀嗒出行"平台发布行程，属于网约车性质，但网约车并不必然具有营运性质；此外，平安保险北京分公司未能举证证明案涉乘车费用超过行程的实际成本。故驳回上诉，维持原判。

【主要法律问题】

（1）保险标的危险程度显著增加的判断标准是什么？

（2）顺风车与网约车法律属性如何界定，是否存在差异？

（3）家庭自用车辆从事顺风车是否构成保险标的危险显著增加？

【主要法律依据】

《中华人民共和国保险法》（2015）

第 52 条　在合同有效期内，保险标的的危险程度显著增加的，被保险人应当按照合同约定及时通知保险人，保险人可以按照合同约定增加保险费或者解除合同。保险人解除合同的，应当将已收取的保险费，按照合同约定扣除自保险责任开始之日起至合同解除之日止应收的部分后，退还投保人。

被保险人未履行前款规定的通知义务的，因保险标的的危险程度显著增加而发生的保险事故，保险人不承担赔偿保险金的责任。

《最高人民法院关于适用〈中华人民共和国保险法〉若干问题的解释（四）》（2020）

第 4 条　人民法院认定保险标的是否构成保险法第 49 条、第 52 条规定的"危险程度显著增加"时，应当综合考虑以下因素：

（一）保险标的用途的改变；

（二）保险标的使用范围的改变；

（三）保险标的所处环境的变化；

（四）保险标的因改装等原因引起的变化；

（五）保险标的使用人或者管理人的改变；

（六）危险程度增加持续的时间；

（七）其他可能导致危险程度显著增加的因素。

保险标的的危险程度虽然增加，但增加的危险属于保险合同订立时保险人预见或者应当预见的保险合同承保范围的，不构成危险程度显著增加。

【理论分析】

一、保险标的的危险程度显著增加的判断标准是什么？

根据《保险法》第 52 条的规定，被保险人负有危险增加的通知义务。借助该义务之履行，保险人得以重新核定保险标的的风险状况，而采取增加保费或解除合同的措施，以符合对价平衡的保险原理。如被保险人未履行该义务，因保险标的危险状况显著增加而发生保险事故的，保险人不承担保险责任。

理论上，危险程度显著增加的判断标准包括以下方面：（1）重要性。危险增加的重要性须以是否打破对价平衡原理为依据，如危险程度变化足以影响保险费率调整，却仍按合同订立时的费率承保，则有失对价之平衡，久之则保险难以维系；如危险程度增加至极易导致损失事故发生，乃至动摇合同效力维持，则可解除保险合同，以确保仅将优质危险带入危险共同体。如危险程度轻微增加不会造成对价失衡，则无须规范。（2）不可预见性。此处的不可预见并非指保险人对保险标的在合同有效期内的危险增加没有预见，而是未将该增加的危险程度作为厘定保险费的基础。（3）持续性。原危险状况因某种特定事件的发生而改变且持续一段时间，如只是暂时改变，随即恢复原本状态，不属于危险程度显著增加。❶《最高人民法院关于适用〈中华人民共和国保险法〉若干问题的解释（四）》第 4 条将危险程度显著增加的判断标准加以细化，该条规定需要结合保险标的用途、使用范围、所处环境是否发生改变、是否改装、使用人或者管理人是否改变、危险程度增加持续时间长短等因素综合认定。如保险标的危险程度虽然增加，但增加的危险属于保险合同订立时保险人预见或者应当预见的保险合同承保范围的，不构成危险程度显著增加。

二、顺风车与网约车的法律性质如何界定

根据 2016 年 11 月 1 日交通运输部、工业和信息化部、公安部等七部门联合颁布的《网络预约出租汽车经营服务管理暂行办法》（2022 年 11 月 30 日施行），网约车是指以互联网技术为依托构建服务平台，整合供需信息，使用符合条件的车辆和驾驶员，提供非巡游的预约出租汽车服务的经营活动。出租汽车行政主管部门对符合条件并登记为预约出租客运的车辆，发放《网络预约出租汽车运输证》，同时规定不得以私人小客车合乘（也称为拼车、顺风车）名义提供网约车经营服务。由上可知，网约车是出租客运性质，纳入城市出租汽车行政管理的范围，属于营运性质的车辆。

根据《北京市私人小客车合乘出行指导意见》（2016 年 12 月 21 日施行，以下简称《指导意见》）规定，私人小客车合乘（也称为拼车、顺风车），由合乘服务提供者事先发布出行信息，出行线路相同的人选择乘坐驾驶员的小客车，分摊合乘部分的出行成本（燃料费和通行费）或免费互助的共享出行方式。《指导意见》第 2 条规定："合乘出行作为驾驶员、合乘者及合乘信息服务平台各方自愿的、不以营利为目的的民事行为，相关责任义务按照有关法律法规的规定由合乘各方自行承担。"由此可知，顺风车与网约车并非同一概念，也非包含关系。顺风车是通过分摊出行成本或者免费互助的方式，以达到缓解拥堵、方便出行目的的交通方式。一般情况下，不以营利为目的，并非营运行为。

三、家庭自用车辆从事顺风车是否构成保险标的危险显著增加

本案中，保险人是否承担保险责任的关键在于，案涉家用车辆从事顺风车是否属于保险标的用途的根本改变，使其危险程度发生显著增加。保险人依据公安部发布的《机动车类型、术语和定义》（GA 802—2014❷，该标准已废止），将机动车使用性质分

---

❶ 温世扬. 保险法 [M]. 3 版. 北京：法律出版社，2016：154-155；樊启荣. 保险法 [M]. 北京：北京大学出版社，2011：90-91；谭卫山. 如何理解《保险法》上的危险程度增加——兼评新《保险法》第 52 条之规定 [J]. 保险实践与探索，2009（5）.

❷ 公安部《机动车类型、术语和定义》（GA 802—2014）已于 2020 年 5 月 29 日被废止，详见《公安部关于废止 77 项公共安全行业标准的公告》。该公告附件《公共安全行业标准废止目录》序号 59 废止 GA 802—2014；序号 45 废止 GA 802—2008。

为营运和非营运。使用性质不同，车辆所承受的风险不同，收取的保费则有所不同。李某潇所有车辆在投保时登记的使用性质为非营运，但在保险期间内利用网络平台从事顺风车业务，这一事实是否构成保险标的危险程度发生显著性增加的判别核心为，李某潇从事顺风车业务员的行为是否将车辆性质从非营运变为营运属性。

营运，为经营运输之意，或者说以运输为其营业内容。依据商法基本原理，所谓营业，以营利为目的而进行的连续的、有计划的、同种类的活动或行为。不仅强调目的的营利性，而且具有行为连续性、内容同一性。如顺风车在既定路线通过搭乘顺路乘客分摊出行成本或免费互助，符合日常行驶习惯及车辆使用目的，即被界定为非营利性质，并未改变车辆使用性质，未构成车辆危险程度显著增加状态，保险人不得因之拒绝承担保险责任。但如车辆所有人已长期的、连续地从事顺风车业务，并已获得超过成本的收益，则偏离了纯粹以分摊出行费用的顺风车初衷，构成实际营运状态。为此，广州市出台的《关于查处道路客运非法营运行为涉及私人小客车合乘认定问题的意见》规定，分摊部分出行成本时，合乘出行提供者在全天提供不超过两次合乘出行，并且分摊费用按合乘里程计算，不超过车辆燃料（用电）成本及通行费等直接费用，该合乘行为可以认定为不以营利为目的的顺风车行为。否则，构成营利目的。

本案审理法院对案涉车辆从事顺风车行为性质的认定，未囿于车辆登记性质这一静态标准，而是从收取费用情况、车辆行驶区间、车辆所有人职业状况以及接单频率等实际使用情况，综合、动态化地判断是否达到"营运"状态。这一裁判思维秉持商法理念，遵循商法基本原理，对不断发展的商业实践和越发灵活的就业模式具有良好的适用性。其他法院亦有相同认识，如四川省成都市中级人民法院（2018）川01民终203号案件中，法院认为，典型的网约顺风车并不具有营运性质，事故风险也不会显著增加。但是，当网约顺风车一旦在出行目的、行驶线路、出行频率、费用分摊上与典型特征迥异时，应认定网约顺风车具有营运性质，出行风险显著增加。❶

需指出的是，传统机动车商业保险定价模式并不合适网约车行业，仅以静态的车辆登记的使用性质作为危险增加"显著性"判断标准，不尽合理。探索并引入UBI车险精准定价模式更具科学性。❷

UBI有两种，一种是Usage Based Insurance，即按车辆使用里程付费的保险；另一种是User Behavior Insurance，即按驾驶人行为设计的保险。按里程付费实际属按驾驶人行为付费的一种。后者定价模式不仅依靠传统费率中的车辆类型、功率、驾驶人性别、年龄以及驾龄等静态因素，还参考驾驶行为的动态因素。UBI车险通过对驾驶员风险数据的收集、评估，使保费定价更为科学精准，优化保险人成本和收入，同时也能促使

---

❶　类似裁判还可以参见江苏省无锡市中级人民法院（2018）苏02民终2742号民事判决书、广东省深圳市中级人民法院（2018）粤03民终17270号民事判决书、江苏省南京市中级人民法院（2019）苏01民终2099号民事判决书等。

❷　中国人民财产保险公司、平安保险公司、太平财险公司、阳光保险公司等相继推出UBI车险，此外，阿里、腾讯、百度亦开发UBI车险产品。

投保人规范驾驶行为，减少被保险人危险增加通知义务负担，避免因未及时履行该义务而导致保险人拒赔，有效减少网约车保险纠纷的发生。

【思考题】

（1）保险法上危险增加制度与民法中情事变更原则，二者有何区别？

（2）《保险法》对于违反危险增加通知义务法律后果的设计是否妥当，如何完善？

 **案例二　李某恒与中国人民财产保险股份有限公司石家庄市分公司财产保险合同纠纷案**❶

【基本案情】

一、案件事实

2020年3月28日，固安公司在中国人民财产保险股份有限公司石家庄市分公司（以下简称保险公司）投保工程机械设备保险，被保险人为李某恒，保险期间自2020年3月28日零时至2021年3月27日二十四时止。双方约定的保障内容如下：（1）按照《工程机械设备保险》，保障项目为工程机械设备综合保险；（2）按照《工程机械设备保险附加转运期间财产损失保险条款》，保障项目为转运期间财产损失保险。

双方在特别约定清单记载的内容如下：（1）工程机械设备财产损失每次事故免赔额为2000元或者损失金额的5%，二者以高者为准，本车作业区域为中国境内的施工区域；（2）出厂编号：LXGDPA550KA001365，厂牌型号为徐工XZJ5555JQZ220；（3）本车车主是固安公司；（4）财产损失部分，根据《中国人民财产保险股份有限公司工程机械设备综合保险条款》第6条规定，在保险期间内，由于下列原因造成保险标的损失，保险人按照本保险合同的约定负责赔偿："（五）碰撞、倾倒。"第10条规定，保险标的使用中必然引起的后果，如自然磨损、自然损耗、氧化、腐蚀、锈蚀、孔蚀、锅垢等物理性变化或化学反应所造成的损失和费用，保险人也不负责赔偿。意外事故，指不可预料的以及被保险人无法控制并造成物质损失的突发性事件，包括火灾和爆炸。碰撞是指保险标的与外界静止或运动中的物体直接接触并发生意外撞击，产生撞击痕迹的现象。倾覆是指保险标的由于自然灾害或意外事故造成本身翻倒，使其失去正常工作状态，不经施救不能正常工作的事故。但投保时保险公司未向李某恒送达保险条款。

2020年4月29日，登记在固安公司名下的重型非载货专项作业车在北京市通州区果园环岛进行吊装作业时，吊臂折断受损。事故发生后，该车辆进行了维修，维修及施救费用共计656855元。保险公司未对车辆维修费用申请评估鉴定。

因索赔未果，李某恒于2020年7月6日向法院起诉，请求判令保险公司赔偿各项

---

❶　参见北京金融法院（2021）京74民终576号民事判决书。

车辆损失费用共计 656855 元；本案诉讼费用由保险公司承担。保险公司认为，李某恒的车辆在作业过程中未发生碰撞，车辆本身也并没有翻倒，其吊臂折断处的痕迹特征属于疲劳折断，是正常吊装过程中出现的渐进性折弯形态，与外力突然增加拉拽伸缩臂导致的受损痕迹特征不符，不是吊装过程中碰撞所致。根据《中国人民财产保险有限公司工程机械设备综合保险条款》第 6 条的约定，保险标的是在没有发生"碰撞""倾覆"情况下造成的损失，保险公司不应承担保险责任。

二、一审法院裁判情况

一审法院认为：（1）李某恒与保险公司对于吊臂折断倾倒是否属于保险条款中的"倾覆"存有争议，因该条款属于保险人提供的格式条款，当双方对格式条款的理解发生争议时，根据《保险法》第 30 条的规定，应作出有利于被保险人的解释，从而认定本案属于保险标的倾覆情形，故保险公司应对此事故中保险标的的损失予以赔偿。（2）根据《保险法》第 17 条第 2 款、《最高人民法院关于适用〈中华人民共和国保险法〉若干问题的解释》（以下简称《保险法司法解释二》）第 9 条的规定，保险公司对格式条款中的责任免除条款，未尽到提示和明确说明义务，责任免除条款不产生效力。保险公司应赔付的款项不应扣减免赔额、免赔率部分。

保险公司不服一审判决，向北京金融法院提起上诉。

三、二审法院裁判情况

二审法院认为：（1）格式条款中包括"保险责任条款"和"责任免除条款"。但是，根据等价有偿原则，格式条款中约定保险人责任的条款，是确定保险人承担合同责任与收取相应保险费之间对价平衡关系的基础，该基础不能由于保险人没有向对方交付格式条款而被动摇。以保险人未履行交付格式条款的缔约义务为由，不承认格式条款对于保险责任范围的约定，在根本上违背了等价有偿原则。（2）对格式条款的解释，根据《保险法》第 30 条的规定，应当首先按照通常理解进行解释，这是采用有利于被保险人和受益人解释的前提。只有当合同条款具有两种以上的合理解释时，才能运用不利解释原则。根据《民法典》第 142 条第 1 款的规定，本案中的"倾覆"通过文义解释即可获得通常解释，不存在两种以上合理的解释，一审法院以"有利解释"对"倾覆"作出解释的方法不当。一审法院认定事实正确，但是对于事件性质的认定以及适用法律均存在错误，保险公司的上诉理由成立，二审法院判决撤销一审判决，驳回李某恒的全部诉讼请求。

【主要法律问题】

保险法中"有利解释原则"应当如何适用？

【主要法律依据】

《中华人民共和国民法典》（2020）

第 142 条　有相对人的意思表示的解释，应当按照所使用的词句，结合相关条款、行为的性质和目的、习惯以及诚信原则，确定意思表示的含义。

无相对人的意思表示的解释，不能完全拘泥于所使用的词句，而应当结合相关条款、行为的性质和目的、习惯以及诚信原则，确定行为人的真实意思。

第 466 条　当事人对合同条款的理解有争议的，应当依据本法第 142 条第一款的规定，确定争议条款的含义。

合同文本采用两种以上文字订立并约定具有同等效力的，对各文本使用的词句推定具有相同含义。各文本使用的词句不一致的，应当根据合同的相关条款、性质、目的以及诚信原则等予以解释。

《中华人民共和国保险法》（2015）

第 17 条第 2 款　对保险合同中免除保险人责任的条款，保险人在订立合同时应当在投保单、保险单或者其他保险凭证上作出足以引起投保人注意的提示，并对该条款的内容以书面或者口头形式向投保人作出明确说明；未作提示或者明确说明的，该条款不产生效力。

第 30 条　采用保险人提供的格式条款订立的保险合同，保险人与投保人、被保险人或者受益人对合同条款有争议的，应当按照通常理解予以解释。对合同条款有两种以上解释的，人民法院或者仲裁机构应当作出有利于被保险人和受益人的解释。

《最高人民法院关于适用〈中华人民共和国民法典〉合同编通则若干问题的解释》（2023）

第 1 条　人民法院依据民法典第 142 条第 1 款、第 466 条第 1 款的规定解释合同条款时，应当以词句的通常含义为基础，结合相关条款、合同的性质和目的、习惯以及诚信原则，参考缔约背景、磋商过程、履行行为等因素确定争议条款的含义。

有证据证明当事人之间对合同条款有不同于词句的通常含义的其他共同理解，一方主张按照词句的通常含义理解合同条款的，人民法院不予支持。

对合同条款有两种以上解释，可能影响该条款效力的，人民法院应当选择有利于该条款有效的解释；属于无偿合同的，应当选择对债务人负担较轻的解释。

第 2 条　下列情形，不违反法律、行政法规的强制性规定且不违背公序良俗的，人民法院可以认定为民法典所称的"交易习惯"：

（一）当事人之间在交易活动中的惯常做法；

（二）在交易行为当地或者某一领域、某一行业通常采用并为交易对方订立合同时所知道或者应当知道的做法。

对于交易习惯，由提出主张的当事人一方承担举证责任。

《最高人民法院关于适用〈中华人民共和国保险法〉若干问题的解释（二）》（2020）

第 9 条第 1 款　保险人提供的格式合同文本中的责任免除条款、免赔额、免赔率、比例赔付或者给付等免除或者减轻保险人责任的条款，可以认定为保险法第 17 条第 2 款规定的 "免除保险人责任的条款。

第 14 条　保险合同中记载的内容不一致的，按照下列规则认定：

（一）投保单与保险单或者其他保险凭证不一致的，以投保单为准。但不一致的情形系经保险人说明并经投保人同意的，以投保人签收的保险单或者其他保险凭证载明的内容为准；

（二）非格式条款与格式条款不一致的，以非格式条款为准；

（三）保险凭证记载的时间不同的，以形成时间在后的为准；

（四）保险凭证存在手写和打印两种方式的，以双方签字、盖章的手写部分的内容为准。

第 17 条　保险人在其提供的保险合同格式条款中对非保险术语所作的解释符合专业意义，或者虽不符合专业意义，但有利于投保人、被保险人或者受益人的，人民法院应予认可。

【理论分析】

"有利解释原则" 也称 "疑义解释规则"，发源于罗马法中 "有疑义应为表意者不利益之解释" 的原则，其后为英美法和大陆法所采用。❶ 其本质是对存在差异化理解的合同语言作出有利于非起草人而不利于起草人的解释。

一、"有利解释原则" 的理论基础

保险法中 "有利解释原则" 的确立理由有以下几点：

（1）附和合同理论。保险合同多为附和合同，条款一般由保险人事先拟定，而投保人磋商能力有限，只能表示是否接受，并无讨价还价的余地。"若拟约人在拟约时，能立于公平正义之立场，不仅考虑本身，亦兼顾他人之利益，则此种契约并非无可取之处。然绝大多数之共同条款使用人皆未能把持超然之地位，唯以契约自由之美名，利用其丰富经验及可使用之人力制定出只保护自己之条款。其相对人对于此种契约唯有接受或拒绝，别无选择"。❷

（2）保险技术性和保单模糊性。保险条款中的专业术语，一般投保人不能完全理解合同性质和内容，容易造成保险人优势地位的滥用。

（3）保护弱者理论。投保人与保险人具有明显的缔约能力差距，在保险交易中处于弱势地位，"有利解释原则" 是针对二者基于不平等交易地位而进行的权利义务再分

---

❶　覃有土，樊启荣. 保险法学［M］. 北京：高等教育出版社，2003：243.

❷　江朝国. 保险法基础理论［M］. 北京：中国政法大学出版社，2002　38.

配和司法调整，以实现公平交易，体现向交易中的弱势群体倾斜性保护的价值关怀。❶

（4）危险分散效用理论。英美法国家倾向于将保险业看作一个具有公共利益性质的产业，认为保险合同的功能在于保护公众，这比将保险合同理解为一个私人性质的合同更有效率。"有利解释原则"有利于推动危险分散，一个人遭遇的危险将由社会大众承担。保险人可以设计出清晰的语言排除危险保障，但是如果缺乏清晰的语言，公共政策和公平原则都将是不利提供者滥权的助推器。❷

二、"有利解释原则"的适用对象：格式条款

"有利解释原则"并不适用于保险合同的所有条款，根据《保险法》第 30 条的规定，采用保险人提供的格式条款订立的保险合同，保险人与投保人、被保险人或者受益人对合同条款有争议的，应当按照通常理解予以解释。对合同条款有两种以上解释的，人民法院或者仲裁机构应当作出有利于被保险人和受益人的解释。可见，"有利解释原则"的适用对象限定于保险人在订立保险合同时单方提供的格式条款，而不适用于商议性条款，也不适用于投保人、被保险人、保险中介机构提供的合同条款或行会、协会条款。

保险合同条款，是构成保险合同的具体文本条款，具体配置着保险合同主体所享有的权利和所承担的义务。❸ 通常由保险人在未与对方协商的情况下事先拟订，并非基于保险合同双方当事人自由合意。因此，格式条款虽能降低缔约成本，提高交易效率，但因合意不足难免产生各类纠纷。尤为突出的是保险合同中采用大量不同领域的专业术语，对于缺乏保险专业知识的普通消费者而言，晦涩难懂，望而生畏。即便使用普通词汇，也可能在不同知识领域中或不同情景语境下产生相异的解读方式。而保险人作为保险条款拟定方，具有明显的专业优势，会深思熟虑反复推敲。如其起草的契约条款居然出现歧义，不得谓毫无责任，因此，约款有疑义时，应作不利于拟约者之解释。❹

另外，也并非所有格式条款都可以适用"有利解释原则"，还需要依据投保人是否具有与保险人相当的谈判能力且使用这些能力。影响谈判能力的因素有：（1）被保险人的规模。（2）被保险人的总体谈判能力。（3）被保险人对保险的熟悉程度是否与保险人相当。（4）律师的参与，以及该律师与保险人律师的水平是否相当。（5）保险经纪人的参与。（6）合同双方是否均是保险公司。❺

---

❶ 胡晓珂. 保险法二次修订之理念与路径选择 ［J］. 法商研究，2009（6）；曹兴权，罗璨. 保险不利解释原则适用的二维视域——弱者保护与技术维护之衡平 ［J］. 现代法学，2013（4）.

❷ Jeffrey W. Stempel, Interpretation of Insurance Contracts：Law and Strategy for Insurers and Policyholders, Little, Brown and Company, 1994, p. 185.

❸ 王海明. 保险格式条款 ［M］. 北京：社会科学文献出版社，2010：3.

❹ 刘宗荣. 保险契约的解释 ［EB/OL］. （2008-1-18）［2024-7-5］. http://old. civillaw. com. cn/article/default. asp？id=37476.

❺ 邢海宝. 中国保险合同法立法建议及说明 ［M］. 北京：中国法制出版社，2009：26.

三、"有利解释原则"的适用前置程序：通常理解

根据《保险法》第 30 条的规定，双方对合同条款有争议，应首先按照通常理解予以解释。仍有两种以上合理解释的，才能适用"有利解释原则"。所谓通常理解，根据《民法典》第 142 条第 1 款和第 466 条之规定，即是对争议条款需进行文义解释、体系解释、目的解释、习惯解释等。只有在穷尽上述解释方法依然无法确定合同条款含义时，才能采取"有利解释原则"。通常理解的解释方法作为前置程序，应优先于"有利解释原则"的适用。如合同条款本身表述清楚，语义明确，无歧义产生，或者即使合同条款存在内容含混不清，但保险合同当事人认识一致，无适用有利解释的余地。

文义解释，是保险合同解释的一般原则。当保险条款用语与合同目的没有明显冲突或违背，通常情况下应当按照该用语最常用、最普遍的含义进行解释。如是普通词汇，除非有强有力的理由作其他解释，应当"按照具有正常智力和一般知识的普通人对文字的理解去理解合同用语"❶，即按该词最通俗、表面的、自然的含义解释。如为专业词汇，应采用该专业领域的特定含义进行解释。法律术语按照已确定的法律含义解释。有立法解释的，以立法解释为准；无立法解释的，以司法解释、行政解释为准；无以上正式解释的，可按照行业习惯或保险业公认的含义解释。不能以人们的常识或习惯来判断。如保险条款对普通词汇作专业解释，或虽不符合专业含义但有利于投保人、被保险人或受益人的，根据《保险法司法解释二》第 17 条的规定，该条款应被认可。

体系解释，是通过对保险合同整体内容加以合理斟酌，确定其含义并推断当事人意图。对某一条款解释时，应从合同整体出发，依据该条款在整体中所处地位以及与其他条款的相互关系，阐明其义，以避免孤立解释而造成条款语义前后矛盾或与其他内容冲突。如同一保险合同中先后出现数次的同一词语，应按照同样标准进行解释，使其含义一致。

目的解释，是保险合同用语含混不清或内容前后不一致时，结合当事人缔约时背景、意愿进行分析，通过逻辑推理，探究当事人真实意图而不拘泥于文字。应当首先确定合同目的，从合同目的出发对具体条款进行解释，以力求条款含义与合同目的相一致。这一解释原则的合理性前提是存在一个可以查明的合同当事人的共同目的，但有时这一共同目的很难确定，所以将目的解释作为合同解释标准时，必须十分谨慎。❷《保险法司法解释二》第 14 条对该解释原则的适用方法作了具体化规定：（1）投保单与保险单或者其他保险凭证不一致的，以投保单为准。但不一致的情形系经保险人说明并经投保人同意的，以投保人签收的保险单或者其他保险凭证载明的内容为准；（2）非格式条款与格式条款不一致的，以非格式条款为准；（3）保险凭证记载的时间不同的，以形成时间在后的为准；（4）保险凭证存在手写和打印两种方式的，以双方签字、盖章的手写部分的内容为准。另外，如出现基本条款与特殊条款不一致的，以

❶ Malcolm A. Clarke. 保险合同法［M］. 何美欢，吴志攀，等译. 北京：北京大学出版社，2002：345.
❷ 迪特尔·梅迪库斯. 德国民法总论［M］. 邵建东，译. 北京：法律出版社，2000：233.

特殊条款为准；书面条款与口头约定不一致的，以书面条款为准；批单与正文不一致的，以批单为准；大写与小写不一致的，以大写为准。

习惯解释，即通过保险人及其代理人行为或交易过程、商业习惯对保险合同有欠缺的内容作出补充，以使合同内容清楚、完整。习惯分为一般习惯（通行于全国或全行业的习惯）、特殊习惯（地域习惯或特殊群体习惯）、当事人之间的习惯。用以解释和补充合同的习惯，应当具备合法性、合理性和可预见性。所谓合法性是指作为合同解释工具的习惯不得违反法律、行政法规的强制性规定，亦不得违背公序良俗。合理性则是要判断习惯能否促进某一行业或某一领域整体经济利益的增长，至少能够带来一方当事人经济利益的增长。可预见性是指习惯已在某一行业或地域存在一定时间且为当事人知道或应当知道。❶ 2023 年颁行的《最高人民法院关于适用〈中华人民共和国民法典〉合同编通则若干问题的解释》第 2 条规定，民法典所称的"交易习惯"必须为不违反法律、行政法规的强制性规定且不违背公序良俗的，当事人之间在交易活动中的惯常做法，或在交易行为当地或者某一领域、某一行业通常采用并为交易对方订立合同时所知道或者应当知道的做法。

在本案中，双方当事人的争议焦点是涉案车辆损失是否由保险合同约定的"倾覆"事故造成，是否应当适用保险法"有利解释原则"。

该问题需依据"有利解释原则"的适用条件加以分析。首先，审查是否符合"有利解释原则"的适用范围。案涉保险条款是由保险人拟定的格式条款，而非商议性条款，投保人是普通消费者，不具有专业知识优势和丰富的保险经验，双方缔约能力不均衡。因此，上述争议性条款属于"有利解释原则"的适用对象。其次，对争议条款予以"通常理解"。优先采用文义解释、体系解释、目的解释、习惯解释等方法先行对"倾覆"的内涵进行界定，如仍有两种以上合理解释的，方作出有利于被保险人和受益人的解释。本案双方当事人产生争议的"倾覆"一词属于普通词汇，在《现代汉语词典》当中被解释为"倒塌、翻倒"。在保险合同中对"倾覆"的内涵也有界定，即"保险标的由于自然灾害或者意外事故造成本身翻倒，使其失去正常工作状态，不经施救不能正常工作的事故"。对比《现代汉语词典》对"倾覆"的解释和保险合同中相关表述，两者对"倾覆"一词的解释具有一致性。从事故过程看，第四节吊臂在吊装重物的过程中折弯，与之相连的第五节吊臂随之下弯后搭在下方的桥式起重机主梁上，最终吊臂最前端下弯与地面发生接触导致损坏。整个事故过程中，吊臂整体并未与机身断离，连接吊臂的转盘、底盘均未发生位置移动，不存在"翻倒"事实，与"倾覆"一词含义不符（暂不考虑事故发生原因是产品质量还是吊装超重）。因此，本案不构成"倾覆（翻倒）"进而受损的情形。最后，对"倾覆"一词通过文义解释即可获得有效合理的通常理解，亦未产生两种以上合理性不相上下的解释，因此不必再进一步适用"有利解释原则"。故二审法院对一审法院以"有利解释原则"作出的错误裁

---

❶ 陈彦晶. 商事习惯之司法功能［J］. 清华法学，2018（1）：169-187.

判予以纠正。

该案体现出承办法官对保险合同"有利解释原则"适用条件的准确把握，对统一裁判尺度，防止该解释原则在同类案件中的滥用、误用具有积极意义，同时对引导保险消费者的合理预期、促进保险行业健康发展亦具有重要价值。

【思考题】

（1）再保险合同中是否适用"有利解释原则"？

（2）由监管机构或其他专业机构制定的示范性条款，是否适用"有利解释原则"？

（3）我国是否应当确立合理期待原则？

商业银行法

**本章知识要点**

　　商业银行是依法设立的吸收公众存款、发放贷款、办理结算等业务的企业法人，是我国重要的金融机构。商业银行法是调整商业银行设立、变更、终止以及开展业务活动中发生的各种社会关系的法律规范的总称。商业银行法调整的主要是商业银行与其他市场主体之间的商事关系，本质上属于私法范畴，是商法体系的有机组成部分。为了确保金融安全，国家对商业银行进行审慎管制，商业银行法一定程度上体现了公法色彩。通过本章学习，应当深入理解以下知识：（1）商业银行的存款法律制度。商业银行的存款是指商业银行等依法具有存款业务资格的金融机构接受客户存入资金，存款人可以随时或者按照约定时间支取本金和利息的一种信用业务。（2）商业银行的贷款法律制度。商业银行的贷款业务是指商业银行依法将货币资金按一定的利率贷放给客户并约定期限偿还的一种信用活动，其反映的是商业银行和借款人之间的债权债务关系。

第一节　商业银行的存款法律制度

　　存款是商业银行接受客户存入资金，存款人可以随时或者按照约定时间支取本金和利息的一种信用业务。存款是商业银行的负债业务，形成了商业银行与存款人之间的债权债务关系。在存款法律关系中，存款人是商业银行的债权人，享有对存款本金和利息的请求权；银行是存款人的债务人，对存款人负有偿还义务，即银行负有随时或者按照约定时间向存款人支付存款本金及利息的义务。

案例一　顾某与交通银行上海分行储蓄合同纠纷案❶

【基本案情】

原告顾某诉称，原告在被告处办理了一张交通银行太平洋借记卡，卡号为 6014 282011902××××。2003 年 6 月，原告发现卡内资金无端减少了人民币 10068 元，感到可疑而报案。后经公安机关侦查和法院查明，原告了解到上述资金的减少系犯罪分子通过在中国银行上海市南京东路支行的自助银行门禁系统上安装盗码器的方法，在原告于上述银行的自助银行门禁上刷卡时盗取其借记卡信息和密码，并将盗取的信息和密码复制成伪卡在异地取款所致。原告认为，原、被告之间已构成储蓄合同关系，犯罪分子利用被告在自助银行管理上的疏漏骗取了银行钱款，原告在借记卡的密码和信息失密过程中没有过错，故向法院提起诉讼，要求被告支付人民币 10068 元及此数额自 2003 年 6 月 9 日起至判决生效之日止的银行活期存款利息。诉讼费由被告承担。被告辩称，这是犯罪分子使用了应由原告方控制和掌握而被告并不知晓的密码窃取了原告借记卡内的存款，原告自己没有尽到注意义务，应由原告承担责任。被告既不存在过错，也没有违约，不应承担责任。

一审法院判决被告交通银行上海分行应自判决生效之日起十五日内给付原告顾某人民币 10068 元及自 2003 年 6 月 9 日起至判决生效之日止的利息（以人民币 10068 元为基数，按中国人民银行同期活期存款利率计算）。另外，案件受理费人民币 413 元，由被告交通银行上海分行负担。

【主要法律问题】

（1）被告交通银行上海分行在本案中是否违约？是否未尽到应尽的义务？

（2）原告所持有的借记卡内的资金损失应由谁来承担？

【主要法律依据】

《中华人民共和国商业银行法》（2015）

第 6 条　商业银行应当保障存款人的合法权益不受任何单位和个人的侵犯。

《中华人民共和国民法典》（2020）

第 509 条第 2 款　当事人应当遵循诚信原则，根据合同的性质、目的和交易习惯履行通知、协助、保密等义务。

第 577 条　当事人一方不履行合同义务或者履行合同义务不符合约定的，应当承

---

❶ 参见沪二中（2004）民一（民）初字第 19 号民事判决书。

担继续履行、采取补救措施或者赔偿损失等违约责任。

《最高人民法院关于审理银行卡民事纠纷案件若干问题的规定》（2021）

第1条　持卡人与发卡行、非银行支付机构、收单行、特约商户等当事人之间因订立银行卡合同、使用银行卡等产生的民事纠纷，适用本规定。

本规定所称银行卡民事纠纷，包括借记卡纠纷和信用卡纠纷。

第2条　发卡行在与持卡人订立银行卡合同时，对收取利息、复利、费用、违约金等格式条款未履行提示或者说明义务，致使持卡人没有注意或者理解该条款，持卡人主张该条款不成为合同的内容、对其不具有约束力的，人民法院应予支持。

发卡行请求持卡人按照信用卡合同的约定给付透支利息、复利、违约金等，或者给付分期付款手续费、利息、违约金等，持卡人以发卡行主张的总额过高为由请求予以适当减少的，人民法院应当综合考虑国家有关金融监管规定、未还款的数额及期限、当事人过错程度、发卡行的实际损失等因素，根据公平原则和诚信原则予以衡量，并作出裁决。

【理论分析】

一、储蓄合同的概念界定

货币是社会财富的象征，储蓄机构是经营货币的特殊行业。存款是储蓄机构对储户的负债，当储户在储蓄机构存入款项时，便成为储蓄机构的债权人，有权要求偿还其存款。储蓄合同是指存款人将人民币或外币存入储蓄机构，储蓄机构根据存款人的请求支付本金和利息的合同。2011年修订的《储蓄管理条例》第3条第1款规定："本条例所称储蓄是指个人将属于其所有的人民币或者外币存入储蓄机构，储蓄机构开具存折或者存单作为凭证，个人凭存折或者存单可以支取存款本金和利息，储蓄机构依照规定支付存款本金和利息的活动。"第16条规定："储蓄机构可以办理下列人民币储蓄业务：（一）活期储蓄存款；（二）整存整取定期储蓄存款；（三）零存整取定期储蓄存款；（四）存本取息定期储蓄存款；（五）整存零取定期储蓄存款；（六）定活两便储蓄存款；（七）华侨（人民币）整存整取定期储蓄存款；（八）经中国人民银行批准开办的其他种类的储蓄存款。"储蓄机构不仅负有支付本金及利息的主合同义务，还有保障储户人身财产安全的附随义务。2021年发布的《最高人民法院关于审理银行卡民事纠纷案件若干问题的规定》对持卡人与发卡行、非银行支付机构、收单行、特约商户等当事人之间因订立银行卡合同、使用银行卡等产生的民事纠纷进行规范。

二、本案的分析

本案中，原告持有被告交通银行上海分行发行的太平洋借记卡。该太平洋借记卡是一种合同凭证，表明双方之间构成储蓄合同关系。被告作为一个商业银行、金融机构，应承担严格的合同义务和责任。其义务包括合同本身的约定和法律法规所规定的义务。交通银行与中国银行均为全国银行卡联合组织成员，交通银行发行的太平洋卡是具有"银联"联网标识的银行卡。在本案所涉及的跨行交易中，交通银行上海分行为发卡行，与中国银行上海市南京东路支行之间应为代理关系。自助银行的推出，是当时技术进步的体现，既为银行储户带来了便利，也改善了银行经营环境和条件，为银行吸纳存款和增加盈利提供了机会和空间。然而，它也给金融交易安全带来了挑战。银行理应通过各种方法、手段来加强对自助银行的风险防范，确保储户存款安全，维护储户合法权益。

本案中，原告被盗取信息和密码的中国银行上海市南京东路支行自助银行的门禁处没有使用说明和操作规范，也没有概括性的风险提示，尤其是针对自助银行犯罪的防范说明，从而使犯罪分子有机可乘，也使储户无法识别犯罪分子在门禁系统上安装盗码器，造成银行卡信息和密码的失密。显然，在本案储蓄合同履行的过程中，被告未能及时督促其代理行在交易场所履行告知义务。同时，根据我国《商业银行法》的规定，银行应当保障存款人的合法权益不受任何单位和个人的侵犯。被告作为一个金融机构，在交易场所保障储户的合法权益不受侵害应是其基本义务。本案中，被告及其代理行并没有针对自助银行的特点采取必要的防范措施，虽然自动门禁也是一个安全措施，但仍缺乏系统而有效的风险防范机制，以致犯罪分子将盗码器安装在其门禁系统上较长时间而未被察觉。虽然对于保障交易安全来讲，储户和银行都具有注意义务，但是由于银行相对而言更能控制和避免风险，故银行的注意义务应高于储户。原告作为普通的借记卡持有人，在被告对门禁操作系统无任何说明的情况下，对覆盖于自助银行门禁系统上的盗码器，足有理由相信这是银行的装置，难以识别系犯罪分子所为，且在本案中，当原告发现钱款被盗后马上报警，及时采取了相关措施。另外，原告所有的借记卡及密码并没有丢失，也没有交由他人，故原告在本案中没有过错，不应承担责任。

综上，本案中的银行卡业务，是电子化、自动化存、取款业务的一种。鉴于银行卡业务的特殊性、风险性，银行更应对储户履行告知义务、保证交易场所安全的义务、充分预防风险发生的义务。由于银行在履行本案所涉的储蓄合同中，未尽到相关义务，导致储户损失，故应承担责任。据此，依照当时的《合同法》第107条以及《商业银行法》第6条之规定，法院作出的判决合理。

【思考题】

（1）银行安全保障义务的范围如何界定？

（2）银行的注意义务应高于储户，背后的法律原理是什么？

（3）违约责任是以过错为归责原则吗？

案例二　沈阳农村商业银行与科力水产经销部储蓄存款合同 纠纷案❶

【基本案情】

2012年5月，农村商业银行大东支行工作人员谢某以拉存款为由，向科力水产经销部实际经营人刘某宝支付360万元利息后，要求刘某宝到苏某所在的农村商业银行望花分理处存款2000万元。苏某在为科力水产经销部办理开户过程中，用科力水产经销部印鉴预先加盖了七张空白结算业务申请书，后称望花分理处开不了二级账户。谢某带科力水产经销部人员到于洪支行开立了银行账户，科力水产经销部预留了财务专用章、法人名章等印鉴，在留存印鉴卡上记载客户联系电话，此后该账户共存入2100万元。后谢某持苏某提供的加盖科力水产经销部印鉴的空白结算业务申请书，自行或找于洪支行工作人员李某某填写转款内容，将科力水产经销部账户中的19659657.44元转至谢某与苏某为股东的公司。苏某在担任望花分理处负责人期间，为其他储户办理开户手续时用预留印鉴私自加盖结算业务申请书，并以储户名义将款项转出，另案刑事判决书载明：2012年2月至4月苏某在担任农村商业银行望花分理处负责人期间，与谢某合谋，高息揽储，并利用职务便利挪用款项，苏某、谢某被判决挪用资金罪。

原审法院认为，从结算业务申请书印鉴加盖、内容填写到实际转款，均非科力水产经销部、刘某宝所为，也无法认定谢某的转款行为基于科力水产经销部的授权或科力水产经销部明知。银行违反了对储户存款的安全保障义务，这属于法定义务。但是银行没有按照《辽宁省农村信用社会计业务授权管理暂行办法》的要求联系客户财务主管或负责人，而且《开立单位银行结算账户申请书》中有谢某的联系电话，并非科力水产经销部开户当天所写。谢某持有苏某提供的加盖科力水产经销部印鉴的结算业务申请书后，每次都联系于洪支行的营业部主任李某某，李某某明知谢某不是银行工作人员，也未曾审核谢某是否享有授权即予以审批违规办理转款。科力水产经销部对此没有重大过错，其开户系按照柜台内工作人员的要求进行，虽受虚构高额报酬诱惑前往于洪支行开户存款，但其存款目的与存款被骗取之间并无直接因果关系，银行应该有较高的注意义务和风险保障义务。考虑到科力水产经销部、刘某宝自认预先收到谢某给付360万元，该款项应当从应支付的本金中予以抵扣。据此，原审法院判决：（1）农村商业银行偿付科力水产经销部存款本金16059657.44元及利息；（2）驳回科力水产经销部、刘某宝的其他诉讼请求。

最高人民法院认为，本案主要审查科力水产经销部与沈阳农村商业银行之间系何种法律关系，以及沈阳农村商业银行应否承担赔偿责任。从原审查明的事实看，科力

---

❶　参见最高人民法院（2021）最高法民申1928号民事裁定书及"第二巡回法庭"微信公众号相关内容。

水厂经销部将案涉款项存入沈阳农村商业银行于洪支行，双方成立储蓄合同关系。沈阳农村商业银行有关"科力水厂经销部与谢某之间属于借贷关系，应由谢某承担还款责任"的主张缺乏依据，法院不予支持。在储蓄合同关系中，银行在对外付款时，要核实取款人的身份，尤其是在取款人并非存款人本人时，要核实有无合法有效的授权。本案中，沈阳农村商业银行于洪支行未尽核实义务，向没有取得合法有效授权的案外人谢某付款，该付款行为不能导致案涉储蓄合同的消灭，科力水产经销部依据储蓄合同请求沈阳农村商业银行于洪支行承担付款责任于法有据。《商业银行法》第22条第2款规定，商业银行分支机构不具有法人资格，在总行授权范围内依法开展业务，其民事责任由总行承担，故原审判令沈阳农村商业银行对于洪支行的行为承担民事责任并无不当。

沈阳农村商业银行主张，其与科力水产经销部之间系银行结算关系，结算业务申请书为结算凭证，银行在进行相关业务操作时只需审查印鉴的真伪即可，无须核实申请结算人员有无合法授权。法院认为，根据《人民币银行结算账户管理办法》的有关规定，当事人在银行办理结算业务，需要先行开立银行结算账户。在具体办理具体结算业务时，银行应当按照《商业银行法》等有关法律法规的规定，审核客户身份信息，保障客户资金安全。即便在结算关系项下，沈阳农村商业银行应对其怠于履行审核客户身份信息义务承担责任。沈阳农村商业银行提出该项主张所依据的《支付结算办法》，主要系依据票据法等相关法律制度，也主要适用于票据、信用卡等结算方式进行的资金清算行为，与本案涉及的结算业务并不相同，沈阳农村商业银行的该项主张不能成立。

沈阳农村商业银行还主张，科力水产经销部从谢某处预先收取高额利息的行为表明其具有过错，应当承担由此导致的不利后果。法院认为，谢某并非案涉储蓄合同的当事人，预先收取高息本身也不能表明科力水产经销部在储蓄合同项下具有过错，对沈阳农村商业银行的该项主张，亦不予支持。

据此，最高人民法院裁定驳回沈阳农村商业银行的再审申请。

【主要法律问题】

（1）存款合同中各方主体的法律责任如何认定？
（2）储户基于高息诱惑而存款，是否存在过错问题？

【主要法律依据】

《中华人民共和国商业银行法》（2015）

第22条　商业银行对其分支机构实行全行统一核算，统一调度资金，分级管理的财务制度。

商业银行分支机构不具有法人资格，在总行授权范围内依法开展业务，其民事责任由总行承担。

第29条　商业银行办理个人储蓄存款业务，应当遵循存款自愿、取款自由、存款有息、为存款人保密的原则。

对个人储蓄存款，商业银行有权拒绝任何单位或者个人查询、冻结、扣划，但法律另有规定的除外。

第52条　商业银行的工作人员应当遵守法律、行政法规和其他各项业务管理的规定，不得有下列行为：

（一）利用职务上的便利，索取、收受贿赂或者违反国家规定收受各种名义的回扣、手续费；

（二）利用职务上的便利，贪污、挪用、侵占本行或者客户的资金；

（三）违反规定徇私向亲属、朋友发放贷款或者提供担保；

（四）在其他经济组织兼职；

（五）违反法律、行政法规和业务管理规定的其他行为。

《中华人民共和国民法典》（2020）

第592条　当事人都违反合同的，应当各自承担相应的责任。

当事人一方违约造成对方损失，对方对损失的发生有过错的，可以减少相应的损失赔偿额。

【理论分析】

一、存款合同的性质

就储蓄合同的性质，存在保管合同关系、借用合同关系、消费寄托合同关系等不同的观点。第一种观点认为，储户仍然享有所有权。第二种观点认为，储户丧失了对货币的所有权。第二种观点相对更合理。储蓄合同既不是保管合同，也不是借用合同，更不是消费信托合同。评价存款所有权的归属问题应与银行功能和社会整体利益相联系。银行的功能是将暂时不需要的社会闲散资金聚集起来，并将其投放到急迫需要资金的地方。货币作为一般等价物，奉行占有即所有规则，当储户与银行签订存款合同，将货币交付银行后，银行就取得货币的所有权，其可以通过将款项贷出等方式自由支配该部分货币，无须征得存款人的同意。存款人则享有请求银行还本付息的债权，但不能请求银行返还存入的特定货币。因此，储户丧失了对货币的所有权，而拥有了对储蓄机构的债权。

二、存款合同中各方主体的责任认定

因为银行未依法核实取款人是否为本人或者本人合法授权的代理人，其向他人付款的行为不构成清偿，储户与银行之间的存款合同并未消灭，储户可以基于存款合同请求银行履行还本付息的义务。鉴于我国合同法规定的违约责任原则上实行严格责任，银行不能仅仅通过举证证明自身无过错而免责，而只能通过举证证明储户具有过错减轻或免除自身的责任。储户的过错主要包括两个方面：一是在责任发生上具有过错，主要表现为未妥善保管密码或者身份证件等款项支付必备要件；二是在责任发生后，怠于履行报警、挂失义务，导致银行难以向他人追责。之所以要储户负担报警、挂失义务，是因为尽管此种非法交易侵害的是银行的资金所有权，但最了解某一笔交易究竟是非法交易还是真实交易的却是储户而不是银行。从保护银行的合法权益出发，有必要给予储户以协助义务。而储户履行协助义务有一个前提，那就是银行需要履行通知义务，即在发生转账交易后，银行应将交易情况及时通知储户，使储户能够判断某一笔交易是否为真实交易。

三、高息揽储是否构成存款人过错问题

实践中储户基于高息诱惑而存款是否存在过错的问题，争议较大。一种观点认为，储户对于银行存款利率水平应当知晓，过分高于基准利率的揽储行为往往是犯罪分子实施犯罪行为的方式，储户在接受此种存款时本身具有一定的过错。另一种观点认为，高息揽储的特点在于高息，而对于利息的约定属于当事人自行决定的事项，在法律并未禁止此类行为的情况下，不宜认定储户本身存在过错。对此，考虑到高额利息仅是储户存款的原因，其与银行之间存款合同的法律关系性质并未改变，不能仅以此认定储户在存款合同项下存在过错。但是考虑到高息揽储存在的风险较大，对于储户就其应履行的保管密码、及时报警挂失等义务的审查应当更加严格，并在判令返还本金时将预先收取的高息予以扣减。

综上，一旦他人通过非法手段将储户存入银行的款项转出，尤其是大额款项转出时，原则上银行应根据行业规定和操作规范将账户变动情况通知储户，储户如怀疑该账户变动并非本人意愿，应当及时报警并将相关情况告知银行。银行接到告知后，应当及时保全证据、核实相关情况。因银行未尽通知义务或储户未尽报警、挂失义务导致无法查明非法交易事实的，各自都应承担举证不能的相应后果。当然，法院也不能滥用举证不能责任，而是要全面审查双方提交的证据，并综合考虑交易时间和报案时间、他人身份、储户转账习惯等事实，来判断是否存在非法交易事实。只有在穷尽认定事实的一切手段后仍不能查明相关事实的情况下，才能根据以上规则来确定责任。

【思考题】

（1）如何从法社会学的角度，分析高息揽存的原因和制度变革的路径？

（2）存款合同与哪些有名合同相似？哪些规则可以参照适用？

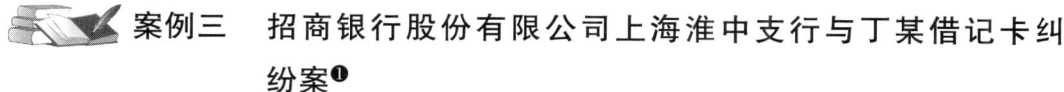

案例三　招商银行股份有限公司上海淮中支行与丁某借记卡纠纷案❶

【基本案情】

2011 年 4 月 24 日，原告丁某在被告招商银行股份有限公司上海淮中支行（以下简称招商银行淮中支行）处开立储蓄账户并领取储蓄卡。2015 年 9 月 16 日 7 时 29 分至 7

---

❶　参见上海金融法院（2019）沪 74 民终 200 号民事判决书。

时35分，原告账户使用短信验证码转账功能共向户名为章某丹的他行账户转账104750元，同日7时49分原告口头挂失该卡，并至上海市公安局黄浦分局经侦支队报警。经刑事案件调查，网银账户资金系犯罪分子通过非法渠道获取大量包含公民个人信息的数据，采取"撞号"手法，利用扫号软件批量尝试登录他人网银账户，试出正确相匹配的登录名及密码。然后通过变号软件拨打通信运营商客服电话，为他人手机开通短信过滤、短信保管等功能，再登录其网银，输入截取的银行转账验证码将其账户中的钱款转走。原告认为被告对网上银行交易的安全保障存在严重疏漏，应对原告的资金损失承担赔偿责任。被告辩称不存在违约行为，其是在验证转账所需安全要素后才进行的划款，已尽安全保障义务，原告违反信息保管义务，被告不应承担赔偿责任。

上海市黄浦区人民法院于2019年1月8日作出（2018）沪0101民初1312号民事判决：被告招商银行应赔偿原告丁某资金损失及相应利息损失。宣判后，被告招商银行提出上诉。上海金融法院于2019年5月17日作出（2019）沪74民终200号民事判决：驳回上诉，维持原判。

【主要法律问题】

（1）网银交易中持卡人本人或其授权交易与网络盗刷的行为如何举证与认定？

（2）招商银行淮中支行主张丁某违反信息保管义务的举证责任如何负担？

（3）招商银行淮中支行的安全保障义务如何履行及案涉银行卡信息泄露风险如何分担？

（4）招商银行淮中支行可否以第三人原因为由免责？

【主要法律依据】

《中华人民共和国商业银行法》（2015）

第6条　商业银行应当保障存款人的合法权益不受任何单位和个人的侵犯。

第29条第1款　商业银行办理个人储蓄存款业务，应当遵循存款自愿、取款自由、存款有息、为存款人保密的原则。

第33条　商业银行应当保证存款本金和利息的支付，不得拖延、拒绝支付存款本金和利息。

《电子银行业务管理办法》（2006）

第38条　金融机构应采用适当的加密技术和措施，保证电子交易数据传输的安全性与保密性，以及所传输交易数据的完整性、真实性和不可否认性。

金融机构采用的数据加密技术应符合国家有关规定，并根据电子银行业务的安全性需要和科技信息技术的发展，定期检查和评估所使用的加密技术和算法的强度，对加密方式进行适时调整。

第40条　金融机构应采取适当的措施和采用适当的技术，识别与验证使用电子银行服务客户的真实、有效身份，并应依照与客户签订的有关协议对客户作业权限、资金转移或交易限额等实施有效管理。

《最高人民法院关于审理银行卡民事纠纷案件若干问题的规定》（2021）

第 4 条　持卡人主张争议交易为伪卡盗刷交易或者网络盗刷交易的，可以提供生效法律文书、银行卡交易时真卡所在地、交易行为地、账户交易明细、交易通知、报警记录、挂失记录等证据材料进行证明。

发卡行、非银行支付机构主张争议交易为持卡人本人交易或者其授权交易的，应当承担举证责任。发卡行、非银行支付机构可以提供交易单据、对账单、监控录像、交易身份识别信息、交易验证信息等证据材料进行证明。

第 5 条　在持卡人告知发卡行其账户发生非因本人交易或者本人授权交易导致的资金或者透支数额变动后，发卡行未及时向持卡人核实银行卡的持有及使用情况，未及时提供或者保存交易单据、监控录像等证据材料，导致有关证据材料无法取得的，应承担举证不能的法律后果。

第 6 条　人民法院应当全面审查当事人提交的证据，结合银行卡交易行为地与真卡所在地距离、持卡人是否进行了基础交易、交易时间和报警时间、持卡人用卡习惯、银行卡被盗刷的次数及频率、交易系统、技术和设备是否具有安全性等事实，综合判断是否存在伪卡盗刷交易或者网络盗刷交易。

第 7 条　发生伪卡盗刷交易或者网络盗刷交易，借记卡持卡人基于借记卡合同法律关系请求发卡行支付被盗刷存款本息并赔偿损失的，人民法院依法予以支持。

发生伪卡盗刷交易或者网络盗刷交易，信用卡持卡人基于信用卡合同法律关系请求发卡行返还扣划的透支款本息、违约金并赔偿损失的，人民法院依法予以支持；发卡行请求信用卡持卡人偿还透支款本息、违约金等的，人民法院不予支持。

前两款情形，持卡人对银行卡、密码、验证码等身份识别信息、交易验证信息未尽妥善保管义务具有过错，发卡行主张持卡人承担相应责任的，人民法院应予支持。

持卡人未及时采取挂失等措施防止损失扩大，发卡行主张持卡人自行承担扩大损失责任的，人民法院应予支持。

【理论分析】

一、网银交易中持卡人本人或其授权交易与网络盗刷的举证与认定

债务人必须向正确的债权人履行债务，否则不发生清偿的效果。对合同是否正确履行发生争议的，由负有履行义务的当事人承担举证责任。在储蓄存款合同的履行中，银行应采取措施识别银行卡的使用人是否为持卡人本人或经授权的人；在诉讼中，银行对交易是向持卡人本人或经授权的人履行负有举证责任。网上银行业务不同于物理卡交易，银行无法凭借真实有效的银行卡来验证持卡人身份，而是通过卡号、登录及交易密码、动态验证码等持卡人网络交易身份认证信息的一致性来核实客户身份。银行提供的证据证明上述信息验证通过的，通常即认定构成具有受领权的权利外观、银行的给付属于适当履行。本案根据查明的事实，涉案银行卡的网上交易需输入正确的用户名、登录密码、附加码、取款密码及验证码，方能完成网银转账交易。招商银行淮中支行亦以验证通过为由，主张其在债务履行过程中并不存在违约，而且个人银行账户申请表背面所载功能说明及责任条款亦规定，客户对网上交易指令及由此产生的结果承担一切经济和法律责任。上述网银交易中债务履行适当性的认定，在性质上属于事实推定，即以相关验证信息的私密性为前提，推定交易由持卡人或其授权所为。如果持卡人提供证据证明相关交易系他人冒用持卡人名义、使用持卡人网络交易身份认证信息所为，即可推翻上述事实推定。本案中，根据丁某提供的询问笔录，涉案资金损失系因案外人童某某等人非法获取被上诉人的身份信息、账户信息后，通过使用变号软件截获银行发送的验证码，进而完成转账所致。在存在网络盗刷的情况下，招商银行淮中支行仍仅以验证通过为由主张属于适当履行，不能成立。

二、招商银行淮中支行的举证责任

招商银行淮中支行主张丁某违反信息保管义务，应当承担举证责任。我国《民法典》第592条第1款规定，当事人双方都违反合同的，应当各自承担相应的责任。在储蓄存款合同关系中，发卡行负有向持卡人提供安全的用卡环境的义务，持卡人则负有妥善保管银行卡卡号、密码等银行卡信息的义务。持卡人未尽到妥善保管自己银行卡信息的义务，亦构成违约，可以减轻或免除发卡行的违约责任。本案中，招商银行淮中支行即主张，取款密码是丁某自行设置的，犯罪分子之所以可以"撞号"成功是因为丁某在其他网站使用了相同的用户名和密码，因此持卡人丁某自身存在泄露信息的过错。招商银行淮中支行的此主张是以取款密码等银行账户信息只有丁某知晓为前提的，而网银交易系统的安全性不高、银行对网银交易环境的管理不善等均有可能导致银行卡信息泄露。而且，即便丁某在其他网站使用了与案涉银行卡相同的用户名和密码，亦不能即得出丁某未尽到妥善保管自己银行卡信息的义务。因此，招商银行淮中支行未提供相应的证据证明丁某未尽到适当注意义务导致银行卡信息泄露，应承担举证不能的后果。

三、招商银行淮中支行的安全保障义务及案涉银行卡信息泄露风险的分担

《商业银行法》第6条规定："商业银行应当保障存款人的合法权益不受任何单位和个人的侵犯。"《电子银行业务管理办法》第40条亦规定："金融机构应采取适当的措施和采用适当的技术，识别与验证使用电子银行服务客户的真实、有效身份，并应依照与客户签订的有关协议对客户作业权限、资金转移或交易限额等实施有效管理。"招商银行淮中支行作为专业金融机构，对其所提供的供客户选择的任何一种网上交易模式，均具有保障账户资金安全的法定义务。丁某之所以选择将案涉款项存入招商银行淮中支行，也正是基于对其作为商业银行的信任。为此，作为借记卡的发卡行及相关技术、设备和操作平台的提供者，应当对交易机具、交易场所加强安全管理，对各项软硬件设施及时更新升级，以最大限度地防范资金交易安全漏洞。而且，从双方利益衡量的角度，将包括案涉银行卡信息泄露在内的银行卡欺诈风险分配给招商银行淮

中支行亦更为合理。随着电子银行业务的发展，商业银行作为电子交易系统的开发、设计、维护者，也是从电子交易的风险中获得经济利益的一方，相较于持卡人而言，应当也更有能力采取更为严格的技术保障措施防范银行卡犯罪行为的发生。

四、招商银行淮中支行不能以第三人原因为由免责

招商银行淮中支行另主张丁某账户被盗刷是由于犯罪行为所致，手机运营商在涉案事件中亦存在过错，不应由其承担民事责任。对此，首先，丁某将款项存入银行后，账户资金的所有权已经发生转移，相应地该笔款项的风险也转移至招商银行淮中支行。犯罪分子冒丁某之名实施盗刷行为，侵害的是招商银行淮中支行的货币所有权，而非丁某资金的所有权。丁某请求支付存款与银行资金被盗是两个独立的法律事实。其次，《民法典》第593条规定，当事人一方因第三人的原因造成违约的，应当向对方承担违约责任。《商业银行法》第33条规定，商业银行应当保证存款本金和利息的支付，不得拖延、拒绝支付存款本金和利息。本案丁某提起诉讼的请求权基础为储蓄存款合同关系，基于合同的相对性和严格合同责任，即便案涉资金损失是由合同以外的第三人造成的，与丁某存在合同关系的是招商银行淮中支行，招商银行淮中支行应对作为持卡人的丁某先行承担支付责任。

【思考题】

（1）发卡行、非银行支付机构、收单行、特约商户对于盗刷者造成的损失，如何分担更为科学合理？

（2）发卡行或者非银行支付机构向持卡人提供的宣传资料载明其承担网络盗刷先行赔付责任，该允诺具体明确，是否可以作为合同的内容？为什么？

第二节　商业银行的贷款法律制度

贷款是指商业银行依法将货币资金按一定的利率贷放给借款人，并约定期限偿还的一种信用活动。贷款是贷款人与借款人之间的债权债务关系，贷款人是债权人，借款人是债务人。贷款人对借款人享有债权，即到期收回贷款本息的请求权；借款人对贷款人负有债务，即按期向贷款人归还贷款本息。贷款是通过借款合同实现的，借款合同，或者称为借贷合同，一般分为银行借款合同和民间借款，本书讨论的借款合同主要是指银行借款合同。借款合同应当使用书面形式，借款合同的内容应包含借款种类、币种、用途、利率、期限和还款方式等具体条款。借款合同属于合同的一种，其订立、权利义务的设定、履行以及违约责任等自然应当遵守《民法典》合同编的一般规定。同时，由于讨论的借款合同是特别针对银行贷款合同而言，因此，建立贷款关系，还应该遵守《商业银行法》的规定。

 **案例一　中国建设银行股份有限公司辉南支行、中国建设银行股份有限公司通化分行等财产损害赔偿纠纷**❶

【基本案情】

中国建设银行股份有限公司辉南支行（以下简称建设银行辉南支行）、中国建设银行股份有限公司通化分行（以下简称建设银行通化分行）口头承诺永昌米业会发放新贷款，永昌米业基于银行发放新贷的信赖而进行借新还旧的倒贷行为，杨某燕亦基于该发放新贷的承诺而提供过桥资金。建设银行通化分行在收回永昌米业偿还的不良贷款本息后未予续贷，直接导致杨某燕出借资金无法得到偿还，使其财产权益遭受损害，从而产生损害赔偿请求权。

原审法院认为支持杨某燕关于财产损害赔偿的诉请有理有据，原审以建设银行辉南支行、建设银行通化分行故意隐瞒贷款真实情况，使杨某燕基于信赖出借资金而无法收回为由，认定建设银行辉南支行、建设银行通化分行对全额借款承担责任。再审申请人建设银行辉南支行、建设银行通化分行因与被申请人杨某燕、永昌米业财产损害赔偿纠纷一案，不服吉林省高级人民法院（2021）吉民终355号民事判决，向最高人民法院申请再审。

最高人民法院认为，建设银行辉南支行、建设银行通化分行申请再审的理由不能成立，驳回其再审申请。

【主要法律问题】

（1）建设银行辉南支行和建设银行通化分行是否应当承担侵权责任？

（2）建设银行辉南支行和建设银行通化分行承担责任的范围如何确定？

【主要法律依据】

《中华人民共和国商业银行法》（2015）

第52条　商业银行的工作人员应当遵守法律、行政法规和其他各项业务管理的规定，不得有下列行为：

（一）利用职务上的便利，索取、收受贿赂或者违反国家规定收受各种名义的回扣、手续费；

（二）利用职务上的便利，贪污、挪用、侵占本行或者客户的资金；

（三）违反规定徇私向亲属、朋友发放贷款或者提供担保；

（四）在其他经济组织兼职；

---

❶　参见最高人民法院（2022）最高法民申230号民事裁定书。

（五）违反法律、行政法规和业务管理规定的其他行为。

第73条　商业银行有下列情形之一，对存款人或者其他客户造成财产损害的，应当承担支付迟延履行的利息以及其他民事责任：

（一）无故拖延、拒绝支付存款本金和利息的；

（二）违反票据承兑等结算业务规定，不予兑现，不予收付入账，压单、压票或者违反规定退票的；

（三）非法查询、冻结、扣划个人储蓄存款或者单位存款的；

（四）违反本法规定对存款人或者其他客户造成损害的其他行为。

有前款规定情形的，由国务院银行业监督管理机构责令改正，有违法所得的，没收违法所得，违法所得五万元以上的，并处违法所得一倍以上五倍以下罚款；没有违法所得或者违法所得不足五万元的，处五万元以上五十万元以下罚款。

《中华人民共和国民法典》（2020）

第1165条　行为人因过错侵害他人民事权益造成损害的，应当承担侵权责任。依照法律规定推定行为人有过错，其不能证明自己没有过错的，应当承担侵权责任。

第1173条　被侵权人对同一损害的发生或者扩大有过错的，可以减轻侵权人的责任。

第1184条　侵害他人财产的，财产损失按照损失发生时的市场价格或者其他合理方式计算。

【理论分析】

一、过桥资金的概念

过桥资金是一种短期资金的融通，借款期限相对来说比较短，是一种与长期资金相对接的资金。以银行为例，银行在给借款人发放贷款后，等贷款到期时，借款人可能会因为各种原因导致没有足够的资金偿还贷款。具体的原因多种多样。既可能是借款人的原因，比如应收账款未及时收回、固定资产投资挤占流动性、被骗等；也可能是外部环境或债权人的原因，比如行业发生重大变故、环保问题、过度授信、授信期限不合理等。尤其是小微企业贷款，"短贷长用"是小微企业信贷业务的常态。这就导致了借款到期后，小微企业借款人的自有资金往往无法按时偿还银行贷款。当自有资金不足时，为避免逾期，就需要拆借外部资金用于偿还银行贷款，由此催生了一个非常庞大的市场，也就是过桥贷款市场。

二、贷款合同的形式

《商业银行法》第37条规定："商业银行贷款，应当与借款人订立书面合同。合同应当约定贷款种类、借款用途、金额、利率、还款期限、还款方式、违约责任和双方认为需要约定的其他事项。"《民法典》第135条规定："民事法律行为可以采用书面形式、口头形式或者其他形式；法律、行政法规规定或者当事人约定采用特定形式的，应当采用特定形式。"如果法律、行政法规只明确要求或者当事人约定采取特殊形式，但没有对不采用该形式的民事法律行为的后果作出明确规定的，则从鼓励交易的角度出发，原则上不宜轻易否认民事法律行为的效力。《民法典》第 400 条第 1 款规定："设立抵押权，当事人应当采用书面形式订立抵押合同。"有学者针对抵押合同的书面形式要求，指出："当事人有录音证据证明当事人之间就抵押合同的相关内容达成了意思表示，则可以证明抵押合同成立。……本条之所以规定抵押合同为要式的书面合同，其立法用意在于……督促当事人谨慎行事、保全证据，以确保抵押权最终能顺利实现，维护抵押法律关系人的利益，立法者劝抵押合同当事人以书面形式订立抵押合同。"❶

三、银行违反承诺的法律责任

过桥资金提供方在提供过桥资金前，如果银行作出了续贷承诺，但是银行在收到过桥资金后，违背续贷承诺，导致过桥资金提供方的资金无法收回。银行对过桥资金提供方的信赖利益，承担赔偿责任。在本案中，最高人民法院认为：根据原审查明事实，建设银行辉南支行、建设银行通化分行的行为使永昌米业因产生银行发放新贷的信赖而进行借新还旧的倒贷行为，杨某燕亦基于该发放新贷的承诺而提供过桥资金。故原审法院依据杨某燕关于财产损害赔偿的诉请进行审理于法有据，建设银行辉南支行、建设银行通化分行该主张不能成立。建设银行通化分行在收回永昌米业偿还的不良贷款本息后未予续贷，直接导致杨某燕出借资金无法得到偿还，使其财产权益遭受损害，从而产生损害赔偿请求权。建设银行辉南支行、建设银行通化分行在联系杨某燕提供资金时故意告知虚假信息、隐瞒真实情况，使杨某燕产生错误信赖而提供资金，产生资金八年多无法收回的损害结果，故原审法院认定建设银行辉南支行、建设银行通化分行构成侵权并判令其赔偿杨某燕占用资金 1000 万元并无不当。

金融机构参与借款方还后再贷的"过桥资金方"的需求，并在此过程中对过桥资金提供方作出过"还后再贷""担保偿还"之类的承诺。金融机构在过桥资金到账偿还贷款后未能如承诺发放贷款，导致借款方不能偿还过桥款项的，金融机构应当如何承担责任，要进行类型化的梳理。第一，银行构成共同侵权，受害人过错，按照过错比例承担责任。如在一个案件中，法院认为："对于金田公司不能收回贷款及利息的损失，一方面丹东振兴支行存在过错，应承担补充责任；另一方面，金田公司自身也应承担其追求超过市场普通水平贷款利息（月息 27‰，超过了中国人民银行同期同类贷款利率的四倍）的市场风险，并且，《锦州银行丹东分行信贷审批通知书》仅为锦州银行内部文件，金田公司据此即做出贷款给金全公司的商业决定，亦存在一定过错。因此，根据《中华人民共和国侵权责任法》第 6 条以及第 26 条的规定，丹东振兴支行应对金田公司不能收回的贷款及利息损失承担 40% 的过错责任。"❷ 第二，银行的承诺构成附条件的债务加入。如在一个案例中，法院认为："成都银行西安分行向马某卫提出由其向荟鑫源公司借款，用于归还荟鑫源公司在成都银行西安分行处的到期贷款，以

❶ 孙宪忠，朱广新. 民法典评注：物权编 4［M］. 北京：中国法制出版社，2020：115.
❷ 参见最高人民法院（2015）民申字第 2372 号民事裁定书。

实现其债权债务关系中的债权，并出具了《承诺书》。《承诺书》中记载有'……介绍马某卫给该企业借款 2300 万元归还了此笔贷款，我部承若贷款还清后七日内我行续做此笔业务，贷款发放后用于归还马某卫借款。若贷款不能按时发放则负责将陕西荟鑫源实业有限公司此笔贷款的抵押物解押后转抵押给马某卫……'之内容。已经生效的（2017）陕民终 174 号民事判决结合《承诺书》的内容，认定成都银行西安分行向马某卫做出的意思表示即为保证马某卫债权的实现，其愿意以第三人的身份加入案涉新债权债务关系，同时本院（2018）最高法民申 988 号民事裁定亦对陕西高院（2017）陕民终 174 号民事判决的认定予以了确认。对此，本院不持异议。银行向过桥资金供方承诺还后续贷，违反承诺构成债务加入。"❶ 第三，银行欺诈转嫁风险，承担连带责任。如在一个案件中，法院认为："工行二七支行与光德公司恶意串通，共同对明珠公司实施了欺诈行为，使贷款不能收回的风险转嫁给明珠公司，造成了明珠公司财产损失。二审判决据此认定案涉《借款合同》无效，判令工行二七支行和光德公司对明珠公司的损失（借款本金及利息）承担连带责任，适用法律并无不当。"❷

【思考题】

（1）过桥资金和贷款的区别以及其存在的必要性是什么？

（2）一般银行贷款合同需要书面形式，此案中没有书面形式，银行只是没有履行口头承诺，为什么法院依然判决银行承担完全责任？

 **案例二　长春发展农村商业银行股份有限公司、长春市金达机械设备有限公司金融借款合同纠纷❸**

【基本案情】

2014 年 3 月 6 日，原告长春发展农村商业银行股份有限公司（发展农村商业银行）作为贷款人与被告长春市金达机械设备有限公司（金达公司）作为借款人签订编号为 20140306000622 的借款合同。合同约定：贷款人核定借款人借款额度为人民币 4000 万元；额度有效期为 2014 年 3 月 6 日至 2017 年 3 月 5 日；在额度有效期内，借款人可循环使用额度，单笔借款的次数和金额不受限制，任单笔借款金额与借款人未偿还的本合同项下的借款本金余额之和不得超过额度限制；单笔借款期限为单笔借款提款日至约定的还款之日止。2014 年 3 月 14 日，原告向被告金达公司发放贷款 4000 万元，借款日期为 2014 年 3 月 14 日至 2015 年 3 月 5 日，月利率为 7.75‰，即年利

---

❶ 参见最高人民法院（2021）最高法民申 1642 号民事裁定书。
❷ 参见最高人民法院（2017）最高法民申 3656 号民事裁定书。
❸ 参见最高人民法院（2018）最高法民申 61 号民事裁定书。

率 9.3%。

2014 年 3 月 6 日，原告与被告长春市圣鑫轨道客车配件有限公司（圣鑫公司）签订编号为 20140306000665 的抵押合同，由被告圣鑫公司以其自有财产为被告金达公司的借款提供最高额抵押担保。合同约定：担保责任最高限额为 6000 万元；抵押担保范围为包括但不限于债务人支付的本金、利息（含复利和罚息）、违约金、赔偿金、债务人应向原告支付的其他款项、原告为实现债权与担保权而发生的一切费用（包括但不限于诉讼费、仲裁费、财产保全费、差旅费、执行费、评估费、拍卖费、公证费、送达费、公告费、律师费等）；债务人不履行主合同项下到期债务或不履行被宣布提前到期的债务，或违反主合同的其他约定，原告有权处分抵押财产。

2014 年 3 月 6 日，原告与被告圣鑫公司签订编号为 20140306001 的保证合同，约定被告圣鑫公司为被告金达公司 4000 万元借款额度提供 6000 万元最高限额的连带责任保证。保证期间包括原告宣布债务提前到期之日后两年止，且被告圣鑫公司的保证责任不因其他担保的存在而减免。

2014 年 4 月 10 日，被告圣鑫公司向原告发出《律师函》，告知原告抵押合同非圣鑫公司真实意思表示，圣鑫公司未在抵押合同及相关委托文件上加盖过公章，抵押合同上圣鑫公司公章系金达公司伪造。圣鑫公司未办理过抵押手续，此笔贷款的抵押权没有设立，圣鑫公司不为该笔贷款承担担保责任。即使抵押合同有效，圣鑫公司依法予以解除。

2014 年 4 月 23 日，原告向被告金达公司送达《关于宣布贷款提前到期的函》，告知被告金达公司原告已宣布贷款提前到期，要求金达公司在接到通知之日起十日内，偿还借款合同项下的全部本金、利息及相关费用，并由吉林省信维公证处对该送达行为进行公证。

2014 年 4 月 24 日，原告向被告圣鑫公司送达《关于实现抵押权的函》，告知圣鑫公司贷款已被宣布到期，如金达公司未能履行还款义务，原告将行使担保物权，并由吉林省信维公证处对该送达行为进行公证。

2014 年 8 月 11 日，长春市公安局向法院送达《长春市公安局关于金达机械设备有限公司涉嫌骗取贷款案情况告知函》，主要内容为："长春市圣鑫轨道客车配件有限公司向我局举报，长春市金达机械设备有限公司法人庞某红伙同刘某伟、庞某冬、庞某志私刻圣鑫公司公章、法定代表人名章为金达公司担保，从长春市环城农村信用合作联社（现长春发展农村商业银行股份有限公司）骗取贷款 4000 万元。同时举报长春市环城农村信用合作联社违法发放贷款。……长春市金达机械设备有限公司触犯了《中华人民共和国刑法》第 175 条之一规定，涉嫌骗取贷款罪，我局根据《中华人民共和国刑事诉讼法》第 110 条之规定，立案侦查。根据《公安机关办理经济犯罪案件的若干规定》第 11 条之规定，特此函告。"后长春市人民检察院就庞某冬贷款诈骗罪、杨某违法发放贷款罪提起公诉，该案现在法院刑事审判庭审理。

2014 年 7 月 2 日，长春市公安司法鉴定中心出具（长）公（刑技）鉴（文检）字

〔2014〕41 号《文件检验鉴定书》，检验意见为：《房地产抵押登记申请书》《土地登记委托书》、向吉林省信维公证处出具的《授权委托书》、向吉林省信维公证处出具的《委托书》、向农安县乡镇房屋产权管理中心出具的《授权委托书》、保证合同、抵押合同中的圣鑫公司公章印文与法定代表人名章印文，与圣鑫公司提供的公章印文及法定代表人名章印文均不是同一枚印章盖印。

2014 年 7 月 24 日，吉林正达司法鉴定中心出具吉正司鉴（2014）印章鉴印第0708 号《印章检验鉴定报告书》，检验意见为：抵押合同、向吉林省信维公证处出具的《授权委托书》《土地登记委托书》、向农安县乡镇房屋产权管理中心出具的《授权委托书》中加盖的圣鑫公司公章印文与长春市农安县技术质量监督局调取的《农安县组织机构代码证申请表》上圣鑫公司公章印文非一枚印章盖印。

一审法院判决：（1）被告长春市金达机械设备有限公司于本判决生效之日立即给付原告长春发展农村商业银行股份有限公司欠款本金 4000 万元；（2）被告长春市金达机械设备有限公司于本判决生效之日立即给付原告长春发展农村商业银行股份有限公司利息及罚息；（3）被告长春市金达机械设备有限公司于本判决生效之日立即给付原告长春发展农村商业银行股份有限公司律师费 26 万元、公证费 2000 元；（4）被告长春市圣鑫轨道客车配件有限公司对被告长春市金达机械设备有限公司上述第（1）项、第（2）项、第（3）项债务承担连带给付责任；（5）驳回原告长春发展农村商业银行股份有限公司其他诉讼请求。

二审法院判决：（1）撤销吉林省长春市中级人民法院（2014）长民四初字第 94 号民事判决；（2）长春市金达机械设备有限公司于本判决生效之日立即在借款本金 4000万元及利息损失范围内对庞某冬基于吉林省长春市中级人民法院（2015）长刑二初字第 26 号刑事判决书和吉林省高级人民法院（2017）吉刑终 71 号刑事裁定书裁判退赔金额之不能退赔部分向长春发展农村商业银行股份有限公司承担赔偿责任；（3）驳回长春发展农村商业银行股份有限公司上诉请求；（4）驳回长春市圣鑫轨道客车配件有限公司其他上诉请求。

最高人民法院驳回长春发展农村商业银行股份有限公司的再审申请。

【主要法律问题】

（1）案涉《借款合同》是否合法有效？金达公司应归还借款本息及数额如何确定？

（2）案涉《保证合同》和《抵押合同》是否合法有效？圣鑫公司应否承担金达公司所欠贷款的连带责任？

（3）发展农村商业银行是否对圣鑫公司提供的抵押物享有优先受偿权？

【主要法律依据】

《中华人民共和国商业银行法》（2015）

第 35 条　商业银行贷款，应当对借款人的借款用途、偿还能力、还款方式等情况进行严格审查。

商业银行贷款，应当实行审贷分离、分级审批的制度。

第36条　商业银行贷款，借款人应当提供担保。商业银行应当对保证人的偿还能力，抵押物、质物的权属和价值以及实现抵押权、质权的可行性进行严格审查。

经商业银行审查、评估，确认借款人资信良好，确能偿还贷款的，可以不提供担保。

第37条　商业银行贷款，应当与借款人订立书面合同。合同应当约定贷款种类、借款用途、金额、利率、还款期限、还款方式、违约责任和双方认为需要约定的其他事项。

《中华人民共和国民法典》（2020）

第153条　违反法律、行政法规的强制性规定的民事法律行为无效。但是，该强制性规定不导致该民事法律行为无效的除外。

违背公序良俗的民事法律行为无效。

第155条　无效的或者被撤销的民事法律行为自始没有法律约束力。

第156条　民事法律行为部分无效，不影响其他部分效力的，其他部分仍然有效。

第157条　民事法律行为无效、被撤销或者确定不发生效力后，行为人因该行为取得的财产，应当予以返还；不能返还或者没有必要返还的，应当折价补偿。有过错的一方应当赔偿对方由此所受到的损失；各方都有过错的，应当各自承担相应的责任。法律另有规定的，依照其规定。

第388条　设立担保物权，应当依照本法和其他法律的规定订立担保合同。担保合同包括抵押合同、质押合同和其他具有担保功能的合同。担保合同是主债权债务合同的从合同。主债权债务合同无效的，担保合同无效，但是法律另有规定的除外。

担保合同被确认无效后，债务人、担保人、债权人有过错的，应当根据其过错各自承担相应的民事责任。

【理论分析】

一、本案的裁判分析

1. 借款合同的效力问题

《民法典》第153条第1款规定："违反法律、行政法规的强制性规定的民事法律行为无效。但是，该强制性规定不导致该民事法律行为无效的除外。"本案中，根据已经生效的吉林省长春市中级人民法院（2015）长刑二初字第26号刑事判决书和吉林省高级人民法院（2017）吉刑终71号刑事裁定书的查明和认定，金达公司在办理涉案贷款过程中虚构贷款用途，伪造虚假采购合同和其他经济合同，提供了虚假财务报表以虚构公司经营收入和利润，伪造圣鑫公司收取金达公司股权转让款的收据，使用伪造的圣鑫公司印章与长春市环城农村信用合作联社（以下简称环城信用社，后更名为发展农村商业银行）签订抵押合同、保证合同，用圣鑫公司的财产为金达公司的贷款提供抵押担保，最终骗取贷款 4000 万元。金达公司骗取贷款的行为已被上述生效刑事裁判书认定构成骗取贷款罪，金达公司实际控制人庞某冬系单位犯罪直接负责的主管人员，应对金达公司的犯罪行为承担相应的刑事责任。同时，环城信用社的信贷人员杨某在办理金达公司贷款过程中，没有仔细审核金达公司提供的相关合同的真伪；没有仔细核实圣鑫公司出具的收取股权转让款收据的真伪；在办理案涉贷款担保时，未对抵押人圣鑫公司是否盖章进行核实，也未对圣鑫公司人员不在场的情况下，抵押人圣鑫公司委托债务人金达公司的人员作为公证事项的代理人进行公证提出合理怀疑。杨某违反国家规定，违法发放贷款 4000 万元，数额特别巨大，亦被上述生效刑事裁判书认定构成违法发放贷款罪。金达公司及其实际控制人庞某冬的上述犯罪行为足以证明金达公司构成以"签订《借款合同》"这一合法形式，掩盖其"骗取银行贷款"之非法目的。杨某的行为属于发展农村商业银行的职务行为，在杨某已经构成违法发放贷款罪的情况下，足可认定发展农村商业银行在案涉贷款合同签订和履行过程中存在明显过错，并因此导致金达公司在采取多种违法行为之后以"签订《借款合同》"之合法形式进而掩盖"骗取银行贷款"的非法目的得以实现。根据以上事实和法律，二审法院认定案涉《借款合同》符合合同无效情形，金达公司和发展农村商业银行签订的《借款合同》应当被认定为无效合同，该认定并无不当。

《民法典》第 157 条规定："民事法律行为无效、被撤销或者确定不发生效力后，行为人因该行为取得的财产，应当予以返还；不能返还或者没有必要返还的，应当折价补偿。有过错的一方应当赔偿对方由此所受到的损失；各方都有过错的，应当各自承担相应的责任。法律另有规定的，依照其规定。"根据上述规定，金达公司应将借款本金返还发展农村商业银行。发展农村商业银行关于利息的诉讼请求，二审法院以借款本金为基数按照中国人民银行同期贷款基准利率自 2014 年 3 月 14 日起计至清偿之日止所产生的利息，该认定并无不当。金达公司及其实际控制人庞某冬构成骗取贷款罪，应对借款合同无效负主要过错责任，应对发展农村商业银行的利息损失部分承担赔偿责任。发展农村商业银行因其工作人员杨某在办理贷款过程中，未尽审慎注意义务，导致金达公司骗取贷款的犯罪目的实现，对借款合同无效也存在着一定过错。根据以上事实，二审法院认定金达公司应在借款本金及利息损失范围内对庞某不能退赔部分承担赔偿责任，并承担一审案件受理费及保全费，发展农村商业银行自行承担律师费和公证费，该认定并无不当。

2. 担保合同效力问题

关于案涉保证合同和抵押合同是否合法有效，圣鑫公司应否承担金达公司所欠贷款连带责任的问题。《民法典》第 388 条规定，设立担保物权，应当依照本法和其他法律的规定订立担保合同。担保合同包括抵押合同、质押合同和其他具有担保功能的合同。担保合同是主债权债务合同的从合同。主债权债务合同无效的，担保合同无效，但是法律另有规定的除外。本案中，因案涉借款合同被认定为无效，案涉保证合同和抵押合同为从合同，应认定为无效。发展农村商业银行主张圣鑫公司承担借款损失，应当举证证明圣鑫公司存在过错。发展农村商业银行工作人员违法发放贷款造成损失，其在没有证明圣鑫公司参与了犯罪或者对该犯罪行为知情并仍然提供抵押担保的情况下，要求圣鑫公司承担民事责任缺乏法律依据。综上，二审法院认定圣鑫公司对金达公司所承担债务不承担连带给付责任，该认定并无不当。

（三）优先受偿权问题

关于发展农村商业银行是否对圣鑫公司提供的抵押物享有优先受偿权的问题。《民法典》第155—156条规定，无效的合同或者被撤销的合同自始没有法律约束力；合同部分无效，不影响其他部分的，其他部分仍然有效。本案中，因抵押合同无效，抵押权缺乏合同基础，自始没有法律约束力，二审法院认定发展农村商业银行对圣鑫公司提供的抵押物不享有优先受偿权，该认定并无不当。

二、刑民交叉案件的合同效力

近几年，与涉嫌诈骗、合同诈骗、票据诈骗、集资诈骗、非法吸收公众存款等犯罪有关的民商事案件的数量有所增加，出现了一些新情况和新问题。对于刑民交叉中的合同效力，一直存在两种观点："有效说"和"无效说"。

"有效说"更多是突出民法与刑法的不一致，主要理由如下：第一，民法与刑法分属于不同的部门法，两者的立法理念和法律责任的承担方式都不同。合同属于民商事法律的范畴，对涉罪合同不应简单否定其效力。民法有自身的规则，合同的效力如何认定，应当以民法为依据。第二，从保护债权人利益角度出发，涉罪合同有效能够维护市场诚信，符合民法中的诚实、守信、公平、公正原则，有利于维护合法债权人的权益。第三，从犯罪嫌疑人的责任承担方面考虑，合同无效对于惩罚罪犯没有任何作用，甚至会减轻罪犯的法律责任。

"无效说"更多是突出民法与刑法的一致性，主要理由如下：第一，合同的成立要以双方当事人真实的意思表示为基础，涉嫌非法集资犯罪的合同，一方当事人的目的是侵害对方的合法权益，没有成立真实合同的意思表示。第二，否定涉罪合同的效力，能够保证民事与刑事程序对同一法律事实的案件给予一致性的评价，涉罪合同有效与构成犯罪之间存在冲突。第三，当事人的行为一旦达到了构成犯罪的程度，就属于刑法规制的范围，涉罪合同应当认定为无效。

比较现实的选择是，针对具体问题进行具体分析。在审理涉罪民刑交叉案件时，应当以"法秩序的统一"为原理来探究合同效力。由于刑法和民法的目的具有十分大的差异，两者的法律评价就必然存在一定程度的疏离，有时甚至是相反的结果。在法秩序统一原理的指引下，处理刑民关系的案件时，首先要看某一行为在民事上是否合法。如果在民事上是合法的，就可以排除构成犯罪。不同部门法对同一行为的法律评价不同，对同一概念的解释技术不同，因此在认定刑民交叉案件的合同效力时，应当采纳"违法相对论"的观点，树立整体主义的法治观。

三、民间借贷涉嫌犯罪或者已经生效的裁判认定构成犯罪的合同效力

《最高人民法院关于审理民间借贷案件适用法律若干问题的规定》第12条规定，

借款人或者出借人的借贷行为涉嫌犯罪，或者已经生效的裁判认定构成犯罪，当事人提起民事诉讼的，民间借贷合同并不当然无效。人民法院应当依据《民法典》第144条、第146条、第153条、第154条以及本规定第13条之规定，认定民间借贷合同的效力。担保人以借款人或者出借人的借贷行为涉嫌犯罪或者已经生效的裁判认定构成犯罪为由，主张不承担民事责任的，人民法院应当依据民间借贷合同与担保合同的效力、当事人的过错程度，依法确定担保人的民事责任。

借款人涉嫌非法吸收公众存款罪，担保人的责任如何认定？民间借贷的借款人在订立借款合同时，很难认定当事人在合同订立时，借款人主观上存在非法集资之目的。非法吸收公共存款罪是指非法吸收公共存款或者非法变相吸收公共存款，扰乱金融秩序的行为。非法吸收公众存款罪本质在于行为人的借款行为扰乱了金融秩序，行为人的借款行为是面向不特定的社会公众。非法吸收公众存款罪，很多民间借贷行为由少到多不断积累才构成犯罪。刑法所惩罚的是违反国家市场经济管理法规，破坏社会主义市场经济秩序，危害市场经济发展的行为，财产权这一客体并未被包含在内。行为人所实施的每一起吸收存款的行为，在民事法律关系层面，其性质仍属民间借贷法律关系，属于正常的债务关系，并不构成犯罪。只不过当每一起借贷的金额、笔数、对象达到一定规模构成营业的状态时，❶ 就不再是单纯的民间借贷，而成为一种为谋取利益的商事经营活动，❷ 因该行为扰乱了正常的金融秩序，而受到刑法的处罚。在这一层面上，该行为并没有危害到国家利益以及社会公共利益。因此该规定属于法律强制性规定中的管理性规范，而非效力性规范，涉非法吸收公众存款罪的民间借贷合同应当认定有效。因此，民间借贷涉嫌或构成非法吸收公众存款罪，合同一方当事人可能被追究刑事责任的，并不当然影响民间借贷合同以及相对应的担保合同的效力。最高人民法院公报案例吴国军诉陈晓富、王克祥及德清县中建房地产开发有限公司民间借贷、担保合同纠纷案，法院的裁判理由中就论述了非法吸收公众存款罪的立法目的，清楚界定非法吸收公众存款的行为属于管理性强制性规定的范围，区分了民事、刑事的调整范围，为此类涉罪合同效力的认定指明方向。❸

实践中，借款人涉嫌或被刑事裁判认定为集资诈骗罪时，很多法院裁判借款合同和担保合同均为有效。如在吴国军诉陈晓富、王克祥及德清县中建房地产开发有限公司民间借贷、担保合同纠纷案中，法院认为：从维护诚信原则和公平原则的法理上分析，将与非法吸收公众存款罪交叉的民间借贷合同认定为无效会造成实质意义上的不公，造成担保人以无效为由抗辩其担保责任，即把自己的担保错误作为自己不承担责

---

❶ 根据最高人民法院法释〔2010〕18号第3条之规定，个人非法吸存数额20万元以上或吸存对象30人以上、单位吸存数额100万元以上或吸存对象150人以上的，以及个人非法吸存给存款人造成直接经济损失10万元以上、单位吸存给存款人造成直接经济损失50万元以上的，应追究刑事责任。

❷ 崔永峰，李红. 非法吸收公众存款犯罪中民间借贷合同效力之认定［J］.《中国检察官》，2012（2）：54-55.

❸ 参见吴国军诉陈晓富、王克祥及德清县中建房地产开发有限公司民间借贷、担保合同纠纷案判决书，《最高人民法院公报》2011年第11期。

任的抗辩理由，这更不利于保护不知情的债权人。涉嫌非法吸收公众存款的犯罪嫌疑人（或被告人、罪犯）进行民间借贷时，往往由第三者提供担保，且多为连带保证担保。债权人要求债务人提供担保人，这是降低贷款风险的一种办法。保证人同意提供担保，应当推定为充分了解行为的后果。若因债务人涉嫌非法吸收公众存款而认定借贷合同无效，主合同无效前提下的担保合同也应当无效，保证人可以免除担保责任。债权人旨在降低贷款风险的努力没有产生任何效果，造成事实上的不公。因此，对于王克祥和中建公司的抗辩理由，法院不予支持。❶

【思考题】

（1）借款合同无效，担保合同无效，担保人的过错如何认定？担保人承担的责任范围如何确定？

（2）借款人或者出借人的借贷行为涉嫌犯罪，或者已经生效的裁判认定构成犯罪，民间借贷合同并不当然无效。如何从理论上科学解释这一现象？

---

❶ 参见吴国军诉陈晓富、王克祥及德清县中建房地产开发有限公司民间借贷、担保合同纠纷案判决书，《中华人民共和国最高人民法院公报》2011年第11期。

CHAPTER 8

第八章

信托法

本章知识要点

我国《信托法》生效于 2001 年 10 月 1 日，该法第 2 条规定信托是委托人基于对受托人的信任，将其财产委托给受托人，由受托人按委托人的意愿以自己的名义，为受益人的利益或特定目的，进行管理或者处分的行为。所以信托意味着"信"和"托"，即基于信任而托付，因此信托意味着最大诚信原则的适用，信托同时意味着信托财产所有权由委托人转移到受托人，发生了物权变动，从而实现资产隔离，所以信托关系与委托关系有根本不同。由于信托目的可以多元化，所以信托的设计可以非常灵活多变以满足委托人多样化的要求。在我国，信托属于"舶来品"，相关制度多借鉴英美信托法、日本信托法等。

通过本章学习，读者可掌握以下内容：（1）了解信托法的起源，尤其是信托在英国、美国、日本的发展史；（2）掌握我国《信托法》关于信托的分类及我国营业信托的发展史，尤其是中华人民共和国成立后各个阶段信托公司七次整顿的背景及原因；（3）掌握信托资产的隔离属性以及信托与委托、代理、中介等制度的区别；（4）掌握家族信托、遗嘱信托、慈善信托的概念、属性、特点、功能和发展现状，掌握营业信托的发展现状，了解目前 68 家信托公司的整体情况、股东背景、主要的信托业务类型，了解房地产信托、政信类信托、证券投资类信托、家族信托、遗嘱信托、股权类信托、基金类信托、量化投资类信托、融资类信托、投资类信托、财富管理业务、资产管理业务的发展轨迹及现状。

信托在我国整体发展仍不充分、不均衡，尤其是民事信托、慈善信托整体上非常不成熟，而营业信托一家独大，成为仅次于银行业的金融子行业。营业信托中房地产信托占比过大、依赖过重，且存在为了规避监管进行复杂化设计、多层嵌套、变相刚兑、资金空转等现象，虽经历多次整顿，但整体上并未得到根本转变。另外信托理念尚不普及，公众甚至是法律专业人士对信托的了解也有待进一步提升，司法部门对信托案件的理解也存在偏差。但信托法作为民法的一个特别法又有其鲜明的特点，在制度设计和功能配置上甚至与传统民法的理念大相径庭。正因如此，信托制度可以实现传统私法制度所不能实现的目的，有极为广阔的发展空间，这已被信托业发达国家的实践经验所证实。

第一节　营业信托

营业信托是指信托公司作为受托人所从事的、作为其营利事业的信托类型，是我国《信托法》规定的三大信托类型之一。作为金融子行业的信托业务，与银行业、保险业、证券业、基金业共同组成我国的金融业务，在我国受到银保监会的严格监管，而且信托牌照相对于银行、保险公司、证券公司、基金公司来说门槛更高，含金量更大。我国目前67家信托公司（新华信托已于2022年7月宣布破产）大多数都有国资背景，民企背景的信托公司极少。

信托业务的最大优势是其灵活性，但这也是其饱受诟病之处，即有时候其过于灵活，会人为采用各种复杂的设计和架构、层层嵌套，根本目的在于规避监管政策的规定，实现监管套利，因此信托公司长期以来都是监管部门眼中的"坏孩子"，中华人民共和国成立后其经历的大大小小的整顿就有七次之多。目前的信托行业也正处在第八次整顿之中，其核心目的是去嵌套、去杠杆、去通道、打破刚性兑付，实现净值化管理，努力回归信托本源业务，压缩乃至消灭融资类信托，鼓励支持投资类信托，积极支持实体经济发展，压降中小企业融资成本等。

最近两年由于疫情影响以及国家"房住不炒"的地产政策，房地产业的无序发展得到纠正，但也使得信托公司以往躺着吃"利差"的盈利模式难以为继。可是由于长期以来大多数信托公司都是依靠给地产商放贷款，并通过高周转、快速化的方式发展起来的，因此目前的政策转向必然会给大多数信托公司带来沉重的压力。其核心逻辑在于，一方面传统的地产业务、市政业务、上市公司业务等贷款类业务规模大大萎缩，另一方面家族信托、慈善信托、证券类信托的规模及收入尚不能支持公司的发展，所以整体上来看营业信托业务处于青黄不接的境地，以往通过资金池、刚兑等能解决的风险因为"资管新规"❶的落地实施在最近两年会集中爆发，并有可能引发系统性金融风险，新华信托的破产就是一个最好的证明。

因此，目前的营业信托仍处于转型升级、受重承压阶段，新的业务结构和盈利模式尚未完全清晰，行业还处在震荡期，整个行业的资产管理规模最近两年极有可能出现断崖式下滑，要形成清晰、稳定、成熟的盈利模式尚需时日。为了加速行业转型、规范展业活动、回归信托本源、防范金融风险，更高效服务实体经济发展和满足人民美好生活需要，2023年3月20日发布了《中国银保监会关于规范信托公司信托业务分类的通知》（银保监规〔2023〕1号），该文将信托业务分为资产服务信托、资产管理

---

❶ "资管新规"即中国人民银行、中国银行保险业监督管理委员会、中国证券监督管理委员会、国家外汇管理局联合发布的《关于规范金融机构资产管理业务的指导意见》（银发〔2018〕106号文）。

信托、公益慈善信托三大类共 25 个业务品种，与以往分类标准相比进一步澄清分类标准、引导信托公司差异化发展、保持了分类标准的统一，并要求按照"实质重于形式"的原则开展信托业务分类的合规管理。同时通知设置了三年过渡期，以确保信托公司持续整改存量业务、确保平稳过渡。

 **案例 安信信托公司诉昆山纯高投资公司资产受益权信托纠纷案**❶

【基本案情】

2009 年 9 月 11 日，作为委托人的被告昆山纯高公司与作为受托人的原告签订了一份合同编号为 AXXT（2009）JH06 的信托合同。该合同的释义部分约定：（1）本信托系指根据本合同设立的信托，系受托人基于委托人交付的信托财产向投资人发行信托受益权份额 62700 份而设立的一项信托；（2）信托受益权份额或信托单位，系指用以表示信托项下受益权的均等份额，受益人根据其所拥有的信托受益权份额享有信托资产收益、承担信托资产风险。本信托项下，信托受益权分为优先受益权和一般受益权。（3）优先受益权，指按本合同约定优先享有信托利益的信托受益权。本信托项下，优先受益权优先于一般受益权，优先从信托财产中分配信托收益和获偿信托本金。（4）一般受益权，指受益人按本合同约定享有的次于优先受益权的信托受益权。

信托合同以及《信托贷款合同》均提及《资金监管协议》，《资金监管协议》中仅提及信托合同，未提及《信托贷款合同》。而《信托贷款合同》中则提及《资金监管协议》为《信托贷款合同》的组成部分。双方当事人于签订《信托贷款合同》《抵押协议》《资金监管协议》当日向国信公证处申请办理赋予强制执行效力的债权文书的公证，该公证处于 2009 年 9 月 17 日出具了公证书。

2009 年 9 月 11 日，被告昆山纯高公司与原告还签订了协议编号分别为 AXXT（2009）JH06DY01、AXXT（2009）JH06DY02 的《抵押协议》各一份。同日，被告嘉兴纯高公司、被告戴某峰与被告戴某平分别向原告出具了《担保函》，主要内容均为确保作为主合同即信托合同和《资金监管协议》项下被告昆山纯高公司的义务能切实履行，自愿就被告昆山纯高公司在主合同项下的全部义务的履行向原告提供不可撤销的连带责任保证担保。此后，原告与四被告又签订了一份补充协议，主要是对《信托贷款合同》以及《资金监管协议》中的最低现金余额表进行笔误更正。2010 年 12 月，原告与被告昆山纯高公司签订了合同编号为 AXXT（2009）JH06BC01 的《"昆山·联邦国际"资产收益财产权信托补充协议》。该协议约定，被告昆山纯高公司申请提前回购本信托项下期限为十八个月和二十四个月部分的信托优先受益权，回购本金金额为

---

❶ 参见上海市第二中级人民法院（2012）沪二中民六（商）初字第 7 号民事判决书、上海市高级人民法院（2013）沪高民五（商）终字第 11 号民事判决书。

8600 万元。第 6 条约定，被告昆山纯高公司回购的优先受益权将自动转为同等份额的信托一般受益权，在剩余部分优先受益权足额分配前，一般受益权不得分配。2013 年 1 月 8 日，被告昆山纯高公司以原告未依约履行信息披露义务，在优先受益权人实现投资本金及收益后，剩余信托财产含收益未返还以及原告收取融资服务费、信托收益补偿款系其利用受托人地位谋取不当利益为由，诉至一审法院，请求判令本案原告：（1）提供"昆山·联邦国际"资产收益财产权信托的清算报告、定期报告（包括但不限于信托募集结果报告、信托事务管理的季度报告、年度报告）、临时报告、信托账目及《保管协议》等信托文件；（2）返还信托财产暂定 272875.58 元；（3）返还融资服务费 23351716 元，并返还回购优先受益权份额时支付的一个月信托收益补偿款 381235 元。

一审法院认为，原告与被告昆山纯高公司通过签订《信托贷款合同》以达成办理抵押登记手续的目的，应认定《信托贷款合同》仅作为表面形式，其实质在于实现信托合同中所约定的抵押权登记。原告与被告昆山纯高公司之间的权利义务以及违约责任，应以信托合同为准。二审法院认可原审法院对本案纠纷性质的认定，本案应定为营业信托纠纷，安信信托公司与昆山纯高公司之间的权利、义务及违约责任应以信托合同为准，系争的欠付本金应为信托优先受益权本金。

【主要法律问题】

（1）资产收益权的性质是什么？

（2）怎样理解信托财产的独立性？

（3）什么是信托财产的登记？

【主要法律依据】

《中华人民共和国信托法》（2001）

第 10 条　设立信托，对于信托财产，有关法律、行政法规规定应当办理登记手续的，应当依法办理信托登记。

未依照前款规定办理信托登记的，应当补办登记手续；不补办的，该信托不产生效力。

第 11 条　有下列情形之一的，信托无效：

（一）信托违反法律、行政法规或者损害社会公共利益；

（二）信托财产不能确定；

……

第 17 条　除因下列情形之一外，对信托财产不得强制执行：

（一）设立信托前债权人已对该信托财产享有优先受偿的权利，并依法行使该权利的；

（二）受托人处理信托事务产生债务，债权人要求清偿该债务的；

（三）信托财产本身应担负的税款；

（四）法律规定的其他情形。

对于违反前款规定而强制执行信托财产，委托人、受托人或者受益人有权向人民法院提出异议。

【理论分析】

一审法院认为，虽然原告系以其与被告昆山纯高公司存在信托贷款合同纠纷为起诉事由，但被告以本案系信托纠纷提出抗辩，原告对信托成立及与被告昆山纯高公司签订信托合同的事实亦不予否认。又鉴于信托合同系双方当事人真实意思表示，且未违反法律、法规的强制性规定，该合同合法有效。故原告与被告昆山纯高公司之间存在信托法律关系。另外，贷款资金来源于信托募集资金，在支付 2.15 亿元的特种转账借方传票摘要中亦分别载明支付信托优先受益权转让款；《信托贷款合同》的还款方式采用信托合同中对信托专户最低现金余额的约定方式，该合同依附于信托合同而产生，原告发放贷款有违信托合同约定。故原告将 2.15 亿元以贷款方式发放给被告昆山纯高公司，现以被告未偿还贷款为诉由，显属不当。一审法院认为，本案纠纷的性质应定为营业信托纠纷。原告与被告签订《信托贷款合同》，与信托合同存在冲突，因为案外投资人的一笔款项，不能既作为案外投资人购买受益权份额的款项，又作为原告的放贷款项。之所以针对一笔款项签订两份合同，一审法院采信被告昆山纯高公司的陈述，即房地产交易中心不接受信托合同作为主合同办理抵押登记手续，故将贷款合同作为主合同并签署《抵押协议》而办理抵押登记。原告对此亦未否认。一审法院认为，由于本案信托财产仅仅是受益权，而基础财产的抵押是保障案外投资人获得受益权的重要手段，如果缺乏这种抵押，原告亦无法为被告昆山纯高公司招徕足够多的案外投资人。因此，抵押的办理对原告、被告以及案外投资人均有重要意义。由于信托合同结构复杂、权利义务不清晰，难以用于办理抵押登记，为此，原告与被告昆山纯高公司通过签订《信托贷款合同》达成办理抵押登记手续的目的，情有可原。对此双方均有预期且达成了合意。被告现要求一审法院完全否认《信托贷款合同》并进而否定抵押权的存在，与双方当时的合意不符，不予采信。因此，应认定《信托贷款合同》仅作为表面形式，其实质在于实现信托合同中所约定的抵押权登记。至于原告借机在《信托贷款合同》约定被告承担罚息、复利、违约金等责任，借被告违约之机，主张高额的违约责任归其所有而不是归于案外投资人所有，这种未经案外投资人同意，借助案外投资人财产为自己私自谋利的行为违反诚实信用原则，不应予以支持。原告与被告昆山纯高公司之间的权利义务以及违约责任，应以信托合同为准。

二审法院认可一审法院对本案纠纷性质的认定，即本案应定为营业信托纠纷。本案双方当事人针对一笔款项签订两份合同，其实质是以贷款合同为形式，来保障安信信托公司对信托财产的控制权，实际上安信信托公司对所谓的贷款本身并不享有权利。原审法院结合房地产交易中心办理抵押登记的局限性及双方当事人通过签订《信托贷款合同》以达成办理抵押登记的合意，从而认定《信托贷款合同》仅为表面形式，其实质在于实现信托合同中所约定的抵押登记，二审法院予以支持。综上，安信信托公司主张将本案定性为信托贷款合同纠纷，二审法院不予采信。本案既认定为营业信托纠纷，则安信信托公司与昆山纯高公司之间的权利、义务及违约责任应以信托合同为准，系争的欠付本金应为信托优先受益权本金，而《信托贷款合同》仅为表面形式。

此案影响极大，是信托行业的标志性案件，也是第一个接受司法审查的资产受益权信托案件，对信托业具有特殊重要的意义。

本案的信托财产是资产收益权，即以特定资产的收益权作为信托财产而设立的信托。资产收益权就是指资产所有权人对基础资产所享有的以销售、预售或其他方式使用和处分基础资产所形成的现金收入的权利，是所有权收益权能的体现。理论上对资产收益权的性质存在争论，主要有三种观点：（1）用益物权说，即认为资产收益权是一种用益物权，或者说是一种特殊的、新型的用益物权，即资产收益权人对特定的基础资产占有、使用、收益的权利，本质上是资产所有权为资产收益权人设定了一项具有用益物权性质的收益权。❶（2）将来债权说，该说认为资产收益权是融资方对其特定资产经营管理过程中所享有的对第三人的金钱债权。（3）权能说，认为资产收益权是基础资产的一项权能，基础资产为所有权的，资产收益权就是所有权的收益权能；资产是股权的，资产收益权是股权的自益权。收益权作为一个单项权能，法律上并未明确该权能一旦独立出来后仍然能够被支配而独立地占有、使用和处分，一旦基础资产被强制执行，受托人和受益人无法基于《信托法》第17条第2款的规定提出执行异议进而对抗强制执行。❷ 目前的通说认为资产收益权是一种将来债权。❸

由于理论上对资产收益权的性质认识不统一，学界对于资产收益权能否作为信托财产、是否满足信托财产确定性的要求等，也存在不同的意见。有人认为资产收益权在民商法上实际上是一种期待利益，仅仅有"收益"的权能，必须依附于母权利而存在，不具有确定性，因此不能作为信托财产。有学者则认为资产收益权作为一种将来债权，符合债标的的合法性、确定性、可转让性，完全可以作为信托财产。❹ 还有学者认为资产收益权是具有相对独立性的财产性权利，具备成为交易标的的条件。❺

事实上资产收益权确实具有特殊性，其必须依附于特定的资产，没有资产当然谈不上资产收益权，所谓"皮之不存毛将焉附"，因此如果一般意义上承认资产收益权作为信托财产或许值得怀疑。但是本案的情况特殊，基础资产是委托人持有的昆山·联邦国际项目的土地使用权或在建工程，信托财产是委托人对基础资产依法享有取得收

---

❶ 孟勤国，刘俊红. 论资产收益权的法律性质与风险防范 [J]. 河北学刊，2014，34（4）：126-130.

❷ 周亮. 论信托法的创新功能及其司法裁判尺度之统一 [J]. 学术探索，2014（12）：58-64.

❸ 董庶. 试论信托财产的确定 [J]. 法律适用，2014（7）：74-80.

❹ 胡伟. 反思与完善：资产收益权信托之检视——兼析安信信托"昆山纯高"案 [J]. 华北金融，2013（8）：15-19.

❺ 裴欣. 资产收益权信托的法律分析 [J]. 中国律师，2014（3）：80-82.

益的权利及因对其管理、运用、处分或者其他情形而取得的财产，即昆山·联邦国际项目的土地和在建工程的收益权，其价值具有特定性。尽管收益权依附于特定的基础资产，存在处分基础资产可能带来的复杂问题，比如基础资产被法院强制执行时，无法依据《信托法》第17条第2款的规定提出执行异议。但是，基础资产的收益权已经办理抵押登记，并不存在不能对抗强制执行的隐忧，即本案中基础资产的收益权作为信托财产是完全合适的。也有学者认为信托财产可以包含基础资产及其收益，本案的基础资产作为信托财产已经转让给安信信托公司经营管理，并以所得收益偿还工程投资者。❶

　　本案面临两个困难。一是这类案件固有的困难，因为学界和实务界对资产收益权的属性以及资产收益权作为信托财产的有效性看法不一，法院很难作出被普遍认可的判决。二是本案人为造成的困难，即当事人为了规避监管政策的规定不得不签订了多份法律文件，故意制造了较为复杂的法律关系，大大增加了清晰认定法律关系性质的难度：认定当事人之间存在资产收益权信托关系，就会面临登记的有效性甚至信托的有效性问题。如果认定双方是贷款关系，又与双方签订的《资产收益权信托合同》以及适用操作相悖。法院实际上处于一种两难境地。但本案中法院整体上作出了比较"聪明"的判决，体现了我国法官的司法智慧。

　　第一，法院根据当事人之间的交易实质，认定当事人之间是信托合同关系，而不是信托贷款合同关系，本案属于营业信托纠纷而不是贷款合同纠纷。虽然安信信托公司主张双方是贷款纠纷，而且确实也签署了《信托贷款合同》，但法院认为《信托贷款合同》与《资产收益权信托合同》的内容一致，其中约定的还款结构与通常意义上的贷款合同相去甚远。而且安信信托公司向昆山纯高公司支付的资金来源于合格投资者，根据信托合同约定这部分资金是合格投资者认购信托优先受益权的价款，安信信托公司又根据贷款合同约定将这笔资金作为贷款发放给昆山纯高公司，明显与核心的交易关系冲突。法院基于实质重于形式的逻辑，认定双方存在的是信托合同关系。当然本案中存在内部关系与外部关系，从公众投资者的角度看应首先考虑外部关系，因为保护投资者的利益是重要的价值追求，投资者签订的合同、收到的单据、阅读的信托路演材料，是认定双方当事人信托关系的主要证据。而外部投资者对《信托贷款合同》根本不知情。❷ 当然对此也有反对意见，有学者就认为安信信托公司采取名不副实的财产权信托模式，使本来应该简单清晰的交易模式变得无端地复杂起来，当事人之间的权利义务关系非常模糊，这种所谓的金融创新根本目的就是规避监管，是"浑水摸鱼"，是虚伪表示，甚至是恶意串通，起码是一种法律规避行为。❸ 也有人明确本案中

---

❶　高凌云. 收益权信托之合法性分析——兼析我国首例信托诉讼判决之得失 [J]. 法学, 2015 (7)：148-159.

❷　高长久，符望，吴峻雪. 信托法律关系的司法认定——以资产收益权信托的纠纷与困境为例 [J]. 证券法苑, 2014, 11 (2)：90-104.

❸　戚云辉. 信托创新的法律风险及其规避——以安信信托与昆山纯高信托纠纷为例 [J]. 金融法苑, 2013 (2)：157-172.

当事人就是为了规避银保监会关于房地产贷款"四三二"的要求,从而滋生了特定资产收益权信托、投资附加回购、优先与劣后的结构化设计、有限合伙、合作开发等"打擦边球"的信托模式。❶

第二,法院回避了资产收益权性质的理论争议,也没有过分纠缠于资产收益权能否作为信托财产,而是直接认定当事人双方之间的信托合同有效,确认双方确实存在信托合同关系,客观上就认可了本案中的资产收益权信托,实际上间接地承认了资产收益权可以作为信托财产。❷ 同时又没有在一般意义上明确地承认资产收益权作为信托财产的有效性以及资产收益权信托的有效性。这样既能解决个案的争议,而且对于以后类似案件的处理也有参考作用,从而最大限度地避免了一般性结论可能造成的争议以及对个别案件的不适当性。学者也认为对商事领域的司法干预必须谨慎控制在合适的范围内,法院对是否限制私人自治应当时刻保持警惕与审慎,避免影响商人聪明才智的发挥与市场经济创新活力的提升。本案中法院对资产收益权信托的默认体现了司法对金融创新的谨慎干预与认可。

第三,法院并没有因为《信托贷款合同》与本案纠纷的性质存在冲突就认定贷款无效,而是将其看作"形式上的合同"并承认其效力,在此基础上承认作为抵押登记主合同的《信托贷款合同》是为办理抵押登记而达成的,是现阶段无法用《信托合同》等其他法律文件完成抵押权登记的无奈之举。同时,认定抵押合同的订立以及抵押权的登记是当事人的真实意思表示,而且昆山纯高公司对于抵押权的形成和实现均有充分的预期,因此认定抵押登记有效是恰当的。从保护公众投资者的角度认定信托法律关系及抵押权的效力,也有利于保护公众投资者的利益,避免使其血本无归。❸

总的来看,本案判决较好地体现法院审理民商事金融案件中"实质重于形式"的司法理念和精神。面对金融活动日益复杂化、法律规定碎片化、监管规定分散化、金融创新模糊化的现状,这种司法理念非常难得。从实践的角度出发,对金融活动实行统一监管尚需时日,目前银保监会、证监会并存的格局大致上会持续一段时间,未来有可能会设立统一的"金融委员会",以便统一各个金融领域的监管尺度。但立法规范的建立和完善不论在主观还是客观上都是滞后的,远水不解近渴,这些问题都对金融领域的司法实践提出了挑战,当然也为借助司法裁判规范新型金融活动及各类金融创新展示出更大的活动空间。

【思考题】

(1) 资产收益权是否可以作为适格的信托财产?

(2) 本案如果适用《民法典》第 146 条进行处理有无理由?

---

❶ 朱佳平,马荣伟. 信托创新不应缺失风险对策 [J]. 法人,2015 (1):80-81.

❷ 王保树,倪受彬. 中国商法年刊(2014 年)[M]. 北京:法律出版社,2014:479.

❸ 高长久,符望,吴峻雪. 信托法律关系的司法认定——以资产收益权信托的纠纷与困境为例 [J]. 证券法苑,2014,11 (2):90-104.

第二节　遗嘱信托

我国《民法典》第 1133 条第 4 款明确"自然人可以依法设立遗嘱信托"，早在 2001 年《信托法》第 8 条、第 13 条就规定了遗嘱信托的形式要件以及受托人缺位时的补位机制。但实践中有效成立的遗嘱信托极少，相关的理论研究也略显不足，司法判决更不多见。在"钦某某、李甲与李某戊、李某己、李某庚遗嘱信托纠纷案"中，上海市静安区人民法院在判决中就明确写道："考虑到本案所涉法律关系较为新颖，缺少先例供当事人参照。为便于当事人保护权利、履行义务，减少纠纷，防止讼累，经当事人申请，就部分民事信托事宜释明如下……"可见即使《信托法》已生效 20 多年，我国遗嘱信托制度的相关法条整体上还不够活跃，该制度还有待进一步激活，对遗嘱信托的属性和功能的进一步研究也仍有必要。

 **案例　钦某某、李甲与李某戊、李某己、李某庚遗嘱继承**
**　　　纠纷案❶**

【基本案情】

被继承人李某丁于 1950 年 8 月 19 日出生，其父母为李某华、刘某香。李某华于 1984 年 10 月 10 日死亡，刘某香于 1998 年 1 月 3 日死亡。1980 年 4 月 2 日，李某丁与案外人李某丙登记结婚。婚后二人育有一女，即李甲。2006 年，李某丁与钦某某生育李某乙。2012 年 5 月 28 日，李某丙向法院起诉要求离婚。2012 年 11 月 3 日，李某丁与钦某某又生育一女，取名李某辛。2013 年 2 月 16 日，李某丁与李某丙经法院判决离婚。2015 年 8 月 11 日，李某丁因病在上海瑞金医院过世。过世前，李某丁于 2015 年 8 月 1 日写下亲笔遗嘱一份，内容如下："……二、财产处理：1. 在上海再购买三房两厅房产一套，该房购买价约 650 万左右，只传承给下一代，永久不得出售（现有三套房产可出售，出售的所得并入李某丁家族基金会，不出售则收租金）；2. 剩余 350 万资金及房产出售款项（约 400 万）和 650 万房屋和其他资产约 1400 万，成立李某丁家族基金会管理。"后继承人之间因遗产分割及遗嘱信托生效问题发生诉讼。

【主要法律问题】

（1）遗嘱信托与遗嘱继承的区别是什么？

---

❶　参见上海市静安区人民法院（2017）沪 0106 民初 33419 号民事判决书、上海市第二中级人民法院（2019）沪 02 民终 1307 号民事判决书。

（2）遗嘱信托的生效时间如何确定？

（3）遗嘱信托与营业信托的区别是什么？

【主要法律依据】

《中华人民共和国信托法》（2011）

第8条　设立信托，应当采取书面形式。

书面形式包括信托合同、遗嘱或者法律、行政法规规定的其他书面文件等。

采取信托合同形式设立信托的，信托合同签订时，信托成立。采取其他书面形式设立信托的，受托人承诺信托时，信托成立。

第13条　设立遗嘱信托，应当遵守继承法关于遗嘱的规定。

遗嘱指定的人拒绝或者无能力担任受托人的，由受益人另行选任受托人；受益人为无民事行为能力人或者限制民事行为能力人的，依法由其监护人代行选任。遗嘱对选任受托人另有规定的，从其规定。

《中华人民共和国民法典》（2020）

第1133条第4款　自然人可以依法设立遗嘱信托。

《中国银保监会关于规范信托公司信托业务分类的通知》（2023）

附件1　信托公司信托业务具体分类要求

一、（一）5. 遗嘱信托。单一委托人（立遗嘱人）为实现对遗产的计划，以预先在遗嘱中设立信托条款的方式，在遗嘱及相关信托文件中明确遗产的规划管理，包括遗产的管理、分配、运用及给付等，并于遗嘱生效后，由信托公司依据遗嘱中信托条款的内容，管理处分信托财产。

【理论分析】

2017年上海市静安区人民法院审理了"钦某某、李甲与李某戊、李某己、李某庚遗嘱纠纷案"，本案中委托人李某丁指定妻子钦某某和李某戊、李某己、李某庚作为受托人，李某丁去世后，钦某某拒绝担任受托人。上诉中上海市第二中级人民法院认为遗嘱信托生效，由李某戊、李某己、李某庚继续作为受托人。这是国内第一次以司法判决的方式确认了遗嘱信托这一崭新的财富传承方式，开创了财富传承领域司法实践的新纪元。该案也引起广泛关注，号称我国"遗嘱信托第一案"。

本案一审法院认为从遗嘱的内容来看，李某丁表达的意思是不对遗产进行分割，而是要将遗产作为一个整体，通过一个第三方进行管理，这个第三方李某丁命名为"李某丁家族基金会"，组成人员为钦某某、李某戊、李某己、李某庚，管理方式为共同负责管理。李某丁还指定了部分财产的用途，指定了受益人，明确了管理人的报酬，并进一步在购买房屋一事上阐明其目的——"只传承给下一代，永久不得出售"，也就是要求实现所有权和收益权的分离。上述李某丁的意思表示，符合信托的法律特征，应当识别为李某丁希望通过遗嘱的方式设立信托，实现家族财富的传承。李某丁在

2014 年 11 月 23 日的自书遗嘱中也明确表示了"信托"二字，与 2015 年 8 月 1 日的遗嘱可相互印证。因此，该份遗嘱的效力，应当根据继承法和信托法进行认定。

根据信托法的规定，信托目的必须合法。李某丁的信托目的在于根据其意志管理遗产并让指定的受益人获得收益，符合法律规定。根据法律规定，信托应当采用书面形式，包括遗嘱等。李某丁立有自书遗嘱，符合书面形式的要求。根据法律规定，信托文件还应当载明信托目的、委托人及受托人姓名、受益人范围、信托财产范围、受益人取得信托利益的形式和方法。李某丁所立自书遗嘱明确其信托目的为管理遗产，委托人为李某丁，受托人为钦某某、李某戊、李某己、李某庚，受益人为钦某某、李某乙、李甲，信托财产为其遗嘱中所列举的财产，受益人以居住、报销和定期领取生活费等方式取得信托利益。因此，李某丁的遗嘱符合信托法的规定，为有效信托文件。

二审法院认为，关于对行为人实施的无相对人的意思表示行为作解释，不能单纯拘泥于行为人使用的词句，而应当结合有关文本的相关条款、行为人行为的性质和目的、生活习惯以及诚实信用原则来判定行为人的真实意思。本案中，李某丁于 2015 年 8 月 1 日所订立的涉案遗嘱属单方民事法律行为，系无相对人的意思表示行为。一审法院审理过程中，针对遗嘱的具体内容，分析了其所产生的相应法律效力，进而认为该遗嘱中的财产内容符合信托法律特征，并就遗嘱的效力根据继承法和信托法的规定进行了认定，二审法院认为一审法院的观点符合法律对无相对人意思表示行为解释的规范要求。尽管涉案遗嘱中部分文字表述不太严谨与规范，但一审法院通过对涉案遗嘱通篇内容的把握与解释，将立遗嘱人在遗嘱中的财产安排定性为信托，符合该遗嘱的整体意思与实质内容。故对钦某某、李某乙关于李某丁实际上欲成立基金会，一审判决对遗嘱的理解及处理背离被继承人本意的意见二审法院不予采纳。在对涉案遗嘱内容解释为信托的基础上，一审法院依据我国信托法的相关规定，结合李某丁设立信托之目的、形式、内容等对涉案遗嘱作了详尽分析，进一步认定涉案遗嘱为有效信托文件，二审法院认为于法有据，予以认同。本案中，李某丁以遗嘱形式设立信托，信托委托人则系李某丁，一审法院根据涉案遗嘱内容及所涉本案当事人的各自意愿，确定李某戊、李某己、李某庚为信托受托人，并无不当，而钦某某、李某乙认为本案各当事人信托身份设置存在冲突的说法于法无据，二审法院不予支持。另，钦某某在一审中曾向一审法院明确表示拒绝担任李某丁所立遗嘱指定的遗嘱执行人、信托管理人及受托人，在二审审理期间却又申请要求成为信托管理人之一，此举实悖诚信原则，故二审法院对其该申请不予采纳支持。至于钦某某、李某乙对李某戊、李某己、李某庚年龄及理财能力等提出的质疑观点，均属于两人就信托设立后对信托运作的担忧，然这些主观担忧既无事实及法律依据，也不影响基于涉案遗嘱所成立之信托的效力，故二审法院对钦某某、李某乙的相关观点不予认同。但二审法院在此向本案信托受托人李某戊、李某己、李某庚指出的是：三人均应当遵守信托文件的规定，为受益人的最大利益处理信托事务，而受托人管理信托财产，必须恪尽职守，认真履行诚实信用、谨慎有效管理的义务。受托人如若实施违反信托目的处分信托财产的行为，或因受托人违背管理职责、处理信托事务不当，致使信托财产遭受损失，或者出现受托人将信托财产转为其自有财产等违法行径的，受益人均可依法要求受托人承担恢复原状、赔偿损失等法律责任。鉴于一审法院对三菱汽车的处置并无不当，故现上诉人钦某某、李某乙要求该车辆归其二人所有的上诉理由不能成立，二审法院不予支持。

一、遗嘱信托之历史沿革——从遗产信托到遗嘱信托

早在古罗马法就存在遗嘱信托制度的雏形——遗产信托，根据《罗马法教科书》的表述，遗产信托是出于对他人的信任而实行的信托，它是一种临终处置，财产被委托给特定继承人执行。❶ 周枏先生认为遗产信托是指立遗嘱人以遗产的全部、一部或特定物委托给继承人（受托人），在他死后移转于第三人。❷ 所以遗产信托具有几个典型特点，一是立遗嘱人把财产转移给他人，二是具有"信任"的要求，三是一种临终处分行为。❸

遗嘱信托兼有遗嘱和信托的双重属性。❹ 第一，遗嘱信托是单方法律行为，基于立遗嘱人的意思表示成立。第二，它是严格的死因行为，除立遗嘱人在遗嘱中另行明确生效时间或条件外，以立遗嘱人的死亡时间为生效时间。第三，遗嘱信托是要式行为，需符合《民法典》和《信托法》关于遗嘱和信托有效性的形式规定。第四，在遗嘱信托中立遗嘱人有高度的自由和灵活性来确定受托人、受益人、信托财产、管理方式、信托利益分配、投资标的、信托期限等。尽管英美法与大陆法国家有诸多判例规则和成文法来规范遗嘱信托，但大多数相关规则都是任意性法律规范，原则上要严格服从于立遗嘱人在遗嘱信托中确定的意思表示，这就给遗嘱信托留下极大的发挥空间。❺ 第五，遗嘱信托拥有一般信托"所有权与受益权相分离""信托财产独立性"等特征，使遗嘱信托拥有了其他继承制度所不具备的风险隔离和权益重置功能，增加了财产的安全性与稳定性。遗嘱信托不因受托人的欠缺而无效，不因受托人的更替而终止，在信托目的达成前，立遗嘱人可借助遗嘱信托延伸意志与持续管理财产，这也使遗嘱信托更符合财产长期规划的意愿。同时遗嘱信托也必须满足信托的一般要件，即必须有委托人、受托人、信托财产、信托目的、受益人等，如果过于简略，尤其是信托财产、受益人不明，可能会影响遗嘱信托的成立。

二、遗嘱信托的功能

遗嘱信托在英美法系是主要的信托形式之一，❻ 在日本及我国台湾地区也有诸多运

---

❶ 彼德罗·彭梵得. 罗马法教科书［M］. 黄风，译. 北京：中国政法大学出版社，1992：499.

❷ 周枏. 罗马法原论（下）［M］. 北京：商务印书馆，1994：572.

❸ 宋刚. 关于遗嘱信托的几点思考——以继承法修改为背景［J］. 北京师范大学学报（社科版），2013（3）：72-78.

❹ 张平华. 遗嘱信托是克服继承法缺陷的工具［J］. 烟台大学学报（哲学社会科学版），2002（2）：162-166.

❺ 葛伟. 我国继承法遗嘱信托制度构建［M］. 北京：法律出版社，2010：31.

❻ 约翰·G.斯普兰克林. 美国财产法精解［M］. 钟书峰，译. 北京：北京大学出版社，2009：456-457.
比较典型的如戴安娜王妃的遗嘱信托、迈克尔·杰克逊的遗嘱信托等。

用场景。❶ 我国《信托法》及《民法典》设置遗嘱信托的根本原因在于遗嘱信托的许多功能是传统的财富传承制度所无法实现的，尤其相较于遗嘱继承而言，遗嘱信托更具有多方面的优势。

第一，遗嘱信托可以避免后位继承的风险。如甲在遗嘱中指定父母继承某套房屋，但要求父母立遗嘱指定甲的儿子作为受遗赠人，这样设计的风险在于如甲去世后，其父母不按照甲的要求将房屋给甲儿子，则甲的愿望无从实现，而且几乎没有什么救济措施。通过遗嘱信托则可在信托条款中规定父母和儿子为遗嘱信托的受益人，但父母去世则受益权全部归属于甲的儿子，从而避免了后位继承的风险。❷ 第二，遗嘱信托可以防止挥霍、浪费，如果甲把大笔财产一次性给其儿子，则易致使其子生活挥霍、不思进取。第三，遗嘱信托可进行个性化设计，对受益人进行行为引导，如可每季度、每半年或每年向甲的儿子支付一定生活费用，保障其生活质量。如其学业优秀或考上双一流大学，则由受托人支付一定的奖励金。如其成年后注重锻炼，则每跑完一次马拉松可获得相应的运动奖励金。在甲的儿子满 30 岁时，受托人向其支付 1/4 的本金。如其有吸毒、嫖娼等恶习，则授权受托人在信托利益分配上适当惩戒，比如信托利益暂停支付或减半支付等。这些个性化的条款有助于实现甲更细致、长远的愿望，有利于其子形成良好生活习惯，并避免一次性获得大笔财富所带来的负面效应。第四，相对于遗嘱继承，遗嘱信托有强大的资产隔离功能。若甲的儿子作为继承人继承了大笔遗产，则未来负债时可能会被其债权人强制执行。而如果甲的儿子只是作为受益人，则只有其定期或不定期获得的信托利益属于其责任财产，至于信托财产则在受托人名下，与甲的儿子无关，不构成甲的儿子的责任财产，不得强制执行。第五，与遗嘱继承只负责财产转移不同，遗嘱信托兼顾财产转移与财产管理，尤其是受托人为信托公司时，遗嘱信托有造血功能，诺贝尔基金就是典型。❸ 正因为受托人将信托财产进行专业的组合、分散投资，使得信托财产取得了一个稳健收益，从而使信托财产不断保值增值，❹ 进而便于立遗嘱人能够更加长期持久地支持某项信托目的，比如慈善事业，❺ 或对亲戚的长久照顾。❻ 第六，遗嘱信托可使立遗嘱人的遗愿贯彻得更加彻底和长远，

---

❶　常见的遗嘱信托适用场景如保障配偶生活需要的信托、未成年人利益信托、浪费者信托、兼顾配偶生活与慈善事业的信托等。何宝玉. 信托法原理与判例［M］. 北京：中国法制出版社，2013：561-565.

❷　张平华. 遗嘱信托是克服继承法缺陷的工具［J］. 烟台大学学报（哲学社会科学版），2002（2）：162-166.

❸　诺贝尔基金成立于 1900 年，最初只有 3100 万瑞典克朗，但 2020 年其资产已经高达 51.76 亿瑞典克朗。

❹　在 Witmer v. Blair，588 S. W. 2d222（Mo. App. 1979）案中，委托人死于 1960 年，为当时只有 7 岁的孙女设立了遗嘱信托，委托人侄女是受托人。后者没有受托人经验，整整 10 年里一直把信托财产的 50%——6000 美元保存在支票账户里。法院认为受托人没有将这笔钱进行适当的投资是一种违反遗嘱信托的行为，受托人应对这笔钱如进行适当投资可能产生的收益负责，善意和没有经验不构成有效的抗辩。

❺　在贺某与李某壬等继承纠纷再审案中，北京市高级人民法院就判定　考虑到被继承人李某癸所表达的自身对于公益事业的热忱和对部分亲友的照顾关怀之意愿，案涉遗嘱内容中对遗产所作出的处理指示，实质上更符合遗嘱信托之性质。参见中华人民共和国北京市高级人民法院（2021）京民曰 5415 号民事裁定书。

❻　林奇. 信托遗嘱与公证［J］. 中国司法，2006（7）：75-76.

比如若甲的儿子不思进取、自甘堕落，则受托人可根据甲的遗愿暂停向其支付信托利益，以示惩戒。如诺贝尔基金没有设诺贝尔数学奖，则后世任何人也不能越俎代庖为其设置数学奖。即使立遗嘱人已身故，其遗愿依然在信托财产的管理、使用、分配中发挥作用，西方法谚曰：遗嘱信托是死者从坟墓中伸出的手，虽然立遗嘱人已去世，但这双手依然有其生命力。第七，与遗嘱继承将继承人严格限制在法定继承人范围内不同，遗嘱信托的受益人原则上没有限制，❶ 在不违反法律法规的强制性规定（尤其是我国《反洗钱法》）和公序良俗的前提下，立遗嘱人可指定任何人为遗嘱信托受益人，并可实现对受益人个性化的、长期的照顾，而不是仅满足于一次性的财产转移。❷

在钦某某、李甲与李某戊、李某己、李某庚遗嘱纠纷案中，遗嘱信托的委托人李某丁就充分利用了信托的灵活性，对财产如何使用进行了较为复杂的设计，如妻子钦某某、李甲女儿每月可领取生活费一万元整（现房租金5000元，再领现金5000元），所有的医疗费全部报销，买房之前的房租全额领取。李甲国内学费全报。每年钦某某、李某戊、李某己、李某庚各从基金会领取管理费一万元。妻儿、三兄妹医疗费自费部分报销一半（大病住院）。财产的管理由钦某某、李某戊、李某己、李某庚共同负责。新购650万元房产钦某某、李甲、李某乙均有权居住，但不居住者，不能向居住者收取租金。❸

三、遗嘱信托成立与生效的时点设计

按照我国《信托法》第8条的规定，书面形式的信托自受托人承诺时成立。还有的学者折中地认为若受托人承诺在立遗嘱人死亡前作出的，信托在立遗嘱人死亡时生效；受托人承诺在立遗嘱人死亡后作出的，信托在受托人承诺时生效。❹ 笔者对此持反对意见。遗嘱作为无相对人之单方法律行为，一旦做成就应立刻成立，不需要任何人的承诺，否则极难与双方法律行为相区分。我国《信托法》第8条规定的遗嘱信托还需要受托人承诺才能成立，显然是以信托合同的要约、承诺成立方式作为立法参照系。我国《信托法》第8条混淆了遗嘱与合同的不同，混淆了单方法律行为与双方法律行为，混淆了有相对人的意思表示与无相对人的意思表示。❺ 事实上遗嘱信托的成立不以受托人承诺为要件，这是各国信托法普遍承认的规则。无论大陆法、英美法，各国都

---

❶ 《关于加强规范资产管理业务过渡期内信托监管工作的通知》（信托函〔2018〕37号）规定，家族信托的受益人只能是委托人的家庭成员，考虑到家族信托属于典型的民事信托，与常见的资管产品性质的信托产品不同，这种限制的合理性是存疑的。

❷ 宋刚. 关于遗嘱信托的几点思考——以继承法修改为背景［J］. 北京师范大学学报（社会科学版），2013（3）：72-78.

❸ 上海市静安区人民法院（2017）沪0106民初33419号民事判决、上海市第二中级人民法院民事判决书（2019）沪02民终1307号、上海市静安区人民法院民事判决书（2020）沪0106民初30894号。

❹ 王清，郭策. 中华人民共和国信托法条文诠释［M］. 北京：中国法制出版社，2001：20.

❺ 在钦某某、李甲与李某戊、李某己、李某庚遗嘱纠纷案中，上海市静安区人民法院就认为本案所涉信托并非采用合同书的形式，而是以遗嘱形式设立。因此，本案所涉信托，自受托人承诺信托时成立。参见上海市静安区人民法院（2020）沪0106民初30894号民事判决书。

适用遗嘱法或继承法的规定，遗嘱信托均自遗嘱生效时成立生效。❶ 因此需要注意信托行为与信托的区别，前者是设立信托的原因行为，可以是合同或者遗嘱，其成立生效时间与信托本身成立生效时间并不一致。若以合同设立信托，则委托人、受托人签字盖章时，合同成立生效，但信托成立生效则需要转移信托财产方可。通过遗嘱设立信托，在遗嘱成立时，由于遗嘱信托还没有信托财产，或者还没有确定，此时谈不上信托成立生效。只能在立遗嘱人死亡时，遗嘱作为死因行为立刻生效，遗嘱信托此时方成立生效，信托财产此时立刻确定。因此不应刻意区分信托的成立与生效，就像不区分抵押成立与抵押生效一样。可作为比较的是以遗嘱设立居住权（《民法典》第371条），虽然遗嘱已成立，但是居住权一定要等到立遗嘱人死亡且办理完毕登记时才能成立生效（《民法典》第368条）。❷

此外，关于遗嘱信托的生效时点，信托法的一个基本原则是信托不因缺乏受托人而不成立、不生效，❸ 即使受托人不存在、拒绝受托、中途丧失行为能力、破产倒闭等，信托的存续原则上不受此类情形的影响，相关财产的信托财产属性也不受影响，衡平法也不允许信托因缺乏受托人而无效（Equity will not allow a trust to fail for want of a trustee）。❹ 我国《信托法》第40条规定，受托人职责终止的，依照信托文件规定选任新受托人；信托文件未规定的，由委托人选任；委托人不指定或者无能力指定的，由受益人选任；受益人为无民事行为能力或者限制民事行为能力人的，依法由其监护人代行选任。由此确立了信托存续原则。❺《日本信托法》第4条第2款规定遗嘱信托自遗嘱生效时生效，即使被指定的人没有表示接受的意思，或拒绝接受，甚至遗嘱中根本没有明确指定受托人，遗嘱信托依然成立，受托人接受信托的，应溯及至立遗嘱人死亡时，也即遗嘱生效之时生效，❻ 否则原本用来设立信托的财产将根据一般的继承规则归入法定继承，为了避免这种情形，应把遗嘱信托的生效时间确定在遗嘱生效的时间，遗产立刻全部或部分转化为信托财产，受信托关系的约束，而不能按照法定继承处理。

所以遗嘱生效，遗嘱信托也同时成立生效。若指定的受托人拒绝受托，或此时已丧失行为能力，或已死亡，则信托依然生效，不因受托人缺位而导致信托效力受到影响，此时若遗嘱中明确规定了受托人补选规则，则按照遗嘱条款处理。若遗嘱中没有

❶ 何宝玉. 信托法原理研究［M］. 北京：中国法制出版社，2015：126.

❷ 此点存在争议，有人认为遗嘱继承设立居住权的，居住权自立遗嘱人死亡时居住权设立，而遗赠设立居住权时则于登记时居住权设立。

❸ 英国法谚"衡平法不会缺乏受托人""信托不会因为缺乏受托人而失败"即是此意。参见何宝玉：《信托法原理与判例》，中国法制出版社第175页。

❹ 赵廉慧. 信托法解释论［M］. 北京：中国法制出版社，2015：121.

❺ 有学者认为若依据我国《信托法》第13条无法产生受托人，则信托不成立，参见葛俏：《我国继承法遗嘱信托制度构建》，法律出版社2015年版，第86页。笔者则认为解释论上可类推适用《民法典》第1146条，立法上可赋予法院指定受托人的权利，不应轻易地让信托失败。

❻ Edward C. Halbach，Jr，Trusts，Gilbert Law Summaries，Thomas／West，2008. p. 82.

明确相关补选规则，则适用我国《信托法》第 13 条第 2 款处理，❶ 且新受托人的资格应溯及至立遗嘱人死亡时，此点《信托法》没有规定，构成法律漏洞，立遗嘱人可在遗嘱信托条款中明确该溯及效力条款，立法论上也宜进一步明确，避免将信托财产归于法定继承的风险。我国《信托法》第 8 条尾句要求受托人承诺这一成立要件，对于遗嘱信托来说属画蛇添足，不但无益，反而有害，无端地惹出许多法律适用的麻烦。❷总之，解释论上遗嘱作为单方法律行为、死因行为应于立遗嘱人依照法定要件做成遗嘱时成立，并于立遗嘱人死亡时生效。❸ 遗嘱信托作为遗嘱的组成部分，也应于遗嘱做成时成立，于立遗嘱人死亡时生效，未来我国《信托法》修订时应明确此点，以改变目前混乱不清的状况。

四、受托人产生机制

遗嘱信托与合同信托的重大区别在于，后者是委托人、受托人双方协商而成，双方在信托合同上签字盖章即可，而前者是死因行为，其指定的受托人可能不愿做受托人，或出尔反尔、事后反悔，都有可能。❹ 为此各国法均承认：（1）遗嘱如指定了候选受托人，或规定了指定候选人的方法，首先应当按照遗嘱的规定指定新受托人。（2）遗嘱没有规定的，英美信托法规定由法院指定。❺ 日本、韩国及我国台湾地区移植了英美法的规则，即由信托当事人申请法院指定。❻ 我国《信托法》第 13 条规定遗嘱指定的人拒绝或无能力担任受托人的，由受益人另行选任受托人；受益人为无民事行为能力人或限制民事行为能力人的，依法由其监护人代行选任。遗嘱对选任受托人有规定的，从其规定。从实务角度讲，为了避免上述麻烦，立遗嘱人宜在立遗嘱时就与意向中的受托人充分协商、讨论，建立互信，甚至由受托人作出书面承诺或做成公证文书。但即使如此也依然会出现受托人事后丧失行为能力、意外死亡、破产等情形，依然会面临受托人缺位问题，因此我国《信托法》第 13 条仍有意义，但同时该条的规定亦有可讨论之处。

首先，允许受益人指定受托人就有所不妥，立法者的本意是由于立遗嘱人已死亡而受托人拒绝或丧失行为能力，此时没有其他更合适的主体来指定，考虑到受托人和

---

❶ 我国《信托法》第 13 条第 2 款："遗嘱指定的人拒绝或者无能力担任受托人的，由受益人另行选任受托人；受益人为无民事行为能力人或者限制民事行为能力人的，依法由其监护人代行选任。遗嘱对选任受托人另有规定的，从其规定。"

❷ 周勤. 信托的发端与展开：信托品格和委托人地位的法律规制［M］. 北京：知识产权出版社，2013：57.

❸ 李霞. 遗嘱信托制度论［J］. 政法论丛，2013（02）：42-48.

❹ 有人认为应当将生前信托（合同信托）与遗嘱信托一视同仁，均可由法院指定受托人，这种看法无视合同与遗嘱的不同，违背不同事物不同处理的法理，乃风马牛不相及之事。周玉华. 信托法学［M］. 北京：中国政法大学出版社，2001：96-97.

❺ 《英国 1925 年受托人法》第 41 条规定，不论什么时候，只要法院认为指定新受托人是适宜的，或者没有法院的协助就很难或无法指定新受托人，法院就可以发布命令指定新受托人，以替代现有受托人或增加新的受托人。何宝玉. 信托法原理与判例［M］. 北京：中国法制出版社，2013：179。

❻ 何宝玉. 信托法原理研究［M］. 北京：中国法制出版社，2015：127.

受益人的角色定位，受益人很可能指定和自己有利害关系的人，这很可能会导致受托人和受益人之间的制衡关系失效。● 在英美法上，受益人永远也不能指定受托人；在信托文件没有规定相关受托人产生机制或离任的受托人没有指定新受托人的情况下，法院有权指定受托人。● 我国《信托法》没有类似的司法指定机制，立遗嘱人宜在遗嘱中明确受托人的遴选机制，或指定多个受托人，以将风险最小化。● 其次，有些情况由受益人指定可能会明显违背立遗嘱人意思，比如立遗嘱人特别信任其指定的受托人或有其他特殊因素，在遗嘱中指明，如指定的受托人拒绝或不能担任受托人，则信托不成立，信托财产按法定继承处理。这种情况下显然应严格尊重立遗嘱人意思，受益人无权指定受托人。再次，如遗嘱中没有规定受托人，也没有规定相关遴选机制，按目前规定由受益人指定，可能面临受益人较多且彼此利益冲突的情形，此时如何协调受益人之间的关系成为一个问题，这与常见的集合资金信托计划不同，后者是典型营业信托，受益人即委托人本人，本质上就是资管产品，对于选定信托受托人这样的问题受益人的利益通常是一致的，相关的监管规定也明确了受益人大会的召开规则及程序。● 但遗嘱信托是典型的他益信托，同一个遗嘱信托可有多个受益人，在利益不一致的情况下，选出大家都认可的受托人可能会旷日持久，而且即使参照《信托公司集合资金信托计划管理办法》第 46 条（更换受托人需要全体受益人一致同意），在遗嘱信托受益人利益不一致的情况下，受托人的产生也将非常困难，不利于遗嘱信托的尽快成立生效，易滋生纠纷，导致法律关系的不稳定。最后，尽管我国《信托法》第 13 条规定了多层次的受托人遴选机制，但依然不能穷尽极端情况，即在这些备选主体都不存在、各受益人及其监护人就新受托人人选有争议，或受益人、监护人不愿意选任时就没有规定对策。

比较法上，《日本信托法》第 5 条规定了利害关系人催告制度，即遗嘱条款指定特定的人为受托人的，利害关系人可以确定一个合理的期限，催告遗嘱指定的人在期限内明确表示是否接受信托，但遗嘱如果设定了先决条件或生效时间，利害关系人只有在该条件成就或设定的时间到来后才能提出要求。第 6 条规定了法院指定受托人的权力，即如遗嘱没有指定受托人的条款，或遗嘱指定的受托人未能或不接受信托，法院

● Lusina Ho, Trust Law in China, Sweet & Maxwell Asia, 2003, p. 81.

● Trustee Act, 1925（England and Wales），s. 41；Restatement（Second）of Trusts，§ 108.

● 我国"遗嘱信托第一案"中，委托人李某丁指定妻子钦某某和李某戊、李某己、李某庚作为受托人，李某丁去世后，钦某拒绝担任受托人，上诉中上海市第二中级法院认为遗嘱信托生效，由李某戊、李某己、李某庚继续作为受托人。参见上海市静安区人民法院（2017）沪 0106 民初 33419 号、上海市第二中级人民法院（2019）沪 02 民终 1307 号。这是国内第一次以司法判决的方式确认了遗嘱信托的财富传承方式，开创了司法实践的先河，引起广泛关注。遗嘱中虽未出现"遗嘱信托"字样，但法院认为符合遗嘱信托全部要件，经受了利益相关方的挑战，确保了信托财产安全，使得委托人的真实想法得到切实贯彻。

● 《信托公司集合资金信托计划管理办法》第七章专章规定了受益人大会，第 41 条规定了受益人大会的审议事项，第（三）项包括了更换受托人；第 46 条规定了大会的召开条件以及多数决原则，但其中更换受托人需要全体受益人一致同意方可。

可依利害关系人的请求指定受托人。法院依利害关系人的请求指定受托人的裁定应当说明理由。对法院指定受托人的裁定，受益人、现有受托人可提起即时上诉。该即时上诉具有中止执行的效力。我国台湾地区信托法第 46 条也规定遗嘱指定的受托人拒绝或不能接受信托的，利害关系人或检察官得声请法院另选受托人，但遗嘱另有订定者，不在此限。

我国目前没有利害关系人催告制度以及法院指定受托人的制度，在实践中可能会出现受托人断档缺位的情况，立法论上有必要在修订《信托法》时明确受益人催告制度及法院指定受托人的权力，作为受托人缺位的最终的兜底性救济手段。❶ 在解释论上作为补充这一法律漏洞的手段，有两个可能的途径，一是类推适用《民法典》第 1146 条，因为实际上遗产管理人也是受托处理立遗嘱人后事尤其是遗产处置与分配相关事宜的人，在某种程度上也是受托人，与遗嘱信托的受托人相似。在英国的 Re Speihgt (1983) 中，著名法官 Jessel M. R. 就总结道：在现代社会，法院已经不再区分遗嘱执行人（遗产管理人）和受托人了，他们依照同样的原则承担责任。❷ 法院既然可应继承人申请指定遗产管理人，同理也应当有权力应遗嘱信托受益人申请指定遗嘱信托的受托人。二是对《民法典》第 1147 条第（六）项进行充分解释，挖掘其解释空间，充分扩展该兜底性规定的适用范围，将指定遗嘱信托的受托人纳入"实施与管理遗产有关的其他必要行为"，考虑到受托人对于遗嘱信托运营管理的极端重要性，这样解释完全没有障碍，况且依然在文义解释的射程之内，无须舍近求远地运用类推适用这一法律续造的手段，更具说服力和正当性。

【思考题】

（1）遗嘱信托与遗赠、遗嘱继承等的比较。

（2）我国目前《信托法》关于遗嘱信托受托人产生机制的不足之处。

第三节　家族信托

家族信托是目前信托行业转型的重要方向和抓手，也是信托公司的本源业务，目前 67 家信托公司中大部分信托公司都设立有家族信托业务部，个别信托公司还设立了家族信托事业部，有自己独立的运营、风控、法务部门。截至 2022 年上半年，全行业家族信托存续规模超过 4000 亿（包括保险金信托），增长迅速。事实上家族信托是服务信托的一种，也是民事信托的一种，其受托人并不限于信托公司，只不过银保监会出于对信托公司业务监管的需要，对信托公司开展的家族信托业务提出了一些门槛要

---

❶ 徐卫. 遗嘱信托受托人选任规则的反思与重构 [J]. 交大法学，2014（3）：76-85.

❷ 何宝玉. 英国信托法原理与判例 [M]. 北京：法律出版社，2001：32.

求，这些要求对于非由信托公司充当受托人的家族信托或家庭信托并不具有适用性。当然，目前在法律层面上，并没有关于家族信托的明确规定，信托公司开展这一业务的重要依据是信托函〔2018〕37 号及银保监规〔2023〕1 号文。

张某丽执行异议案（武汉市中级人民法院（2020）鄂 01 执异 661 号执行裁定书）是目前业内迄今为止所知的第一个涉及强制执行家族信托财产的案件，其侧面反映了家族信托业务的复杂性及个性化，也反映了法院、辩护人、当事人等对相关法律规定、合同约定的不同理解。有关的争点也是家族信托业务的核心关切，具有极强的典型性，是一只值得认真解剖的"麻雀"。

 **案例 张某丽执行异议案**❶

【基本案情】

法院在执行（2020）鄂 01 执保 230 号杨某丽与张某丽不当得利纠纷一案诉讼保全过程中，张某丽向武汉市中级人民法院（以下简称武汉中院）提出执行异议。

张某丽异议称：

（1）因杨某丽与胡某刚、张某丽不当得利纠纷一案，武汉中院依据杨某丽的申请于 2019 年 11 月 6 日作出了（2019）鄂 01 民初 9482 号民事裁定书，裁定查封、冻结了异议人名下存款 880 万元、五处不动产市场价值共计 1857 万元、受益人为张某的《外贸信托·福字 221 号财富传承财产信托》项下的信托资金 1180 万元，以及异议人名下价值 40 万元的路虎牌越野车一辆，以上查封、冻结异议人财产价值总计 3957 万元，该金额远远高于杨某丽起诉张某丽不当得利的 3383 万元。至于杨某丽另外主张的资金占有费 759.9186 万元，没有事实和法律依据。涉案的 3383 万元中绝大部分是胡某刚出于法定抚养义务为他与张某丽的非婚生子张某设立的家庭信托基金，基金所获收益用于张某的生活、教育等开销，由于张某尚未成年，异议人是作为法定监护人起到代管职责，因此本案中异议人没有不当得利，杨某丽无权主张所谓的资金占用费。

（2）从保全合法性的角度分析，《外贸信托·福字 221 号财富传承财产信托》项下的信托资金受法律保护，法院不应对其实施财产保全，已保全的应立即解除。根据《全国法院民商事审判工作会议纪要》（以下简称《九民纪要》）第 95 条的规定，除符合《信托法》第 17 条规定的情形外，人民法院不应当准许当事人因其与委托人之间的纠纷申请对信托公司专门账户中的信托资金采取保全措施。本案中《外贸信托·福字 221 号财富传承财产信托》并不涉及《信托法》第 17 条规定的情形，杨某丽没有如实向法院告知上述情况，导致法院保全错误。

---

❶ 参见武汉市中级人民法院（2020）鄂 01 执异 661 号执行裁定书。

（3）法院冻结《外贸信托·福字 221 号财富传承财产信托》项下的信托资金和收益，造成案外人张某生活困难，违背人道主义。综上，请求解除对《外贸信托·福字 221 号财富传承财产信托》项下信托资金的冻结。

外贸信托有限公司于 2020 年 8 月 10 日向武汉中院出具《关于（2020）鄂 01 执保 230 号协助冻结存款的说明》，载明：《外贸信托·福字 221 号财富传承财产信托》为我司作为委托人（应为"受托人"）、招商银行股份有限公司作为财务顾问机构的单一信托。由委托人张某丽于 2016 年 2 月 5 日设立，初始规模 3080 万元。依据最新的估值数据，截至 2020 年 7 月 31 日信托财产净值为 11830320.73 元……该项目由张某丽作为委托人，其子张某作为唯一受益人的他益信托，信托受益权由张某 100% 享有。依据《信托法》的相关规定，该项目下的信托财产非委托人张某丽的存款或个人财产。

2020 年 8 月 14 日，武汉中院作出（2020）鄂 01 执保 230-1 号协助执行通知书，要求外贸信托有限公司协助执行以下事项：因被申请人张某丽与你单位签订了《外贸信托·福字 221 号财富传承财产信托》，现请你单位停止向张某丽及其受益人或其他第三人支付合同项下的所有款项及其收益。同日，武汉中院向外贸信托有限公司邮寄送达（2019）鄂 01 民初 9482 号民事裁定书及（2020）鄂 01 执保 230-1 号协助执行通知书。外贸信托有限公司于 2020 年 8 月 31 日签收上述文书。

另查明，2016 年 1 月 28 日，张某丽（委托人）与外贸信托有限公司（受托人）签订《外贸信托·福字 221 号财富传承财产信托》（合同编号：8012015-X801001001），合同载明：

"1.1 委托人基于对受托人的信任，自愿将其合法拥有的资金及金融理财产品信托给受托人，即将委托人的相关财产的法律上的所有权完全转移给受托人，由受托人管理、运用。受托人通过按照信托文件的规定持有、管理和处分信托财产，并以此作为信托利益的来源，按信托文件的约定向受益人分配信托利益。

1.3 本信托设立后，委托人死亡，信托继续存续直至信托期限届满或信托终止，信托财产不作为其遗产或者清算财产。国家法律另有规定的除外。

2.2.3.1 本信托项下财富传承信托的信托利益受益对象，为委托人的儿子、父亲、母亲、舅舅和外婆，共计受益人 5 名。"

2020 年 5 月 30 日，张某丽（委托人）与外贸信托有限公司（受托人）签订《信托受变更函》，将上述信托受益人由委托人张某丽的儿子（张某）、父亲、母亲、舅舅和外婆 5 人变更为张某。

【主要法律问题】

（1）家族信托的财产来源合法性判断依据是什么？

（2）家族信托合同的受益人设置有无限制，如何限制？

【主要法律依据】

《中国银行保险监督管理委员会信托监督管理部关于加强规范资产管理业务过渡期内信托监管工作的通知》（信托函〔2018〕37号）

二、……公益（慈善）信托、家族信托不适用银发〔2018〕106号。家族信托是指信托公司接受单一个人或者家庭的委托，以家庭财富的保护、传承和管理为主要信托目的，提供财产规划、风险隔离、资产配置、子女教育、家族治理、公益（慈善）事业等定制化管理和金融服务的信托业务。家族信托财产金额或价值不低于1000万元，受益人包括委托人在内的家庭成员，但委托人不得为唯一受益人。单纯以追求信托财产保值增值为主要目的，具有专户理财性质和资产管理属性的信托业务不属于家族信托。

《中华人民共和国信托法》（2001）

第7条　设立信托，必须有确定的信托财产，并且该信托财产必须是委托人合法所有的财产。

本法所称财产包括合法的财产权利。

【理论分析】

武汉中院在财产保全程序中，为避免委托人转移信托受益权或信托理财回赎资金行为，依杨某丽的申请于信托期间内对案涉《外贸信托·福字221号财富传承财产信托》合同项下的所有款项进行了冻结，要求受托人外贸信托公司停止向委托人及其受益人或其他第三方支付合同项下的所有款项，该冻结措施不涉及实体财产权益的处分，不影响信托期间内外贸信托有限公司对张某丽的信托财产进行管理、运用或处分等信托业务活动，只是不得擅自将张某丽的本金作返还处理，不属于对信托财产的强制执行。因此，武汉中院上述保全信托合同项下资金不违反我国《信托法》的相关规定，合法有效。至于武汉中院对《外贸信托·福字221号财富传承财产信托》项下信托基金收益的冻结，根据已查明事实，上述信托利益受益对象即信托基金受益人为案外人张某，如认为武汉中院执行行为损害信托基金受益人的权益，可由案外人张某向武汉中院提出排除执行异议。张某丽提出此项异议，主体不适格，且武汉中院已对案外人张某所提异议在另案中予以审查，故对张某丽此项异议请求，武汉中院不予支持。综上，异议人张某丽异议理由不成立，武汉中院不予支持。驳回异议人张某丽的异议请求。

一、委托人张某丽是否有执行异议权

第一，本案涉及家族信托，张某丽为委托人，张某是受益人，根据我国《信托法》第17条的规定，对于违反前款规定而强制执行信托财产，委托人、受托人或者受益人有权向人民法院提出异议。据此张某丽作为委托人当然有权利提出执行异议。武汉中院认为只有受益人张某有执行异议权而委托人张某丽没有异议权不能成立。第二，张某作为未成年人虽然是非婚生子女，根据《民法典》第 1071 条，非婚生子女享有与婚生子女同等的权利，任何组织或者个人不得加以危害和歧视。张某丽作为张某的生父，是其监护人、法定代理人，《民法典》第 1058 条规定父母要承担对未成年子女的抚养、教育和保护的义务。张某丽在执行（2020）鄂 01 执保 230 号决定对家族信托财产予以冻结，并禁止按照合同约定向张某分配信托利益之际，有义务提出执行异议，保护受益人张某的信托利益。第三，即使只认可张某的异议权，但是张某作为未成年人、限制行为能力人（或无行为能力人），执行异议作为一个较为复杂的法律行为也不属于《民法典》第 145 条第 1 款前段的事项，张某丽作为其法定代理人当然可以代为主张异议权。综上，武汉中院认为张某丽不具有执行异议权理由不足。

二、能否对信托财产冻结

《九民纪要》第 95 条规定：当事人因其与委托人、受托人或者受益人之间的纠纷申请对存管银行或者信托公司专门账户中的信托资金采取保全措施的，除符合《信托法》第 17 条规定的例外情形外，人民法院不应当准许。已经采取保全措施的，存管银行或者信托公司能够提供证据证明该账户为信托账户的，应当立即解除保全措施。对信托公司管理的其他信托财产的保全，也应当根据前述规则办理。本案中法院没有考虑《九民纪要》的这一规定，并且坚持认为对信托财产的冻结不属于对信托财产的强制执行，所以不违反《信托法》第 17 条。实际上不管冻结是否属于强制执行，就算作为保全措施也不应当采取，虽然《九民纪要》不是法律或司法解释，但其是长期司法经验的总结，具有很强的说理效果。本案中法院完全没有回应张某丽的第（2）条异议理由。问题的实质是本案中法院没有认识到信托的资产隔离功能，不论是《信托法》还是《九民纪要》都反复强调，信托一旦合法设立，信托财产就独立于委托人未设信托的其他财产，当然也不属于委托人的责任财产。据此委托人的债权人原则上不得染指信托财产，更不能对其予以强制执行或者保全。

三、关于保全是否影响家族信托的运营

本案中法院认为冻结措施不涉及实体财产权益的处分，不影响信托期间外贸信托有限公司对张某丽的信托财产进行管理、运用或处分等信托业务活动，只是不得擅自将张某丽的本金做返还处理。事实上按照合同约定受托人每个自然月度日历日 10 日需向受益人张某支付信托利益人民币 6 万元，直至信托终止或受益人张某死亡。如果按照冻结要求，受托人不得再向受益人张某支付信托利益，必然侵害受益人的受益权，对其生活造成困扰。此外，向信托受益人定期或不定期支付信托利益是受托人的最重要工作事项，是"受益人利益最大化"原则的核心体现，很难说冻结措施对信托的正常运营不构成影响。

四、关于调整受益人的权利

本案中张某丽在 2020 年 5 月 30 日将信托受益人由最初的 5 人调整为张某 1 人。这是完全合法的，委托人调整受益人的权利是《信托法》第 51 条明确赋予的。该条除规

定了法定调整事项如受益人对委托人或其他受益人有重大侵权行为、经受益人同意之外，还规定了信托文件可以规定其他的情形。本案中张某丽完全是在合法行使权利，不存在规避法律的情形。

五、关于委托人的提前终止权

本信托合同第 17.2.1.6 条规定信托运行满 5 年后的 30 日内，委托人可以提前终止信托。这个约定实际上赋予了委托人单方的任意解除权（即英美法上所谓的"可撤销信托"）。目前我国《信托法》是允许这种约定的。我国《信托法》第 50 条规定："委托人是唯一受益人的，委托人或者其继承人可以解除信托。信托文件另有规定的，从其规定。"这里的"信托文件另有规定的"意味着，即使委托人不是唯一受益人或者根本不是受益人，也可以在信托文件中被授予单方解除权。我国《民法典》第 562 条也重申当事人可以约定一方解除合同的事由，解除事由发生时，解除权人可以解除合同。考虑到我国家族信托业务发展不久，事实上很多委托人都要求保留单方解除权以作为对信托的终极控制手段。但这种极端控制措施也可能会导致法院质疑其信托资产隔离的效果，甚至认为信托只是委托人的"白手套"进而否认信托的有效设立。另外，如果类推适用我国《民法典》第 535 条，委托人的债权人甚至有可能代为行使这一解除权，从而有可能使信托财产丧失隔离效果。

六、关于《信托法》第 12 条

本案中如果债权人能够证明信托的设立损害其利益，则其可以适用我国《信托法》第 12 条在知道或者应当知道撤销原因之日起 1 年内行使撤销权。但即使撤销信托也不影响受益人已经取得的信托利益。该条适用的前提是信托的设立损害债权人利益，可以理解为委托人是为了逃避债务而恶意设立信托，其真实的信托目的就是逃避债务。尤其是明知有大额债务或者大额债务即将发生，却将仅有的财产拿来设立信托，此时法院大概率会考虑适用第 12 条，使信托自始无效。本条规定有一个法律漏洞，即如果债权人不知道或者不应当知道撤销原因的话，是不是债权人就一直保留撤销权从而使得信托一直处于惴惴不安当中。为避免法律关系的不稳定，此时可考虑类推适用我国《民法典》第 541 条，即从信托设立之日起 5 年内没有行使撤销权的，撤销权消灭。本案的公开资料没有显示更多细节，无法判断债权人可否主张第 12 条的适用。

七、关于《信托法》第 17 条的例外情形

我国《信托法》第 17 条是整个《信托法》的灵魂法条，最能凸显信托财产的独立性。但是该条规定了 4 个例外情形，可能影响资产隔离的效果。第（一）种情形是债权人对信托财产享有优先权，这种优先权可能是抵押权、船舶优先权或者其他法定的优先权，如果在信托设立前就附着于信托财产，当然具有追及效力，即债权人依然可以拍卖、变卖该财产以实现其优先权。我国《民法典》第 406 条就规定抵押期间，抵押人可以转让抵押财产……抵押财产转让的，抵押权不受影响。第（二）种情形比如汇划费、邮递费、拍卖费、法律服务费、资产转让的各种费用等，因为附着于信托财

产而发生，当然由信托财产承担。第（三）种情形中主要是法定的税款，比如将不动产纳入信托，在信托公司持有不动产期间要缴纳一定的持有税，而且在目前的法治环境下，不动产进出信托都有一些交易上的税收产生。第（四）种情形属于兜底条款。实际上上述四种情形在实践中很少发生，或者即使发生也影响不大。如果将房产纳入信托，而房产上又附着有抵押权的，受托人大概率不会同意以此作为信托财产，那么第（一）种情形就不会发生。

八、非婚生子女作为受益人

本信托中张某为非婚生子女，如前所述，其作为信托受益人是完全合法的。但这里存在两个方面上的矛盾，一是非婚生子女与婚生子女地位平等，父母必须尽到抚养、教育等义务，如果对其不闻不问，严重的可能构成遗弃行为，甚至成立遗弃罪。而将其设为信托的受益人是履行父母抚养义务的一种方式。二是在委托人已婚的情况下，其配偶对将非婚生子女作为受益人往往持排斥态度，而信托财产属于夫妻共有财产的情况下，信托的设立又必须经过其同意。《民法典》第 1062 条规定夫妻对共同财产有平等的处理权。尽管第 1060 条规定了家事代理权，但是家族信托金额大、周期长，显然不是"家庭日常生活需要"，所以须经由配偶同意这一项属于强制性法律规定，如果违反该规定则委托人构成无权处分，信托可能被撤销或被宣布无效。这个矛盾只能由委托人家庭内部协商并最终解决，受托人无能为力。

九、如果委托人是唯一受益人

本案中张某丽是委托人，但不是受益人，因此该信托是典型的他益信托。事实上信托函〔2018〕37 号文也要求家族信托必须是他益信托，委托人不能是唯一的受益人。这种要求的根本目的是保障信托的资产隔离效果。因为如果委托人等于受益人，则与一般的集合资金信托计划无异，信托财产的隔离效果几乎为零。其理由有几个：一是委托人作为唯一受益人，其受益权可以被用于清偿债务，《信托法》第 47 条规定受益人不能清偿到期债务的，其信托受益权可以用于清偿债务……如此等于变相地执行了信托财产；二是《信托法》第 50 条规定委托人是唯一受益人的，委托人可以解除信托。如此结合《民法典》第 535 条，委托人的债权人存在代位行使解除权的可能；三是《信托法》第 15 条规定，委托人死亡……委托人不是唯一受益人的，信托存续，信托财产不作为其遗产。如此反面解释则是委托人是唯一受益人的，则信托终止，信托财产构成委托人的遗产，应当属于其责任财产，首先应用于还债。

【思考题】

（1）如何理解信托财产的独立性？

（2）哪些情形会导致信托无效或者被撤销？

（3）一方擅自将夫妻共有财产纳入信托，其法律效果如何？

第四节 慈善信托

慈善信托是我国 2016 年生效的《慈善法》的重要内容，之前在《信托法》中也存在关于公益信托的规定。截至 2023 年 4 月 23 日，我国大陆在民政部官方网站"慈善中国"披露的备案存续中的慈善信托有 1253 单，规模超过 134 亿元人民币。慈善信托日益为人所知，成为爱心企业、人士从事慈善事业的新航道。

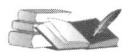 **案例 鲁冠球三农扶志基金慈善信托**

【基本案情】

鲁冠球三农扶志基金慈善信托于 2018 年 6 月 29 日在杭州市民政局备案登记。备案信息如图 8-1 所示。

图 8-1 鲁冠球三农扶志基金慈善信托备案信息❶

一、信托财产及相关持股结构

鲁冠球三农扶志基金慈善信托的信托财产是鲁伟鼎先生持有的万向三农集团 6 亿元出资额对应的全部股权，符合《慈善信托管理办法》第 12 条的规定。鲁冠球三农扶志基金慈善信托的结构如图 8-2 所示。由于万向三农集团持有多家公司包括上市公司

---

❶ 2022 年 7 月 23 日登录"慈善中国" http://cishan.chinanpo.gov.cn/biz/ma/csmh/e/csmhedetail.html?aafx0101=ff808081643a2a4001645a0f57f604f4 查询所得。

的股权，本慈善信托设立后，鲁冠球三农扶志基金慈善信托成为万向三农集团的 100%
的控股股东，并通过万向三农间接控股或参股多家公司，包括上市公司承德露露、航
民股份。鲁冠球三农扶志基金慈善信托持股情况如图 8-3 所示。

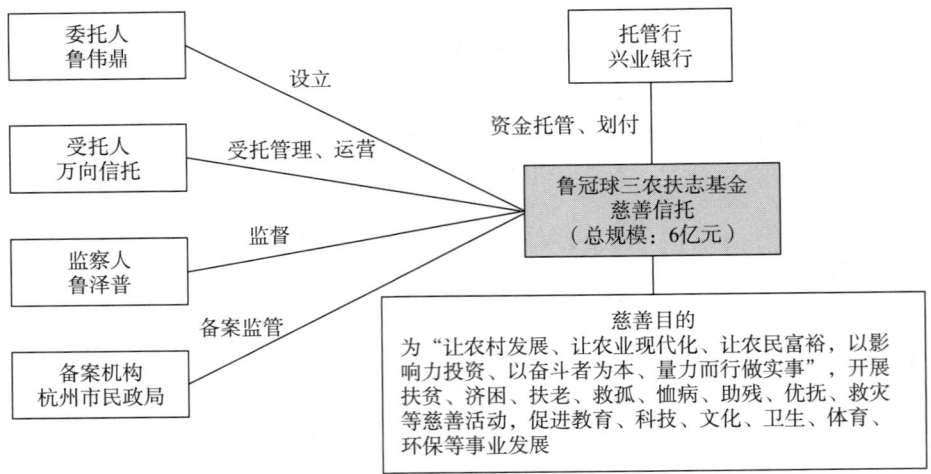

图 8-2 鲁冠球三农扶志基金慈善信托结构

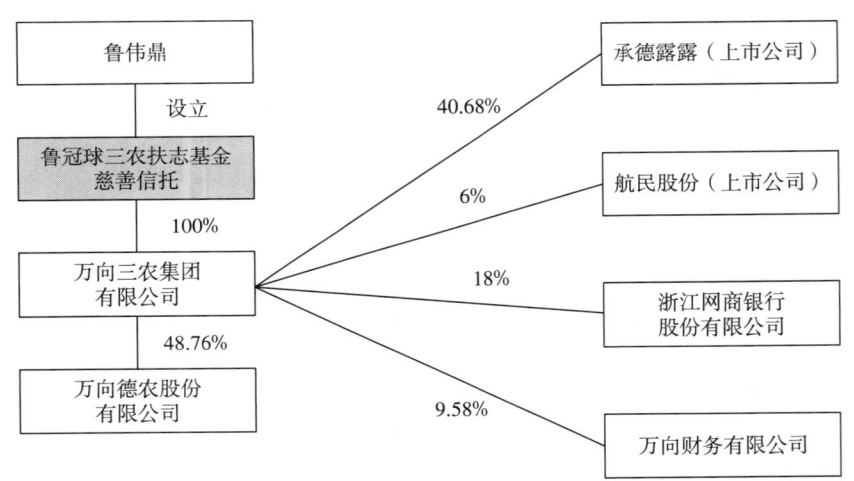

图 8-3 鲁冠球三农扶志基金慈善信托持股情况

二、运作安排

本慈善信托的委托人鲁伟鼎先生具有完全民事行为能力，委托人确定万向信托作
为本慈善信托的受托人，符合《慈善法》第 46 条、《慈善信托管理办法》第 8 条和第
9 条的规定。本慈善信托的章程规定了避免利益冲突的条款，不得指定任何与委托人、
受托人有利害关系的人作为本慈善信托的受益人。鲁伟鼎先生于 2018 年 6 月 27 日作出
了《万向三农集团有限公司股东决定书》，决定以其持有的万向三农集团 6 亿元出资额
对应的全部股权作为信托财产，设立本慈善信托，并签署了《鲁冠球三农扶志基金宪

章》《鲁冠球三农扶志基金章程》和《鲁冠球三农扶志基金慈善信托合同》等文件。鲁伟鼎先生签署《信托监察人指定书》，指定鲁泽普为信托监察人。2018 年 6 月 29 日，受托人万向信托签署上述文件，设立慈善信托。

三、信托目的

鲁冠球三农扶志基金响应国家号召，致力于让农村发展、让农业现代化、让农民富裕，以影响力投资、以奋斗者为荣、量力而行做实事，财产及收益全部用于扶贫、济困、扶老、恤病、助残、优抚，救助等公益活动，促进教育、科技、文化、卫生、体育、环保等事业发展，设立人鲁伟鼎及其家庭成员不享有任何信托利益。本慈善信托完全遵循《慈善信托管理办法》第 7 条的规定。

四、主要条款

1. 慈善支出

任何一笔对外捐赠的资金都必须经过鲁冠球三农扶志基金董事会决议批准，并按照《慈善信托资助建议书》的要求进行，对受益人进行直接资助，或者与受益人签署长期资助协议，明确资金拨付、使用和监督计划后对受益人进行资助。受托人不得自行选择资助对象及资助项目。

任何一笔资金拨付，均由受托人向托管行发出划款指令，从信托财产拨付相应的款项。如果受益人取得信托财产并已经实现了特定慈善目的后仍有剩余资金，则剩余资金应返还给本慈善信托。

本慈善信托财产及其收益，均全部用于慈善目的。

2. 投资运用

慈善信托财产运用应当遵守《慈善法》《慈善信托管理办法》以及信托文件的约定，坚持合法、安全、有效的原则，可以运用于银行存款、政府债券、中央银行票据、金融债券和货币市场基金等低风险资产以及符合董事会决定的投资政策的投资标的。原则上本慈善信托的信托财产不得开展其他形式的股权投资，除非信托文件有相反约定。

3. 管理运营

受托人对信托财产履行诚实信用和谨慎管理的义务，按照《鲁冠球三农扶志基金宪章》《鲁冠球三农扶志基金章程》的规定将信托财产运用于慈善目的。本慈善信托的信托财产，受托人必须按照董事会决议和信托文件规定进行管理和运用，与受托人的自有财产和其他项目的信托财产分别记账、分别管理。

4. 信托费用

本信托的受托人为万向信托，受托人报酬以信托财产的规模作为计算基数，报酬率为 0.29%／年。受托人报酬计算日为本慈善信托成立每满 12 个月之对应日及信托终止日。受托人根据信托财产专户资金状况于每一信托年度结算日后的任一日收取信托报酬。当期信托报酬率＝信托规模×受托人报酬率×当期结算天数/365，信托规模在当期结算期内发生变化的，自变化之日起分段计算。计算上述信托报酬时，信托财产为股权的，信托规模以股权交付时的出资额为计算规模；信托财产为资金的，信托财产以委托人交付的资金为计算规模；信托财产为其他非资金信托财产，信托规模依据该信托资产交付时签署的相关协议的约定。

托管行不收取任何保管费。

5. 合同期限

本慈善信托自成立之日起永久存续，除非出现法定的终止事由。

6. 变更、终止情形

任何机构或个人不得要求撤销、解除或终止本信托，本信托因法定事由终止时，无须分配信托财产给具体的个人或者单位，但是经信托监察人批准，受托人可将信托财产用于与原慈善目的近似的目的，或将信托财产转移给目的近似的慈善组织或慈善信托。

7. 信息披露

受托人按照本信托合同条款规定向董事会、监察人、慈善秘书、备案机构提交定期报告和临时报告。而且受托人要在官方网站上对本慈善信托事务处理情况及财务状况公开，并存放于受托人办公场所备查。本信托成立后每满一年后的六十个工作日内作出慈善信托事务处理情况及财产状况报告后，须经过监察人认可，并向董事会、慈善秘书、备案机构报告，由受托人向社会公告。

五、配套文件及管理机构设置

《鲁冠球三农扶志基金宪章》《鲁冠球三农扶志基金章程》《鲁冠球三农扶志基金慈善信托合同》是本慈善信托的运行基础，根据此等文件，慈善信托及其收益全部用于慈善目的。受托人对慈善信托财产的管理、运用必须严格遵守《鲁冠球三农扶志基金宪章》和《鲁冠球三农扶志基金章程》的规定，宪章、章程和合同是本慈善信托规范管理、合法运作的有力保障。

本慈善信托是以信托法律关系为基础设立的慈善信托，实行董事会决策、受托人管理、监察人监督的治理结构和决策机制，其设立和存续充分体现并执行鲁伟鼎先生作为委托人的意愿。根据章程和合同的规定，由慈善信托秘书接收《慈善资助建议书》并初步审核，通过提交董事会审批。审批通过后，受托人依据董事会决议执行，以确保慈善财产用于慈善目的。董事会是鲁冠球三农扶志基金的决策机构，决定本慈善信托基金投资与运营管理的重大事项、议事规则、年度收支预算及决算、资助对象、资助计划以及万向三农的股权表决意见等。

本慈善信托设置监察人，如果监察人有理由相信信托财产处分违反慈善信托的宪章、章程及合同规定，有权要求相关机构或个人进行纠正，尤其是监督万向信托更好地履行管理职责。本慈善信托的首任监察人是鲁泽普先生。[1]

六、监察人

本慈善信托设置信托监察人，并对监察人的选任及到期更换等机制做好了充分安排。本来鲁伟鼎先生作为董事长和实际控制人完全可以全面参与慈善信托的管理和运营，但是长远来看，委托人还是决定为本慈善信托设置信托监察人。

【主要法律问题】

（1）以股权纳入慈善信托的主要障碍是什么？

（2）慈善信托与慈善捐赠的异同？

【主要法律依据】

《中华人民共和国慈善法》（2016）

第 44 条　本法所称慈善信托属于公益信托，是指委托人基于慈善目的，依法将其财产委托给受托人，由受托人按照委托人意愿以受托人名义进行管理和处分，开展慈善活动的行为。

第 45 条　设立慈善信托、确定受托人和监察人，应当采取书面形式。受托人应当在慈善信托文件签订之日起七日内，将相关文件向受托人所在地县级以上人民政府民政部门备案。

未按照前款规定将相关文件报民政部门备案的，不享受税收优惠。

第 46 条　慈善信托的受托人，可以由委托人确定其信赖的慈善组织或者信托公司担任。

第 47 条　慈善信托的受托人违反信托义务或者难以履行职责的，委托人可以变更受托人。变更后的受托人应当自变更之日起七日内，将变更情况报原备案的民政部门重新备案。

第 48 条　慈善信托的受托人管理和处分信托财产，应当按照信托目的，恪尽职守，履行诚信、谨慎管理的义务。

慈善信托的受托人应当根据信托文件和委托人的要求，及时向委托人报告信托事务处理情况、信托财产管理使用情况。慈善信托的受托人应当每年至少一次将信托事务处理情况及财务状况向其备案的民政部门报告，并向社会公开。

第 49 条　慈善信托的委托人根据需要，可以确定信托监察人。

信托监察人对受托人的行为进行监督，依法维护委托人和受益人的权益。信托监

---

[1]　鲁泽普，男，2001 年 3 月生，鲁伟鼎之子，鲁冠球之孙，在校学生。2018 年 6 月 27 日鲁伟鼎签署《信托监察人指定书》，确定鲁泽普为信托监察人，鲁泽普已于 2019 年 3 月开始履职。鲁泽普接受了良好的社会和家庭教育，具备了履职信托监察人的能力，而且章程也授权监察人可以借助外部审计机构对信托账目、资产进行审计，保证更好地履行监察人职责。

察人发现受托人违反信托义务或者难以履行职责的，应当向委托人报告，并有权以自己的名义向人民法院提起诉讼。

第 50 条　慈善信托的设立、信托财产的管理、信托当事人、信托的终止和清算等事项，本章未规定的，适用本法其他有关规定；本法未规定的，适用《中华人民共和国信托法》的有关规定。

《中华人民共和国信托法》（2001）

第 59 条　公益信托适用本章规定。本章未规定的，适用本法及其他相关法律的规定。

第 60 条　为了下列公共利益目的之一而设立的信托，属于公益信托：

（一）救济贫困；

（二）救助灾民；

（三）扶助残疾人；

（四）发展教育、科技、文化、艺术、体育事业；

（五）发展医疗卫生事业；

（六）发展环境保护事业，维护生态环境；

（七）发展其他社会公益事业。

第 61 条　国家鼓励发展公益信托。

第 62 条　公益信托的设立和确定其受托人，应当经有关公益事业的管理机构（以下简称公益事业管理机构）批准。

未经公益事业管理机构的批准，不得以公益信托的名义进行活动。

公益事业管理机构对于公益信托活动应当给予支持。

第 63 条　公益信托的信托财产及其收益，不得用于非公益目的。

第 64 条　公益信托应当设置信托监察人。

信托监察人由信托文件规定。信托文件未规定的，由公益事业管理机构指定。

第 65 条　信托监察人有权以自己的名义，为维护受益人的利益，提起诉讼或者实施其他法律行为。

第 66 条　公益信托的受托人未经公益事业管理机构批准，不得辞任。

第 67 条　公益事业管理机构应当检查受托人处理公益信托事务的情况及财产状况。

受托人应当至少每年一次作出信托事务处理情况及财产状况报告，经信托监察人认可后，报公益事业管理机构核准，并由受托人予以公告。

第 68 条　公益信托的受托人违反信托义务或者无能力履行其职责的，由公益事业管理机构变更受托人。

第 69 条　公益信托成立后，发生设立信托时不能预见的情形，公益事业管理机构可以根据信托目的，变更信托文件中的有关条款。

第 70 条　公益信托终止的，受托人应当于终止事由发生之日起十五日内，将终止事由和终止日期报告公益事业管理机构。

第71条　公益信托终止的，受托人作出的处理信托事务的清算报告，应当经信托监察人认可后，报公益事业管理机构核准，并由受托人予以公告。

第72条　公益信托终止，没有信托财产权利归属人或者信托财产权利归属人是不特定的社会公众的，经公益事业管理机构批准，受托人应当将信托财产用于与原公益目的相近似的目的，或者将信托财产转移给具有近似目的的公益组织或者其他公益信托。

第73条　公益事业管理机构违反本法规定的，委托人、受托人或者受益人有权向人民法院起诉。

《银监会、民政部关于印发慈善信托管理办法的通知》（2017）

全文（内容略）。

【理论分析】

一、慈善信托的立法与概念界定

1.《信托法》与《慈善法》的规定

我国《信托法》第60条规定："为了下列公益目的之一而设立的信托，属于公益信托：（一）救济贫困；（二）救助灾民；（三）扶助残疾人；（四）发展教育、科技、文化、艺术、体育事业；（五）发展医疗卫生事业；（六）发展环境保护事业，维护生态环境；（七）发展其他社会公益事业。"可以说《信托法》并没有给公益信托的概念予以制定法上的定义，而《慈善法》第44条则规定："本法所称慈善信托属于公益信托，是指委托人基于慈善目的，依法将其财产委托给受托人，由受托人按照委托人意愿以受托人名义进行管理和处分，开展慈善活动的行为。"《慈善法》第3条也明确规定："本法所称慈善活动，是指自然人、法人和其他组织以捐赠财产或者提供服务等方式，自愿开展的下列公益活动：（一）扶贫、济困；（二）扶老、救孤、恤病、助残、优抚；（三）救助自然灾害、事故灾难和公共卫生事件等突发自然事件造成的损害；（四）促进教育、科学、文化、卫生、体育等事业的发展；（五）防止污染和其他公害，保护和改善生态环境；（六）符合本法规定的其他公益活动。"结合两部法律的规定，可以认为只要委托人把自己的财产转移给受托人，受托人管理和运用信托财产，遵循委托人确定的公益目的，把信托财产用于该公益目的的信托，即为慈善信托。

2. 慈善信托的基本结构

慈善信托的基本结构如图8-4所示。

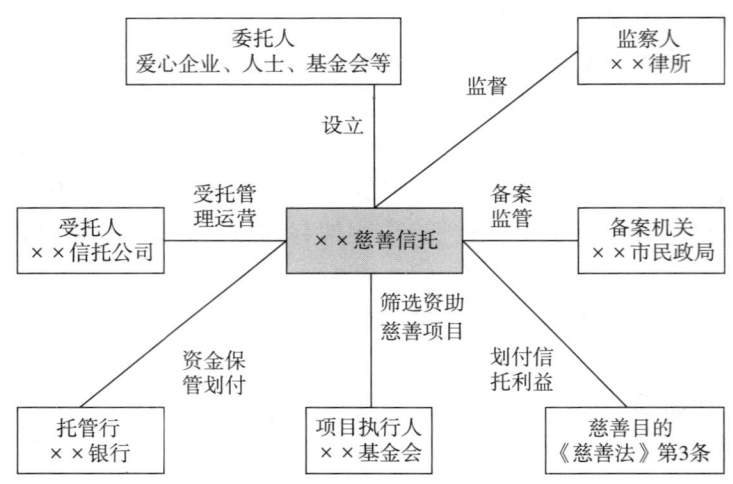

图 8-4　慈善信托的基本结构

3. 慈善信托与私益信托

由于慈善信托的根本目的是向不特定社会公众提供慈善资助，尽管有些具体的个人可能会从信托中取得某些财产利益，但是慈善信托设立的根本目的不在于增进该特定个体的利益，而是不特定社会公众的福祉，并且往往并不是以物质上的增益作为表现形式，精神上、心理上或者生理上的呈现方式往往更重要。比如以环境保护为目的的慈善信托，其根本目的是创造令人心情愉悦的生活环境，满足社会公众的精神需求。虽然很难说哪些特定的个人从中获得什么样的财产利益，但实际上几乎每个人都能从优美、舒适的自然环境、社会环境中获益，因此慈善信托的根本属性在于其公益性，其不存在法律意义上的受益人，这也是慈善信托与私益信托的根本区别。❶

二、慈善信托的特征

1. 信托目的的公益性

慈善信托必须以慈善公益为目的，所有的信托财产都要用于此公益目的，满足完全公益性的要求。《慈善信托管理办法》第 23 条规定："慈善信托财产及其收益，应当

---

❶　这里可能涉及"目的信托"的问题，狭义的目的信托是指没有受益人（没有任何现存的人能够享受到信托利益）、为了某种特殊的目的而设置的信托，这些特殊的目的可能在私益与公益之间的模糊地点，或者说其公益性不那么充分，对此应当如何定性直接决定了信托规则的运作。但是社会的需求确实是多样的，比如法人除了公益法人与私益法人之间还存在着中间法人，那么同理在信托中就不仅仅存在公益信托与私益信托，也可能存在中间状态的"目的信托"，例如以保护某名人故居为目的设立的信托，严格来讲确实没有任何现存的人可以哪怕是信托的"反射利益"，但是似乎可以勉强将此种情形纳入《慈善法》第 3 条第（六）项规定的其他情形，但是如果以维护某非名人的墓地为目的设立的信托可否纳入就在两可之间了，正因为如此当年修订信托法时争议很大，但最终在日本新信托法第 258 条。目的信托规定了"受益人不能确定的信托之特例"，原则上允许目的信托，即该类信托没有特定的受益人，只是为了实现一定的目的。关于目的信托的讨论以及在日本信托法上的体现可以参考赵廉慧. 信托法解释论［M］. 北京：中国法制出版社，2015：576-586；能见善久. 现代信托法［M］. 赵廉慧，译. 北京：中国法制出版社，2011：303-305.

全部用于慈善目的。"根据公益目的的明确程度，理论上可以将慈善信托划分为特定目的的慈善信托和一般目的的慈善信托。对于后者来说，公益目的往往是不确定或者不明确的，即有关公益目的的表述往往是笼统的、概括性约，但不能由此认为其无效。❶比如英国法也不要求公益目的必须明确确定，只需要确定是为了公益目的即可，大大放松了私益信托中的"目的明确性"的要求。❷《慈善信托管理办法》第7条规定，设立慈善信托，必须有合法的慈善信托目的。至于哪些目的属于慈善信托目的，该条认为以开展下列慈善活动为目的而设立的信托属于慈善信托："（一）扶贫、济困；（二）扶老、救孤、恤病、助残、优抚；（三）救助自然灾害、事故灾难和公共卫生事件等突发事件造成的损害；（四）促进教育、科学、文化、卫生、体育等事业的发展；（五）防止污染和其他公害，保护和改善生态环境；（六）符合《慈善法》规定的其他公益活动。"整体来看，这一规定与《信托法》第60条、《慈善法》第3条大同小异。

2. 设立条件严格，由专门机构监管

私益信托的设立，遵循受益人利益最大化原则，医此受益人必须特定或者可特定，❸不能确定受益人的私益信托被认为是无效的（《信托法》第11条第（五）项）。慈善信托则与此截然不同，因为慈善信托既然是为了公益目的而设立，不存在特定的受益人或受益人范围，从慈善信托中实际获得利益的人，也不是慈善信托的受益人，其不能强制执行慈善信托，因此在操作层面就缺乏能够强制执行慈善信托的人。英国法以前由检察总长负责监管公益信托，现在则是由慈善委员会负责强制执行信托。

我国《信托法》第64条、第65条规定信托监察人为公益信托必设机构，信托监察人担负着强制执行信托和监督信托实施的功能。此外，《信托法》第62条明确要求公益信托的设立、确定受托人等应当经公益事业管理机构的批准。与私益信托相比，公益信托更广泛地服从主管机关的监督，不仅在设立阶段需要主管机关的许可，在其后期运作阶段也同样需要主管机关的监督。不过，值得注意的是，《慈善法》在很多方面放松了对慈善信托从设立到管理整个过程的监管，似乎体现了不同的立法逻辑。如慈善信托的设立不需要事先审批，只需要事后备案，慈善信托可以设置监察人，也可以不设置监察人，这些都改变了之前《信托法》的要求。不过由于《慈善法》确定了慈善组织和信托公司都可以作为慈善信托的受托人，因此原则上慈善信托有两个监管机构。《慈善信托管理办法》第47条规定，银行业监督管理机构负责信托公司慈善信托业务和商业银行慈善信托账户资金保管业务的监督管理工作。县级以上人民政府民政部门负责慈善信托备案和相关监督管理工作。第49条明确民政部门和银行业监督管理机构根据各自法定管理职责，对慈善信托的受托人应当履行的受托职责、管理慈善信托财产及其收益的情况、履行信息公开和告知义务以及其他与慈善信托相关的活动

---

❶ 张军建. 信托法基础理论研究［M］. 北京：中国财政经济出版社，2009：239.

❷ 何宝玉. 信托法原理与判例［M］. 北京：中国法制出版社，2013：312-331.

❸ J. E. Penner, The Law of Trusts, fourth edition, Oxford University Press, 2005, p.492.

进行监督检查。《民政部、中国银行业监督管理委员会关于做好慈善信托备案有关工作的通知》（民发〔2016〕151 号）在"三、依法管理和监督"部分规定："民政部门依法履行受理慈善信托受托人关于信托事务处理情况及财务状况报告、公开慈善信托有关信息、对慈善信托监督检查及对受托人进行行政处罚等管理职责。银行业监督管理机构依法履行对信托公司慈善信托业务和商业银行慈善信托账户资金保管业务监督管理职责。民政部门和银行业监督管理机构根据各自法定管理职责，对慈善信托受托人应当履行的受托职责、管理慈善信托及其收益的情况、履行的信息公开和告知义务以及其他与慈善信托相关的活动进行监督检查。"可以理解为尽管在设立环节的严格性得以缓解，但是事后的监管却更加严格了。

3. 慈善信托的变更和终止有其特殊性

私益信托因情事变更而需要作出的调整，被限定在信托财产管理方法的变更（《信托法》第 21 条），而在慈善信托中，则允许"信托条款的变更"，变更的范围更广，不仅仅限于管理方法的变更。《信托法》第 69 条即明确公益信托成立后，发生设立信托时不能预见的情形，公益事业管理机构可根据信托目的，变更信托文件中的有关条款。根据《信托法》第 72 条，在公益信托终止的时候，信托财产有剩余时，能够"以类似的目的使信托继续存在"，即公益信托终止时的信托财产有适用近似原则的可能。其法律逻辑是尽量使慈善信托得以继续存在对社会公益是有利的，这样可不考虑私益信托中通常要考虑的"反永久原则"❶，即原则上公益信托是可以永久存续的。❷ 考虑到慈善信托属于公益信托，结合《慈善法》第 50 条的规定，《信托法》第 69 条、第 72 条的规定对慈善信托依然适用。

4. 慈善信托享受税收优惠

慈善信托与私益信托的一个重要不同在于两者有不同的税收地位。慈善信托因其促进公益事业发展的功效，无论在信托设立阶段还是管理阶段都享有税收减免的优惠地位。在慈善信托的设立阶段，可以减免信托财产相关的赠与税与遗产税；在慈善信托的管理阶段，可以减免信托财产的所得税等，这也是不少国家慈善信托极其发达的一个重要原因。《信托法》第 61 条规定国家鼓励公益信托的发展。《慈善法》第 45 条第 2 款规定慈善信托在民政部门备案的，享受税收优惠；第 80 条规定自然人、法人和其他组织捐赠财产用于慈善活动的，依法享受税收优惠；第 81 条明确受益人接受慈善

---

❶ "反永久规则"（Rule Against Perpetuities），源自 1682 年英国衡平法判例 Duke of Norfolk's Case。该规则要求预期未来权益欲有效，该权益就必须在一定的期间内确定地成就，意味着各种受益人已经确定，信托利益的归属也应已经确定，信托财产的受益权完全归属于活着的人名下。信托利益不得无限期存续。该规则的首要目的就是避免死手（Dead Hand）控制，避免某人在其身后的很长一段时间还能指示其财产的运用，从而不利于财产的转让。适用"反永久规则"的理由一般有两个：第一，置财产于公开市场之中，通过金融企业等实现更大的公共利益；第二，防止或者限制财富随着时间的进程积累于少数家族或者其他私人机构之手。该规则包括下面三个内容：（1）反永久归属规则（Rule Against Remoteness of Vesting）；（2）反转移限制规则（Rule Against Inalienability）；（3）反累积原则（Rule Against Accumulations）。

❷ Jill E. Martin, Modern Equity, 17th edition, Sweet&Maxwell Ltd, 2005, p.402-403.

捐赠，依法享受税收优惠。《慈善信托管理办法》第44条进一步明确，慈善信托的委托人、受托人和受益人按照国家有关规定享受税收优惠。由于关于慈善信托税收优惠的"国家有关规定"事实上并不存在，而慈善信托税收优惠又关系巨大，期待不久民政部、国家金融监督管理总局、国税总局会出台"慈善信托税收管理办法"或者类似的部门规章，以使慈善信托的税收优惠政策尽快落到实处。目前情况下，虽然慈善信托和慈善捐赠有所不同，但二者都是为了促进慈善事业，具有完全相同的公益目的（《慈善法》第3条），在税收优惠方面针对慈善捐赠的税收优惠应当可以类推适用到慈善信托，● 也可以将《慈善法》第50条作为准用的法律依据。另外一个理由在于《慈善法》第46条明确慈善组织和信托公司都可以作为慈善信托的受托人，如果慈善组织（多表现为基金会）基于现有法律规定可以享受税收优惠，能够开具税收抵扣票据，而信托公司却不行，明显属于制度设计的偏差，违背了"相同事务相同对待"的基本法理，对信托公司开展慈善信托非常不利。

5. 慈善信托的受托人受到更加严格的监管

与私益信托不同，慈善信托的受托人受到更加严格的监管。《信托法》确定公益信托的受托人应经过公益事业管理机构批准（第62条），受托人辞职也要经过公益事业管理机构批准（第66条），信息披露需要经过公益事业管理机构核准（第67条），公益事业管理机构有权变更受托人（第68条），受托人的清算报告要经过公益事业管理机构核准（第71条）等。需要注意的是，《慈善法》对受托人所受的监管有松绑的趋势，其通过一些规定弱化了官方机构的监管权力，甚至取消了"公益事业管理机构"的提法。但是另一方面，民发〔2016〕151号文又对慈善信托的备案、报备、管理、监督、信息披露、组织保障等进行了更加详细的规范。此外民发〔2016〕151号文规定民政部门依法履行受理慈善信托受托人关于信托事务处理情况及财务状况报告、公开慈善信托有关信息、对慈善信托监督检查及对受托人进行行政处罚等管理职责。银行业监督管理机构依法履行对信托公司慈善信托业务和商业银行慈善信托账户资金保管业务监督管理职责。民政部门和银行业监督管理机构根据各自法定管理职责，对慈善信托受托人应当履行的受托职责、管理信托财产及其收益的情况、履行的信息公开和告知义务以及其他与慈善信托相关的活动进行监督检查，具体包括受托人履行的受托职责、受托人管理慈善信托财产及其收益的情况、受托人履行的信息公开和告知义务，而且每年3月31日前，慈善信托的受托人应当向备案的民政部门报告上一年度信托事务处理情况及财务状况，具体包括但不限于上述四项内容。对受托人将信托财产及其收益用于非慈善目的的，或未按照规定将信托事务处理情况及财务状况向民政部

● 所谓类推适用，系指将法律明文之规定，适用到该法律规定所未直接加以规定，但其规范上之重要特征与该规定所明文规定者相同之案型。在类推适用上，最引起争执之问题是：如何认定拟处理之案型与法律明文规定之案型，分别所具之规范上意义的特征为相同，为认识法律所规定之案件的特征中，哪些具有规范上之评价的意义，以及为何具有意义，必须求助于该法律规定之立法目的，亦即其规范意旨。类推适用是法律漏洞填补的常用工具。详细论述可参见黄茂荣. 法学方法与现代民法［M］. 北京：法律出版社，2007：492-505.

门报告或者向社会公开，依法予以行政处罚。因此总的来看，慈善信托受托人受到严格监管的势态没有改变。《慈善信托管理办法》的 65 个条文大部分也都是围绕受托人监管进行设计的。

【思考题】

（1）慈善信托与之前《信托法》规定的公益信托有何区别？

（2）《日本信托法》关于慈善信托要求必须设置监察人，我国《信托法》之前也要求公益信托必须设置监察人，这次修订《慈善法》关于慈善信托则不强制要求设置监察人，其优劣如何？